Annette Hermanns

Uni-Training Erziehungswissenschaft

Zentrale Themen des Fachs und Vergleich fachspezifischer Texte

Ernst Klett Verlag für Wissen und Bildung
Stuttgart · Dresden

Gedruckt auf Papier, das aus Altpapier hergestellt wurde.

Die Deutsche Bibliothek – CIP-Einheitsaufnahme
Hermanns, Annette:
Uni-Training Erziehungswissenschaft / Annette Hermanns. –
Stuttgart ; Dresden : Klett-Verl. für Wissen und Bildung.
(Uni Training)
Zentrale Themen des Fachs und Vergleich fachspezifischer
Texte – 1. Aufl. – 1995
ISBN 3-12-939970-4

1. Auflage 1995

Typografie und Layout: Janus Verlag, Köln
Umschlaggestaltung: Bayerl & Ost GmbH, Frankfurt
Druck: Ludwig Auer, Donauwörth
Printed in Germany
ISBN 3-12-939970-4

Inhalt

Zur Konzeption des Bandes

Schon ein neugierig stöbernder Blick entlang der Bücherregale einer Seminarbibliothek oder in Vorlesungsverzeichnisse vermittelt die fast unüberschaubare Fülle erziehungswissenschaftlicher Frage- und Problemstellungen. Sich in Anbetracht dieser Vielfalt einen Überblick über die zentralen Inhalte des Fachs zu verschaffen ist für Studierende der Erziehungswissenschaft sicherlich nicht immer leicht.

Die Komplexität des Fachs, die auch unter dem Stichwort der allgemeinen 'Pädagogisierung der Gesellschaft' stetig wächst, umfaßt Problemaspekte, die nahezu ebenso reichhaltig sind wie der gesamte Problemhorizont der lebenslangen menschlichen Entwicklung einschließlich ihrer Beeinflussungsmöglichkeiten und tatsächlichen Beeinflussungen. Noch pointierter und zugespitzter formuliert, könnte diese Vielzahl an Inhalten und Themen mit der Feststellung umrissen werden, daß prinzipiell kein Thema aus dem erziehungswissenschaftlichen Fragehorizont auszuschließen ist: Alle Gegenstände können direkt oder indirekt für die Zielfragen, die Lerninhalte oder die Beeinflussungsformen in Erziehung und Weiterbildung sowie für das Lernen und Lehren bedeutsam werden.

Fachliche Orientierung

Dennoch haben sich im Laufe der über 200-jährigen Entwicklung der Erziehungswissenschaft einige zentrale Themen etabliert, anhand derer sich Studierende heute einen Überblick über erziehungswissenschaftliche Kernfragen und somit generell über das Fach verschaffen können.

Im vorliegenden Band werden diese Themen ausgehend von Texten erarbeitet. Die Texte, zumeist Gesamtschriften entnommen, lassen sich unter inhaltlichen oder auch fachwissenschaftlich-methodischen Perspektiven zu den erziehungswissenschaftlichen 'Klassikern' zählen oder sind in besonderer Weise dazu geeignet, grundlegende Aspekte des Fachs zu erarbeiten. Sie repräsentieren die jeweiligen Themen in zugleich historischer und systematischer Weise: Der Blick auf ausgewählte 'Stationen' der jeweiligen Themenentfaltung im Verlauf der Geschichte der Erziehungswissenschaft dient dem Zweck, heutige Fragestellungen besser verstehen, erfassen und auch strukturieren zu können.

Die Themenreihe wird eröffnet durch den 'Ursprung' pädagogischen Fragens, der sowohl zum historischen Anfang als auch zum systematischen Ausgangspunkt erziehungswissenschaftlicher Überlegungen führt: zu Perfektibilität, Bildsamkeit und Lernfähigkeit in ihren erziehungswissenschaftlichen Bedeutungen.

An diese Themeneröffnung schließt sich im zweiten Kapitel die Frage nach den Zielen und der Planung erzieherischer Beeinflussung unter bildungstheoretischer und didaktischer Perspektive an, wobei auch unterrichtliche Analyse- und Planungsmodelle zur Sprache kommen. In diesem Kapitel werden zudem grundlegende Konzepte erziehungswissenschaftlicher Theoriebildung thematisiert.

Das dritte Kapitel hat den Problemkreis „Lernen und Lehren" zum Gegenstand. Ausgehend von zwei unterschiedlichen lerntheoretischen Ansätzen werden schrittweise ein Lernbegriff, ein Modell der menschlichen Informationsverarbeitung und die Problematik der Lerntätigkeiten erarbeitet, um deren Bedeutung für das Lehren jeweils an den vorgestellten Texten wie auch in einem das Kapitel abschließenden Arbeitsprojekt systematisch zu erfassen.

Das vierte Kapitel thematisiert das Verhältnis von Erziehung und Sozialisation, indem deren Beziehung zueinander anhand unterschiedlicher, für die Sozialisationsforschung repräsentativer Texte jeweils bestimmt wird und Sozialisationseffekte der Erziehung am Beispiel der Schule untersucht werden.

Abschließend kann in einem Arbeitsprojekt der Versuch unternommen werden, die einzelnen Themen auf dem Hintergrund der bisherigen Erarbeitungen miteinander zu verknüpfen, wodurch sich auch Verbindungspunkte mit dem „Uni-Training Erziehungswissenschaft. Grundstruktur des Fachs" ergeben, die es erlauben, die Ergebnisse beider Bände wechselseitig aufeinander zu beziehen.

Methoden für das Selbststudium

Im Hinblick auf das textmethodische Wissen vermittelt das Training nicht nur grundlegende Fähigkeiten der Textanalyse, sondern schult insbesondere die für ein selbständiges Studium notwendige Kompetenz des Textvergleichs. Die Erarbeitung einer Problemstellung, wie sie beispielsweise in Referaten, Hausarbeiten und Examensarbeiten verlangt wird, erfordert, will man über das bloße Referieren unterschiedlicher Ansätze und Positionen hinauskommen, die Fähigkeit, thematische und fachmethodische Unterschiede und Gemeinsamkeiten zwischen Texten zu erarbeiten, sie voneinander abzugrenzen und sie ergänzend, vertiefend sowie differenzierend aufeinander zu beziehen. Aufbauend auf textanalytischen Verfahren, stellt der Textvergleich eine Tätigkeit dar, die vernetzendes Arbeiten ermöglicht.

Im vorliegenden Band werden diese textvergleichenden Methoden nicht nur auf einzelne Fragestellungen angewendet, sondern sie dienen insgesamt der sukzessiven Entwicklung einzelner, zentraler Themen und ihrer Beziehung zueinander, so daß mit ihrer Hilfe eine allgemeine und systematische Orientierung über die zentralen Inhalte des Fachs erworben werden kann.

Das Training

Der Band ist als Training gedacht, das die Möglichkeit eröffnet, die Erarbeitung der einzelnen Texte wie auch deren Beziehung zueinander möglichst selbständig, unterstützt durch entsprechende methodische Reflexionen und Hilfestellungen, durchzuführen. Hierfür wurde der Band folgendermaßen konzipiert:

1. Sämtliche Texte sind zusätzlich in einem Textanhang abgedruckt, so daß sie für entsprechende Bearbeitungen durch Randnotizen, Markierungen etc. genutzt werden können. Da die Seiten perforiert sind, lassen sich die Texte zur Erarbeitung dem Band entnehmen.
2. An zahlreichen Stellen des Bandes geben – stets in Kursivdruck gesetzte – Arbeitsanweisungen Anregungen und Hilfestellungen für das eigenständige Arbeiten. Sie bieten die Möglichkeit, die Methoden für das Selbststudium möglichst selbständig auszuführen und einzuüben, die Entwicklung der thematischen Aspekte aktiv zu vollziehen oder auch eigene kritische Beurteilungen und Einschätzungen abzugeben. Diese Arbeiten können zum Teil auch mit Hilfe von vorstrukturierenden Arbeitsblättern erledigt werden. Auch diese sind im Anhang zu finden und können für die Bearbeitung entnommen werden.
3. In aller Regel folgen den Arbeitsinstruktionen Lösungsvorschläge, die mit den eigenen Ergebnissen verglichen werden können, um diese entsprechend zu ergänzen, zu differenzieren oder zu modifizieren.
4. Literaturangaben dienen nicht als Beleg oder Nachweis dargestellter Zusammenhänge, wie dies für das wissenschaftliche Arbeiten notwendig ist. Sie haben die einem Training gemäße Funktion, vertiefende und ergänzende Lesehilfen zu geben.

T **1** Alle Texte, mit denen gearbeitet wird, sind durchnumeriert. So können Sie Ihren Text, den Sie durch Unterstreichungen, Markierungen und Randnotizen bearbeiten wollen, im Anhang leicht finden.

A **1** Damit Sie das entsprechende Arbeitsmaterial im Anhang schnell auffinden, sind auch die einzelnen Arbeitsblätter durchnumeriert.

An einigen Stellen wird auf weiterführende oder vertiefende Literatur verwiesen.

Dieses Symbol wird immer dann verwendet, wenn zur Bearbeitung die schriftliche Formulierung eines Textes vorgesehen ist. Dabei erhalten Sie in aller Regel auch Hilfestellungen für das Schreiben sowie mögliche Lösungen.

▶ Der Pfeil verweist auf weitere Anregungen, denen Sie, je nach Interesse, selbständig nachgehen können.

1. Kapitel:

Perfektibilität, Bildsamkeit und Lernfähigkeit

Wo oder wann beginnt erziehungswissenschaftliches Fragen? Gibt es in der Erziehungswissenschaft einen Problemaspekt, der explizit oder implizit den Anfang für jedes weitere Forschen und Nachdenken setzt? Gefragt wird hier nach einem systematischen Beginn, nach einem spezifischen Argumentationsmuster erziehungswissenschaftlicher Reflexionen.

Gerade vor dem Hintergrund der heutigen Forschungslage läßt eine solche Fragestellung eher Skepsis aufkommen. Die Vielfalt der Themen und der wissenschaftsmethodischen Zugriffe zu ihrer Behandlung ist kaum mehr überschaubar. Die Erziehungswissenschaft wird als eine pluralistische Wissenschaft verstanden, die nur schwerlich systematisch zu erfassen ist. Divergierende weltanschauliche Prämissen im Hinblick auf die Zielsetzung der Erziehung, wissenschaftsmethodische Differenzen in der Behandlung der Themen und die zunehmende Pädagogisierung vielfältiger Lebenszusammenhänge, z.B. in Form der Freizeitpädagogik, der betrieblichen Weiterbildung, der Erwachsenenbildung, kennzeichnen die Pluralität des Erzieherischen, der Pädagogik bzw. des Lehrens und Lernens und ihrer Reflexion und Untersuchung durch die Erziehungswissenschaft.

Diese Tendenz wird auch in neueren Einschätzungen der 'Allgemeinen Pädagogik' bzw. der 'Systematischen Pädagogik' zum Ausdruck gebracht, die traditionell als die 'Königsdisziplin' der Erziehungswissenschaft gilt. Ihr fiel und fällt die Aufgabe zu, den Gegenstand des Erzieherischen zu klären und jenseits seiner spezifischen Ausgestaltung in familiären und schulischen Erziehungs- und betrieblichen Weiterbildungssituationen das Allgemeine der Erziehung und der Erziehungswissenschaft zu ihrem Gegenstand zu machen, das alle Teildisziplinen durchdringt und deren Grundlage ausmacht.

Die Skepsis gegenüber einer solchen grundlegenden Systematik des Faches hat vielfältige Ursachen. Sie reicht von dem Einwand, daß die Allgemeine Pädagogik ihrer Aufgabe bislang nicht gerecht wurde, bis hin zu der aus postmodernem Denken motivierten Feststellung, daß die Zeiten für 'große Erzählungen' endgültig vorbei seien.

Zwei neuere Sammelbände thematisieren den Pluralismus der Erziehungswissenschaft und auch den Stellenwert der Allgemeinen Pädagogik in bezug auf die Teildisziplinen der Erziehungswissenschaft unter verschiedenen Gesichtspunkten: **Krüger, Heinz-Hermann/ Thomas Rauschenbach (Hrsg.):** Erziehungswissenschaft. Die Disziplin am Beginn einer neuen Epoche, Weinheim/ München 1994, und **Heyting, Frieda/Heinz-Elmar Tenorth (Hrsg.):** Pädagogik und Pluralismus. Deutsche und niederländische Erfahrungen im Umgang mit Pluralität in Erziehung und Erziehungswissenschaft, Weinheim 1994. In einem Zeitschriftenartikel behandelt Lenzen die Problematik der Systematischen Pädagogik in der Postmoderne: **Lenzen, Dieter:** Mythos, Metapher und Simulation. Zu den Aussichten Systematischer Pädagogik in der Postmoderne, in: Zeitschrift für Pädagogik, 33. Jg., 1987, Nr. 1.

Wird hier nun der Anfang erziehungswissenschaftlichen Fragens thematisiert, so geht es nicht um die lineare Entwicklung eines systematisch-pädagogischen Ansatzes aus einer zentralen Frage. Vielmehr wird auch in den noch folgenden Kapiteln deutlich werden, in welcher Weise die Themen der Erziehungswissenschaft aufeinander bezogen, d.h. systemisch vernetzt sind, so daß weder eine induktive noch eine deduktive Ableitung aller erziehungswissenschaftlicher Themen aus einer Fragestellung möglich erscheint.

Das Problem des Anfangs und Beginns erziehungswissenschaftlichen Fragens wird hier sowohl historisch als auch argumentativ aufgefaßt: Aufgrund welcher Annahmen bzw. Themen ist die Erziehungswissenschaft als eine eigene Disziplin entstanden, und welche Argumentationsstruktur hat dies hervorgebracht?

Die Thematisierung der Perfektibilität, Bildsamkeit und Lernfähigkeit des Menschen soll unter unterschiedlichen Gesichtspunkten, systematischen wie auch historischen, eine Annäherung an diese Frage ermöglichen.

Der Beginn erziehungswissenschaftlichen Fragens: Die Perfektibilität

Es ist kein Zufall, daß die Erziehungswissenschaft sich zu einem Zeitpunkt etablieren konnte, als sich in der Neuzeit, insbesondere durch die Aufklärung, die Frage nach dem Menschen von primär theologischen Prämissen emanzipiert und säkularisiert hat. Anhand zweier Texte, von Rousseau (1712–1778) und Pestalozzi (1746–1827), soll gezeigt werden, wie anthropologisches Denken nun radikal auf den Menschen selbst zurückbezogen wird.

Sowohl Rousseau als auch Pestalozzi beziehen ihre Überlegungen in den folgenden Textauszügen noch nicht direkt auf erzieherische Problemstellungen. Gleichwohl thematisieren beide den Anfang erzieherischen Nachdenkens.

T 1

Jean-Jacques Rousseau: Diskurs über die Ungleichheit.

Kritische Ausgabe des integralen Textes. Mit sämtlichen Fragmenten und ergänzenden Materialien nach den Originalausgaben und den Handschriften neu ediert, übersetzt und kommentiert von Heinrich Meier, Paderborn/München/Wien/Zürich: Ferdinand Schöningh 1984 (UTB für Wissenschaft; Uni-Taschenbücher 725), S.103–105 (Auszug).

Aber wenn die Schwierigkeiten, die alle diese Fragen umgeben, noch einigen Raum ließen, über diesen Unterschied zwischen Mensch und Tier zu streiten, so gibt es doch eine andere sehr spezifische Eigenschaft, die sie unterscheidet und über die es keinen Zweifel geben kann: die Fähigkeit, sich zu vervollkommnen; eine Fähigkeit, die, mit Hilfe der Umstände, sukzessive alle anderen entwickelt und bei uns sowohl der Art als auch dem Individuum innewohnt – während ein Tier nach einigen Monaten ist, was es sein ganzes Leben lang sein wird, und seine Art nach tausend Jahren, was sie im ersten dieser tausend Jahre war. Weshalb kann allein der Mensch geistesschwach werden? Kommt es nicht daher, daß er damit zu seinem anfänglichen Zustand zurückkehrt und daß – während das Tier, das nichts erworben und auch nichts zu verlieren hat, immer bei seinem Instinkt bleibt – der Mensch, wenn er durch das Alter oder durch andere akzidentielle Umstände alles wieder verliert, was seine *Perfektibilität* [...] ihn hatte erwerben lassen, folglich tiefer fällt als das Tier selbst [...]?

A 1

Rousseau thematisiert den aus seiner Sicht grundlegenden Unterschied zwischen Mensch und Tier. *Lesen Sie den Text erneut unter der Perspektive, durch welche Merkmale Rousseau den Menschen und das Tier jeweils kennzeichnet. Unterstreichen Sie diese Merkmale im Text.*

Stellen Sie anschließend mit Hilfe der Matrix auf dem Arbeitsblatt A1 die Merkmale einander gegenüber, und ordnen Sie sie zugleich den in der ersten Spalte vorgegebenen Kategorien „Grundlegender Unterschied zwischen Mensch und Tier", „Entwicklung", „Grundlegende Verfaßtheit" von Mensch und Tier und deren „Erläuterung" zu.

	Mensch	Tier
Grundlegender Unterschied zwischen Mensch und Tier	Der Mensch hat die Fähigkeit, sich selbst zu vervollkommnen	– – –
Entwicklung	Diese Fähigkeit entwickelt mit Hilfe der Umstände alle anderen Fähigkeiten des Menschen	Das Tier erwirbt nichts und kann nichts verlieren
Grundlegende Verfaßtheit	Perfektibilität	Instinkt
Erläuterung der Verfaßtheit	Perfektibilität kann zur Vervollkommnung führen, die jedoch aufgrund widriger Umstände auch scheitern kann	Der Instinkt determiniert das Tier: Es wird das, was es ist und gattungsspezifisch immer schon war

Erläutern Sie schriftlich, warum Rousseau trotz der dem Menschen eigenen Fähigkeit, sich selbst zu vervollkommnen, dessen grundlegende Verfaßtheit lediglich mit dem Begriff der „Perfektibilität" und nicht etwa durch den Begriff der „Perfektion" oder der „Perfektionierung" kennzeichnet. Erklären Sie in diesem Zusammenhang den Begriff der „Umstände".

Rousseau geht von der nicht weiter begründeten These aus, daß der Mensch sich selbst vervollkommnen kann. Diese anthropologische Bestimmung wird als unbezweifelbar gesetzt. Eine solche Annahme verweist nicht nur darauf, daß der Mensch in seiner Entwicklung durch sich selbst bestimmbar und beeinflußbar ist, sondern daß er darüber hinaus auch die Möglichkeit besitzt, sich selbst auf ein positiv gesetztes Ziel hin, seine Vervollkommnung, bestimmen und entwerfen zu können. Die Menschwerdung des Menschen wird somit radikal in dessen eigene Hand gelegt und ist nicht mehr Vorsehung oder Ausdruck einer göttlichen Ordnung. Die Säkularisierung des Menschenbildes impliziert damit zugleich die Idee, daß der Mensch durch den Menschen beeinflußbar ist.

Gleichzeitig verweist Rousseau jedoch den Menschen in seine Grenzen: Der Mensch, radikal auf sich selbst gestellt, gilt nicht als allmächtiger Schöpfer seiner selbst. Er ist nicht sein eigener Perfektionierer. Die Umstände prägen und beeinflussen die Menschwerdung ebenso wie die grundlegende Fähigkeit der Selbstvervollkommnung, die wiederum Basis und Ursprung aller anderen Fähigkeiten des Menschen ist. Der Mensch hat also die Möglichkeit der Vervollkommnung durch sich selbst, ist jedoch zugleich auch von den Umständen, den gesellschaftlichen Bedingungen bzw. – wie Rousseau im Textausschnitt betont – vom Alter abhängig. Der Mensch ist nicht perfekt und wird auch nicht ausschließlich durch sich selbst perfektioniert, sondern trägt die Fähigkeit der Vervollkommnung als eine Möglichkeit in sich. Dies besagt der Begriff der „Perfektibilität".

Eine ähnliche Bestimmung des Menschen findet sich bei Pestalozzi. *Lesen Sie den folgenden Textauszug unter der Hinsicht, welche Textaussagen Pestalozzis den am Rousseau-Text erarbeiteten Kennzeichnungen der Perfektibilität entsprechen, und unterstreichen Sie diese.*

Soviel sah ich bald: Die Umstände machen den Menschen. Aber ich sah ebensobald: Der Mensch macht die Umstände; er hat eine Kraft in sich selbst, selbige vielfältig nach seinem Willen zu lenken.

Sowie er dies tut, nimmt er selbst Anteil an der Bildung seiner selbst und an dem Einfluss der Umstände, die auf ihn wirken. Ich suchte jetzt dieses Gemisch von Zufall und Freiheit, welches das Geschick meines Daseins auf Erden zu sein scheint, mir selbst näher zu entwickeln, und fragte mich zuerst: Wie bin ich das, was ich wirklich bin? Wie kommt der Mensch dahin, dass er wirklich ist, was er ist? [...]

Ich besitze eine Kraft in mir selbst, alle Dinge dieser Welt mir selbst, unabhängig von meiner tierischen Begierlichkeit und von meinen gesellschaftlichen Verhältnissen, gänzlich nur im Gesichtspunkt, was sie zu meiner inneren Veredelung beitragen, vorzustellen und dieselben nur in diesem Gesichtspunkte zu verlangen oder zu verwerfen. Diese Kraft ist im Innersten meiner Natur selbständig, ihr Wesen ist auf keine Weise eine Folge irgendeiner anderen Kraft meiner Natur.

Sie ist, weil ich bin, und ich bin, weil sie ist.

Sie entspringt aus dem mir wesentlich einwohnenden Gefühl: Ich vervollkommne mich selbst, wenn ich mir das, was ich soll, zum Gesetz dessen mache, was ich will.

T 2

Johann Heinrich Pestalozzi: Meine Nachforschungen über den Gang der Natur in der Entwicklung des Menschengeschlechts (1797), in: ders.: Auswahl aus seinen Schriften 1, hrsg. und kommentiert von Arthur Brühlmeier, Bern/Stuttgart: UTB Verlag Paul Haupt 1977, S. 171 und S. 219 (Auszug).

A 2 *Vergleichen Sie den Text von Rousseau mit dem von Pestalozzi. Nutzen Sie für diesen Vergleich das Arbeitsblatt A2. Tragen Sie in die erste Spalte der Tabelle die Zeilenangaben der jeweiligen Sinnabschnitte aus dem Pestalozzi-Text ein. Formulieren Sie anschließend in der zweiten Spalte die inhaltlichen Übereinstimmungen aus dem jeweiligen Sinnabschnitt mit dem Rousseau-Text. Versuchen Sie abschließend in der dritten Spalte mögliche inhaltliche Abweichungen zwischen den Texten festzuhalten.*

Zeilen	Inhaltliche Übereinstimmungen	Inhaltliche Abweichungen
1–3	Pestalozzi geht wie Rousseau davon aus, daß der Mensch durch die Umstände geprägt wird	Pestalozzi sieht zwischen den Umständen und der Entwicklung des Menschen ein Wechselverhältnis: Der Mensch wird nicht nur durch die Umstände geprägt, sondern kann diese wiederum selbst beeinflussen
4–5	Auch Pestalozzi führt die Entwicklung und Prägung des Menschen radikal auf den Menschen selbst zurück. Der Mensch bildet sich selbst bzw. hat Anteil an seiner Bildung	Die Beeinflussung des Menschen durch sich selbst nennt Pestalozzi „Bildung". Neben der Selbstbildung hat der Mensch weitere Einflußmöglichkeiten auf sich selbst, indem er die Umstände beeinflußt, die ihn umgeben
5–8	Pestalozzi fragt, wie der Mensch das wird, was er ist. Diese Fragestellung verweist auf eine ähnliche Einschätzung der Menschwerdung wie bei Rousseau: Der Mensch ist nicht von Geburt an, was er bald schon wird bzw. immer schon war (wie bei Rousseau das Tier), sondern entwickelt sich erst zum Menschen	– – –

Zeilen	Inhaltliche Übereinstimmungen	Inhaltliche Abweichungen
9–14	Pestalozzi geht wie Rousseau davon aus, daß der Mensch aus sich selbst heraus die Kraft besitzt, sich zu vervollkommnen bzw. zu veredeln. Diese Kraft wird als eine selbständige, autonome Kraft angesehen, die grundlegender Art ist: Sie ist auf keine andere Kraft zurückzuführen. Auch für Rousseau ist sie Ausgangspunkt und Basis der menschlichen Entwicklung, indem er erklärt, daß die Fähigkeit zur Vervollkommnung alle anderen Fähigkeiten erst entwickelt	Pestalozzis Ausführungen können Rousseaus Grundgedanken ergänzen: Die Selbständigkeit der Vervollkommnungsfähigkeit wird spezifiziert als eine Selbstveredelung, die unabhängig ist von tierischer Begierlichkeit und gesellschaftlichen Verhältnissen. Der Mensch ist zwar nicht unabhängig von den Umständen, doch kann er autonom diese Umstände beurteilen und sie für sein Wohl, seine Vervollkommnung annehmen oder ablehnen
15	Die Kraft der Selbstveredelung wird auch von Pestalozzi als eine anthropologische Bestimmung des Menschen gesehen: Sie ist existentiell mit dem Menschen verknüpft	---
16–17	Pestalozzi verwendet, wie auch Rousseau, den Begriff der „Vervollkommnung"	Pestalozzi spezifiziert den Begriff der „Vervollkommnung" durch moralische Inhalte: Vervollkommnung ist die Identität von Sollen und Wollen (dasjenige, was ich soll, zum Gesetz dessen zu machen, was ich will)

Durch den Textvergleich konnte gezeigt werden, welche grundlegende Bedeutung der Gedanke der Selbstvervollkommnung in den anthropologischen Überlegungen der beiden Pädagogen Rousseau und Pestalozzi in der zweiten Hälfte des 18. Jahrhunderts hatte. Es stellt sich nun im Anschluß die Frage, inwiefern diese Überlegungen mit erziehungswissenschaftlichen Fragestellungen verbunden werden können. Welche Rolle spielt der Gedanke der Selbstvervollkommnung für die erzieherische Beeinflussung, warum ist ein säkularisiertes Menschenbild für erziehungswissenschaftliche Reflexionen fundierend, und inwiefern wird mit solchen Überlegungen ein Anfang für erziehungswissenschaftliches Nachdenken gesetzt?

Im weiteren Verlauf dieses und des nächsten Kapitels wird gezeigt werden, daß diese Fragen nicht nur historisch einen Anfangspunkt für die erziehungswissenschaftliche Forschung setzten, sondern auch fundamental ihre Fragestellungen an die Bildsamkeit, die Bildung und die Didaktik beeinflußt haben.

▶ *Versuchen Sie schon an dieser Stelle eine erste Einschätzung vorzunehmen, inwiefern die anthropologische Bestimmung der Perfektibilität erziehungsrelevante Fragestellungen begründen kann. Setzen Sie hierfür den von Pestalozzi eingeführten Begriff der „Bildung" in Beziehung zur Selbstvervollkommnung, Perfektibilität und zu den den Menschen prägenden Umständen. Fassen Sie Ihre Überlegungen schriftlich zusammen, und vergleichen Sie sie mit den noch folgenden Erarbeitungen im ersten und zweiten Kapitel.*

Das Nachdenken über erzieherische Zusammenhänge ist vermutlich so alt wie die Menschheit.

Schon sehr früh, mit Beginn philosophischer Reflexionen, sind erziehungsrelevante Themen systematisch in das Denken mit einbezogen worden. Platons „Politeia" und „Menon" sind frühe Beispiele für die Entwicklung und Bearbeitung erzieherischer Fragestellungen. Zu Beginn der Neuzeit hat Comenius mit seiner „Didactica magna"

(1628/1632) ein Erziehungswerk verfaßt, das sich ausschließlich mit Unterricht und Erziehung beschäftigt. Seine Überlegungen bieten erziehungsmethodische Anweisungen, die in einem theologisch begründeten Ordogedanken verankert sind. So umfaßt nach Comenius die Erziehung die drei Gebiete der Belehrung bzw. Bildung, der Sittlichkeit und der Gottesfurcht.

In der zweiten Hälfte des 18. Jahrhunderts etabliert sich die Erziehungswissenschaft als ein eigenes Lehrfach an den Universitäten. Ausschlaggebend hierfür war die Loslösung der Erziehung von der Theologie. Der Philanthropist Ernst Christian Trapp (1745–1818) erhielt 1779 in Halle den ersten Lehrstuhl für Pädagogik. Das Pädagogische Seminar, zuvor noch ein Ableger des Theologischen Seminars, wurde eigenständig und hatte nun die Aufgabe einer einheitlichen Lehrerbildung an der Universität. Obschon Trapp bereits 1782 Halle wieder verließ und sein Nachfolger Friedrich August Wolf die philosophische Ausbildung ausbaute, steht die Einrichtung eines Pädagogischen Seminars in Halle für den Beginn der nun als eigenständiges Fach etablierten Erziehungswissenschaft.

Im folgenden Textauszug von Luhmann und Schorr wird die anthropologische Bestimmung der Perfektibilität historisch und systematisch mit dem Beginn der Erziehungswissenschaft als einer selbständigen Wissenschaft bzw. der Ausdifferenzierung eines eigenständigen Erziehungssystems verbunden.

T 3

Niklas Luhmann/ Karl-Eberhard Schorr: Reflexionsprobleme im Erziehungssystem,
Stuttgart: Verlagsgemeinschaft Ernst Klett 1979, S. 64/65 (Auszug).

Vor diesem Hintergrund läßt sich die Perfektionierung oder Vollendung des Menschen als Leitformel für die Ausdifferenzierung des Erziehungssystems proklamieren. Vollkommenheit heißt, zumindest bei den Philanthropisten, proportionierliche Entwicklung aller Anlagen des Menschen. Sie ist das Prinzip, das Glückseligkeit auf Erden und in Ewigkeit bedeutet. Glückseligkeit ist der Zustand, in dem Vollkommenheit zum Selbstgenuß, zur 'angenehmen Empfindung' geworden ist, und Erziehung ist das Geschäft, das sie bewirkt. Kein anderes kann wichtiger sein [...].

Die Formel Perfektion *hypostasiert* damit die Erziehung als Geschäft der Menschheitsentwicklung [...]. Fortschreitende Vervollkommnung des Menschengeschlechts bleibt eine allgemeine, auf die gesamte Gesellschaft und alle ihre Einrichtungen bezogene Formel, die es zugleich nahelegt, mit besonderem Nachdruck Einrichtungen und Methoden der Erziehung hierfür einzusetzen [...]. Das Erziehungssystem gewinnt mit dieser Formel den Sinn des eigenen Beitrags und dessen gesellschaftliche Relevanz.

Luhmann und Schorr versuchen nachzuweisen, wie mit dem Aufkommen des Gedankens der Vervollkommnung des Menschen das 'Erziehungsgeschäft' zu einer allgemein gesellschaftlich anerkannten Bedeutung gelangt und sich als ein notwendiger und eigenständiger Bereich etabliert. Aus ihrer systemtheoretischen Sichtweise benennen sie diesen Prozeß mit dem Begriff der „Ausdifferenzierung des Erziehungssystems".

A 3

Lesen Sie den Text erneut gründlich, und unterstreichen Sie seine Kernaussagen. Versuchen Sie anschließend mit Hilfe des Arbeitsblattes A3 den Gedankengang des Textauszugs zu erfassen, indem Sie die Kernaussagen den einzelnen Argumentationsschritten zuordnen.

Hauptthese:
Die Vollendung des Menschen ist die Leitformel für die Ausdifferenzierung des Erziehungssystems

Explizierung der Hauptthese am Beispiel der Philanthropen:
- Die philanthropische Definition der Vervollkommnung
- Die Feststellung der Philanthropen, daß Erziehung Vervollkommnung bewirkt. Sie wird zum wichtigsten „Geschäft"

Beurteilung der Kernaussage der Philanthropen aus systemtheoretischer Sicht:
Perfektion hypostasiert die Erziehung als „Geschäft der Menschheitsentwicklung"

Erläuterung hinsichtlich der Beziehung zwischen Vervollkommnung und Gesellschaft:
Die Vervollkommnung des Menschengeschlechts ist ein gesamtgesellschaftliches Problem, das alle ihre Einrichtungen betrifft

Schlußfolgerung hinsichtlich der Erziehung:
Es müssen Erziehungseinrichtungen geschaffen und Erziehungsmethoden eingesetzt werden

Begründung der Hauptthese:
Das Erziehungssystem kann sich deshalb ausdifferenzieren, weil es durch die Vervollkommnung einen ihm spezifischen Sinn erhält, der zugleich von grundlegender gesellschaftlicher Relevanz ist

Versuchen Sie nun auf dem Hintergrund aller bisherigen Ausführungen und Erarbeitungen die Argumentation von Luhmann und Schorr zu explizieren, indem Sie schriftlich erläutern, inwiefern aufgrund des Perfektibilitätsgedankens Erziehung als ein eigenständiges soziales System etabliert wurde.

Die Ausdifferenzierung des Erziehungssystems ist in der zweiten Hälfte des 18. Jahrhunderts vollzogen worden. Ihre Eigenständigkeit erhält die Erziehung dadurch, daß anthropologische Reflexionen den Menschen nun unabhängig von religiösen Bestimmungen kennzeichnen und radikal auf ihn selbst zurückverweisen. Der Gedanke der Perfektibilität ist historisch gesehen eine der ersten Antworten auf die Frage nach dem Menschen, die unabhängig von theologischen Implikationen die Selbstvervollkommnung des Menschen durch den Menschen unterstellt. Die Vervollkommnung des Menschen wird zu einer Bestimmung des Menschen, die jedoch, weil ihre Realisierung durch entsprechende Umstände scheitern kann, der Unterstützung von außen bedarf. Damit erhält die Erziehung insbesondere bei den Philanthropen einen zentralen Stellenwert für die Vervollkommnung des Menschen, indem sie als Mittel zum Zweck der Vervollkommnung eingesetzt wird. Die radikale Säkularisierung anthropologischer Reflexionen macht die Erziehung zu demjenigen Mittel, das den Menschen zu seiner Bestimmung führt. Die Frage nach der Erziehung ist damit grundlegend und untrennbar mit anthropologischen Überlegungen verknüpft. In einer solchen Deutung stellt die anthropologische Neubestimmung den Anfang für erziehungswissenschaftliche Reflexionen und Problemstellungen dar.

Luhmann und Schorr knüpfen in ihrer Argumentation an dieses Denkmodell an, indem sie feststellen, daß in der Vervollkommnung des Menschen durch die Erziehung diese als ein „Geschäft der Menschheitsentwicklung" „hypostasiert" wird: Die Perfektion soll durch Erziehung realisiert werden und wird dadurch in eine gesellschaftliche Praxis, den erzieherischen Handlungszusammenhang, überführt. Damit verweisen die Autoren auf die gesellschaftliche Dimension der nun unter dem Leitgedanken der Vervollkommnung stehenden Erziehung. Die Ausdifferenzierung des Erziehungssystems wird nicht nur damit begründet, daß Erziehung als Mittel der Vervollkommnung auftritt, sondern daß die Vervollkommnung selbst nun zu einem gesamtgesellschaftlichen, alle menschlichen Lebensbereiche betreffenden Problem avanciert. Die Erziehung als hypostasierte Perfektionsformel wird als ein Mittel der Vervollkommnung eingesetzt, und sie etabliert sich dadurch als ein Teilsystem der Gesellschaft, das genuin mit der Bearbeitung dieser Problemstellung betraut wird. Die Erziehung wird institutionalisiert, sie erhält eigene Einrichtungen, die mit besonderem Nachdruck und systematisch die Vervollkommnung des Menschen betreiben sollen. Mit der Zuweisung dieser Aufgabe an das Erziehungssystem erhält es seine Identität und den ihm eigenen Sinn, der sich zugleich von der Identität anderer Teilsysteme unterscheidet und somit das Erziehungssystem als ein selbständiges System ausdifferenziert. Diese Identität verschafft der Erziehung ihre neue Bedeutung, die zugleich von grundlegender gesellschaftlicher Relevanz ist. Oder anders formuliert: Die Vorstellung der Perfektibilität setzt historisch gesehen den Anfang des Erziehungssystems, indem sie Erziehung als ein genuin mit der Aufgabe der Perfektibilisierung betrautes System notwendig macht.

Der nun folgende Textauszug von Herrmann bezieht sich ebenfalls auf die grundlegende Bedeutung des Perfektibilitätsgedankens für die Erziehung. Mit ihm werden hier nun gleichzeitig einige zentrale Fragestellungen der Erziehungswissenschaft verknüpft.

T 4

Ulrich Herrmann: Perfektibilität und Bildung. Funktion und Leistung von Kontingenzformeln der Anthropologie, Kulturkritik und Fortschrittsorientierung in den reflexiven Selbstbegründungen der Pädagogik des 18. Jahrhunderts, in: D. Hoffmann/A. Langewand/Chr. Niemeyer (Hrsg.): Begründungsformen der Pädagogik in der „Moderne", 2. Aufl. Weinheim: Deutscher Studienverlag 1994, S. 88–89 (Auszug).

Dies ist [Herrmann bezieht sich hier auf Rousseaus Text im zweiten Discours, der auszugsweise zu Beginn dieses Kapitels bearbeitet wurde] – in kurzen Worten – der gedankliche Kern jener eingangs benannten selbstschöpferischen Selbstermächtigung des Menschen, *sich selbst* in einer *selbst*geschaffenen Lebenswelt verwirklichen *zu wollen* – oder richtiger gesagt: *zu müssen*, weil eine Alternative gar nicht besteht [...]

Damit ist die Grundlage benannt, auf der der anthropologisch-moralphilosophische und -pädagogische Diskurs der Moderne, vom 18. Jahrhundert bis heute, steht: die *nature humaine* als *faculté de se perfectionner*, die *perfectibilité* als Individual- und Gattungscharakter des Menschen. Unter dieser Voraussetzung stehen dann auch die zu beantwortenden Fragen: Welchen *Entwurf* soll, darf und muß der Mensch von sich machen, als Gattungswesen und als Person? Welche *Zwecke* soll, darf und muß er seinem individuellen und gesellschaftlichen Handeln setzen; welche von ihnen sind mindestens instrumentell vertretbar, welche auch moralisch-praktisch gerechtfertigt? Welches sind die *geschichtlichen Erfahrungs- und die zeitlichen Handlungsräume*, innerhalb deren menschliches Handeln verantwortlich gedacht bzw. überschaut werden kann? Welche *Möglichkeiten* hat der Mensch überhaupt, sich produktiv mit diesen Fragen *auseinanderzusetzen* und sich mit anderen darüber zu *verständigen*?

Die 'Natur' des Menschen ist paradox: *von Natur aus* ist der Mensch zwar unvollkommen, aber es entspricht zugleich seiner *Natur*, sich zu vervollkommnen, auch wenn nur die „Annäherung" – wie KANT sagte – an die „Idee" des „ganz Geraden", des „Vollkommenen", möglich ist. Die „Natur" des Menschen ist also *weder* vollkommene „Tierheit" (seiner physischen Natur) *noch* vollendbare „Menschheit" (Humanität ihrer moralischen Qualität nach). Nur das Tier ist als Lebewesen „vollkommen", insofern es seinen angeborenen Instinkten und Lernfähigkeiten folgen *muß* und insofern dies für das Überleben ausreicht. „Ein Tier ist schon alles durch seinen Instinkt ... Der Mensch aber braucht eigene Vernunft. Er hat keinen Instinkt, *und muß sich selbst den Plan seines Verhaltens machen.* Weil er aber nicht sogleich im Stande ist, dieses zu tun, sondern roh auf die Welt kommt: so müssen es andere für ihn tun" (KANT 1964b, S. 697). Der Mensch kann sein Leben nicht einfach leben – er *muß* es nicht einmal; denn er hat ja auch die Freiheit, es selber zu beenden –, sondern er muß es *führen.* Dies aber muß der heranwachsende Mensch *lernen*, und lernen kann er es nur von anderen Menschen[10], weil es dabei nicht nur oder vorrangig um die technisch-instrumentelle Organisation des bloßen Überlebens geht, sondern vor allem um die zwischenmenschliche Verständigung über die sozialen und moralischen Regeln und Normen des *sittlichen Betragens*, die die Grundlage dafür sind, daß der Mensch Einsicht gewinnen kann in die Notwendigkeit der Aufforderung zur Konstitution seines *moralischen Charakters.*

[10] Daher die Formulierung in KANTS Pädagogik: „Der Mensch kann nur Mensch werden durch Erziehung. Er ist nichts, als was die Erziehung aus ihm macht. Es ist zu bemerken, daß der Mensch nur durch Menschen erzogen wird, durch Menschen, die ebenfalls erzogen sind" (vgl. KANT 1964b, S. 699). Diese Bemerkung richtet sich wohl gegen ROUSSEAUS Auffassung (im „Emile"), daß auch die Dinge und die Umstände uns erzögen: sie disziplinieren oder sozialisieren uns lediglich, weil wir mit ihnen keine *praktische*, sondern nur eine *technische* Kommunikation haben können.

Kant, Immanuel: Über Pädagogik (1803), in: ders.: Werke in 6 Bänden, hrsg. v. W. Weischedel, Bd. VI, Darmstadt 1964b, S. 693–761.

Ähnlich wie Luhmann und Schorr sieht auch Herrmann im Perfektibilitätsgedanken den Anfangspunkt erziehungswissenschaftlicher, pädagogischer Überlegungen. Er argumentiert allerdings nicht systemtheoretisch, sondern verbindet diese Grundlegung der Pädagogik mit anderen Fragestellungen und Themen. Diese andere Sichtweise soll nun herausgearbeitet werden.

Bilden Sie hierfür Sinnabschnitte, und ordnen Sie ihnen Kernaussagen zu. Tragen Sie die entsprechenden Zeilenangaben und die Kernaussagen in die ersten beiden Spalten des Arbeitsblattes A4 ein.

A 4

Zeilen	Sinnabschnitte
1–6	Die selbstschöpferische Selbstermächtigung des Menschen als anthropologische Bestimmung
7–10	Perfektibilität als Grundlage des moralphilosophischen und moralpädagogischen Diskurses der Moderne
10–18	Die mit der Perfektibilität verbundenen Fragestellungen
19–26	Die menschliche Natur als Paradoxon
26–29	Zitat Kants als Überleitung zum nächsten Sinnabschnitt
30–38	Notwendigkeit der Erziehung

A 4 *Erläutern Sie nun in der dritten Spalte des Arbeitsblattes A4 Ähnlichkeiten und Abweichungen aus dem Text Herrmanns bezüglich Ihrer bisherigen Erarbeitungen zum Perfektibilitätsgedanken. Verwenden Sie hierfür die Ihnen bereits bekannten Begriffe, und verweisen Sie auf mögliche abweichende Gesichtspunkte. Versuchen Sie ganz neue, bislang nicht behandelte Aussagen zu erörtern bzw. zu klassifizieren.*

Zeilen	Sinnabschnitte	Erläuterungen
1–6	Die selbstschöpferische Selbstermächtigung des Menschen als anthropologische Bestimmung	Die „selbstschöpferische Selbstermächtigung" entspricht der Vervollkommnung des Menschen durch sich selbst, durch die die anthropologische Frage radikal auf den Menschen selbst zurückgeführt wird (säkularisiertes Menschenbild). Sich selbst verwirklichen zu wollen heißt sich vervollkommnen, sich in seiner Bestimmung finden. Der Begriff der selbstgeschaffenen Lebenswelt erinnert an Pestalozzis wechselseitige Beeinflussung von Mensch und Umständen: Der Mensch wird von den Umständen beeinflußt, besitzt jedoch auch die Kraft, diese zu beeinflussen
7–10	Perfektibilität als Grundlage des moralphilosophischen und moralpädagogischen Diskurses der Moderne	Der Perfektibilitätsgedanke ist bei Luhmann und Schorr der Anfang, die Grundlage für die Ausdifferenzierung des Erziehungssystems. Herrmann setzt ihn als Beginn insbesondere des moralpädagogischen Diskurses. Er bezieht sich demnach nicht in erster Linie auf die erzieherische Beeinflussung selbst, sondern auf die Reflexion, die wissenschaftliche Behandlung der Erziehung

Zeilen	Sinnabschnitte	Erläuterungen
10–18	Die mit der Perfektibilität verbundenen Fragestellungen	Herrmann formuliert notwendige und moralisch-praktische Hinsichten, unter denen die Selbstvervollkommnung des Menschen gestaltet werden kann. Dieser Aspekt wurde bislang noch durch keinen Text angesprochen. Diese Hinsichten können folgendermaßen klassifiziert werden: 1. Wie kann die Vervollkommnung inhaltlich ausgestaltet sein? (Welchen Entwurf kann der Mensch von sich machen, und welche persönlichen und gesellschaftlichen Ziele kann er verfolgen?) 2. Gibt es gesellschaftliche Bedingungen, die eine Vervollkommnung des Menschen ermöglichen bzw. verhindern? (Die geschichtlichen Erfahrungs- und die zeitlichen Handlungsräume sowie die gesellschaftlichen Möglichkeiten, seine Vervollkommnung anzustreben bzw. sich über sie mit anderen Menschen auseinanderzusetzen. Herrmann spricht hier zentrale bildungstheoretische Fragen an, die sich einerseits mit der Bestimmung und den Zielen des Menschen befassen und andererseits deren Realisation im gesellschaftlichen Kontext kritisch prüfen)
19–26	Die menschliche Natur als Paradoxon	Auch Herrmann entwickelt die Natur des Menschen aus der Differenz von Mensch und Tier. Die Natur des Menschen beurteilt er aufgrund der Perfektibilität als widersprüchlich bzw. widersinnig. Durch den Bezug auf Kant kennzeichnet er die Selbstvervollkommnung des Menschen als eine Idee, der sich der Mensch annähern, die jedoch niemals vollständig realisiert werden kann
26–29	Zitat Kants als Überleitung zum nächsten Sinnabschnitt	Das Zitat Kants ermöglicht es Herrmann, von der Natur des Menschen zu dessen Erziehungsbedürftigkeit überzuleiten, indem der Mensch nun zusätzlich unter dem Aspekt der Vernunftsbegabung und der aus ihr resultierenden Planbarkeit seines Verhaltens betrachtet wird: Da der Mensch zwar mit Vernunft begabt ist, jedoch nicht als ein vernünftiger Mensch geboren wird, bedarf er der Hilfe anderer Menschen
30–38	Notwendigkeit der Erziehung	Die Notwendigkeit der Erziehung, die sich bei Luhmann und Schorr als eine gesellschaftliche erwies, wird von Herrmann nicht primär soziologisch, sondern ausschließlich anthropologisch konstatiert. Die Perfektibilität zwingt den Menschen, sein Leben nicht nur zu leben, sondern es vor dem Hintergrund eines Entwurfes, eines Planes zu führen. Dies ist ihm jedoch nicht von der Natur gegeben, sondern kann nur von anderen Menschen gelernt werden. Erziehung wird

Zeilen	Sinnabschnitte	Erläuterungen
		damit aufgrund weiterer anthropologischer Überlegungen notwendig. Auch hier beruft Herrmann sich wiederum auf Kant. Die „Selbstermächtigung" des Menschen wird als ein in erster Linie erzieherisches Problem gefaßt: Der Mensch ist, was er ist, nicht nur durch sich selbst, sondern durch andere Menschen, durch die Erziehung. Nach Herrmann begründet die Perfektibilität den moralisch-pädagogischen Diskurs der Moderne. In diesem Sinne wird mit moralischer Bildung auf die Erziehungsbedürftigkeit des Menschen reagiert, die die Einsicht in die Notwendigkeit, einen moralischen Charakter zu bilden, zum Ziel hat. Auch Pestalozzi verknüpft den Perfektibilitätsgedanken mit der Bildung des sittlichen Charakters

A 5 *Vergleichen Sie abschließend Luhmanns und Schorrs Darlegungen zur Perfektibilität mit denjenigen von Herrmann.* Beide Textauszüge zeigen zentrale Gemeinsamkeiten in der Einschätzung des Perfektibilitätsgedankens bezüglich seiner grundlegenden Bedeutung für die Erziehung bzw. die Erziehungswissenschaft. Diese Einschätzung wird in den beiden Texten jedoch aufgrund unterschiedlicher Ansätze gedeutet. *Fassen Sie mit Hilfe des Arbeitsblattes A5 diese Gemeinsamkeiten und Unterschiede unter drei Gesichtspunkten zusammen: Benennen Sie kurz die jeweiligen Ansätze von Luhmann und Schorr einerseits und Herrmann andererseits. Tragen Sie anschließend mit wenigen Worten deren jeweilige Einschätzung des Perfektibilitätsgedankens im Hinblick auf seine historische Bedeutsamkeit ein. Formulieren Sie abschließend, welche Bezüge die Autoren zwischen 'Perfektibilität' und 'Erziehung' herstellen.*

	Luhmann/Schorr	**Herrmann**
Ansatz	Soziologisch-gesellschaftlicher Ansatz (systemtheoretisch)	Bildungstheoretischer Ansatz
Einschätzung des Perfektibilitätsgedankens hinsichtlich seiner historischen Bedeutsamkeit	Der Perfektibilitätsgedanke führt zur Ausdifferenzierung eines eigenständigen Erziehungssystems	Der Perfektibilitätsgedanke ist Grundlage für den moralisch-pädagogischen Diskurs der Moderne
Perfektibilitätsgedanke und Erziehung	• Die Perfektibilität als ein gesamtgesellschaftliches Problem macht Erziehung notwendig • Die Perfektibilität dient als Leitformel für das Erziehungssystem	• Die Perfektibilität macht Erziehung aus anthropologischen Gründen notwendig • Die Perfektibilität – eröffnet den bildungstheoretischen Fragehorizont (Entwurf, Ziele und gesellschaftliche Bedingungen der Bildung) – begründet das Bildungsziel der Konstituierung eines sittlichen Charakters

Bildsamkeit als Ausgangspunkt Allgemeiner Pädagogik

Die Fähigkeit zur Selbstvervollkommnung, die Bildungsfähigkeit und die Erziehungsfähigkeit sind anthropologische Annahmen, die zumindest unter historischer Perspektive, das zeigen die bisherigen Erarbeitungen, fundierend für erziehungswissenschaftliche Fragestellungen sind.

Im folgenden soll dieses Fundierungsverhältnis vorwiegend unter systematischer Perspektive betrachtet werden. Damit steht der Gesichtspunkt, inwiefern die Problematik der Bildsamkeit und Erziehungsbedürftigkeit des Menschen erziehungswissenschaftliche Konzepte der Allgemeinen Pädagogik beeinflussen, im Zentrum der Überlegungen.

Der zentrale Stellenwert anthropologischer Fragestellungen für allgemeine pädagogische Reflexionen kommt auch in zahlreichen Publikationen der Pädagogischen Anthropologie zum Ausdruck. Ihr Untersuchungsgegenstand ist der 'homo educandus', der zudem von anderen Anthropologien, z.B. der philosophischen oder psychologischen, explizit und implizit thematisiert wird.

Ein prominenter Vertreter der Pädagogischen Anthropologie ist Roth. Seine Überlegungen zeichnen sich dadurch aus, daß er nicht nur ein bestimmtes, beispielsweise psychologisches oder philosophisches Menschenbild unter pädagogischer Perspektive hinsichtlich der für die Erziehung und die Erziehungswissenschaft relevanten Merkmale analysiert, sondern vielmehr den homo educandus ins Zentrum einer eigenen erziehungswissenschaftlichen Konzeption stellt. Mit diesem Anliegen will auch er, obschon er selbst kein Vertreter der Allgemeinen Pädagogik, sondern der Pädagogischen Anthropologie ist, eine systematische Pädagogik begründen. Sein Ziel ist es, die Erziehungswissenschaft ausgehend von der Frage nach dem homo educandus in ihrer Gesamtheit zu erfassen. Unter den beiden Hinsichten der Bildsamkeit und Bestimmung des Menschen versucht er Forschungsergebnisse aus unterschiedlichen Anthropologien zu integrieren, wobei er auch zahlreiche empirische Untersuchungen in seine Überlegungen mit einbezieht. Das erziehungswissenschaftliche Konzept Roths erhebt den Anspruch, eine Intergrationswissenschaft unter genuin pädagogischer Fragestellung zu sein. Die Realisation seines Konzeptes ist jedoch häufig als eklektisch kritisiert worden; der Vorwurf wurde erhoben, daß die Pädagogische Anthropologie Roths nicht zu einer systematischen Integrationswissenschaft führt, sondern lediglich eine umfangreiche, zahlreiche Ergebnisse zusammenfassende Sammlung diverser anthropologischer Untersuchungen darstellt.

Roth, Heinrich: Pädagogische Anthropologie. Bd. 1: Bildsamkeit und Bestimmung, 4. Aufl. Hannover 1976 (1. Aufl. 1966).

Anhand zweier Texte von Herbart (1776–1841), der neben dem weiter oben schon erwähnten Erziehungswissenschaftler Trapp als ein Begründer der Allgemeinen Pädagogik gilt, und eines Textes von Benner, ein heute lebender Allgemeiner Pädagoge, soll nun die Bedeutung der Bildsamkeit und Erziehungsbedürftigkeit für die Systematische Pädagogik erarbeitet werden.

Lesen Sie die beiden folgenden Textauszüge von Herbart, und notieren Sie die zentralen Fragestellungen der Erziehungswissenschaft, die sich nach Herbart aus der Bildsamkeit ergeben.

T 5

Johann Friedrich Herbart: Pädagogische Schriften. Bd.2: Pädagogische Grundschriften, hrsg. von Walter Asmus, Stuttgart: Klett-Cotta 1982, S. 271 (Auszug).

[...] so sieht man doch immer die Bildsamkeit des Zöglings vorausgesetzt, *ohne welche Voraussetzung kein Erzieher sein Werk angreifen kann.* Alsdann aber knüpft sich an dies erste Postulat bei allen Pädagogen die doppelte Frage: erstlich, wozu soll der Zögling gebildet werden?, zweitens, durch welche Mittel? Das heißt, die Pädagogik ruft einerseits die *Ethik*, andererseits die *Psychologie* zu Hilfe.

T 6

Johann Friedrich Herbart: Umriß pädagogischer Vorlesungen,

in: ders.: Umriß pädagogischer Vorlesungen. Rede bei Eröffnung der Vorlesungen über Pädagogik. Aphorismen zur Pädagogik, hrsg. von Theodor Rutt, Paderborn: Ferdinand Schöningh 1957, S. 5–6 (Auszug).

Umriss Pädagogischer Vorlesungen
1835
Einleitung

§1.
Der Grundbegriff der Pädagogik ist die Bildsamkeit des Zöglings.
Anmerkung. Der Begriff der Bildsamkeit hat einen viel weiteren Umfang. Er erstreckt sich sogar auf die Elemente der Materie. Erfahrungsmäßig läßt er sich verfolgen bis zu denjenigen Elementen, die in den Stoffwechsel der organischen Leiber eingehen. Von der Bildsamkeit des Willens zeigen sich Spuren in den Seelen der edleren Tiere. Aber Bildsamkeit des Willens zur Sittlichkeit kennen wir nur beim Menschen.

§2.
Pädagogik als Wissenschaft hängt ab von der praktischen Philosophie und Psychologie. Jene zeigt das Ziel der Bildung, diese den Weg, die Mittel und die Hindernisse.

Anmerkung. Hierin ist auch die Abhängigkeit der Pädagogik von der Erfahrung enthalten, indem teils die praktische Philosophie schon Anwendung auf die Erfahrung in sich aufnimmt, teils die Psychologie nicht bloß von der Metaphysik, sondern von der durch Metaphysik richtig verstandenen Erfahrung ausgeht. Die bloß empirische Menschenkenntnis aber genügt der Pädagogik um desto weniger, je veränderlicher ein Zeitalter in Ansehung seiner Sitten, Gewohnheiten und Meinungen ist. Denn hierdurch verlieren allmählich die Abstraktionen aus früherer Beobachtung den Kreis, worin sie gültig waren.

§3. [...]

§4.
Die Pädagogik darf jedoch auch keine unbegrenzte Bildsamkeit voraussetzen, und die Psychologie wird diesen Irrtum verhüten. Die Unbestimmtheit des Kindes ist beschränkt durch dessen Individualität. Die Bestimmbarkeit durch Erziehung wird überdies beschränkt durch Umstände der Lage und der Zeit. Die Festigkeit der Erwachsenen bildet sich innerlich fort und wird dem Erzieher unerreichbar.

§5. [...]

§6.
Das Vermögen der Erziehung darf nicht für größer, aber auch nicht für kleiner gehalten werden, als es ist. Der Erzieher soll versuchen, wieviel er zu erreichen imstande sei; aber stets darauf sich gefaßt halten, durch Beobachtungen des Erfolgs auf die Grenzen vernünftiger Versuche zurückgewiesen zu werden. Damit er nichts versäume, muß er das Ganze der praktischen Ideenlehre vor Augen haben. Damit er die Beobachtungen verstehe und richtig auslege, muß ihm die Psychologie stets gegenwärtig sein.

§7. [...]

A 6 *Verschaffen Sie sich mit Hilfe des Arbeitsblattes A6 einen Überblick über die Gesamtstruktur der beiden Auszüge und deren einzelne Aussagen, indem Sie die leeren Kästchen ausfüllen.*

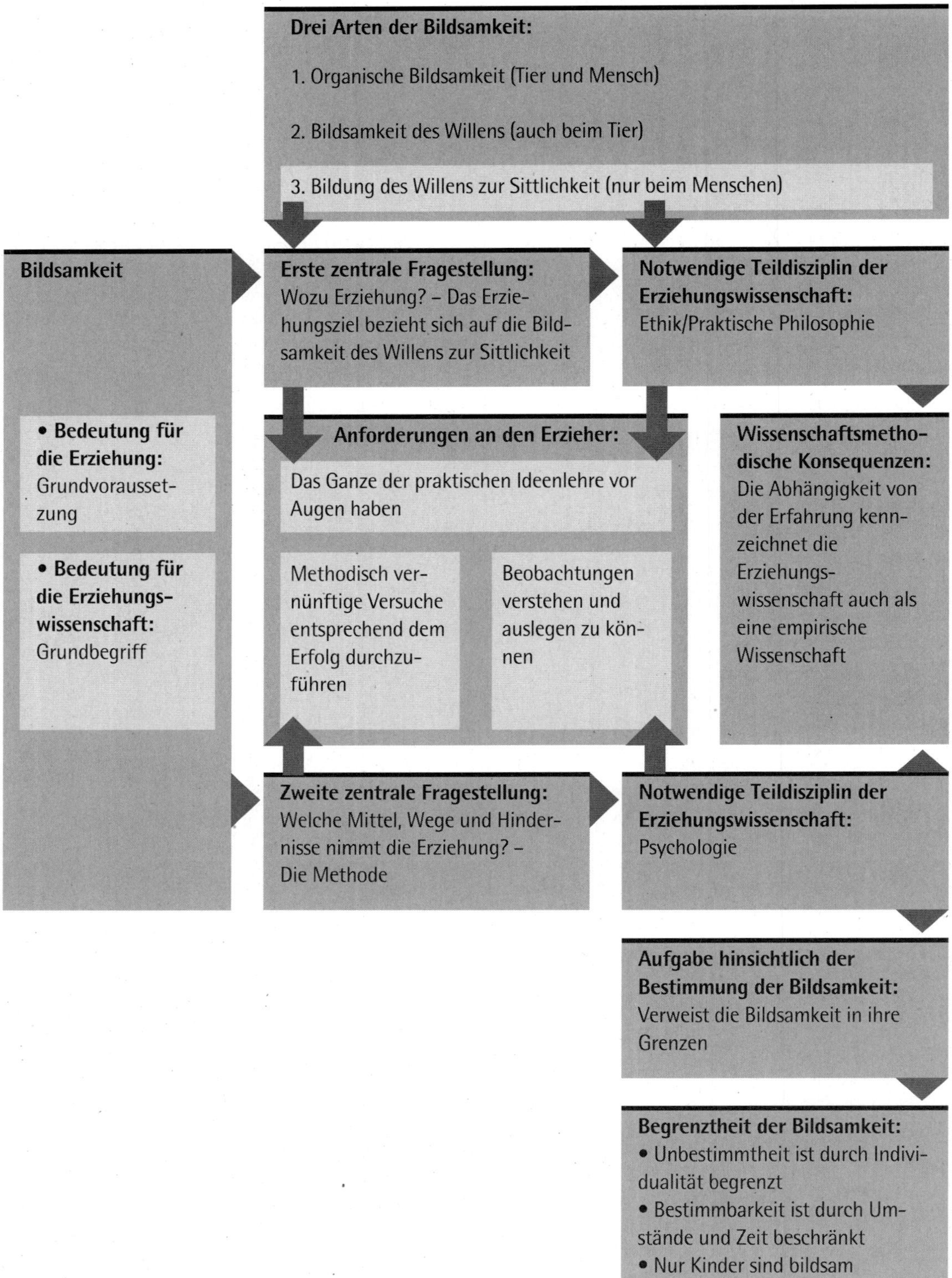

Versuchen Sie abschließend Herbarts Konzeption einer Allgemeinen Pädagogik schriftlich möglichst knapp zu skizzieren, indem Sie die bildlich repräsentierten Aussagen und Aussagenzusammenhänge in einen Text transformieren.

Herbart entwickelt die zentralen Fragestellungen und die mit ihnen verbundenen Teildisziplinen der Pädagogik aus dem Begriff der „Bildsamkeit", der sich damit als eine grundlegende und zentrale pädagogische Kategorie erweist.

Er ermittelt auf diesem Wege zwei pädagogische Themenkomplexe: Die pädagogische Ausgangslage der Bildsamkeit stellt sowohl den Erzieher als auch die den erzieherischen Zusammenhang reflektierende Erziehungswissenschaft vor die Frage nach den Erziehungszielen und den Erziehungsmethoden.

Da nur eine Form der Bildsamkeit, nämliche diejenige des Willens zur Sittlichkeit, eine genuin menschliche ist, intendiert die Erziehung deren Beförderung und Unterstützung. Dadurch erlangen Ethik und praktische Philosophie als pädagogische Teildisziplinen der Pädagogik ihre Bedeutung für die Ermittlung und Reflexion der Zieldimension. Der Erzieher muß demzufolge diese Teildisziplinen kennen und das „Ganze der praktischen Ideenlehre vor Augen haben".

Die Frage nach der Erziehungsmethode wird durch die Psychologie behandelt, mit deren Hilfe zugleich die Begrenztheit bzw. realistische Wirkmächtigkeit erzieherischer Beeinflussung ermittelt werden kann. Der Erzieher muß das entsprechende psychologische Handlungswissen besitzen, um methodisch flexibel auf Erfolg und Mißerfolg reagieren und seine Beobachtungen, seine empirischen Erfahrungen angemessen deuten und interpretieren zu können.

Aufgrund der konstitutiven Bedeutung von Ethik und Psychologie für die Erziehungswissenschaft erweist diese sich auch als eine empirische Wissenschaft.

Auch in Benners Konzeption einer Allgemeinen Pädagogik spielt die Bildsamkeit des Menschen eine zentrale Rolle. Anders als Herbart sieht er sie jedoch nicht als alleinigen Grundbegriff der Erziehungswissenschaft. Vielmehr stellt sie nach Benner im Verbund mit drei weiteren Prinzipien das Grundmuster bzw. die zentralen Themen der Erziehungswissenschaft dar. *Lesen Sie den Auszug T7, und unterstreichen Sie seine zentralen Aussagen.*

T 7

Dietrich Benner: Systematische Pädagogik. Die Pädagogik und ihre wissenschaftliche Begründung,
in: Leo Roth (Hrsg.): Pädagogik. Handbuch für Studium und Praxis, München: Ehrenwirth Verlag 1991, S. 10–12 (Auszug).

Im Unterschied zum Anlagebegriff, der seit PLATONS Seelenlehre eine Präformiertheit der Lernmöglichkeiten der einzelnen unterstellt, und im Unterschied zum Begabungsbegriff, der feststellt, was den einzelnen im Lernprozeß leichter oder schwerer fällt, formuliert der Begriff der *Bildsamkeit* ein Prinzip pädagogischer Interaktion, das die Gegebenheit von Anlagen und Begabung zwar nicht leugnet, wohl aber begründet, warum nach dem Fraglichwerden eines teleologischen Verständnisses der Aufgaben pädagogischer Interaktion ein bildungstheoretisch begründeter Begriff der Bestimmung der einzelnen nicht mehr von deren Anlagen und Begabungen ausgehen kann. Das Prinzip der Bildsamkeit verweist auf eine stets im Werden begriffene Identität des Menschen, die nicht auf Einseitigkeit und Bestimmtheit, sondern auf Vielseitigkeit und Offenheit angelegt ist und zur Voraussetzung hat, daß wir uns gegenseitig als an unserer Bestimmung arbeitende Subjekte anerkennen.

Die Frage, wie sich auf die »Natur« des Menschen so einwirken lasse, daß die künftige Bestimmung der Heranwachsenden weder teleologisch vorbestimmt noch willkürlich durch ihre Erzieher bewirkt wird, beantwortete die bürgerliche Pädagogik der Neuzeit, indem sie als ein zweites Prinzip pädagogischen Denkens und Handelns dasjenige der Aufforderung zur *Selbsttätigkeit* aufstellte, welches die der veränderten Aufgabenstellung pädagogischer Praxis affine Kausalität pädagogischen Wirkens auf einen Begriff bringt.

[...] Zur Eigenart der für pädagogische Interaktion konstitutiven Selbsttätigkeit gehört es, daß wir sie verfehlen, sobald wir unter ihr nur eine bestimmte Selbsttätigkeit verstehen und diese auf Formen eines herstellenden Tuns oder einer politischen Selbstbestimmung einengen. Denn der Begriff der Selbsttätigkeit ist für sich genommen notwendig ebenso allgemein wie der der Bildsamkeit. Das zweite Prinzip pädagogischer Interaktion besagt nämlich, daß alle Rezeptivität im Lernen über eine Spontaneität des Lernenden vermittelt ist und daß die Aufforderungen zur Selbsttätigkeit darum solche sein müssen, die sich gleichermaßen an die Rezeptivität wie die Spontaneität des Lernenden richten [...].

Die beiden Prinzipien der zwar nicht unendlichen, sondern endlichen, gleichwohl universellen und vielseitigen Bildsamkeit und der Fremdaufforderung zur Selbsttätigkeit sind Prinzipien der individuellen Seite pädagogischer Praxis. Damit sie in der pädagogischen Interaktion anerkannt werden können, ist die Beachtung zweier weiterer Prinzipien erforderlich, welche sich auf die veränderte Stellung der neuzeitlichen pädagogischen Praxis im Rahmen der menschlichen Gesamtpraxis beziehen. Es sind dies die Idee der *Transformation der gesellschaftlichen Determination pädagogischer Prozesse in eine praktische Determination und die Idee einer nichthierarchischen Verhältnisbestimmung der ausdifferenzierten Grundformen menschlicher Praxis.*

Schon die konstitutiven Prinzipien pädagogischer Interaktion enthalten Bezüge zur gesellschaftlichen Seite der pädagogischen Praxis. Richtig verstanden besagen sie, daß es um der Freiheits- und Menschenrechte willen, welche die neuzeitliche bürgerliche Gesellschaft erstmals in der Geschichte der Menschheit dem Anspruch und der Idee nach allen Menschen zugesteht, keine prästabilierte Bestimmung der einzelnen nach Maßgabe gesellschaftlicher Interessen mehr geben kann und darf. Dies schließt nicht aus, daß die Gesellschaft Kritik an der pädagogischen Praxis und ihren Leistungen üben kann und darf, dies schließt jedoch ein, daß die Bewertung solcher Kritik stets zugleich über eine dem Prinzip der Aufforderung zur Selbsttätigkeit verpflichtete pädagogische Gesellschaftskritik erfolgen muß. Auf die Lernprozesse Heranwachsender wirken ja niemals nur über erziehliche Aufforderungen zur Selbsttätigkeit vermittelte, sondern immer auch von den außerpädagogischen Bereichen der Gesellschaft ausgehende Einflüsse ein. Diese gilt es nicht nur unter ökonomischen und politischen, sondern auch unter pädagogischen Fragestellungen zu beurteilen und daraufhin zu prüfen, inwieweit sie zur Selbsttätigkeit auffordernde pädagogische Wirkungen erleichtern oder erschweren. Die Idee einer solchen Kritik und Prüfung bringt die regulative Idee der Transformation der gesellschaftlichen Determination pädagogischer Prozesse in eine praktische Determination auf den Begriff. [...]

Ein vergleichbarer Zusammenhang gilt für das konstitutive Prinzip universeller Bildsamkeit aller einzelnen und die regulative Idee einer nichthierarchischen Verhältnisbestimmung der ausdifferenzierten Grundformen menschlicher Praxis. Die traditionelle teleologische Normierung der Bildsamkeit der einzelnen nach Maßgabe gesellschaftlicher Erwartungen kann nämlich nur überwunden werden, wenn die von der pädagogischen Praxis zu fördernde individuelle und vielseitige Bildsamkeit auch gesellschaftlich anerkannt wird und wenn alle für die Erhaltung und Weiterentwicklung der Gesellschaft erforderlichen Tätigkeiten daraufhin überprüft werden, inwieweit ihre Betätigungsfelder solche eines vielseitigen Interesses sind oder nicht sind. Eine solche Überprüfung aber kann nur gelingen, wenn in ihr kein Bereich menschlicher Praxis einen Primat gegenüber den anderen beansprucht, sondern pädagogische, ethische, ökonomische und politische Fragen gleichberechtigt berücksichtigt werden.

Lesen Sie den Text erneut gründlich, und exzerpieren Sie die zentralen Aussagen mit Hilfe folgender Teilarbeitsschritte: Ermitteln Sie die vier zentralen Prinzipien der Erziehung, die die erziehungswissenschaftlichen Fragestellungen leiten. Fokussieren Sie anschließend diejenigen Textpassagen, die Ihnen Aufschluß über eine nähere Bestimmung der einzelnen Prinzipien geben. Schreiben Sie die Kernaussagen zu den jeweiligen Prinzipien heraus.

Versuchen Sie anschließend zwischen den einzelnen Bestimmungen zu den Prinzipien Bezüge, insbesondere argumentativer Art, herzustellen. Für die Bearbeitung dieses letzten Arbeitsganges können Sie das Arbeitsblatt A7 nutzen. A 7

1. Prinzip: Bildsamkeit

Grundlegende These zur Bildsamkeit des Menschen:
Bildsamkeit verweist auf die stets im Werden begriffene Identität des Menschen

Grundlegende These zur Bestimmung des Menschen:
Einen bildungstheoretischen Begriff der „Bestimmung des Menschen" kann es nicht geben

Abgrenzung vom:
teleologischen Verständnis der Aufgabe pädagogischer Interaktion; beispielsweise
- dem Anlagebegriff
- dem Begabungsbegriff

Schlußfolgerung im Hinblick auf die Identität:

Begründung:

- Identität ist auf Vielseitigkeit und Offenheit hin angelegt
- Identität hat zur Voraussetzung, daß die Menschen sich gegenseitig als an ihrer Bestimmung arbeitende Subjekte verstehen

2. Prinzip: Selbsttätigkeit

Begründung dieses Prinzips im Hinblick auf Bildsamkeit und Bestimmung:
Die Bildsamkeit darf durch eine teleologische Bestimmung des Heranwachsenden nicht eingeschränkt werden. Aus diesem Grunde muß die Erziehung die Selbsttätigkeit des Heranwachsenden wahren

Nähere Kennzeichnung der Selbsttätigkeit:
- Der Begriff der „Selbsttätigkeit" ist, wie der der „Bildsamkeit", allgemein
- Aufforderung zur Selbsttätigkeit muß sich gleichermaßen an die Rezeptivität wie die Spontaneität des Lernenden richten

Abgrenzung von:
einem eingeschränkten Selbsttätigkeitsbegriff, z.B. der politischen Selbsttätigkeit

Gesamtcharakteristik der beiden ersten Prinzipien:
Bildsamkeit und Selbsttätigkeit sind konstitutive Prinzipien der individuellen Seite pädagogischer Praxis

3. Prinzip: Transformation der gesellschaftlichen Determination pädagogischer Prozesse in praktische Determination

Bezug zu den ersten beiden konstitutiven Prinzipien:
Es kann und darf keine prästabilierte Bestimmung der einzelnen nach Maßgabe gesellschaftlicher Interessen geben

Bezug der Pädagogik zur Gesellschaft:
Die Pädagogik muß dem Prinzip der Selbsttätigkeit entsprechend Gesellschaftskritik üben

4. Prinzip: Nichthierarchische Verhältnisbestimmung der ausdifferenzierten Grundformen menschlicher Praxis

Bezug zum ersten konstitutiven Prinzip:
Die universelle Bildsamkeit des Menschen muß gesellschaftlich anerkannt werden

Folgerung für die Konzipierung der für die Gesellschaft erforderlichen Tätigkeiten:
Alle Tätigkeitsfelder müssen dem vielseitigen Interesse des Menschen standhalten

Folgerung für die gesellschaftliche Struktur:
Kein Bereich der menschlichen Praxis darf ein Primat über einen anderen Bereich haben

Im folgenden soll Benners Konzeption mit derjenigen von Herbart verglichen werden. Um einen Textvergleich durchzuführen, können verschiedene methodische Vorgehensweisen gewählt werden. Eine erste ist für den Vergleich zwischen Rousseau und Pestalozzi genutzt worden: Aussagen aus dem einen Text wurden direkt Aussagen aus dem anderen zugeordnet. Diese Methode kann insbesondere dann gewählt werden, wenn die Texte, auf die sich der Vergleich bezieht, inhaltlich sehr ähnlich sind. Im Vergleich zwischen Luhmann und Herrmann wurden Kriterien ermittelt, unter denen beide Texte miteinander in Beziehung gesetzt werden konnten. Diese Vorgehensweise durch Explizierung der Vergleichskriterien bietet sich insbesondere bei Fällen an, bei denen die aus den Texten gewonnenen Informationen stärker voneinander abweichen. Dies war bei Luhmann und Herrmann durch ihren unterschiedlichen Ansatz gegeben. Das Vergleichskriterium umfaßt dabei einen Gegenstand, der möglicherweise von den einzelnen Texten explizit nicht benannt wird, der ihnen jedoch zumindest implizit entnommen werden kann. Aus diesem Grunde muß ein Textvergleich häufig zunächst mit der Konstruktion des Vergleichskriteriums beginnen.

Dieses 'tertium comparationes', das Dritte, das einen Vergleich zweier Gegenstände ermöglicht, kann sich auf unterschiedliche Aspekte eines Textes beziehen; so z.B. auf den Inhalt, auf seine Struktur oder den ihn prägenden theoretischen Ansatz. Das Vergleichskriterium dient als eine thematische Perspektive, unter der ein Text betrachtet werden kann bzw. unter der einem Text Informationen entnommen werden können, um sie dann mit Informationen aus einem anderen Text in Beziehung zu setzen.

Versuchen Sie nun für den Vergleich zwischen Herbart und Benner solche Vergleichskriterien zu entwickeln, indem Sie von den aus Herbarts und Benners Textauszügen gewonnenen Informationen ausgehen und Hinsichten formulieren, unter denen die Texte betrachtet werden können bzw. unter denen sich eine grundlegende Differenz zwischen ihnen ergibt. Sie können zusätzlich auch Vergleichskriterien aus den Überlegungen zur Perfektibilität entwickeln.

Da die Anzahl der Vergleichskriterien prinzipiell nicht begrenzt ist – Sie könnten beispielsweise zwei Texte auch unter der Hinsicht miteinander vergleichen, in welcher Schriftart sie geschrieben sind, wieviele Buchstaben bzw. Zeichen sie umfassen etc. –, können die nun vorgeschlagenen, möglichen Vergleichskriterien nur eine Auswahl bieten und müssen sich nicht zwingend mit den von Ihnen gewählten decken. Hinzu kommt, daß ein Vergleich immer auch durch ein spezielles Interesse geleitet wird, das sich entscheidend auf die Auswahl der Vergleichsgesichtspunkte auswirkt.

Mögliche Vergleichskriterien:

- Das Verhältnis von Bildsamkeit und Bestimmung
- Die Einschränkung bzw. Beschränkung der Bildsamkeit
- Das Ziel der Erziehung
- Die Bildsamkeit und die den Menschen prägenden Umstände

Führen Sie unter einem von Ihnen gewählten oder hier vorgegebenen Gesichtspunkt den Vergleich zwischen Herbarts und Benners Texten durch. Nutzen Sie hierfür den jeweiligen Vergleichsgesichtspunkt als eine thematische Perpektive, unter der Sie die entsprechenden Textaussagen ermitteln. Formulieren Sie anschließend die Ergebnisse des Vergleichs schriftlich.

Im folgenden wird unter dem Gesichtspunkt „Das Verhältnis von Bildsamkeit und Bestimmung" ein solcher Vergleich zwischen Herbart und Benner exemplarisch durchgeführt:

„Bildsamkeit" und „Bestimmung" können als zwei komplementäre Begriffe aufgefaßt werden: Während die anthropologische Annahme der Bildsamkeit den Menschen aus seiner biologischen oder auch theologischen Determination befreit und damit neue und selbstbestimmte Entwicklungsmöglichkeiten eröffnet, beschränkt die Bestimmung des Menschen ihrerseits diese Möglichkeiten, indem sie vorgibt, auf welches Ziel hin oder im Hinblick auf welche regulative Idee der Mensch sich entwickeln soll. Die ungeprägte Anfangssituation der Bildsamkeit des Menschen wird nach Herbart mit dem Begriff der „Unbestimmtheit" des Menschen beschrieben, die durch die Erziehung in Bestimmtheit überführt werden soll. Benner bezeichnet die Bildsamkeit als eine „stets im Werden begriffene Identität", die prinzipiell durch „Offenheit" gekennzeichnet ist. Anders als Herbart sieht Benner den Prozeß des Werdens als prinzipiell nicht abschließbar, indem er feststellt, daß Menschen sich gegenseitig als „an ihrer Bestimmung arbeitende Subjekte" verstehen sollten. Bildung und Erziehung haben somit nicht die Aufgabe, den Menschen zu einer von der Erziehung oder gar der Gesellschaft vorgegebenen Bestimmung zu führen. Auch die Ethik, die nach Herbart die Bestimmung und Ziele für die Erziehung vorgibt, kann und darf nach Benner den Bildungsprozeß nicht teleologisch vorbestimmen. Es ist vielmehr Aufgabe der Erziehung und der Erziehungswissenschaft, die Offenheit des Menschen zu unterstützen, ihm durch Selbsttätigkeit die Chance zu geben, an seiner Bestimmung selbst zu arbeiten. Aus diesem Grunde muß die Erziehungswissenschaft sich auch vor einer gesellschaftlichen Inanspruchnahme des Menschen bewahren, wenn diese eine auf ein bestimmtes Ziel hin festgelegte Fremd-Bestimmung des Menschen fordert. Das Prinzip der Selbsttätigkeit des Menschen darf – so Benner – auch im gesellschaftsbezogenen Handeln, dem politischen und beruflichen Handeln, nicht verletzt werden. Diese gesellschaftskritische Haltung Benners wird im vierten Prinzip besonders deutlich, indem er fordert, daß die Struktur der Gesellschaft sich durch ein gleichberechtigtes Nebeneinander der unterschiedlichen gesellschaftlichen Tätigkeitsfelder auszeichnen soll, um der prinzipiellen Offenheit des Menschen, seiner Bildsamkeit, zu entsprechen.

Anders als Herbart führt Benner zwar die Bildsamkeit nicht als den alleinigen Grundbegriff der Erziehungswissenschaft ein, es zeigt sich jedoch in seinem Konzept ein Fundierungsverhältnis zwischen der Bildsamkeit einerseits und den drei anderen Prinzipien andererseits: Die Bildsamkeit ist der Ausgangspunkt seiner Überlegungen, indem sie den Menschen als offen und im Werden begriffen auffaßt. Eine Einschränkung dieser Offenheit darf und soll es durch erzieherische Maßnahmen oder auch andere Formen der Beeinflussung des Menschen nicht geben. Während Herbart die Bildsamkeit des Menschen durch dessen Individualität und die Umstände der Zeit begrenzt sieht, und diese zudem in eine aus der Ethik ermittelte Bestimmung, die Sittlichkeit, durch erzieherische Prozesse überführt werden soll, ist nach Benner jede von außen vorgegebene Bestimmung der Unbestimmtheit des Menschen abzulehnen. Einschränkungen der Offenheit im Hinblick auf eine Bestimmung soll der Mensch als Subjekt nur durch sich selbst vollziehen können. Die Identitätsbildung ist ein Selbstbildungsprozeß, der zwar erzieherisch unterstützt, jedoch in seiner Zielsetzung nicht vorgegeben werden darf. Das zweite Prinzip Benners, die Selbsttätigkeit, folgt demnach konsequent aus seinen Annahmen zur Bildsamkeit: Jede Beeinflussung muß über das Prinzip der Selbsttätigkeit dem Menschen die Möglichkeit eröffnen, seine Selbstbildung, das Werden seiner Identität, selbst zu bestimmen und zu vollziehen. Dies gilt sowohl für erzieherische Interventionen als auch für alle anderen Formen der Beeinflussung des Menschen, die ebenfalls am Prinzip der Bildsamkeit und Selbsttätigkeit orientiert sein sollten. Dies macht Benners – aus pädagogischer Sicht formulierte – Gesellschaftskritik aus (3. und 4. Prinzip). Das Prinzip der Bildsamkeit ist also grundlegend für alle anderen Prinzipien.

▶ Neben einem möglichen Vergleich zwischen Herbart und Benner könnten auch, von Benners Textauszug ausgehend, Bezüge zu den bisher erarbeiteten Aspekten und Gesichtspunkten der Perfektibilität hergestellt werden.

Beispielsweise böte sich ein Vergleich der drei Textauszüge von Luhmann und Schorr, Herrmann und Benner unter dem Gesichtspunkt an, wie das Verhältnis von Bildsamkeit und Gesellschaft jeweils bestimmt wird. Während Benner und zum Teil auch Herrmann der Erziehungswissenschaft eine gesellschaftskritische Aufgabe zuschreiben, erfüllt nach Luhmann die Erziehung eine genuin gesellschaftliche Funktion. Während aber bei Benner und Herbart die Erziehungswissenschaft aufgrund ihres politisch-gesellschaftlichen Auftrages normative Funktionen für die Gesellschaft übernehmen soll, beschreibt Luhmann die Beziehung zwischen Erziehung und Gesellschaft im Rahmen systemtheoretischer Überlegungen.

Vor allem diesem Aspekt können Sie durch einen genaueren Textvergleich selbständig nachgehen.

Zusätzliche Informationen zum Verhältnis der Erziehung und der Erziehungswissenschaft zur Gesellschaft können Sie später, im zweiten Kapitel, erarbeiten.

Eine weitere Vergleichsmöglichkeit ergibt sich durch eine Untersuchung der Bezüge zwischen dem Perfektibilitäts- und dem Identitätsbegriff. Beide Begriffe weisen durch die in ihnen zum Ausdruck gebrachte Zentrierung des Subjekts, den sich selbst vervollkommnenden Menschen und die im Werden befindliche Identität, grundlegende Ähnlichkeiten auf. Auch auf diese Frage der Erziehungswissenschaft wird im zweiten Kapitel näher eingegangen, indem der Identitätsbegriff als ein zentraler Begriff der klassischen Bildungstheorie erarbeitet wird.

Lernfähigkeit als Voraussetzung für die Erziehungswissenschaft

Die ersten beiden Abschnitte des ersten Kapitels zeigten, daß die Themen der Perfektibilität und der Bildsamkeit für erziehungswissenschaftliche Fragestellungen einen zentralen Ausgangspunkt bilden. Genereller formuliert bedeutet dies, daß die Frage nach dem, was der Mensch ist oder werden kann, die anthropologische Frage, für erziehungswissenschaftliche Untersuchungen begründend ist. Im nun folgenden Abschnitt wird eine dritte Variante der anthropologischen Frage im Hinblick auf erziehungswissenschaftliches Denken vorgestellt: die Lernfähigkeit. Auch mit ihr wird eine fundamentale menschliche Fähigkeit thematisiert, die jedoch, und dies wird auch ein zentraler Gegenstand des Kapitels „Lernen und Lehren" (3. Kapitel) sein, andere Prämissen für das erziehungswissenschaftliche Fragen setzt.

Anhand eines Textes von Luhmann und Schorr wird hier im ersten Kapitel exemplarisch in das Thema der Lernfähigkeit eingeführt. Im Auszug wird die Lernfähigkeit als „Kontingenzformel" des Erziehungssystems gekennzeichnet. Da dieser Begriff nicht in dem hier abgedruckten Textauszug, sondern an einer anderen Stelle des Buches von den Autoren geklärt wird, soll er nun vorab knapp umrissen und bestimmt werden.

Eine nähere Erläuterung dieses Begriffs können Sie bei: **Luhmann, Niklas/Karl-Eberhard Schorr:** Reflexionsprobleme im Erziehungssystem, Stuttgart 1979, S. 58–59, nachlesen.

Die Kontingenzerfahrung des Menschen meint im Sinne Luhmanns und Schorrs das Bewußtsein davon, daß nichts notwendig ist und somit auch anders möglich wäre. Generalisiert der Mensch diese Erfahrung zu einer dauerhaften, offenen und unbestimmten Erwartungshaltung, ist er nicht in der Lage, sein Leben für sich und mit anderen zu gestalten. Dies ist er nur unter der Voraussetzung, daß er bestimmte Dinge, Ereignisse, Handlungsweisen etc. erwarten kann und diese Erwartungen zugleich auch mit anderen Menschen teilt. Aus der Annahme heraus, daß alles und jedes zu jeder Zeit möglich ist – Luhmann und Schorr bezeichnen dies als die „Äquipossibilität" – ist der Mensch handlungsunfähig. Aus diesem Grunde muß der Kontingenzhorizont im Handeln auf bestimmte Erwartungen reduziert werden. Kontingenzformeln ermöglichen solche Reduktionen, indem sie Bezugsprobleme vorgeben, unter denen gehandelt, erwartet und gedacht wird. Die Vielzahl des Möglichen wird damit auf Erwartbares reduziert, indem nun vorausgesetzt werden kann, daß in bestimmten Handlungskontexten diesem Bezugsproblem gemäß gehandelt wird. Für die Gesellschaft typische Handlungskontexte (soziale Systeme) sind beispielsweise das Recht, die Wirtschaft, die Politik, die Wissenschaft oder die Religion. Sie unterscheiden sich dadurch voneinander, daß in ihnen hinsichtlich unterschiedlicher Bezugsprobleme gehandelt wird und damit zugleich relativ stabile Erwartungen aufgebaut werden können. Auch das Erziehungssystem hat ein solches Bezugsproblem, das es von allen anderen Systemen der Gesellschaft unterscheidet und aufgrund dessen es als ein eigenständiges System ausdifferenziert ist. Im vorherigen Textauszug von Luhmann und Schorr (T3) haben die Autoren darauf hingewiesen, daß sich das Erziehungssystem aufgrund des Bezugsproblems der Perfektibilität ausdifferenziert hat. Sie gehen jedoch davon aus, daß sich dieses Bezugsproblem im Laufe der Geschichte der Erziehungswissenschaft gewandelt hat. Ein erster Wandel wird nach Luhmann und Schorr von der Perfektibilität zur Bildung vollzogen. Das Erziehungssystem erhält seinen Sinn und seinen Bezugspunkt dann nicht mehr durch die Perfektibilität, sondern durch die Bildung, die – das konnte insbesondere durch die Texte von Herbart und Benner gezeigt werden – das anthropologische Problem der Bildsamkeit zur Prämisse hat. Luhmann und Schorr gehen nun weiter davon aus, daß das erzieherische Bezugsproblem sich abermals gewandelt hat. Erziehung und Erziehungswissenschaft beziehen sich nun nicht mehr in erster Linie auf das Problem der Bildung, sondern auf das des Lernens. Die anthropologische Prämisse erziehungswissenschaftlichen Fragens zielt damit nicht auf die Bildsamkeit, sondern auf die Lernfähigkeit des Menschen.

Herrmann kritisiert mit seinem Aufsatz, aus dem hier ein Auszug (T4) bearbeitet wurde, diese Auffassung von Luhmann und Schorr. Er richtet sich nicht gegen die Annahme, daß Perfektibilität, Bildsamkeit und Lernfähigkeit die zentralen anthropologischen Prämissen erziehungswissenschaftlicher Untersuchungen sind, sondern bezweifelt den von Luhmann und Schorr dargestellten historischen Wandel, in dem die drei Prämissen aufeinander folgen und einander ablösen. Herrmann geht vielmehr von dem gleichzeitigen Auftreten dieser drei grundlegenden und erziehungsrelevanten anthropologischen Kennzeichnungen in der erziehungswissenschaftlichen Diskussion aus.

T 8

Niklas Luhmann/ Karl-Eberhard Schorr: Lernfähigkeit,

in: dies.: Reflexionsprobleme im Erziehungssystem, Stuttgart: Verlagsgemeinschaft Ernst Klett 1979, S. 84–91 (Auszug).

Die Teilnahme am Unterricht führt zum Lernen des Verhaltens in lernspezifischen Interaktionssystemen, führt im Erfolgsfalle zum Lernen des Lernens und entwickelt somit generell einsetzbare Lernfähigkeiten. Mit dem Lernen des Lernens beendet der Erziehungsprozeß sich selbst, und zwar dadurch, daß er das Lernen auf Dauer stellt. Nicht die Selbstreferenz der Person in ihrem Verhältnis zur Welt, sondern die Selbstreferenz des Funktionsprozesses zeichnet den Steigerungseffekt aus, der durch Ausdifferenzierung von Erziehungsprozessen erreichbar ist. Die dies formulierende Kontingenzformel wollen wir einfach Lernfähigkeit nennen. [...]

Lernfähigkeit ist kein neuer Begriff, aber gleichwohl bricht man mit der Tradition des Bildungsgedankens, wenn man im Lernen die Zentralfigur sieht, um die alles andere gravitiert. [...]

Es kommt in allem Lernen, das ist gemeint, nicht auf das Anhäufen zutreffender Kenntnisse oder brauchbarer Fähigkeiten als solcher an, sondern auf die dabei mitgelernte Fähigkeit, das Gelernte als Grundlage weiteren Lernens zu verwenden. Was zutrifft und was brauchbar ist, ist eben dasjenige Wissen und Können, das es ermöglicht, in späteren Situationen erneut erfolgreich zu lernen. Damit ist natürlich nicht jenes „studendum vero semper et ubique" Quintilians [...] gemeint, jene bloß repetierende Übung des einmal gelernten Verbalvermögens bei jeder passenden Gelegenheit; sondern zu lernen ist die Dauerbereitschaft, Neuem durch Änderung von bereits gelernten Erwartungsmustern zu begegnen. [...]

Das Konzept des zu lernenden Lernenkönnens paßt sich in eine funktional differenzierte Gesellschaftsordnung ein. Es kann insofern als Korrelat evolutionärer Veränderungen des Gesellschaftssystems begriffen werden: Höhere Komplexität, die selektives Verhalten erzwingt, erfordert höhere Umstellfähigkeit auf der Ebene sozialer wie auf der Ebene personaler Systeme [...]. Die Formel Lernfähigkeit bezeichnet keine Universaltugend, bietet keinen Ersatz für Gerechtigkeit als Basistugend politischer Gesellschaft oder für Frömmigkeit (pietas) als Basistugend religiöser Gesellschaften. Vielmehr geht es um eine *gelegentlich* intensiv einsetzbare und dafür *dauerhaft* bereitzuhaltende Sozialkompetenz. Abgerufen wird Lernpotential durch Konstellationen, die im einzelnen unbekannt sind und in Prämissen weiteren Erlebens oder Handelns umgearbeitet werden müssen. Es kann sich um unerwartete oder erwartete, um sich aufdrängende oder um gesuchte Überraschungen handeln. In jedem Falle bedeutet Lernbereitschaft, und das ist ihr Risiko, das zu übernehmen man erst lernen muß, daß Erwartungen zur Disposition gestellt und in der Situation umstrukturiert werden. Lernfähigkeit hängt deshalb davon ab, daß kognitiv und nicht normativ, änderungsbereit und nicht kontrafaktisch-durchsetzungsbereit erwartet wird [...].

Erziehung ist nur möglich, wo Lernfähigkeit vorausgesetzt werden kann [...]. Die Kontingenzformel formuliert den Erziehungsprozeß als Steigerbarkeit seiner eigenen Prämisse, als Selbststeigerung. Lernfähigkeit ist also nicht einfach nur der „Output", nicht nur die erst am Ende fertige Leistung des Erziehungssystems, sondern die Betriebsprämisse, die durch laufende Inanspruchnahme entwickelt wird. Insofern ist die Funktion keine erst künftig eintretende Gegenwart, sondern je gegenwärtige Zukunft. Das Lernen lernt sich selbst. [...]

Lernfähigkeit kann man sich einerseits als beliebig steigerbar vorstellen, weil jede Situation mit Überraschungen und Unbekanntheitshorizonten die Möglichkeit offenläßt, mehr und besser zu lernen. Andererseits läuft schrankenlose Lernbereitschaft auf ungehemmte Anpassungswilligkeit hinaus. Keine Gesellschaft, kein Sozialsystem, keine Person kann jede ihrer Strukturen vorab als eine solche definieren, die im Lernfalle zu ändern ist. Das käme einem Verzicht auf Normativität gleich, einem Verzicht auf Gewissen [...], einem Verzicht auf Recht und auf eine Vielzahl weiterer Überzeugungsgrundlagen für Kommunikationen im Bereich von Religion, Moral, Politik, Liebe usw. [...]

Wie aber findet und reflektiert der Lernprozeß seine eigene Schranke, ohne vorab und vielleicht voreilig auf Lernfähigkeit zu verzichten?

Eine Antwort auf diese Frage findet man in der Analyse von Autonomie; genauer gesagt: in der Analyse von Systemen, die sich als selbstreferentiell reflektieren. Wir hatten schon notiert: Autonom ist ein System, das seine Abhängigkeiten von der Umwelt wählen kann. Das setzt systemintern eine Ebenendifferenzierung voraus, so daß die operative Umweltabhängigkeit von der reflektierten unterschieden werden kann. Im gleichen Sinne kann man sagen: Autonom ist ein System, das die Hinsichten wählen, in denen es normativ bzw. lernbereit erwarten will, und das auch diese Wahl bei Bedarf wiederum normativ bzw. lernbereit programmieren kann. Die Grundfigur ist auch hier: daß für den Vollzug selbstreferentieller Prozesse eine operative und eine sie reflektierende (und darin ihrerseits wiederum: operative [...]) Ebene zur Verfügung steht.

Damit ist aber nur die Form angegeben, die das Reflexionsproblem löst. Die Inhalte, die den Lernprozeß bzw. den Reflexionsprozeß stoppen, bleiben historisch. Man hat seit dem Beginn rücklaufender Selbsterfahrung mit funktionaler Differenzierung vergeblich versucht, die Geltung von Inhalten durch Bezug auf a priori Geltendes zu begründen. Das Interesse am „a priori" ist selbst ein historisches. Nur die Systemform kann die laufende Katalyse, das laufende Regenerieren von jeweils plausiblen Stoppregeln garantieren. Wenn das Erziehungssystem einen abermaligen Wechsel der Kontingenzformel vollzieht und von Bildung zu Lernfähigkeit übergeht, muß es diese Konsequenz akzeptieren.

A 8 *Lesen Sie den Text erneut, und fassen Sie die Kernaussagen eines jeden Textabschnitts möglichst knapp zusammen. Nutzen Sie für diesen Arbeitsgang das Arbeitsblatt A8, indem Sie in die erste Spalte die entsprechenden Zeilenzählungen und in die zweite Spalte die zusammengefaßten Kernaussagen eintragen.*

Zeilen	Kernaussagen
1–8	Die Kontingenzformel des Erziehungssystems ist die Lernfähigkeit • Im Erziehungssystem wird das Lernen gelernt. Ist dieser Lernprozeß abgeschlossen und Lernen auf Dauer gestellt, ist auch der Erziehungsprozeß beendet • Diese Kontingenzformel thematisiert nicht die Selbstbezüglichkeit des Menschen im Verhältnis zur Welt, sondern die Selbstbezüglichkeit des Lernprozesses im Hinblick auf die ihm eigene Fähigkeit, Lernfähigkeit zu steigern
9–11	Lernfähigkeit ist kein neuer Begriff. Er bricht jedoch mit der Tradition des Bildungsgedankens
12–20	Lernfähigkeit ist das Wissen und Können, das zukünftiges Lernen ermöglicht
21–36	Lernfähigkeit ist eine Sozialkompetenz, die sich nicht auf Universaltugenden bezieht, sondern eine Umstellungsfähigkeit meint, die Erwartungen zur Disposition stellt und sie in der Situation umstrukturiert
37–43	Lernfähigkeit ist sowohl die Prämisse der Erziehung als auch dasjenige Moment, das durch Erziehung verbessert bzw. gesteigert werden soll. Lernfähigkeit ist damit nicht nur auf Zukunft bezogen, sondern immer auch schon gegenwärtig
44–52	Schrankenlose Lernfähigkeit führt zu ungehemmter Anpassungswilligkeit. Beliebige Veränderbarkeit des stets Lernenden ist unvereinbar mit normativen Grundsätzen des Menschen, die als psychische Einstellungen und Dispositionen gerade nicht verändert werden, sondern Bestand haben sollten
53–54	Die zentrale Frage, wie Lernprozesse beschränkt werden können, ohne auf das grundlegende Bezugsproblem der Lernfähigkeit zu verzichten
55–65	Lernfähigkeit läßt sich durch Autonomie begrenzen und zugleich als Prämisse wie auch als steigerbar unterstellen. Autonomie bedarf einer Differenzierung zwischen der operativen Umweltabhängigkeit (mit Lernen auf Umweltereignisse zu reagieren) und der reflektierten Umweltabhängigkeit (entscheiden können, ob tatsächlich mit Lernen reagiert wird oder nicht). Die Autonomie ermöglicht eine Wahl zwischen lernbereiten und normativen Reaktionen
66–74	Autonomie löst das Problem nur formal. Darüber hinaus muß die Begrenzung der Lernfähigkeit auch inhaltlich festgelegt werden, was jedoch in Anbetracht dessen, daß es keine allgemeingültigen Normen gibt und zudem alle normativen Setzungen historisch bedingt sind, problematisch ist. Das Erziehungssystem muß jedoch laufend solche Stoppregeln für Lernfähigkeit festlegen, um der Normativität gerecht zu werden

A 8 *Ermitteln Sie nun den argumentativen Zusammenhang des Textes, indem Sie in der dritten Spalte des Arbeitsblattes A8 eintragen, welche Funktion die Kernaussagen für den Gedankengang des Textes haben.*

Zeilen	Kernaussagen	Argumentative Funktion
1–8	Die Kontingenzformel des Erziehungssystems ist die Lernfähigkeit • Im Erziehungssystem wird das Lernen gelernt. Ist dieser Lernprozeß abgeschlossen und Lernen auf Dauer gestellt, ist auch der Erziehungsprozeß beendet • Diese Kontingenzformel thematisiert nicht die Selbstbezüglichkeit des Menschen im Verhältnis zur Welt, sondern die Selbstbezüglichkeit des Lernprozesses im Hinblick auf die ihm eigene Fähigkeit, Lernfähigkeit zu steigern	Hauptthese Begründung der Hauptthese durch die empirische Feststellung, was im Erziehungssystem geschieht Nähere Erläuterung der Hauptthese durch einen Vergleich mit einer ersten impliziten Abgrenzung vom traditionellen Bildungsgedanken: Lernfähigkeit bezieht sich auf den Lernprozeß selbst und nicht auf das Mensch-Welt-Verhältnis
9–11	Lernfähigkeit ist kein neuer Begriff. Er bricht jedoch mit der Tradition des Bildungsgedankens	Explizite Abgrenzung vom traditionellen Bildungsgedanken
12–20	Lernfähigkeit ist das Wissen und Können, das zukünftiges Lernen ermöglicht	Nähere Bestimmung der Lernfähigkeit: 1. durch eine Definition der Lernfähigkeit
21–36	Lernfähigkeit ist eine Sozialkompetenz, die sich nicht auf Universaltugenden bezieht, sondern eine Umstellungsfähigkeit meint, die Erwartungen zur Disposition stellt und sie in der Situation umstrukturiert	2. durch die Benennung der mit ihr verbundenen Fähigkeiten und Kompetenzen
37–43	Lernfähigkeit ist sowohl die Prämisse der Erziehung als auch dasjenige Moment, das durch Erziehung verbessert bzw. gesteigert werden soll. Lernfähigkeit ist damit nicht nur auf Zukunft bezogen, sondern immer auch schon gegenwärtig	3. durch die Benennung ihrer konstitutiven Merkmale in bezug auf Erziehung: • Sie ist die anthropologische Prämisse der Erziehung • Sie ist die Funktion der Erziehung
44–52	Schrankenlose Lernfähigkeit führt zu ungehemmter Anpassungswilligkeit. Beliebige Veränderbarkeit des stets Lernenden ist unvereinbar mit normativen Grundsätzen des Menschen, die als psychische Einstellungen und Dispositionen gerade nicht verändert werden, sondern Bestand haben sollten	Schlußfolgerung aus der näheren Bestimmung der Lernfähigkeit: • im Hinblick auf die Fähigkeiten und Kompetenzen: Steigerung der Lernfähigkeit führt zu ungehemmter Anpassungswilligkeit • im Hinblick auf zentrale Aspekte der Erziehung: Schrankenlose Steigerung der Lernfähigkeit ist unvereinbar mit normativen Grundsätzen
53–54	Die zentrale Frage, wie Lernprozesse beschränkt werden können, ohne auf das grundlegende Bezugsproblem der Lernfähigkeit zu verzichten	Folgeproblem für die Erziehung aus den genannten Schlußfolgerungen

Zeilen	Kernaussagen	Argumentative Funktion
55–65	Lernfähigkeit läßt sich durch Autonomie begrenzen und zugleich als Prämisse wie auch als steigerbar unterstellen. Autonomie bedarf einer Differenzierung zwischen der operativen Umweltabhängigkeit (mit Lernen auf Umweltereignisse zu reagieren) und der reflektierten Umweltabhängigkeit (entscheiden können, ob tatsächlich mit Lernen reagiert wird oder nicht). Die Autonomie ermöglicht eine Wahl zwischen lernbereiten und normativen Reaktionen	1. Problemlösung: Die Begrenzbarkeit der Lernfähigkeit kann formal durch Autonomie vollzogen werden
66–74	Autonomie löst das Problem nur formal. Darüber hinaus muß die Begrenzung der Lernfähigkeit auch inhaltlich festgelegt werden, was jedoch in Anbetracht dessen, daß es keine allgemeingültigen Normen gibt und zudem alle normativen Setzungen historisch bedingt sind, problematisch ist. Das Erziehungssystem muß jedoch laufend solche Stoppregeln für Lernfähigkeit festlegen, um der Normativität gerecht zu werden	2. Problemlösung: Inhaltlich kann das Problem nur gelöst werden, wenn der jeweiligen Zeit entsprechende Stoppregeln für Lernfähigkeit (normative Regeln) formuliert und als verbindlich gesetzt werden

Versuchen Sie nun Luhmanns und Schorrs Überlegungen mit den bisher erarbeiteten Aussagen zur Perfektibilität und Bildsamkeit zu vergleichen. Wählen Sie für diesen Vergleich folgende Gesichtspunkte:

1. Die anthropologische Fundierung der Erziehung

2. Das Moment der Steigerung bzw. Verbesserung zentraler menschlicher Fähigkeiten durch die Erziehung und ihre Folgen für die Erziehung

3. Die Menschwerdung bzw. Personalisation unter der Perspektive der Perfektibilität, Bildsamkeit und Lernfähigkeit

Sowohl die Perfektibilität als auch die Bildsamkeit und die Lernfähigkeit sind anthropologische Voraussetzungen, von denen die Erziehung ausgehen kann. Jedes dieser Denkkonzepte fundiert die erzieherische Beeinflussung, indem die Frage nach dem Menschen als Prämisse der Erziehung angenommen wird. Gleichzeitig verweisen alle drei Prämissen aufeinander und bedingen sich wechselseitig. So ist die Bildsamkeit beispielsweise nicht denkbar, wenn nicht auch zugleich die Lernfähigkeit des Menschen unterstellt wird.

Die Differenz dieser drei Konzepte zeigt sich erst dann, wenn eines von ihnen zum zentralen erziehungsrelevanten Moment bzw. – wie Luhmann und Schorr dies formulieren – zur Kontingenzformel der Erziehung erhoben wird. Es stellt sich nun die Frage, welche Besonderheit die Kontingenzformel „Lernfähigkeit" als Prämisse und auch Funktion der Erziehung aufweist, welche Schlußfolgerungen sie im Vergleich zu der Perfektibilität und Bildsamkeit auf erziehungswissenschaftliche Fragestellungen zuläßt und fordert.

Die Thematisierung der Lernfähigkeit zeigt eine andere Fokussierung erziehungswissenschaftlichen Fragens: Es geht nicht mehr in erster Linie um den Menschen, der durch Erziehung in seiner Menschwerdung unterstützt oder gar zu ihr geführt werden soll, sondern es geht vor allem um die Frage, welche 'Auswirkungen' erzieherische Bemühungen, die letztlich Lernprozesse im Edukanden ermöglichen wollen, auf den Menschen zeigen.

Mit der Lernfähigkeit sind positiv beurteilte Zielsetzungen noch nicht gegeben: Die Steigerung der

Lernfähigkeit geht sogar einher mit einer erzieherisch nicht gewünschten, einer erzieherisch nicht vertretbaren Nebenfolge: der hemmungslosen Anpassungswilligkeit des stets Lernenden. Die erziehungswissenschaftlichen Fragestellungen beziehen sich nun nicht mehr allein auf die Steigerung ihrer Prämissen, sondern – im Gegenteil – auf das zentrale Problem, wie Erziehung ihre eigenen Auswirkungen zugunsten normativer Grundsätze und Zielsetzungen beschränken kann. Luhmann und Schorr greifen hier wiederum auf Lösungsmöglichkeiten zurück, die bereits in den Konzepten der Bildsamkeit eine zentrale Rolle spielen: die Autonomie und die Formulierung normativer Grundsätze.

Die Autonomie entspricht der Selbstbestimmung des Subjekts in Benners Identitätsbegriff. Luhmann und Schorr beschreiben die Selbstbestimmung als die Wahlmöglichkeit, lernend oder aber auch normativ zu reagieren, indem über das Handeln und die Reaktionen auf die Umwelt reflektiert wird. Herrmann geht von der Autonomie der Identität aus, die durch das Prinzip der Selbsttätigkeit bewahrt werden kann und soll.

Die Aufforderung Luhmanns und Schorrs zur Setzung von inhaltlich-normativen Stoppregeln entspricht der normativen Bestimmung des Menschen bei Herbart. Der grundlegende Unterschied besteht darin, daß Herbart diese normative Stoppregel aus der Ethik als zeitlos und allgemeingültig deduziert, während Luhmann und Schorr davon ausgehen, daß sie jeweils den zeitlichen Umständen entsprechend verändert werden kann und muß.

Die bei Herbart und Benner formulierten normativen Setzungen ergeben sich aus der Annahme der Bildsamkeit des Menschen, während in Luhmanns und Schorrs Konzept normative Bestimmungen der Lernfähigkeit als solcher entgegengesetzt werden. Inwiefern dieses Problem praktisch gelöst werden kann und einerseits verbindliche Normen für die Erziehung vorgegeben, andererseits aber auch wieder verändert werden können, ist diesem Textauszug nicht zu entnehmen.

Dieser knappe Vergleich zwischen den inhaltlich unterschiedlich besetzten 'Anfängen' erziehungswissenschaftlichen Denkens und Forschens verweist zumindest implizit schon auf weitere zentrale Themen des Fachs. Folgende Aspekte gilt es im Verlauf der nächsten drei Kapitel demnach zu klären:

- Die Verknüpfung des Bildungsgedankens mit der Frage nach der Identität des Menschen und seinem Verhältnis zur Welt wird im zweiten Kapitel anhand des klassischen Bildungsbegriffs von Humboldt vertieft. Welche weiteren inhaltlichen Bestimmungen der Bildungsbegriff haben kann, wird auf dem Hintergrund des Themas „Bildung und Didaktik" erarbeitet. Hierbei werden insbesondere die Begriffe der „Mündigkeit" und „Emanzipation" aufgegriffen.
- Ebenfalls im zweiten Kapitel wird das Thema der historischen Bedingtheit normativer Bestimmungen in der Erziehungswissenschaft anhand eines Textauszugs von Dilthey vertieft.
- Die Thematisierung didaktischer Konzepte verweist auf die enge Verbindung von bildungstheoretischen Fragen und der Planung und Gestaltung der erzieherischen Beeinflussung insbesondere in der Schule.
- Ein weiteres zentrales erziehungswissenschaftliches Thema hat explizit das Lernen zum Gegenstand. Lerntheoretische Überlegungen im Zusammenhang mit der Frage nach der Gestaltung von Lernprozessen in erzieherischen Zusammenhängen werden im dritten Kapitel unter dem Thema „Lernen und Lehren" aufgegriffen.
- Im vierten und letzten Kapitel wird der bereits im ersten Kapitel mehrfach angesprochene Aspekt behandelt, daß neben erzieherischen Einwirkungen immer auch die Umstände, die Zeitbedingtheiten, die gesellschaftlichen Gegebenheiten und nicht zuletzt, dies wurde anhand des Textausschnitts von Luhmann und Schorr deutlich, die Erziehung selbst, jenseits ihrer erzieherischen Intentionen, den Edukanden beeinflussen und prägen. Nicht nur nicht-erzieherische Zusammenhänge wirken sich auf die Entwicklung und das Lernen Heranwachsender und Erwachsener prägend aus, sondern auch der Erziehungsprozeß ermöglicht implizite, möglicherweise nicht-intendierte Lernerfahrungen. Dies wird abschließend unter der Problematik „Sozialisation und Erziehung" erörtert.

2. Kapitel:
Bildung und Didaktik

Nachdem im ersten Kapitel die Perfektibilität, Bildsamkeit und Lernfähigkeit als grundlegende Voraussetzungen der Erziehung betrachtet und bereits auf erziehungswissenschaftliche Konzeptionen und die damit verbundene Bildungsfrage bezogen wurden, soll in dem nun folgenden zweiten Kapitel der Bildungsbegriff näher bestimmt werden.

Ausgangspunkt für diese Untersuchungen bilden zwei Texte, von Humboldt und Herbart, die einerseits von historischem Interesse sind, da sie den klassischen Bildungsbegriff grundlegend geprägt haben, andererseits in systematischer Hinsicht heute von zentraler Bedeutung sind, da die Grundzüge des klassischen Bildungsbegriffs auch die heutige Bildungsdiskussion noch stark beeinflussen.

In einem zweiten Schritt wird, wiederum durch zwei Texte, der Bildungsgedanke unter kritischer Perspektive betrachtet: erstens mit Hilfe eines Textes von Dilthey, der die Beantwortung der Frage nach erzieherischer Zielsetzung und erzieherischen Normen als historisch bedingt sieht, und zweitens durch einen Text von Tenorth, der das klassische Bildungsdenken für heutige pädagogische Fragestellungen problematisiert.

Im Verlauf des zweiten Kapitels werden weitere und modifizierte Bildungsbegriffe, nun verbunden mit didaktischen Fragen, thematisiert. Hierbei kommen verschiedene Konzeptionen zur Sprache, die wichtige Stationen in der neueren Bildungsdiskussion darstellen und diese stark beeinflußt haben. Im Zentrum dieser Überlegungen stehen Auszüge aus pädagogischen Schriften von Klafki und Schulz. Beide vertreten typische bildungstheoretische bzw. didaktische Ansätze. Darüber hinaus zeigt sich bei beiden Autoren eine ähnliche Veränderung ihrer Konzeptionen: Ihre ursprünglich unterschiedlichen Ansätze, die jeweils in den 50er bis 60er Jahren konzipiert wurden, näherten sich in den 80er Jahren hinsichtlich des emanzipatorischen Bildungsbegriffs aneinander an. Ein Vergleich zwischen den beiden ursprünglich verschiedenen Konzepten – der Kategorialen Bildung bei Klafki und dem Berliner Strukturmodell bei Schulz – verweist auf zwei grundlegend verschiedene Formen der Thematisierung von Bildung und Didaktik. Die Ermittlung der jeweiligen Fortentwicklungen der beiden Konzepte – als kritisch-konstruktive Didaktik bei Klafki und als Hamburger Modell bei Schulz – und deren Vergleich zeigt ihre Annäherung, die auf einer verstärkten Rezeption der Kritischen Theorie beruht.

Der klassische Bildungsbegriff

Identität als Bildungsziel

T 9

Wilhelm von Humboldt: Ideen zu einem Versuch, die Gränzen der Wirksamkeit des Staats zu bestimmen [1792], in: ders.: Schriften zu Anthropologie und Geschichte, hrsg. von Andreas Flitner und Klaus Giel, 3. Aufl. Darmstadt: Wissenschaftliche Buchgesellschaft 1980, S. 64 und S. 67 (Auszug).

Der wahre Zwek des Menschen – nicht der, welchen die wechselnden Neigungen, sondern welchen die ewig unveränderliche Vernunft ihm vorschreibt – ist die höchste und proportionirlichste Bildung seiner Kräfte zu einem Ganzen. Zu dieser Bildung ist Freiheit die erste, und unerlassliche Bedingung. Allein ausser der Freiheit erfordert die Entwikkelung der menschlichen Kräfte noch etwas andres, obgleich mit der Freiheit eng verbundenes, Mannigfaltigkeit der Situationen. Auch der freieste und unabhängigste Mensch, in einförmige Lagen versezt, bildet sich minder aus. Zwar ist nun einestheils diese Mannigfaltigkeit allemal Folge der Freiheit, und anderntheils giebt es auch eine Art der Unterdrükkung, die statt den Menschen einzuschränken, den Dingen um ihn her eine beliebige Gestalt giebt, so dass beide gewissermaassen Eins und dasselbe sind. Indess ist es der Klarheit der Ideen dennoch angemessener, beide noch von einander zu trennen. Jeder Mensch vermag auf Einmal nur mit Einer Kraft zu wirken, oder vielmehr sein ganzes Wesen wird auf Einmal nur zu Einer Thätigkeit gestimmt. Daher scheint der Mensch zur Einseitigkeit bestimmt, indem er seine Energie schwächt, sobald er sich auf mehrere Gegenstände verbreitet. Allein dieser Einseitigkeit entgeht er, wenn er die einzelnen, oft einzeln geübten Kräfte zu vereinen, den beinah schon verloschnen wie den erst künftigen hell aufflammenden Funken in jeder Periode seines Lebens zugleich mitwirken zu lassen, und statt der Gegenstände, auf die er wirkt, die Kräfte, womit er wirkt, durch Verbindung zu vervielfältigen strebt. Was hier gleichsam die Verknüpfung der Vergangenheit und der Zukunft mit der Gegenwart wirkt, das wirkt in der Gesellschaft die Verbindung mit andren. Denn auch durch alle Perioden des Lebens erreicht jeder Mensch dennoch nur Eine der Vollkommenheiten, welche gleichsam den Charakter des ganzen Menschengeschlechts bilden. [...]

Das höchste Ideal des Zusammenexistirens menschlicher Wesen wäre mir dasjenige, in dem jedes nur aus sich selbst, und um seiner selbst willen sich entwikkelte.

A 9

Lesen Sie den Text erneut unter der Perspektive, in welcher Weise Humboldt seinen Gedankengang entwickelt. Gehen Sie hierfür den Textauszug möglichst Satz für Satz durch, und formulieren Sie Kernaussagen zu den einzelnen Argumentationsschritten. Tragen Sie die entsprechenden Zeilenangaben und Kernaussagen in die ersten beiden Spalten des Arbeitsblattes A9 ein, in dem diese Argumentationsschritte vorgegeben sind. Erläutern Sie diese Kernaussagen in der dritten Spalte, indem Sie sie knapp zusammenfassen bzw. klassifizieren.

Zeilen	Argumentationsschritte/Kernaussagen	Erläuterungen
1–3	Ausgangsthese: Der wahre Zweck des Menschen ist die höchste und proportionierlichste Bildung seiner Kräfte zu einem Ganzen	Das Bildungsziel
2	Begründung der These: Das Ziel ergibt sich aus der ewig unveränderlichen Vernunft	Herleitung des Bildungsziels
3–6	Erläuterung der These: • Freiheit ist eine notwendige Bedingung der Kräfteentwicklung • Die Entwicklung der Kräfte erfordert Mannigfaltigkeit der Situation	1. anthropologische Bedingung 2. Bedingung, die die Situation, die Umwelt des Menschen erfüllen muß
6–11	Begründung der Erläuterung: • Auch ein freier Mensch kann sich in einer einförmigen Situation nicht voll entwickeln • Wechselseitige Abhängigkeit von Mensch und Situation	Die Mensch-Situationsbeziehung, die Mensch-Umweltbeziehung
11–12	Ausgangspunkt für den weiteren Argumentationsgang: Mensch und Umwelt müssen getrennt voneinander betrachtet werden	Mensch-Umwelt-Differenzierung
12–14	These: Der Mensch kann zu einem Zeitpunkt nur eine Kraft einsetzen	Anthropologische Bedingung im Hinblick auf Kräfte
14–15	Möglicher Fehlschluß aus der These: Der Mensch scheint zur Einseitigkeit bestimmt	Direkte Schlußfolgerung von dieser anthropologischen Bedingung auf die anthropologische Bestimmung
15–16	Mögliche Begründung des Fehlschlusses: Wenn der Mensch zugleich mehrere Kräfte einsetzt, verteilt sich seine Energie auf verschiedene Gegenstände und er wird schwach	Annahme über das Verhältnis von Kraft und Energie des Menschen
16–20	Dem Fehlschluß entgegenstehende Schlußfolgerung: Der Mensch soll die jeweils einzelnen Kräfte aus verschiedenen Perioden seines Lebens miteinander verbinden und sie somit vervielfältigen	Verbindung des wahren Zwecks des Menschen mit der anthropologischen Bedingung hinsichtlich seiner Kräfte

Zeilen	Argumentationsschritte/Kernaussagen	Erläuterungen
20–24	Analogieschluß: • In gleicher Form, wie der einzelne Mensch seine Kräfte aus Vergangenheit, Zukunft und Gegenwart miteinander zu einem Ganzen verknüpft, verbindet sich die Gesellschaft zu einer Einheit aus den einzelnen Kräfteverbindungen der Menschen • Der Mensch erlangt eine individuelle Vollkommenheit, die sich mit den Vollkommenheiten anderer zum Charakter des ganzen Menschengeschlechts verbindet	Analogie zwischen individueller und gesellschaftlicher Vollkommenheit
25–26	Schlußfolgerung aus dem Analogieschluß: Das höchste Ideal des menschlichen Zusammenlebens besteht darin, daß sich jeder individuell aus sich selbst und um seiner selbst willen entwickelt	Das gesellschaftliche Ideal fundiert sich durch die Vervollkommnung eines jeden einzelnen

Das zentrale Moment des Humboldtschen Bildungsbegriffs ist der aus der Vernunft abgeleitete „wahre Zweck des Menschen", die Verbindung aller menschlichen Kräfte zu einem Ganzen. In heutiger Terminologie kann der Bildungsprozeß damit als ein Individuationsprozeß verstanden werden, in dem der Bildungsgang der Identitätsbildung des Menschen dient. Das diesem Bildungsbegriff zugrundeliegende Konzept der „proportionierlichen" Vereinigung aller menschlichen Kräfte zu einer Einheit enthält eine pädagogisch gewendete, implizite Identitätstheorie.

Versuchen Sie im folgenden diesen Identitätsbegriff im Sinne Humboldts näher zu kennzeichnen. Rekapitulieren Sie hierfür den von Ihnen erarbeiteten Gedankengang des Textauszugs unter der thematischen Perspektive, welche Bestimmungen die Kernaussagen und Erläuterungen im Hinblick auf den Begriff „Identität" zulassen. Formulieren Sie Ihre Ergebnisse schriftlich, indem Sie die Beziehung der Identität erstens zu den menschlichen Kräften, zweitens zur menschlichen Individualität und drittens zum menschlichen „Zusammenexistieren" festhalten.

Der Zweck und die Vervollkommnung des Menschen werden im Rahmen von Humboldts Bildungsbegriff mit der individuellen Ausprägung und Entwicklung der Identität gleichgesetzt. Humboldt sieht aber nicht spezifische Kräfte des Menschen als dessen Bestimmung, sondern es geht ihm um einen eher formal geprägten Bildungsbegriff, der die Vielfalt der menschlichen Kräfte und deren Integration zu einem Ganzen intendiert. Das Ziel der Identität konstituiert einen formalen Bildungsbegriff, der die Allgemeinbildung des Menschen im Gegensatz zu jeder Form der Spezialbildung anstrebt.

Der Prozeß der Identitätsbildung, und damit der Bildungsgang selbst, wird von unterschiedlichen Faktoren beeinflußt:

1. Der Mensch wird in seiner wechselseitigen Abhängigkeit von der Situation, seiner Umwelt gesehen. Er ist damit keine 'fensterlose Monade', die sich ohne Außen- und Umweltbezug und ausschließlich auf sich selbst verwiesen entwickelt. Trotz dieser Umweltbeziehung des Menschen sieht Humboldt die Identität des Menschen nicht als eine in erster Linie soziale Identität. Die das Subjekt umgebende Situation wirkt sich nur insofern auf dessen Identitätsbildung aus, als eine bestimmte Gestaltung des Umfeldes diese einschränken kann. Die Ausbildung vielseitiger Kräfte kann damit unterbunden werden.

Zusätzlich zu dieser möglichen, sozialen Einschränkung ist die Identitätsbildung auch aus psychologisch-anthropologischen Gründen möglichen Begrenzungen ausgesetzt. Der Begriff der „Kraft" dient in Humboldts Konzept als eine Metapher für die Vermögen, Interessen und Fähigkeiten des Menschen. Mit dieser Metapher ist eine grundlegende Beschränkung des Menschen verbunden: Er kann nicht zu jedem Zeitpunkt alle seine Kräfte ausbilden oder einsetzen. Die Kraft des Menschen ist an dessen Energie gebunden, die sich bei einer Vervielfältigung der Kräfte zu einem bestimmten Zeitpunkt entsprechend teilen bzw. verteilen muß. Der Mensch ist nicht mit unbegrenzter Energie ausgestattet, so daß er auf ein beschränktes Maß an gleichzeitig wirkenden Kräften verwiesen ist. Die Identitätsbildung kann demnach nur als ein lebenslanger Prozeß verstanden werden, der die nacheinander auftretenden Kräfte des Menschen integriert. Bildung ist ein intendierter Prozeß, der eine bestimmte Form des Umgangs mit der eigenen Biographie, der Integration der im Laufe einzelner Lebensabschnitte und Lebensperioden entwickelten Kräfte ermöglicht.

2. Die formale Bestimmung der Identität und ihrer Verbindung mit dem individuellen Lebenslauf eines Menschen verweist auf einen eng an der Individualität des Menschen orientierten Bildungsbegriff. Die Vervollkommnung des Menschen erhält dadurch individuelle Züge. Der Mensch ist demnach nicht nur auf sich selbst als Gattungswesen zurückbezogen, sondern auch auf seine je eigene Individualität. Die Gleichsetzung der Bildung mit der Identitätsentwicklung impliziert die Individuation des Menschen, bei welcher er die ihm je eigenen Kräfte integriert. Die Menschwerdung des Menschen enthält dadurch keine grundlegende gattungsspezifische, inhaltliche Bestimmung mehr, sondern wird formal als die Personalisation des Menschen beschrieben, in der dieser seine Individualität aus sich selbst heraus verwirklicht. Der je einzelne Mensch erreicht so eine von vielen möglichen Vollkommenheiten.

3. Das Humboldtsche Identitätskonzept stellt die vielseitige und integrierte Individualität des Menschen ins Zentrum seiner Betrachtung. Das Bildungsziel ist nicht auf die Sittlichkeit oder Gesellschaftsfähigkeit des Menschen bezogen, sondern auf ihn selbst. Dennoch verweist Humboldt auf eine Verschränkung zwischen dem einzelnen Menschen, dem Individuum, und der Gesellschaft. Es ist nicht die Gesellschaft, die den Identitätsprozeß ermöglicht oder gar hervorbringt, sondern sie soll entsprechend der Individuation ihrer Mitglieder geprägt werden. Die beste Gesellschaft ist diejenige, die den gebildeten, selbstentwickelten und selbstbestimmten Menschen als konstitutiv für sich annimmt.

▶ Die Definition der Bildung als einer Identitätsentwicklung ist für zahlreiche bildungstheoretische Konzeptionen von grundlegender Bedeutung. *Versuchen Sie selbständig diesbezüglich Parallelen zwischen den hier erarbeiteten Merkmalen des Humboldtschen Bildungsbegriffs und der Konzeption Benners zu ziehen.*

Auch in psychologischen wie soziologischen Theoriebildungen hat die Identitätsentwicklung einen zentralen Stellenwert. Im dritten Kapitel „Sozialisation und Erziehung" wird die Persönlichkeits- und Identitätsentwicklung deshalb erneut thematisiert. An dieser Stelle soll jedoch schon auf einen prominenten Sozialpsychologen, Erikson, verwiesen werden, der die Identität sowohl unter psychologischen, hierbei in erster Linie psychoanalytischen, und sozialen Gesichtspunkten definiert und erläutert. Bemerkenswert ist eine grundlegende Parallelität zu Humboldts Identitätskonzept, insofern beide Autoren in der Identität eine Integration der verschiedenen Fähigkeiten und Dispositionen des Menschen zu einem Ganzen sehen. Während Humboldt die Integration entwickelter Kräfte intendiert, definiert Erikson im Rahmen einer psychoanalytischen Entwicklungstheorie die Identität als die Integration unterschiedlicher, phasenspezifischer Krisenbewältigungen aus der kindlichen Entwicklung: **Erikson, Erik H.:** Identität und Lebenszyklus, 7.Aufl. Frankfurt a.M. 1981.

In dem nun folgenden Textausschnitt wird ein bereits erarbeiteter Aspekt vertieft: der formale Charakter des Humboldtschen Bildungsbegriffs. Die Kennzeichnungen eines solchen Bildungsverständnisses können mit Hilfe des folgenden Textauszugs, in dem das Verhältnis des Menschen zur Welt, zu den Dingen, zu den Inhalten der Bildung beschrieben wird, geklärt werden.
Lesen Sie den Text, und heben Sie zentrale Stellen optisch hervor.

T 10

Wilhelm von Humboldt: Theorie der Bildung des Menschen,
in: ders.: Schriften zu Anthropologie und Geschichte. Werke in fünf Bänden I, hrsg. von Andreas Flitner und Klaus Giel, 3. Aufl. Darmstadt: Wissenschaftliche Buchgesellschaft 1980, S. 235 (Auszug).

Im Mittelpunkt aller besonderen Arten der Thätigkeit nemlich steht der Mensch, der ohne alle, auf irgend etwas Einzelnes gerichtete Absicht, nur die Kräfte seiner Natur stärken und erhöhen, seinem Wesen Werth und Dauer verschaffen will. Da jedoch die blosse Kraft einen Gegenstand braucht, an dem sie sich üben, und die blosse Form, der reine Gedanke, einen Stoff, in dem sie, sich darin ausprägend, fortdauern könne, so bedarf auch der Mensch einer Welt ausser sich. Daher entspringt sein Streben, den Kreis seiner Erkenntniss und seiner Wirksamkeit zu erweitern, und ohne dass er sich selbst deutlich dessen bewusst ist, liegt es ihm nicht eigentlich an dem, was er von jener erwirbt, oder vermöge dieser ausser sich hervorbringt, sondern nur an seiner inneren Verbesserung und Veredlung, oder wenigstens an der Befriedigung der inneren Unruhe, die ihn verzehrt. Rein und in seiner Endabsicht betrachtet, ist sein Denken immer nur ein Versuch seines Geistes, vor sich selbst verständlich, sein Handeln ein Versuch seines Willens, in sich frei und unabhängig zu werden, seine ganze äussre Geschäftigkeit überhaupt aber nur ein Streben, nicht in sich müssig zu bleiben. Bloss weil beides, sein Denken und sein Handeln nicht anders, als nur vermöge eines Dritten, nur vermöge des Vorstellens und des Bearbeitens von etwas möglich ist, dessen eigentlich unterscheidendes Merkmal es ist, NichtMensch, d.i. Welt zu seyn, sucht er, soviel Welt, als möglich zu ergreifen, und so eng, als er nur kann, mit sich zu verbinden.

A 10

In diesem Textausschnitt thematisiert Humboldt das Verhältnis von Mensch und Welt, in dem ein sich bildender bzw. gebildeter Mensch steht. Er stellt hinsichtlich des Ziels und verschiedener Vollzüge des Menschen eine selbstbezügliche bzw. weltbezügliche Bedeutung fest. *Ordnen Sie die zentralen Aussagen des Textes diesen beiden Gesichtspunkten zu, indem Sie sie in die Matrix des Arbeitsblattes A10 eintragen.*

	Selbstbezügliche Bedeutung	**Weltbezügliche Bedeutung**
Zentrum aller Tätigkeiten	Der Mensch selbst	– – –
Ziel aller menschlichen Tätigkeiten	Die menschlichen Kräfte zu stärken und zu erhöhen und dem menschlichen Wesen Wert und Dauer zu verschaffen	– – –
Notwendiger Bezug, notwendiges Mittel aller menschlichen Tätigkeit	– – –	Die Welt, da jede Kraft einen Gegenstand, jeder Gedanke einen Stoff und jeder Mensch demnach Welt braucht
Unbewußte Motive aller menschlichen Vollzüge	Alles Erkenntnisinteresse und Interesse an Wirksamkeit entspringt dem Wunsch, sich zu verbessern und zu veredeln	Dem Menschen ist ursprünglich nicht daran gelegen, Weltwissen zu erlangen oder auf Welt einzuwirken

	Selbstbezügliche Bedeutung	Weltbezügliche Bedeutung
Denken	dient dazu, sich selbst zu verstehen	ist immer Vorstellen von etwas, jeder Gedanke braucht einen Stoff
Handeln	dient dazu, frei und unabhängig zu werden	ist immer Behandeln von etwas
Geschäftigkeit	dient dazu, nicht in sich müßig zu bleiben	– – –
Kraft	– – –	braucht einen Gegenstand

Fassen Sie möglichst knapp die Grundaussagen des Textauszugs zusammen, und verbinden Sie sie zugleich mit denjenigen des vorherigen Textes (T9).

Die Bildung, die Entwicklung der Identität, ist der höchste Zweck des Menschen und kann folglich für Zwecke, die außerhalb des Menschen liegen, die auf Welt bezogen sind, nicht instrumentalisiert werden. Alle menschlichen Vollzüge dienen diesem Zweck und sind deshalb in erster Linie selbstbezüglicher Art. In dieser Hinsicht ist der Mensch teleologisch gänzlich auf sich selbst und in keiner Weise auf Welt bezogen. Gleichwohl braucht der Mensch für den Vollzug seiner Tätigkeiten Welt, da allen seinen Aktivitäten zu eigen ist, daß sie nicht nur formal als geistige Aktivität, sondern auch inhaltlich – als bezogen auf etwas – verfaßt sind. Der sich bildende Mensch ist ein in erster Linie selbstbezügliches Wesen, das die Welt lediglich als inhaltliche Notwendigkeit und damit als ein Mittel seiner sich vervollkommnenden Vollzüge benötigt.

▶ *Versuchen Sie sich selbständig ein erstes Urteil über den hier erarbeiteten Bildungsbegriff zu bilden, und legen Sie es schriftlich nieder. Vergleichen Sie an späterer Stelle diese Ihre erste Kritik mit einigen kritischen Einwänden, die mit Hilfe von Dilthey und Tenorth gewonnen werden können.*

Sittlichkeit und Identität als Bildungsziel

Schon im ersten Kapitel zeigte sich, daß Herbart das Bildungsziel aus der Ethik ermittelt. Die Sittlichkeit wird damit zu einem zentralen Ziel der Erziehung. Anhand des folgenden Textes kann diese Bestimmung des Menschen einerseits genauer untersucht werden; andererseits soll geklärt werden, welche Bezüge sich zwischen Herbart und Humboldt, trotz der hier zunächst sehr unterschiedlich erscheinenden Konzeptionen, herstellen lassen: Können auch nach Herbart Zielbestimmungen ermittelt werden, die der Bestimmung des Menschen durch die „proportionierlichste Bildung seiner Kräfte zu einem Ganzen" ähneln bzw. mit ihr vergleichbar sind?

Lesen Sie den nachfolgenden Text unter den beiden Perspektiven „Bestimmung der Sittlichkeit" und „Bezüge zum Identitätsbegriff", und unterstreichen Sie die zentralen Textstellen.

T 11

Johann Friedrich Herbart: Allgemeine Pädagogik, aus dem Zweck der Erziehung abgeleitet (1806),

in: ders.: Bd. 2: Pädagogische Grundschriften, hrsg. von Walter Asmus, 2. Aufl. Stuttgart: Klett-Cotta 1982, S. 41–43 (Auszug).

II.
Vielseitigkeit des Interesses:
Charakterstärke der Sittlichkeit

1. Wie kann der Erzieher sich die *bloß möglichen* künftigen Zwecke des Zöglings im voraus zueignen?

Das Objektive dieser Zwecke als Sache der bloßen Willkür hat für den Erzieher gar kein Interesse. Nur das *Wollen* des künftigen Mannes selbst und folglich die Summe der Ansprüche, die er *in* und *mit* diesem Wollen an sich selbst machen wird, ist dem Erzieher Gegenstand seines *Wohlwollens*, und die Kraft, die ursprüngliche Lust, die Aktivität, wodurch *jener* seinen eigenen Ansprüchen wird Zahlung zu leisten haben, ist für *diesen* Gegenstand der Beurteilung nach der Idee der *Vollkommenheit* [...]. Also schwebt uns hier nicht eine gewisse Anzahl einzelner Zwecke (die wir überhaupt [...] nicht vorher wissen können), sondern die *Aktivität* des heranwachsenden Menschen überhaupt vor, das Quantum seiner inneren unmittelbaren Belebung und Regsamkeit. Je größer dies Quantum, je *voller, ausgedehnter* und *in sich zusammenstimmender*, desto vollkommner und desto mehr Sicherheit unserem Wohlwollen.

Nur darf die Blume ihren Kelch nicht sprengen, die Fülle nicht Schwäche werden durch zu weit *fortgesetzte* Zerstreuung in Vielerlei. Die menschliche Gesellschaft hat längst Teilung der Arbeit nötig gefunden, damit jeder das, was er *fertigt*, rechtmachen könne. Aber je eingeschränkter, je verteilter das Fertigen, desto vielfältiger das *Empfangen* eines jeden Einzelnen von allen übrigen. *Da nun die geistige Empfänglichkeit auf Geistesverwandtschaft und diese auf ähnlichen Geistesübungen beruht*, so versteht sich, daß im höheren Reiche der eigentlichen Menschheit die Arbeiten nicht bis zur gegenseitigen Unkunde vereinzelt werden dürfen. Alle müssen Liebhaber für alles, jeder muß Virtuose in *einem* Fache sein. Aber die einzelne Virtuosität ist Sache der Willkür, hingegen die mannigfaltige Empfänglichkeit, welche nur aus mannigfaltigen *Anfängen* des eigenen Strebens entstehen kann, ist Sache der Erziehung. Daher nennen wir als ersten Teil des pädagogischen Zwecks *»Vielseitigkeit des Interesses«*, welche von ihrer Übertreibung, der *Vielgeschäftigkeit*, unterschieden werden muß. Und weil diese Gegenstände des Wollens, die einzelnen Richtungen selbst, uns keine mehr als die andre interessieren, so setzen wir, damit nicht Schwäche neben der Stärke mißfalle, noch das Prädikat hinzu: »*Gleichschwebende* Vielseitigkeit«. Dadurch wird der Sinn des gewöhnlichen Ausdrucks *»harmonische Ausbildung aller Kräfte«* erreicht sein, bei welchem zu fragen wäre, was man sich bei einer Vielheit von Seelenkräften denke und was *Harmonie verschiedenartiger* Kräfte bedeuten solle [...].

2. Wie soll der Erzieher sich den *notwendigen* Zweck des Zöglings zueignen?

Da die Sittlichkeit einzig und allein in dem eigenen Wollen nach richtiger Einsicht ihren Sitz hat, so versteht sich zuvörderst von selbst, die sittliche Erziehung habe nicht etwa eine gewisse Äußerlichkeit der Handlungen, sondern die Einsicht samt dem ihr angemessenen Wollen im Gemüte des Zöglings hervorzubringen. [...]

Ich blicke ins Leben und finde sehr viele, denen die Sittlichkeit etwas Beschränkendes, sehr wenige, denen sie ein Prinzip des Lebens selbst ist. Die meisten haben einen Charakter *außer* der Güte und einen Lebensplan nur für ihre Willkür. Das Gute tun sie gelegentlich, und sie vermeiden gern das Schlechte, wenn das Bessere zum nämlichen Ziel führt. Moralische Grundsätze sind ihnen langweilig, weil darauf für sie nichts folgt als hie und da eine Hemmung des Gedankenflusses, ja, was gegen diese Hemmung anstößt, ist ihnen willkommen. [...]

Also, daß die Ideen des Rechten und Guten in aller ihrer Schärfe und Reinheit die eigentlichen Gegenstände des Willens werden, daß ihnen gemäß sich der innerste reelle Gehalt des Charakters, der tiefe Kern der Persönlichkeit bestimme mit Hintansetzung aller andern Willkür, das und nichts minderes ist das Ziel der sittlichen

Bildung. Und wiewohl man mich nicht vollkommen versteht, wenn ich die Ideen des Rechten und Guten kurzweg nenne, so ist doch zu unserm Heil die Sittenlehre endlich der Halbheiten entwöhnt [...].

A 11 Herbart hat seinen Text bereits in zwei große Sinnabschnitte eingeteilt, die wiederum in mehrere Textabschnitte untergliedert sind. *Vollziehen Sie diese Gliederung nach, indem Sie auf dem Arbeitsblatt A11 die entsprechenden Zeilenangaben vornehmen und jeweils eine Kernaussage zu den Textabschnitten und den beiden großen Sinnabschnitten formulieren.*

Zeilen	Textabschnitte	Größere Sinnabschnitte
3–13	Herleitung des Ziels der Erziehung als Wohlwollen des Erziehers für das zukünftige Leben des Edukanden	Wie kann der Erzieher die bloß möglichen zukünftigen Zwecke des Zöglings ermitteln?
14–32	Die gleichschwebende Vielseitigkeit des Interesses als Ziel der Erziehung	
34–37	Die sittliche Erziehung zielt auf die Einsicht und das mit ihr verbundene Wollen des Edukanden	Wie soll der Erzieher die notwendigen Zwecke des Zöglings ermitteln?
38–44	Gewöhnlicherweise haben Menschen keinen sittlichen Charakter, sondern lediglich einen Lebensplan für ihre Willkür; moralische Grundsätze werden als hemmend empfunden	
45–51	Die sittliche Bildung zielt auf die Bildung eines sittlichen Charakters und einer sittlichen Persönlichkeit	

Erläutern Sie knapp diese Gliederung unter den Gesichtspunkten „allgemeine Erziehungsziele" und „moralische Erziehungsziele". Verweisen Sie in Ihren Erläuterungen auch auf die im ersten Kapitel unterschiedenen Teildisziplinen der Erziehungswissenschaft, die Psychologie und die Ethik.

Herbart unterscheidet in seinen beiden größeren Sinnabschnitten eine allgemeine Zielsetzung der Erziehung, die er als „gleichschwebende Vielseitigkeit des Interesses" bezeichnet, von der Zielsetzung der moralischen Erziehung bzw. Bildung, die er als notwendig kennzeichnet und inhaltlich als die Bildung des sittlichen Charakters beschreibt.

Die erste Zielsetzung, die ihre Bestimmung nicht durch von außen auferlegte einzelne Ziele und Zwecke der Erziehung herleitet, sondern die Person des Edukanden und insbesondere sein zukünftiges Leben zum Gegenstand hat, wird vorrangig unter psychologischen Gesichtspunkten ermittelt. Der Edukand selbst, mit seinen unterschiedlichen Vollzügen, ist Gegenstand dieser Zielermittlung; seine Fähigkeiten und Aktivitäten sollen durch den wohlwollenden Erzieher bis zur Vollkommenheit gesteigert werden. Die Psychologie legt also nicht nur Mittel der Erziehung fest, sondern hat zudem die Aufgabe, unter der Prämisse der Vervollkommnung des Menschen die Zielbestimmung aufgrund von psychologischen Kriterien zu ermöglichen.

Die zweite Zielsetzung bezieht sich auf die Aufgabe der Ethik innerhalb der Zielbestimmung der Erziehung. Die sittliche Bildung kann nach Herbart aus der Ethik ihre Bestimmung deduzieren.

Im folgenden sollen die psychologische und ethische Bestimmung des Menschen genauer analysiert werden. Hierfür werden die einzelnen Textpassagen jeweils nacheinander fokussiert, um zu ermitteln, wie Herbart die genannten Kernaussagen entwickelt.

A 12

Herbart bezieht im ersten Textabschnitt (Z. 3–13) die erzieherische Fragestellung direkt auf den psychologischen Zusammenhang von Wollen, Anspruch sowie Aktivität und Vollkommenheit des Menschen. *Versuchen Sie in der linken Spalte des Arbeitsblattes A12 diesen Zusammenhang zu rekonstruieren, indem Sie die einzelnen anthropologisch-psychologischen Begriffe knapp kennzeichnen. Ermitteln Sie anschließend in der rechten Spalte die in diesem Zusammenhang zentralen erzieherischen Aspekte.*

Zusammenhang menschlicher Vollzüge	**Erzieherische Bedeutung dieser Vollzüge**
Wollen: Das Wollen des einzelnen bildet den Ausgangspunkt für die Bestimmung des Menschen	Einzelne Zwecke, die das zukünftige Leben des Edukanden betreffen, können nicht im vorhinein ermittelt werden. Deshalb gilt es das Wollen des Edukanden und die mit ihm verbundenen Ansprüche zu fördern. Damit ist das Wohlwollen des Erziehers für den zukünftigen Erwachsenen das Zentrum und der Ausgangspunkt der Zielbestimmung
Ansprüche: Mit dem Wollen des einzelnen sind zugleich eine Summe von Ansprüchen verbunden, die er an sich selbst stellt	
Kraft, Lust und Aktivitäten: Sie dienen dazu, die selbstgestellten Ansprüche zu erfüllen	Daraus folgt, daß der Erzieher die Aufgabe hat, Kraft, Lust und Aktivitäten des Edukanden, die der Erfüllung seiner Ansprüche gelten, unter der Perspektive zu betrachten, inwiefern diese der Vervollkommnung des Menschen dienen
Aktivität: Die Aktivität beschreibt das Quantum der inneren unmittelbaren Belebung und Regsamkeit	Die Aktivität des Edukanden ist dasjenige Moment, das es in der Erziehung zu beeinflussen gilt
Die Vollkommenheit des Menschen: Der Mensch vervollkommnet sich durch volle, ausgedehnte und in sich zusammenstimmende Aktivitäten	Das Wohlwollen des Erziehers kann dadurch bestimmt werden, daß er die Aktivitäten des Edukanden in der Weise fördert, daß sie voll, ausgedehnt, d.h. vielfältig, und zueinander stimmig entwickelt werden können. Mit dieser Zielsetzung dient der Erzieher zugleich der Vervollkommnung des Menschen

Im zweiten Textabschnitt (Z. 14–32) entwickelt Herbart die gleichschwebende Vielseitigkeit des Interesses als Ziel der Erziehung. Diese Entwicklung kann wiederum in vier kleinere Sinnabschnitte gegliedert werden. *Benennen Sie diese Sinnabschnitte durch jeweils eine Kernaussage, und klären Sie, welche inhaltlichen*

Bestimmungen Herbart zu den einzelnen Sinnabschnitten vornimmt, bzw. erläutern Sie die Kernaussagen. Sie können diesen Arbeitsgang dadurch erledigen, daß Sie sich eine zweispaltige Tabelle erstellen, in deren linke Spalte Sie die Kernaussagen der einzelnen Sinnabschnitte und in deren rechte Spalte Sie die inhaltlichen Bestimmungen aus dem Text bzw. Ihre Erläuterungen eintragen.

Kernaussagen	**Inhaltliche Bestimmung bzw. Erläuterung**
Problematisierung der Zielsetzung „volle, ausgedehnte und in sich zusammenstimmende Aktivitäten"	Die Fülle der Aktivitäten kann zu einer Zerstreuung des Menschen in ein Vielerlei und damit zu seiner Schwächung führen
Analogie und Abgrenzung zwischen gesellschaftlicher Arbeitsteilung und allgemeiner und spezieller Bildung	Die Arbeitsteilung spezialisiert den Menschen auf die von ihm gut zu erledigenden Tätigkeiten, so daß er umgekehrt von vielfältigen Arbeiten anderer empfängt. Diese Spezialisierung ist in der Bildung nicht möglich, da ein wechselseitiges Empfangen geistiger Inhalte nur dann möglich ist, wenn die Menschen sich aufgrund von „Geistesverwandtschaft" gegenseitig verstehen können
Folgerungen für die Bildung	Deshalb ist es Aufgabe der Bildung, daß jeder ein Liebhaber für alles wird, indem sie die mannigfaltigen Anfänge des menschlichen Strebens fördert. Die Virtuosität in einem Fach entspringt der Willkür und ist keine Aufgabe der allgemeinen Bildung. Aufgabe der Bildung ist damit die „Gleichschwebende Vielseitigkeit des Interesses", die keiner Interessenrichtung einen Vorzug gibt
Kritik am „Kräfte"-Begriff	Gemeint ist mit dieser Zielsetzung zwar der übliche Ausdruck „harmonische Ausbildung aller Kräfte", doch erreicht dieser Ausdruck nicht die definitorische Klarheit des Ausdrucks „Gleichschwebende Vielseitigkeit des Interesses"

Im zweiten Sinnabschnitt, der den dritten bis fünften Textabschnitt umfaßt, geht Herbart auf die sittliche Erziehung ein.

Klären Sie auch diese Zielsetzung der Erziehung genauer, indem Sie die bereits auf dem Arbeitsblatt A11 ermittelten Kernaussagen zu den einzelnen Textabschnitten nun erläutern.

Fokussieren Sie hierfür die drei Textabschnitte nacheinander, und differenzieren Sie die jeweiligen Kernaussagen mit Hilfe der entsprechenden Textaussagen schriftlich. Auch hier können Sie wiederum eine zweispaltige Tabelle anlegen.

Textabschnitte	Erläuterungen
Die sittliche Erziehung zielt auf die Einsicht und damit das Wollen des Edukanden	Auch die sittliche Bildung bezieht sich auf das Wollen des Edukanden, das auf richtiger Einsicht beruht. Damit ist sie nicht eine Beeinflussung äußerer Handlungs- und Verhaltensweisen, sondern zielt auf die Einsicht in das angemessene Wollen
Gewöhnlicherweise haben Menschen keinen sittlichen Charakter, sondern lediglich einen Lebensplan für ihre Willkür; moralische Grundsätze werden als hemmend empfunden	Moralische Grundsätze sollten nicht nur äußerlich sein oder nach willkürlichem Belieben eingesetzt werden, sondern die gesamte Person, ihre Persönlichkeit prägen. Sittlichkeit darf demnach nicht als etwas Beschränkendes, sondern als grundlegende Konstitution einer Persönlichkeit des vielseitigen Interesses verstanden werden
Die sittliche Bildung zielt auf die Bildung eines sittlichen Charakters und einer sittlichen Persönlichkeit	Sittliche Bildung intendiert, daß das Wollen des Menschen sich auf die Idee des Guten und Rechten stützt und dieses sittliche Wollen den Kern der Persönlichkeit ausmacht. Die Idee des Guten und Rechten kann eindeutig aus der Sittenlehre ermittelt werden

Beziehen Sie nun abschließend den Bildungsbegriff im Sinne Herbarts auf Humboldts Vorstellungen der Identitätsbildung. Klären Sie hierbei, inwiefern der Identitätsbegriff auch für Herbart eine Rolle spielt und in welcher Weise er mit der sittlichen Bildung verknüpft wird.

Herbarts Bildungskonzept bezieht die Identitätsbildung des Menschen in ähnlicher Weise in die Definition des Bildungsziels mit ein, wie dies Humboldt tut. Herbart selbst betont diese Ähnlichkeit bzw. Gleichheit, indem er sich auf den von Humboldt geprägten Begriff der „harmonischen Ausbildung aller Kräfte" bezieht. Er erklärt, daß die gleichschwebende Vielseitigkeit des Interesses mit diesem Begriff identisch sei, jedoch dessen psychologische Bedeutung besser zum Ausdruck bringe. Wie Humboldt sieht auch Herbart deshalb die Notwendigkeit, das intendierte Bildungsziel der Mannigfaltigkeit und Vielseitigkeit des Menschen von dessen möglicher Schwächung, die in der Gleichzeitigkeit von Vielem liegt, abzugrenzen. Humboldt argumentiert hier mit dem Kräftebegriff, wobei die Vervielfältigung der Kräfte nur durch ein integrierendes Nacheinander möglich ist. Herbart, der den Kräftebegriff ablehnt, fürchtet die Schwächung des Menschen eher hinsichtlich seiner Zerstreuung im Vielerei. Beide bestimmen jedoch den Bildungsbegriff als eine allgemeine Bildung in dem Sinne, daß der Mensch vielseitiges Interesse und vielfältige Kräfte entwickeln soll, die einer Spezialbildung, z.B. einer Berufsausbildung, zunächst widersprechen.

Gänzlich unterschiedlich behandeln beide Autoren die Frage nach der Moral bzw. der Sittlichkeit. Bei Humboldt wird die sich selbst bildende Individualität zum Maßstab des menschlichen Zusammenlebens. Der einzelne unterliegt jedoch keinen moralischen Bestimmungen, die möglicherweise seiner freien individuellen Entwicklung widerstreben könnten.

Herbart dagegen verbindet die Identitätsbildung grundlegend mit der sittlichen Bildung. Während Humboldt die allseitige Ausbildung der Individualität zum Maßstab macht, fordert Herbart, daß die Persönlichkeit durch klare, eindeutige und richtige Grundsätze geprägt sein soll. Die Identität des Menschen soll demnach im Kern eine moralische sein, wodurch die Beliebigkeit der Vielzahl individueller, möglicherweise auch für nicht wünschenswert befundener Entwicklungen abgelehnt wird.

Problematisierungen des Bildungsbegriffs

Erzieherische Zielsetzungen und ihre historische Relativität

Wilhelm Dilthey (1833–1911) hat nicht nur die Erziehungswissenschaft, sondern die Geisteswissenschaft insgesamt als deren theoretischer Begründer grundlegend geprägt:

Er grenzt in methodischer Hinsicht die Geisteswissenschaften von den Naturwissenschaften ab. Dabei geht er davon aus, daß sich nicht alle Ereignisse wie physikalische Vorgänge kausal erklären lassen, sondern daß einige nur dadurch angemessen erfaßt werden können, daß sie als Ausdruck eines Erlebens wiederum durch ein erlebendes Subjekt verstanden werden. Die geisteswissenschaftliche Methode des Verstehens, die sich im 20. Jahrhundert in unterschiedlichen Disziplinen als hermeneutische Methode etabliert und weiterentwickelt, wird somit der erklärenden Methode, die die Dinge von außen und unter kausalanalytischen Kategorien betrachtet, gegenübergestellt.

Ein zentrales Moment seiner pädagogischen Konzeption besteht darin, daß Dilthey alle erziehungswissenschaftlichen Entscheidungen, Ziele, Methoden etc. als historisch bedingt betrachtet. Dieser Punkt wird im nachfolgenden Textbeispiel näher dargestellt.

In der Erziehungswissenschaft entwickelte sich eine eigene Geisteswissenschaftliche Pädagogik, deren erste Vertreter Nohl, Flitner, Spranger und Litt waren und die nach dem Zweiten Weltkrieg, zusätzlich durch Weniger vertreten, weiterentwickelt wurde. Klafki, der in diesem Kapitel noch ausführlich behandelt werden wird, zeichnet sich in seinen früheren Schriften ebenfalls als ein Geisteswissenschaftlicher Pädagoge aus.

Lesen Sie den Auszug T12, und unterstreichen Sie zentrale Aussagen.

T 12

Wilhelm Dilthey: Über die Möglichkeit einer Allgemeingültigen pädagogischen Wissenschaft (1888), in: ders.: Gesammelte Schriften. Bd. 6: Die geistige Welt, 4. Aufl. Stuttgart: B.G. Teubner Verlagsgesellschaft/Göttingen: Vandenhoeck & Ruprecht 1962, S. 56 und 62 (Auszug).

Die hervorragenden pädagogischen Systeme beanspruchen das Ziel der Erziehung, die Werte der Lehrgegenstände und die Methoden des Unterrichts allgemeingültig, sonach für ganz verschiedene Völker und Zeiten, zu bestimmen. Herbart und Schleiermacher, Spencer und Bain, Beneke und Waitz stimmen hierin überein. Solche Ansprüche der Systeme müssen die radikale Neigung befördern, die ein einförmiges Ideal ohne Rücksicht auf die Verschiedenheit der Nationen und das Bedürfnis der Staaten dem bestehenden Schulwesen aufdrängen möchte. So wird ein Irrtum in der pädagogischen Theorie zu einer Gefahr für unser Schulwesen. [...] Eine abstrakte, mit falschem Anspruch auf Allgemeingültigkeit auftretende Theorie wirkt revolutionär und zersetzend auf die geschichtlichen Ordnungen der Gesellschaft. Aus diesem Verhältnis empfängt die Kritik unserer heute herrschenden Pädagogik eine erhebliche praktische Bedeutung. [...]

Regeln des menschlichen Handelns können zunächst bedingt, sonach von anderen Regeln oder Zwecken abhängig sein. Solche Regeln sind die der Erziehung; denn diese ist nicht Zweck für sich, sondern sie dient der Entfaltung des Seelenlebens als Mittel.

Oder Regeln sind der Ausdruck einer Richtung des Willens, welche von einem nicht weiter rückwärts bedingten Zweckinhalte bestimmt ist. In solchen Regeln muß der Zweck des Lebens dargestellt werden. Nun ist bisher ein solcher letzter Zweck des Lebens aus der metaphysischen Ordnung der Welt nicht auf allgemeingültige, allgemein anerkannte Weise abgeleitet worden, und es scheint auch nach den bisherigen Erfahrungen dazu keine Aussicht in absehbarer Zeit vorhanden zu sein.

Der Text weist durch eine längere Auslassung auch einen inhaltlichen Bruch auf. Zwar geht es in beiden Textpassagen um die Kritik an allgemeingültigen pädagogischen Aussagen, doch wird diese Kritik jeweils unterschiedlich begründet.

Fokussieren Sie deshalb die beiden Textpassagen unabhängig voneinander, und ermitteln Sie nacheinander den jeweiligen Gedankengang der Textpassagen.

Stellen Sie die von Ihnen unterstrichenen, zentralen Aussagen in ihrem Beziehungszusammenhang dar. Formulieren Sie dabei entweder einen Text, oder stellen Sie die Bezüge mit Hilfe einer Grafik dar.

Die folgende Grafik veranschaulicht den Beziehungszusammenhang der zentralen Aussagen der Zeilen 1–12. Sicherlich kann die Realisation einer grafischen Darstellung sehr unterschiedlich ausfallen, so daß eine von Ihnen angefertigte auch anders aussehen kann. Gleichwohl müßten die Beziehungen zwischen den einzelnen Aussagen in ähnlicher Form klassifiziert sein.

Vertreter dieser pädagogischen Systeme:
- Herbart
- Schleiermacher
- Spencer
- Bain
- Beneke
- Waitz

Zentrale Aussage:
Pädagogische Systeme beanspruchen Allgemeingültigkeit im Hinblick auf Aussagen zu
- dem Ziel der Erziehung
- dem Wert der Lehrgegenstände
- der Methode des Unterrichts

Erläuterung der Allgemeingültigkeit:
- soll für alle Völker und Zeiten gelten
- ist ein einförmiges Ideal ohne Rücksicht auf Verschiedenheit der Nationen und Bedürfnisse der Staaten

Folgerungen für das Schulwesen:
- Der Schule wird ohne Rücksicht ihres gesellschaftlichen Umfeldes ein Ideal aufgedrängt, das die radikalen Neigungen befördert
- Jeder Irrtum in der Theorie ist eine Gefahr für das Schulwesen

Folgerungen für die Gesellschaft:
- Abstrakte, mit falschem Anspruch auf Allgemeingültigkeit auftretende Theorien wirken zersetzend auf die geschichtliche Ordnung
- Kritik aus der Pädagogik hat erhebliche praktische Bedeutung

Folgende schriftliche Version ist ein Beispiel für die Verarbeitung der Aussagen der Zeilen 13–21:

Dilthey unterscheidet zwei Typen von Regeln des menschlichen Handelns.

Der erste Typus stellt die bedingten Regeln dar, die, weil sie kein Selbstzweck sind, wiederum von über- oder vorgeordneten Regeln oder Zwecken abhängig sind. Der zweite Typus bezieht sich auf solche Regeln, die unbedingte Geltung haben. Sie sind deshalb nicht von vor- oder übergeordneten Zwecken abhängig.

Dem ersten Typus ordnet Dilthey die Regeln der Erziehung zu. Er begründet dies dadurch, daß Erziehung niemals Selbstzweck sein kann, sondern immer als Mittel zur Entfaltung des Seelenlebens dient.

Der zweite Regeltypus muß den Zweck des Lebens darstellen, da ihm als höchster bzw. letzter Zweck kein weiterer Zweck vorausgeht. Dilthey verweist auf die empirische Tatsache, daß bislang dieser Zweck aus metaphysischen Ordnungen der Welt nicht allgemeingültig und allgemein anerkannt abgeleitet werden konnte und daß dies auch in absehbarer Zukunft nicht zu erwarten ist.

An dieser Stelle sei darauf verwiesen, daß Dilthey dennoch im Rahmen einer psychologischen Betrachtung allgemeine Aussagen über die Erziehung herleiten will. Dies geschieht zwar nicht im Hinblick auf Regeln für das erzieherische Handeln oder gar durch eine eventuelle Ableitung erzieherischer Ziele aus psychologischen Untersuchungen. Dilthey geht vielmehr davon aus, daß dem menschlichen Seelenleben eine bestimmte Struktur und eine ihm eigene Teleologie im Sinne einer Steigerungsfähigkeit zu eigen ist. Die in der zweiten Textpassage angesprochene „Entfaltung des Seelenlebens" kann demnach zwar einerseits als Zweck, dem die Erziehung als Mittel dient, angesehen werden, andererseits leitet Dilthey hieraus keine Regeln für die Erziehung ab, sondern verweist diese allgemeingültigen Aussagen über das Seelenleben in den beschränkten Bereich der Grundlagen. Eine Gesamtlektüre des Textes „Über die Möglichkeit einer Allgemeingültigen pädagogischen Wissenschaft" kann einen genaueren Einblick in diese Problematik vermitteln, der hier nicht weiter nachgegangen werden kann.

Fassen Sie beide Textpassagen Diltheys mit wenigen Worten unter dem Gesichtspunkt zusammen, mit Hilfe welcher Argumente er seine Kritik an allgemeingültigen Aussagen der Pädagogik begründet.

Dilthey begründet seine Kritik an allgemeingültigen Aussagen der Pädagogik in erster Linie durch zwei Hauptargumente: Erstens lehnt er allgemeingültige Ideen und allgemeingültige erziehungswissenschaftliche Aussagen aus gesellschaftlich-historischen Gründen ab: Auch die Erziehung, so z.B. das Schulwesen, ist ein historisches Phänomen, das sich nicht an vermeintlich allgemeingültigen Aussagen einer Pädagogik orientieren kann und soll, sondern stets in die individuelle historische Situation einer Gesellschaft und einer bestimmten Kultur einbezogen ist und von dieser geprägt wird. Richtet sich nun die Erziehung nach vorgegebenen, vermeintlich allgemeingültigen Ideen, wird ein Keil zwischen das Erziehungssystem einerseits und die Gesamtgesellschaft andererseits getrieben: Die Erziehung und deren Intentionen lehnen sich gegen die „historischen Ordnungen" auf und wirken auf diese zersetzend.

Zweitens begründet Dilthey seine Kritik durch die Tatsache, daß allgemeine Regeln der Erziehung aus metaphysischen Theorien bislang nicht gewonnen werden konnten und wohl auch in Zukunft nicht ermittelt werden können.

Die Erziehung muß als ein Regelsystem gelten, das keinen Selbstzweck hat, so daß ihre Regeln wiederum aus einem ihr vorgegebenen Zweck abgeleitet werden müssen. Einerseits benennt Dilthey hier die Entfaltung des Seelenlebens als Zweck. Andererseits kann aus der ersten Textpassage geschlossen werden, daß die Erziehung ihre Ziele auch aus den gesellschaftlich-historisch bedingten Normen, Werten und Zwecken ermitteln kann.

Versuchen Sie nun abschließend eine Verbindung zwischen Diltheys Darlegungen einerseits und Herbarts und Humboldts Bildungsbegriff andererseits herzustellen, indem Sie – auch über Verweise im Text hinausgehend – beide Bildungsbegriffe unter Vorgabe Diltheyscher Kriterien kritisch betrachten.

Diltheys Kritik an Herbarts Konzept ist dem Text direkt zu entnehmen. Herbart hat ein System der Pädagogik konzipiert, in dem allgemeingültige Aussagen insbesondere im Hinblick auf das Erziehungsziel getroffen werden. Die Ethik ist für ihn der Garant für die Herleitung notwendiger Ziele der Erziehung, die über jede individuelle geschichtliche Lage hinaus allgemeine Geltung beanspruchen. Dies widerspricht Diltheys Ausführungen, daß allgemeingültige und letzte Zwecke aus metaphysischen Ordnungen bislang nicht abgeleitet werden konnten und dies in Zukunft auch nicht zu erwarten ist.

Schwieriger erscheint zunächst eine kritische Abgrenzung von Humboldts Bildungskonzept, da er, ähnlich wie Dilthey durch die Teleologie des Seelenlebens, die Frage nach dem Zweck der Bildung allein im Rahmen von psychologischen Kategorien zu bestimmen sucht und ethische Begründungen in seine Konzeption nicht mit aufnimmt. Dennoch kann gezeigt werden, daß auch er von einer vermeintlich allgemeingültigen Zweckbestimmung des Menschen ausgeht, insofern er den „wahren Zweck des Menschen" nicht aus „wechselnden Neigungen" ermittelt, sondern ihn durch die „ewig unveränderliche Vernunft" bestimmt. Humboldt sieht die Bildung und Erziehung damit nicht der jeweiligen historischen Ordnung gemäß als veränderbar und variierbar. Vielmehr beschreibt er umgekehrt die gute Form des „Zusammenexistierens" der Menschen als eine Gesellschaft, die sich entsprechend dem Ideal des gebildeten Menschen organisiert. Darüber hinaus bezieht sich Humboldt in der Bestimmung des Bildungsziels in keiner Weise auf eine bestimmte gesellschaftliche Ordnung.

Eine aktuelle kritische Perspektive

Die Thematisierung des klassischen Bildungsbegriffs, der in erster Linie durch die Merkmale einer allseitigen Identitätsbildung und der Erziehung zur Sittlichkeit geprägt ist, soll nun durch eine kritische Stellungnahme Tenorths aus heutiger Sicht abgeschlossen werden. Tenorth geht es nicht in erster Linie darum, den Bildungsbegriff selbst kritisch zu beleuchten, sondern er verweist unter wirkungsgeschichtlicher Perspektive auf die „laute Klage" über die Nichteinlösung klassischer Bildungsideale und den zugleich „stillen Sieg" der Pädagogik.

Lesen Sie den Auszug, und bearbeiten Sie ihn durch Unterstreichungen und Randnotizen.

T 13

Heinz-Elmar Tenorth: Laute Klage, stiller Sieg. Über die Unaufhaltsamkeit der Pädagogik in der Moderne,
in: Zeitschrift für Pädagogik, 29. Beiheft: Erziehungswissenschaft zwischen Modernisierung und Modernitätskrise, hrsg. von Dietrich Benner/Dieter Lenzen/Hans-Uwe Otto, Weinheim/Basel 1992, S. 135–138 (Auszug).

Für die Epoche der Aufklärung, ich erinnere an den Anfang meiner Überlegungen, schienen Pädagogik und Erziehungswissenschaft vor allem deswegen so begehrt, weil sie als der geeignete Hebel aufgefaßt wurden, an den Wurzeln des Übels in der Welt mit ihrer Arbeit anzusetzen, bei dem 'rohen' und 'ungebildeten', ohne 'Industriosität' und Lerneifer in ihrer Privatheit dahinlebenden Kindern und Erwachsenen. Unterricht wurde entsprechend als Humanisierung des Menschen und als 'Zivilisierung der Welt' verstanden (DIDEROT), die Schule als Stätte der 'Politur' und 'Bildung' des Geistes, das Geschäft der Erziehung als Aufgabe, die „Höherbildung der Menschheit" zu befördern, als Arbeit also, die uns alle zu Moral und Sittlichkeit führen könne.

Davon, wer wollte es behaupten, ist bis heute trotz aller Erfolge von System, Profession und Disziplin allerdings wenig zu spüren – aber warum? Wie muß man diesen unbezweifelbaren Differenzbefund zwischen den Erwartungen des 18. Jahrhunderts und der Wirklichkeit der Folgezeiten lesen und verstehen? Allein als Indiz für die Erfolglosigkeit der Pädagogen und als Ausdruck ihrer kontinuierlichen Niederlage? Muß man den Befund gar zur Kritik der Gesellschaft verlängern, die zu ihrem eigenen Schaden die Pädagogik daran gehindert habe, die Welt zuverlässig zu bessern, so daß der Pädagoge nicht dazu kam, seine schöne Ambition zur Wirklichkeit eines weltumfassenden Unterrichts- und Erziehungsprogramms zu machen?

Im Duktus meiner Fragen kann man schon die Skepsis hören, die ich gegen eine solche Kritik an der Bildungspraxis und gegen eine ihr eingebundene, pädagogisch instrumentierte Kritik an der Gesellschaft mobilisieren würde. Die pädagogische Klage mag zwar den ausbleibenden *Erfolg* der Pädagogik anzeigen – nimmt man ihr Versprechen zum Maßstab; diese Differenzerfahrung dementiert aber nicht die *Unaufhaltsamkeit der Pädagogik*; denn die liegt weniger auf der Ebene der lauten pädagogischen

Propaganda als in der *stillen Wirkung* des pädagogischen Mechanismus, in der eher nebenher realisierten, dafür umso wirksameren Konstruktion des modernen *homo paedagogicus*.

Nirgends deutlicher als beim Blick auf den Adressaten der öffentlichen, systemisch organisierten, professionell gestützten und disziplinär betreuten Erziehung kann man diese unaufhaltsame Wirkung von Pädagogik in unserer Gesellschaft erkennen.

Bevor man diesen homo paedagogicus jetzt rasch zum Zerrbild der eigenen Ambitionen deklariert, zum systemisch erzeugten homunculus, sollte sich die Pädagogik noch einmal ihrer Kritik der Welt und ihrer eigenen Ansprüche aus der Ursprungssituation moderner Pädagogik erinnern. Dort war doch der lernunwillige, fatalistisch seinem Schicksal ergebene, kollektiven Mächten vertrauende Mensch als das Erzübel für die Verbesserung der Welt bezeichnet worden; der lerneifrige Heranwachsende und Erwachsene dagegen, der seinen eigenen Kräften vertrauende und sich bildende Individualist, der unternehmerische Akteur war das positiv besetzte Gegenbild.

Exakt diese Differenz wurde aber bearbeitet: Heute ist der lernunwillige Mensch nicht nur gesellschaftlich weitgehend geschwunden, er ist auch öffentlich geächtet. Der *homo paedagogicus* dagegen ist zum Normalbürger geworden, lernbereit und bildungsbeflissen, in der Zuschreibung und bei der Ursachenerklärung von Erfolg und Mißerfolg, sogar für sein eigenes Leben, individualitätszentriert, immer auf dem Sprung, sich bietende Chancen der Weiterbildung zu ergreifen, zumindest aber trainiert, das Ausweichen vor solchen Angeboten in Begriffen der Lernbiographie selbst zu rationalisieren oder, nicht selten, Selbstelimination aus Bildungsprozessen als Indikator für den Status des Gebildeten zu feiern, der sich wieder den zweckfreien Dingen widmen könne.

Heute nimmt die heranwachsende Generation ihre eigene Biographie und ihre Möglichkeiten in der Welt offenkundig so wahr, wie Pädagogen und Bildungseinrichtungen immer schon Lebensläufe beschrieben haben und formen wollten, nämlich als kontinuierlichen, nach pädagogischer Starthilfe auf sich selbst gestützten, eigendeterminierten Lernprozeß, der in öffentlichen Schulen beginnt und in der lebenslangen Weiterbildung andauert (Meulemann 1988). Diese Art des Verhaltens zur Welt, 'Lernen', ist damit eine der selbstverständlichsten Formen geworden, mit denen wir je individuell unser Leben organisieren (Pollak 1991), eine unbestrittene Normalität [...], inzwischen so sehr Teil des Alltags, daß die pädagogische Profession ihre eigene exklusive Rolle bedroht sieht.

Kann man als Pädagoge eigentlich mehr erwarten, als daß sich das Muster der Ordnung der Welt kollektiv durchsetzt, das man selbst erfunden hat? Sollten die Pädagogen nicht erhobenen Hauptes durch das Land gehen? Mein zweites Ergebnis heißt deshalb auch: In der Kontinuität der Klage wird nicht nur der Erfolg von Profession, System und Disziplin, sondern auch die ungeheure Wirkung, die Durchschlagskraft des pädagogisch erwünschten Musters der Lebensführung verkannt oder ignoriert – die Pädagogik bezweifelt, m.a.W., ihren Erfolg angesichts der inzwischen unbestreitbar generellen Geltung zentraler Prämissen ihrer eigenen Praxis.

III.

Aber, und ich komme zu meinen abschließenden Erwägungen, vielleicht will sich die Pädagogik mit diesem Ergebnis gar nicht schmücken? Vielleicht liegt hier, in der Distanz gegenüber der Lernrealität und im Erschrecken angesichts umfassender Pädagogisierung, die wahre Wurzel der pädagogischen Klagen und Differenzbehauptungen? [...] Darf man deshalb vom Sieg noch sprechen, wenn der Verbreitung von Lernwilligkeit zum Trotz die Menschen sich nicht gebessert haben und die Gesellschaft wenig Anzeichen für die Höherbildung zeigt?

Die hier angedeuteten Schwierigkeiten der Pädagogik mit den Konsequenzen ihrer eigenen Funktionsprämissen werden explizit bewußt, wenn man den homo paedagogicus im Kontext der Debatte über die unaufhaltsame 'Pädagogisierung' stellt; dann kann man sogar den Charakter von 'Siegen' diskutieren, nicht nur, weil Pyrrhus uns allen bekannt ist.

[...] Die Wirkung der Pädagogik ist dann zwar immer noch unbestreitbar, ihre allmähliche und unaufhaltsame, in der Gegenwart sogar beschleunigte Sorge für sich selbst und für die Durchdringung der Welt mit den ihr eigenen Mechanismen des Lernens und der Lernbereitschaft.

Der Einspruch der Pädagogen gegen diesen Sieg ist dann aber ebenfalls nicht grundlos; denn Pädagogen vermissen etwas am Prozeß der Pädagogisierung, z.B. „'Allgemeinbildung' im pädagogisch-emphatischen Sinne"; und deshalb werten sie den Prozeß ab. [...]

Hier, in solchen Diagnosen, scheint mir der *systematische und unvermeidliche Grund der pädagogischen Klage* über die pädagogisierte Welt zu liegen, in der Tatsache, daß die Ausbreitung des Lernens 'Bildung' nicht befördert hat, so daß die je partikulare, individuelle Rationalität und die Vernünftigkeit der Gattung nicht mehr aneinander gebunden sind. Das ist, analog zu Georg Simmel gedacht, ein weiteres Exempel für die „Tragödie der Kultur" (Simmel 1911). Die Klage der Pädagogen über die Tragödie der pädagogischen Kultur hat anscheinend ebenfalls in einem Funktionsprinzip der Moderne ihre Ursache, und sie gewinnt aus seinem fortdauernden Anspruch die ihr eigene Kontinuität: Gegen alle Erfahrung mit dem Erziehungssystem suchen die Pädagogen im Bildungsbegriff nämlich die Entzweiung der modernen Welt wieder aufzuheben, subjektive und kollektive Vernunft zu versöhnen, nichts anderes also zu tun, als die Moderne selbst pädagogisch zu überwinden – und die Kritik des Verhaltens ihrer Adressaten ist dazu der erste Schritt.

An dieser Stelle liegt mir freilich die Kritik der Pädagogik näher als eine Bekräftigung ihrer Ansprüche. Die Unzufriedenheit mit der 'Pädagogisierung' als modernem Muster der Lösung gesellschaftlicher Probleme, wie gerade Pädagogen sie vortragen, ist vielleicht verständlich, aber selbst nicht kritikimmun: Normativ müßte der Pädagoge seinen Adressatentadel mit der gewagten Annahme begründen, daß nur seine Konstruktion der Welt legitim sei – aber wer will das glauben? Gesellschaftstheoretisch wird ignoriert, daß ein jeder, der auf Pädagogisierung setzt (und auf Politisierung ebenso verzichtet wie er – wenigstens partikular – Verrechtlichung stillstellt), auch nicht mehr erwarten kann, als die Funktionsmechanismen der Pädagogik und das, was sie nach aller historischen Erfahrung zu leisten vermögen: Die Beeinflussung von Dispositionen, nicht die Kontrolle des Handelns, die Formierung von Prämissen für Aktionen, nicht die Aktion, die Pädagogisierung der Welt, nicht die Moralisierung. Erziehung verleiht, mit anderen Worten, keinen Durchgriff auf die Welt, sondern allenfalls auf Menschen – und es ist eher tröstlich, daß sie dabei in ihrem Anspruch offenkundig immer neu begrenzt wird. Schließlich scheint es fast so, als gehöre es zu den nicht erwarteten Überraschungen der Pädagogen selbst, daß sie den Lernenden tatsächlich zur Selbstbestimmung befähigen, wenn auch nur zur Selbstbestimmung über sein Lernen, daß sie insoweit aber den homo paedagogicus erfolgreich konstruiert haben.

Zu den wiederkehrenden und zugleich wohl unvermeidlichen Enttäuschungen der Profession würde ich es dann rechnen, daß sich die Welt ansonsten, jenseits des Lernens, nicht nach dem Bilde der Pädagogen richten will oder mit deren Mechanismen gestalten läßt. Aber muß man, angesichts derart überspannter Erwartungen und im Blick auf die Geschichte der Pädagogik und die wenigen Versuche mit „Erziehungsstaaten", auch nicht eher froh sein, daß die Pädagogen die Welt nicht weiter als bis zu Schule, Unterricht und sozialer Arbeit bestimmen können?

Der Text von Tenorth stellt zwei verschiedene Interpretationsmuster der Beurteilung der Pädagogik bzw. der Erziehungswissenschaft einander gegenüber. Das eine Muster bezeichnet er als die „laute Klage", das andere als den „stillen Sieg".

Versuchen Sie, bevor Sie eine detaillierte Analyse dieser beiden Interpretationsmuster erarbeiten, zunächst die Grundaussage des Textes zu resümieren.

Nach Auffassung Tenorths hat die Pädagogik seit ihrem Bestehen, seit dem 18. Jahrhundert, einen „stillen Sieg", d.h. einen großen Erfolg, errungen: Das sie kennzeichnende pädagogische Muster des lebenslang lernbereiten, individualitätszentrierten und selbstbestimmt lernenden Menschen hat sich im Laufe der Geschichte der Erziehungswissenschaft als eine selbstverständliche Form der eigenen Lebensorganisation durchgesetzt; der ehemals eingeklagte „homo paedagogicus" ist heute der Normalbürger. Trotz dieser Entwicklung wird die Geschichte der Pädagogik häufig als eine Geschichte der Niederlage und des Mißerfolgs laut beklagt. Tenorth verweist auf die Gründe einer solchen gegenteiligen Interpretation und widerspricht ihr durch Gegenargumente.

Versuchen Sie nun die soeben dargestellte Grundaussage des Textes durch eine Gegenüberstellung der Positionen „Laute Klage" und „Stiller Sieg" genauer zu fassen. Nutzen Sie für diese Gegenüberstellung das Arbeitsblatt A13, und tragen Sie die Kennzeichnungen beider Interpretationen unter den in der ersten Spalte vorgegebenen Gesichtspunkten ein. A 13

	„Laute Klage"	**„Stiller Sieg"**
Rückgriff auf die Anfänge der Pädagogik	• Unterricht soll der Humanisierung des Menschen und der Zivilisierung der Welt dienen • Schule ist die Stätte der „Politur" und Bildung des Geistes • Erziehung hat die Aufgabe der Höherbildung der Menschheit und der Hinführung zur Moral und Sittlichkeit	Positive Zielsetzung ist der lerneifrige Heranwachsende und Erwachsene, der • seinen eigenen Kräften vertraut, • ein sich bildender Individualist und • ein unternehmerischer Akteur ist
Einschätzung der Gegenwart	Die Erwartungen des 18. Jahrhunderts sind in der Wirklichkeit der Folgezeit nicht eingelöst worden	Der heutige Normalbürger ist der *homo paedagogicus*: • lernbereit • bildungsbeflissen • individualitätszentriert • Chancen der Weiterbildung ergreifend • mit Begriffen der Lernbiographie rationalisiert und entschuldigt er Lernunwilligkeit • der Ausstieg aus vorgegebenen Bildungsprozessen wird als Indikator für den Status des Gebildeten, des sich Dingen zweckfrei Widmen-Könnens aufgefaßt

	„Laute Klage"	„Stiller Sieg"
Erläuterung der historischen Entwicklung	• Erfolglosigkeit der Pädagogen • Die Gesellschaft als Faktor, der die Verbesserung des Menschen behindert (Gesellschaftskritik)	Die zentrale pädagogische Prämisse, die in den Ursprüngen der Pädagogik auf ein generelles gesellschaftliches Defizit verwies, hat sich gesamtgesellschaftlich durchsetzen können
Beurteilung der historischen Entwicklung	Die Geschichte der Pädagogik ist eine Geschichte der Niederlage	Die Geschichte der Pädagogik ist eine Geschichte des Erfolgs, des unaufhaltsamen Aufstiegs der Pädagogik
Der bildungstheoretische Aspekt	Lernen allein führt noch nicht zur Bildung, zur Verbesserung des Menschen	Kritik am bildungstheoretischen Konzept durch folgende Punkte: • Der Bildungsgedanke versucht die moderne Welt aufzuheben. Die Klage der Bildungstheoretiker speist sich im Grunde aus einer Modernitätskritik • Die Pädagogen können und dürfen nicht für sich das alleinige Recht fordern, eine legitime Konstruktion von Welt zu haben • Pädagogen können den Menschen nicht zu einer allgemeinen Selbstbestimmung, sondern lediglich zum selbstbestimmten Lernen befähigen • In Anbetracht überspannter Erwartungen, der Geschichte der Pädagogik und den Versuchen mit „Erziehungsstaaten" ist es zu begrüßen, daß Pädagogik keinen Zugriff auf Welt hat

▶ *Versuchen Sie nun selbständig eine Einschätzung und Beurteilung des klassischen Bildungsbegriffs vorzunehmen. Berücksichtigen Sie hierfür, von Tenorths Überlegungen ausgehend, vor allem folgende Gesichtspunkte:*

• *Inwiefern kann und muß die Erziehungswissenschaft auch normative Aspekte – insbesondere im Hinblick auf ihre Zielsetzung – mit einbeziehen? Greifen Sie hierbei auf die im ersten Kapitel durch Luhmann dargestellte Kontingenzformel der „Lernfähigkeit" zurück, die sich von derjenigen der Perfektibilität und Bildsamkeit abgrenzt, und erörtern Sie diesbezüglich das Problem der Normativität.*

• *Wie weit darf der intendierte Einflußbereich pädagogischer Bemühungen gehen? Ist er zentral und ausschließlich auf den lernenden Menschen bezogen, oder sollte er darüber hinaus auch gesellschaftliche, allgemein moralische und sittliche Wirkungen anstreben?*

• *Ist der klassische Bildungsgedanke überholt? Mündet er in eine Modernitätskritik?*

• *Welche Bedeutung messen Sie dem klassischen Bildungsbegriff in der heutigen Zeit zu? Könnte oder sollte er auch in Zeiten großer und schneller gesellschaftlicher Veränderungen, wie z.B. in einer sich rasant entwickelnden Informationsgesellschaft, eine Rolle spielen?*

Die Entwicklung der bildungstheoretischen Didaktik: Von der Kategorialen Bildung zur kritisch-konstruktiven Didaktik

Zum Bildungsbegriff der Kategorialen Bildung

Klafkis Überlegungen zum Bildungsbegriff sind vorrangig durch sein praktisch-didaktisches Anliegen motiviert. Sein Untersuchungsinteresse richtet sich auf Fragen, wie und unter welchen Kategorien Lehrer und Lehrerinnen ihren Unterricht planen sollten, damit er zugleich den Anforderungen der Bildung genüge tut. Klafkis Bildungstheorie zeigt das Bemühen, die Planung eines bildungsorientierten Unterrichts zu ermöglichen.

Lesen und bearbeiten Sie den folgenden Textauszug in gewohnter Weise.

T 14

Wolfgang Klafki: Zweite Studie: Kategoriale Bildung. Zur bildungstheoretischen Deutung der modernen Didaktik (1959),
in: ders.: Studien zur Bildungstheorie und Didaktik, Weinheim/Basel: Beltz Verlag 1975, S. 43–45 (Auszug).

Bildung nennen wir jenes Phänomen, an dem wir – im eigenen Erleben oder im Verstehen anderer Menschen – unmittelbar der Einheit eines objektiven (materialen) und eines subjektiven (formalen) Moments innewerden. Der Versuch, die *erlebte* Einheit der Bildung sprachlich auszudrücken, kann nur mit Hilfe dialektisch verschränkter Formulierungen gelingen: Bildung ist Erschlossensein einer dinglichen und geistigen Wirklichkeit für einen Menschen – das ist der objektive oder materiale Aspekt; aber das heißt zugleich: Erschlossensein dieses Menschen für diese seine Wirklichkeit – das ist der subjektive oder formale Aspekt zugleich im „funktionalen" wie im „methodischen" Sinne.

Entsprechendes gilt für Bildung als Vorgang: Bildung ist der Inbegriff von Vorgängen, in denen sich die Inhalte einer dinglichen und geistigen Wirklichkeit „erschließen", und dieser Vorgang ist – von der anderen Seite her gesehen – nichts anderes als das Sich-Erschließen bzw. Erschlossenwerden eines Menschen für jene Inhalte und ihren Zusammenhang als Wirklichkeit.

Diese doppelseitige Erschließung geschieht als Sichtbarwerden von allgemeinen, kategorial erhellenden Inhalten auf der objektiven Seite und als Aufgehen allgemeiner Einsichten, Erlebnisse, Erfahrungen auf der Seite des Subjekts. Anders formuliert: Das Sichtbarwerden von „allgemeinen Inhalten", von kategorialen Prinzipien im paradigmatischen „Stoff", also auf der Seite der „Wirklichkeit", ist nichts anderes als das Gewinnen von „Kategorien" auf der Seite des Subjekts. Jeder erkannte oder erlebte Sachverhalt auf der objektiven Seite löst im Zögling nicht eine subjektive, „formale" Kraft aus oder ist Übungsmaterial solcher subjektiven Kräfte oder formal verstandener Methoden, sondern er *ist* – in einem übertragenen Sinne – selbst Kraft, insofern – und *nur* insofern – er ein Stück Wirklichkeit erschließt und zugänglich macht.

Im soeben Gesagten klang bereits eine Bestimmung an, die uns geeignet erscheint, diese neue Bildungsauffassung formelhaft zu bezeichnen: der Begriff des Kategorialen. Löst man sich einerseits von den überkommenen, sehr unterschiedlichen philosophischen Sinngebungen dieses Begriffes – Sinngebungen, die hier nicht zur Debatte stehen – und versteht man andererseits das Adjektiv „kategorial" im folgenden nicht als Angabe einer differentia specifika, sondern als Hindeutung auf den Wesenskern der Bildung, so darf man in einem eigenständig pädagogischen Sinne sagen: Bildung ist *kategoriale Bildung* in dem Doppelsinn, daß sich dem Menschen eine Wirklichkeit „kategorial" erschlossen hat und daß eben damit er selbst – dank der selbstvollzogenen „kategorialen" Einsichten, Erfahrungen, Erlebnisse – für diese Wirklichkeit erschlossen worden ist. [...]

Nur zwei grundsätzliche Folgerungen für die Frage der Auswahl der Bildungsinhalte und für die theoretische Didaktik können noch gezogen werden:

Erstens: Einzig und allein jene Inhalte, die den im Begriff der kategorialen Bildung geeinten Kriterien entsprechen, dürfen im Raum der Bildung einen zentralen Platz beanspruchen. Alles, was nicht repräsentativ für grundlegende Sachverhalte und Probleme ist, sondern nur Einzelwissen oder Einzelkönnen, das nicht kategorial erschließend zu wirken vermag; alles, was nur „auf Vorrat", auf eine Zukunft hin Bedeutung hat, die der junge Mensch nicht bereits in seiner Gegenwart als *seine* Zukunft zu erfahren vermag; alles, was nur tradierte Vergangenheit ist, ohne daß es dem Schüler im Bildungsvorgang selbst als *seine* Vergangenheit transparent würde; alles, was für den Schüler nicht auf *seine* Wirklichkeit bezogen ist, also nicht in den Horizont seiner lebendigen Fragen und Aufgaben hineingeführt werden und deshalb auch nicht Kategorie des eigenen geistigen Lebens werden kann; alles endlich, was dem Schüler nicht wenigstens der Möglichkeit nach den Durchstoß zum Fundamentalen, zu den tragenden Kräften der Grundbereiche unseres geistigen Lebens erlaubt – alles das sollte in unserem Bildungswesen keinen Ort – jedenfalls keinen zentralen Ort – mehr haben. Das bedeutet die Forderung nach radikalen stofflichen Kürzungen der hergebrachten Bildungspläne und nach einem Neudurchdenken der pädagogischen Methoden im Dienste einer Vertiefung, die die unabdingbare Voraussetzung echter Bildung ist. [...]

Zweitens: Der Didaktik erwächst aus den vorangegangenen Erwägungen die Aufgabe einer eigenständig pädagogischen Struktur- und Kategorialforschung, die von der geschichtlich gegebenen Bildungswirklichkeit und von den angesichts dieser Wirklichkeit erwachsenden Bildungsaufgaben auszugehen hätte. Ihre Aufgabe wäre es, die Kategorien und Strukturen jener geistigen Grundrichtungen zu ermitteln, in denen dem jungen Menschen heute sein Leben als verpflichtende Aufgabe oder als freie geistige Möglichkeit gegeben ist. Eine solche Struktur- und Kategorialforschung hätte also das Bezugssystem zu entwickeln, angesichts dessen die Auswahl des Elementaren, Exemplarischen, Typischen ... getroffen werden kann.

Gliedern Sie den Text in Sinnabschnitte, um einen ersten Zugang zu ihm zu gewinnen. Erstellen Sie hierfür eine zweispaltige Tabelle, in deren linke Spalte Sie die jeweiligen Zeilenangaben der Sinnabschnitte und in deren rechte Spalte Sie die Kernaussagen der Sinnabschnitte eintragen.

Zeilen	Kernaussagen
1–3	Definition des Bildungsbegriffs: Bildung bezieht sich auf die Einheit eines objektiv-materialen und eines subjektiv-formalen Momentes, dessen sich der Mensch im eigenen Erleben und im Verstehen anderer Menschen inne wird
3–14	Nähere Kennzeichnung dieser Einheit durch dialektisch verschränkte Begriffe
15–25	Bildung geschieht durch das Sichtbarwerden allgemeiner Inhalte, durch die das Subjekt Kategorien gewinnt
26–36	Benennung eines derart definierten Bildungsbegriffs als „Kategoriale Bildung"
37–65	Zwei Folgerungen für die Auswahl von Bildungsinhalten: 1. Auflistung zentraler Auswahlkriterien im Hinblick auf das „Kategoriale" 2. Der Didaktik erwächst die Aufgabe der Struktur- und Kategorialforschung, um ein Bezugssystem zu entwickeln, mit dessen Hilfe eine Auswahl des Elementaren, Exemplarischen, Typischen etc. getroffen werden kann

Die Kernaussagen und deren Zusammenfassung zu größeren Sinneinheiten erlauben es, den Textauszug insgesamt in zwei Teile zu gliedern: erstens die Definition des Bildungsbegriffs und deren Erläuterung (Zeilen 1–36) und zweitens die darauf aufbauenden Schlußfolgerungen für und Anforderungen an die Auswahl der Bildungsinhalte (Zeilen 37–65).

In einem ersten Arbeitsschritt sollen nun die ersten vier Sinnabschnitte fokussiert werden, um den Begriff der „Kategorialen Bildung" näher zu klären.

A 14 Klafki entwickelt seinen Bildungsbegriff aus der Einheit von materialer und formaler Bildung. *Ordnen Sie den Kernaussagen zu den Sinnabschnitten 1–4 aus dem ersten Textteil jeweils den materialen und formalen Aspekt des Bildungsbegriffs zu. Tragen Sie hierfür die jeweiligen Bestimmungen in die freien Kästchen des Arbeitsblattes A14 ein.*

Definition des Bildungsbegriffs:	Bildung bezieht sich auf die Einheit eines objektiv-materialen und eines subjektiv-formalen Momentes, dessen sich der Mensch im eigenen Erleben und im Verstehen anderer Menschen inne wird	
Nähere Kennzeichnung dieser Einheit durch dialektisch verschränkte Formulierungen:	**Materialer Aspekt** • Bildung ist das Erschlossensein einer dinglichen und geistigen Wirklichkeit für einen Menschen (objektiv-materialer Aspekt) • Bildung ist der Inbegriff von Vorgängen, in denen sich die Inhalte einer dinglichen und geistigen Wirklichkeit „erschließen"	**Formaler Aspekt** • Bildung ist das Erschlossensein eines Menschen für seine Wirklichkeit (subjektiv formaler Aspekt) • Bildung ist der Vorgang des Sich-Erschließens bzw. Erschlossenwerdens eines Menschen für jene Inhalte und die Wirklichkeit
Bildung geschieht durch das Sichtbarwerden allgemeiner Inhalte, durch die das Subjekt Kategorien gewinnt:	Sichtbarwerden von allgemeinen, kategorial erhellenden Inhalten	Aufgehen allgemeiner Einsichten, Erlebnisse, Erfahrungen. Dies ist die Gewinnung von Kategorien auf seiten des Subjekts. Inhalte lösen im Subjekt weder formale Kräfte aus, noch sind sie dessen Übungsmaterial
	Der Inhalt ist selbst Kraft, insofern er ein Stück Wirklichkeit erschließt und zugänglich macht	
Benennung eines derart definierten Bildungsbegriffs:	Der Begriff des „Kategorialen" ist das Wesen der Bildung. Bildung ist „Kategoriale Bildung" in dem Doppelsinn:	
	daß sich der Mensch eine Wirklichkeit „kategorial" erschlossen hat	und daß der Mensch selbst aufgrund der „kategorialen" Einsichten für diese Wirklichkeit erschlossen wurde

Im zweiten Teil des Textes zieht Klafki aus den Bestimmungen zwei Folgerungen für die Auswahl der Bildungsinhalte. Da innerhalb dieses Kapitels die didaktische Analyse nach Klafki noch eingehender behandelt werden wird, soll hier lediglich eine erste grundlegende Konsequenz für die Auswahl der Lerninhalte erarbeitet werden.

Ermitteln Sie die im Text aufgelisteten Kriterien für die Auswahl der Bildungsinhalte. Stellen Sie mit Hilfe des Arbeitsblattes A15 diese Auswahlkriterien den jeweiligen Ausschlußkriterien gegenüber, und formulieren Sie abschließend Klafkis allgemeine Schlußfolgerung für eine Veränderung der Bildungspläne. **A 15**

Ausschlußkriterien für die Inhalte der „Kategorialen Bildung"	**Auswahlkriterien für die Inhalte der „Kategorialen Bildung"**
Einzelwissen und Einzelkönnen, das nicht kategorial erschließend wirkt	Repräsentativität für grundlegende Sachverhalte und Probleme
Bloßes Wissen auf „Vorrat"	Bedeutung der Inhalte für die Gegenwart des jungen Menschen und für *seine* Zukunft
Nur tradierte Vergangenheit	Bedeutung der Inhalte für die Vergangenheit des jungen Menschen
Inhalte, die keine kategoriale Bedeutung im geistigen Leben des jungen Menschen haben können	Bedeutung der Inhalte für die Wirklichkeit des jungen Menschen, d.h. Inhalte, die in den Horizont lebendiger Fragen und Aufgaben führen
Inhalte, die keine kategoriale Bedeutung in „unserem" geistigen Leben, dem geistigen Leben einer Kultur oder Gesellschaft, haben	Inhalte sollen einen Durchstoß zum Fundamentalen, zu den tragenden Kräften der Grundbereiche unseres geistigen Lebens ermöglichen

Schlußfolgerung für die Veränderung der Bildungspläne: Bildungspläne müssen radikal verkürzt werden

Versuchen Sie nun abschließend die Kategoriale Bildung im Sinne Klafkis in die bisherigen Überlegungen zum klassischen Bildungsbegriff schriftlich einzuordnen. Vergleichen Sie hierbei einige zentrale Aspekte der Kategorialen Bildung mit Aussagen von Humboldt und Herbart. Beziehen Sie auch Diltheys Kritik an allgemeingültigen Zielen der Bildung mit ein.

Folgende Aspekte können Ihre Überlegungen leiten:

- Welches Moment stellt Klafki im Vergleich zu Humboldt und Herbart ins Zentrum seiner bildungstheoretischen Überlegungen?
- Welche Konsequenz hat diese Konzeption für die Ermittlung des Bildungsziels?
- Inwiefern bezieht sich Klafki kritisch auf die Bildungskonzeption Humboldts, wenn er Bildung als Einheit von materialer und formaler Bildung versteht?
- Welcher Bezug kann zwischen Dilthey und Klafki hergestellt werden im Hinblick auf die Allgemeingültigkeit bzw. Gesellschafts- und Kulturabhängigkeit der Bestimmung von Bildungszielen?

In der Kategorialen Bildung steht die Frage nach den Bildungsinhalten im Zentrum der Überlegungen. Sie grenzt sich vom klassischen Konzept der Bildung dadurch ab, daß Bildungsziele, wie z.B. Identität oder Sittlichkeit, nun nicht mehr leitend sind. Vielmehr basiert das Grundkonzept dieser Bildungstheorie auf der Frage nach den Bildungsinhalten, dem Bildungswert bestimmter Lerninhalte. Der Aufmerksamkeitsfokus der Kategorialen Bildung ist damit auf das Mensch-Welt-Verhältnis gerichtet: Der gebildete Mensch hat „die Wirklichkeit" für sich erschlossen, er ist derjenige, der trotz der nicht mehr zu bewältigenden Flut an Informationen in unserer Gesellschaft als ein Wissender gelten kann, indem er die Grundzüge, die Grundkategorien des gesellschaftlichen und kulturellen Lebens aufgeschlossen hat und für sie aufgeschlossen wurde. Demgegenüber ist das Mensch-Welt-Verhältnis bei Humboldt ein Mittel zum Zweck der Identitätsbildung des Menschen. Kritisch grenzt sich Klafki von einer solchen Konzeption ab, indem er darauf verweist, daß entgegen seiner eigenen Auffassung hier Welt lediglich zum „Auslöser" und „Übungsmaterial solcher subjektiven Kräfte" wird. Die Erschließung der Welt durch den jungen Menschen und das Erschlossensein des jungen Menschen für die Welt ist nach Klafki das 'Ziel' der Bildung.

Aus dieser veränderten Zielsetzung und der damit verbundenen Zentrierung des Bildungsinhalts folgt für Klafki die Abkehr von einem rein materialen bzw. formalen Bildungsbegriff. Weder kommt bestimmten Inhalten, wie dies z.B. in der Bildung des Klassischen gegeben ist, per se schon ein Bildungswert zu (materiale Bildung), noch gilt es, allein die Kräfte des Menschen, seine Vermögen, die – wie Humboldt betont – notwendig auf Inhalte, auf Welt für ihre Vollzüge verwiesen sind, zu bilden. Klafki verbindet beide Konzepte zur Einheit der Kategorialen Bildung, deren einheitsstiftendes Moment der Inhalt selbst ist: Er repräsentiert Welt und trägt in seiner exemplarischen Vermittlung, seiner möglichen Repräsentation typischer und grundlegender Gegebenheiten die Kraft in sich, dem jungen Menschen die Welt zu erschließen.

Aufgrund seines grundlegend auf Bildungsinhalte bezogenen Ansatzes klammert Klafki die Frage nach den Bildungszielen aus. Das Mensch-Welt-Verhältnis stellt zwar für die Bildung die intendierte Zieldimension dar, doch impliziert dies noch kein explizit benanntes, für die Bildung konstitutives oder gar allgemeingültiges Ziel. Klafkis Anspruch auf allgemeine Gültigkeit besteht lediglich darin, daß er das Mensch-Welt-Verhältnis und damit auch den Begriff der „Kategorie" als grundlegendes 'Wesen' der Bildung beschreibt. Auch er trifft also allgemeingültige Aussagen darüber, was als Bildung zu gelten hat. Er bezieht jedoch keine bestimmten Zielformulierungen in diese Aussagen mit ein. Vielmehr weist er darauf hin, daß die Auswahl der Bildungsinhalte ihrerseits an gesellschaftliche und kulturelle Kriterien gebunden sein sollte: Bildungsinhalte haben nicht nur kategoriale Bedeutung für den Erfahrungshorizont des Edukanden, sondern sollten auch „den Durchstoß zum Fundamentalen, zu den tragenden Kräften der Grundbereiche unseres geistigen Lebens" erlauben. Damit orientiert sich die Auswahl der Bildungsinhalte explizit an den durch eine bestimmte Gesellschaft und deren Kultur vorgegebenen Inhalten, die für sie fundamental, grundlegend und notwendig sind. Die Auswahl der Bildungsinhalte richtet sich nicht – beispielsweise aufgrund gesellschaftskritischer Implikationen des Bildungsbegriffs – gegen eine bestimmte Gesellschaft oder Kultur, sondern bezieht diese umgekehrt bestimmend in die Auswahl der Inhalte mit ein. In dieser Hinsicht zeigt sich, wie sehr Klafki von einem geisteswissenschaftlichen Ansatz aus denkt, der nach Dilthey nicht auf vermeintlich allgemeingültige Ziele rekurriert, sondern die jeweiligen kulturellen und historischen Bedingungen der Gesellschaft als konstitutiv für erzieherisches Handeln und erzieherische Zielsetzungen annimmt.

Die didaktische Analyse

In der didaktischen Analyse bezieht Klafki seine bildungstheoretischen Überlegungen auf die Planung des Unterrichts. Der folgende Textauszug Klafkis macht die Konsequenzen des kategorial-bildungstheoretischen Ansatzes für das schulpraktische Handeln deutlich. *Lesen Sie ihn, und bereiten Sie ihn in gewohnter Weise auf.*

T 15

Wolfgang Klafki: Fünfte Studie: Didaktische Analyse als Kern der Unterrichtsvorbereitung (1958), in: ders.: Studien zur Bildungstheorie und Didaktik, Weinheim/Basel: Beltz Verlag 1975, S. 135–142 (Auszug).

Die fünf Grundfragen, die wir jeweils weiter in Teilfragen gliedern werden, stehen im Verhältnis wechselseitiger Abhängigkeit voneinander, so daß die im folgenden eingehaltene Reihenfolge für die praktische Durchführung didaktischer Analysen nicht zwingend verbindlich ist. In jeder Frage schwingen unausgesprochen die anderen immer zugleich mit, und die Antwort auf jede einzelne Frage wird erst im Lichte aller weiteren Antworten voll verständlich.

Wonach also sollte der Lehrer in der grundlegenden Phase seiner Unterrichtsvorbereitung, der didaktischen Analyse, angesichts des konkreten, vom Lehrplan vorgeschlagenen oder vom einzelnen Lehrer geplanten Themas fragen?

I. Welchen größeren bzw. welchen allgemeinen Sinn- oder Sachzusammenhang vertritt und erschließt dieser Inhalt? Welches Urphänomen oder Grundprinzip, welches Gesetz, Kriterium, Problem, welche Methode, Technik oder Haltung läßt sich in der Auseinandersetzung mit ihm „exemplarisch" erfassen? [...]

Dabei hängt die „exemplarische" Sinngebung weitgehend von der Zielsetzung des Lehrers ab. Der gleiche Inhalt kann in manchen Fällen exemplarisch, repräsentativ usf. für verschiedene allgemeine Sachverhalte sein. [...]

II. Welche Bedeutung hat der betreffende Inhalt bzw. die an diesem Thema zu gewinnende Erfahrung, Erkenntnis, Fähigkeit oder Fertigkeit bereits im geistigen Leben der Kinder meiner Klasse, welche Bedeutung sollte er – vom pädagogischen Gesichtspunkt aus gesehen – darin haben?
[...] Zunächst und zentral geht es um die Frage, ob der betr. Inhalt bzw. der in ihm zu erschließende Gehalt ein Moment in der jeweils gegenwärtigen Bildung des jungen Menschen, d.h. in seinem Leben, in seinem Welt- und Selbstverständnis, seinem Könnensbereich sein kann und sein sollte. [...]

III. Worin liegt die Bedeutung des Themas für die Zukunft der Kinder?
[...] Ist dieser Inhalt ein echtes Element einer (im guten Sinne verstandenen) Allgemeinbildung (einer grundlegenden Bildung), oder stellt er einen verfrühten Vorgriff auf irgendeine Spezialbildung – etwa einer Berufslehre – dar? (Im letzten Falle müßte man auf ihn verzichten.) [...]

IV. Welches ist die Struktur des (durch die Fragen I, II und III in die spezifisch pädagogische Sicht gerückten) Inhaltes?
[...] Unabhängig von der durch jene Fragen [die ersten drei der didaktischen Analyse] geschaffenen Perspektive wird die Strukturfrage zur vorpädagogischen „Sachanalyse", d.h. man fragt theoretisch-wissenschaftlich – jedenfalls der Intention nach – und erhält darauf wissenschaftlich gemeinte Antworten. [...]

V. Welches sind die besonderen Fälle, Phänomene, Situationen, Versuche, Personen, Ereignisse, Formelemente, in oder an denen die Struktur des jeweiligen Inhaltes den Kindern dieser Bildungsstufe, dieser Klasse interessant, fragwürdig, zugänglich, begreiflich, „anschaulich" werden kann?
1. [...] welche „Anschauungen" sind geeignet, die auf das Wesen des jeweiligen Inhalts, auf seine Struktur gerichtete Fragestellung in den Kindern zu erwecken [...]
2. Welche Anschauungen, Hinweise, Situationen, Beobachtungen, Erzählungen, Versuche, Modelle usw. sind geeignet, den Kindern dazu zu verhelfen, möglichst selbständig die auf das Wesentliche der Sache, des Problems gerichtete Fragestellung zu beantworten? [...]
3. Welche Situationen und Aufgaben sind geeignet, das am exemplarischen Beispiel, am elementaren „Fall" erfaßte Prinzip einer Sache, die Struktur eines Inhaltes fruchtbar werden, in der Anwendung sich bewähren und damit üben (– immanent wiederholen –) zu lassen? [...]

II

Erst von der didaktischen Analyse eines geplanten Unterrichtsthemas aus kann der zweite Schritt der Vorbereitung vollzogen werden, die methodische Vorbereitung. Sie befaßt sich mit dem „Wie" des Unterrichts, genauer gesagt: mit der Frage, auf welchen Wegen die jeweiligen Kinder und der durch die didaktische Analyse in seiner pädagogischen Bedeutung und Struktur ermittelte Bildungsinhalt zu einer fruchtbaren Begegnung geführt werden können. Schon diese Formulierung des methodischen Problems bringt die Abhängigkeit aller methodischen Planungen von didaktischen Überlegungen deutlich zum Ausdruck. [...]

Die Eigenart des zweiten Vorbereitungsschrittes, der methodischen Planung, kann hier nicht mehr ausführlich erörtert werden. Diese Vorbereitungsphase muß sich unseres Erachtens vor allem auf foldende vier Fragenkreise konzentrieren:
1. Die Gliederung des Unterrichts in Abschnitte oder Phasen oder Stufen.
2. Die Wahl der Unterrichts-, Arbeits-, Spiel-, Übungs-, Wiederholungsformen.

3. Der Einsatz von Hilfsmitteln (Lehr- bzw. Arbeitsmittel).
4. Die Sicherung der organisatorischen Voraussetzungen des Unterrichts. [...]

Die von Klafki hier formulierten fünf Grundfragen der didaktischen Analyse sind zum größten Teil schon im vorherigen Textauszug angesprochen worden. Im vorliegenden Zusammenhang treten sie als die zentralen Fragen der Unterrichtsplanung auf, in der die Lehrenden ermitteln, welchen Bildungswert der von ihnen gewählte Inhalt hat. Klafki erläutert hierbei die einzelnen Fragen.

Versuchen Sie nun mit Hilfe des Arbeitsblattes A16 den von Klafki zwischen ihnen hergestellten Zusammenhang zu veranschaulichen. Tragen Sie hierfür die fünf Grundfragen sowie die methodischen Fragen der Unterrichtsplanung in die Grafik ein, und kennzeichnen Sie deren Beziehung zueinander. Versuchen Sie anschließend den einzelnen Fragen bzw. Fragekreisen die entsprechende erziehungswissenschaftliche bzw. methodisch-didaktische Begrifflichkeit zuzuordnen. **A 16**

Didaktische Analyse	**Fünf Grundfragen:**	**Erziehungswissenschaftliche Themen:**
	1. Welche größeren, allgemeinen Sinn- oder Sachzusammenhänge vertritt der Inhalt? (Exemplarität des Inhaltes)	• Unterrichtsziele • exemplarisches Lernen
	2. Welche Bedeutung hat der Inhalt bzw. seine kategoriale Bedeutung im geistigen Leben der Kinder?	Lernvoraussetzungen (Diagnose der Ausgangslage)
	3. Worin liegt die Bedeutung des Inhalts für die Zukunft der Kinder?	Allgemeinbildung
Kennzeichnung der Beziehung: Die methodische Planung ist abhängig von der didaktischen Planung	4. Welches ist die Struktur des Inhalts?	• Sachanalyse • Sachstruktur • Sachgehalt
	5. Wie kann der Inhalt zugänglich, begreiflich, anschaulich werden?	• anschauliches Lernen • problemorientiertes Lernen • anwendungsbezogenes Lernen
	Beziehung der Grundfragen zueinander: Wechselseitige Abhängigkeit	
Methode	**Vier Fragekreise:**	
	1. Gliederung des Unterrichts in Abschnitte, Phasen oder Stufen	Lehr- und Lernphasen
	2. Unterrichts-, Arbeits-, Spiel-, Übungs-, Wiederholungsformen	Lehrformen
	3. Lehr- und Arbeitsmittel	Medieneinsatz
	4. Sicherung der organisatorischen Voraussetzungen des Unterrichts	Schultheorie, Schule als Institution

▶ *Kennzeichnen Sie abschließend in einer selbständigen, kurzen Erörterung die Beziehung zwischen den bildungstheoretischen Reflexionen und der Unterrichtsplanung nach Klafki. Formulieren Sie Ihre Überlegungen schriftlich, und greifen Sie auf bereits erarbeitete Ergebnisse zum Begriff der „Kategorialen Bildung" zurück. Zeigen Sie hierbei im einzelnen auf, wie die Merkmale dieses Begriffs von Klafki direkt in die Praxis der Unterrichtsplanung umgesetzt werden.*

Die kritisch-konstruktive Didaktik

Klafki hat seine Konzeption der Kategorialen Bildung und der ihr entsprechenden didaktischen Analyse zu einem späteren Zeitpunkt zur kritisch-konstruktiven Didaktik umgearbeitet. Dieses Konzept knüpft einerseits an einige zentrale Aspekte der Kategorialen Bildung an, erweitert diese jedoch insbesondere im Hinblick auf die Zielfrage der Bildung und Didaktik.
Lesen Sie den neueren Klafki-Text, und gliedern Sie ihn durch entsprechende Randnotizen in Sinnabschnitte.

T 16

Wolfgang Klafki: Dritte Studie: Grundlinien kritisch-konstruktiver Didaktik,
in: ders.: Neue Studien zur Bildungstheorie und Didaktik. Zeitgemäße Allgemeinbildung und kritisch-konstruktive Didaktik, 4., durchges. Aufl. Weinheim/Basel: Beltz Verlag 1994, S. 94–98 (Auszug).

IV. Bildungstheoretische Voraussetzungen kritisch-konstruktiver Didaktik
Auch die kritisch-konstruktive Didaktik fußt, wie meine frühere didaktische Konzeption, auf einem bildungstheoretischen Fundament, sie orientiert sich an einer offenen, entwicklungsfähigen Bildungstheorie. Sie ist also *bildungstheoretische Didaktik.*

Aus einem systematischen und einem historischen Grund halte ich die bildungstheoretische Fundierung der kritisch-konstruktiven Didaktik für notwendig und für möglich. [...]

Systematisch gesehen ist eine zentrale, orientierende Kategorie, wie sie der Bildungsbegriff darstellt, notwendig, wenn die praktisch-pädagogischen Bemühungen und die sie aufklärenden und begründenden theoretischen Untersuchungen und Reflexionen nicht in ein beziehungsloses Nebeneinander mannigfacher Einzelaktivitäten auseinanderfallen sollen. Die Notwendigkeit einer übergreifenden pädagogischen Zielkategorie bzw. eines Kategoriengefüges erweist sich auch daran, daß in manchen neueren pädagogischen bzw. didaktischen Konzepten zwar auf den Bildungsbegriff verzichtet wird, aber nicht im Sinne einer gleichsam „ersatzlosen" Streichung, sondern so, daß an seine Stelle, aber in analoger Funktion, andere Zentralbegriffe treten. Kategorien wie „Emanzipation" oder „Selbst- und Mitbestimmungsfähigkeit", „autonome Handlungsfähigkeit" u.ä. – im Sinne allgemeinster Prinzipien für pädagogische Zielbestimmungen verwendet – sollen strukturell genau das gleiche leisten wie die Kategorie „Bildung": Sie bezeichnen zentrierende, übergeordnete Orientierungs- und Beurteilungsmaßstäbe für die Vielzahl pädagogischer bzw. didaktischer Einzelplanungen und -maßnahmen.

In *historischer* Perspektive läßt sich zeigen, daß jener aspektreiche Bildungsbegriff, wie er im Zeitraum zwischen etwa 1770 und 1830 als eine Zentralkategorie des pädagogischen Denkens im deutschen Sprachraum entwickelt worden ist (– bei Lessing, Kant, Herder, Goethe, Schiller, Pestalozzi, Schleiermacher, Herbart, Humboldt, Fichte, Hegel, Diesterweg, Fröberl u.a. –) ein durchaus kritisch-progressiver, nicht zuletzt – teils explizit, teils implizit – auch gesellschaftskritischer Begriff gewesen ist: Im Bildungsbegriff ist die Zentralidee der Aufklärung „aufgehoben", die Kant als den „Ausgang des Menschen aus selbstverschuldeter Unmündigkeit" bezeichnet hat, d.h. Anspruch und prinzipielle Möglichkeit *jedes* Menschen, zur Selbstbestimmungsfähigkeit zu gelangen, weiterhin die Auffassung vom Recht jedes Menschen auf pädagogisch zu unterstützende Entfaltung aller seiner Möglichkeiten (Pestalozzi und Humboldt: „Entwicklung aller Kräfte des Menschen"), überdies die Überzeugung, daß die Entfaltung der Vernunftfähigkeit in jedem Individuum zugleich die Möglichkeit eröffnet, daß die

Menschen im vernunftgemäßen Miteinander-Sprechen und -Diskutieren und im reflexiven Verarbeiten ihrer Erfahrungen eine fortschreitende Humanisierung ihrer gemeinsamen Lebensbedingungen und eine fortschreitend vernünftigere Gestaltung ihrer gesellschaftlich-politischen Verhältnisse erreichen, unbegründete Herrschaft abbauen und ihre Freiheitsspielräume vergrößern können.

[...] [Unter historischer Perspektive verweist Klafki insbesondere auf] jene Neubesinnung auf die aufklärerische Substanz des klassischen Bildungsbegriffs, wie sie in den letzten zwei Jahrzehnten etwa bei Heinz-Joachim Heydorn, Herwig Blankertz, Karl-Ernst Nipkow, Jürgen-Eckhardt Pleines u.a. geleistet worden ist. – Es sind jene ursprünglichen und diese zeitgenössischen Auslegungen des Bildungsbegriffs, an die die bildungstheoretische Grundlegung der kritisch-konstruktiven Didaktik anknüpft.

Im Zusammenhang mit der (prinzipiell nie abschließbaren) Auslegung des Gefüges von generellen Zielaspekten des Bildungsbegriffs umfaßt die bildungstheoretische Grundlegung der kritisch-konstruktiven Didaktik insbesondere zwei Dimensionen: Die im Bildungsbegriff enthaltene Auffassung von der dynamischen Beziehung des (sich entwickelnden) Menschen zur historischen Wirklichkeit lege ich nach wie vor im Sinne der „Theorie der kategorialen Bildung" aus, d.h. als ein nach vorn hin stets offenzuhaltendes Vermittlungsverhältnis zwischen „Subjekt" und „Objekt", einen aktiven Aneignungsvorgang, in dem sich geschichtliche Wirklichkeit für den sich bildenden Menschen „aufschließt", zugänglich, verstehbar, kritisierbar, veränderbar wird, und in dem gleichzeitig das Subjekt sich für geschichtliche Wirklichkeit „aufschließt", also Verständnis-, Handlungs-, Verantwortungsmöglichkeiten in sich entfaltet [...]

Damit ist bereits die zweite Dimension angesprochen: Eine der zentralen Bestimmungen des Bildungsbegriffs der deutschen Klassik und gegenwärtiger, dort anknüpfender Bemühungen um ein humanes und demokratisches Bildungskonzept besteht darin, daß Bildung als *„Allgemeinbildung"* ausgelegt wird. Darin sind zunächst drei Bedeutungsmomente enthalten:

– *„Allgemein"* besagt zum einen, daß Bildung eine Möglichkeit und ein Anspruch aller Menschen der betreffenden Gesellschaft bzw. des betreffenden Kulturkreises, ja letztlich der Menschheit im ganzen ist.

– *„Allgemein"* zielt weiterhin auf das Insgesamt der menschlichen Möglichkeiten, sofern sie mit der Selbstbestimmung und der analogen Entwicklung aller anderen Menschen vereinbar sind [...]

– Die Bestimmung *„allgemein"* im Begriff der Allgemeinbildung meint schließlich, daß Bildung sich zentral *im Medium des Allgemeinen* vollzieht, d.h. in der Aneignung *von* und in der Auseinandersetzung *mit* dem die Menschen gemeinsam Angehenden, mit ihren gemeinsamen Aufgaben und Problemen, den in der Geschichte entwickelten Denkergebnissen und Lösungsversuchen, den Erfahrungen des Menschen als Individuums und als gesellschaftlichen Wesens, aber auch den sich abzeichnenden zukünftigen Entwicklungen, Gefahren und Möglichkeiten und mit alternativen, ggf. kontroversen Antwortversuchen auf solche Schlüsselprobleme der Gegenwart und der Zukunft. Aneignung des und Auseinandersetzung mit dem Allgemeinen in diesem Sinne – das ist eine Präzisierung des kategorialen Bildungsverständnisses – geschieht nicht, um die Aufwachsenden auf die bisherige Geschichte festzulegen, sondern um sie zum Begreifen und zur Gestaltung ihrer historischen Gegenwart und ihrer Zukunft in Selbstbestimmung freizusetzen.

Bildung muß in diesem Sinne zentral als Selbstbestimmungs- und Mitbestimmungsfähigkeit des einzelnen und als Solidaritätsfähigkeit verstanden werden:
– als Fähigkeit zur Selbstbestimmung über die je eigenen, persönlichen Lebensbeziehungen und Sinndeutungen zwischenmenschlicher, beruflicher, religiöser Art;

– als Mitbestimmungsfähigkeit, insofern *jeder* Anspruch, Möglichkeit und Verantwortung für die Gestaltung unserer gemeinsamen gesellschaftlichen und politischen Verhältnisse hat;
– als Solidaritätsfähigkeit, insofern der eigene Anspruch auf Selbst- und Mitbestimmung nur gerechtfertigt werden kann, wenn er nicht nur mit der Anerkennung, sondern mit dem Einsatz für diejenigen verbunden ist, denen eben solche Selbst- und Mitbestimmungsmöglichkeiten auf Grund gesellschaftlicher Verhältnisse, Unterprivilegierung, politischer Einschränkungen oder Unterdrückungen vorenthalten oder begrenzt werden.

Vergleichen Sie Klafkis kritisch-konstruktive Didaktik mit seiner früheren Konzeption der Kategorialen Bildung. Gehen Sie hierfür von den von Ihnen ermittelten Sinnabschnitten aus, und erörtern Sie deren Kernaussagen im Vergleich mit den früheren. Stellen Sie fest, inwiefern Klafki an sein früheres Konzept anknüpft bzw. welche neuen Aspekte er hinzufügt. Untersuchen Sie diese Gemeinsamkeiten und Unterschiede kritisch, indem Sie insbesondere die Argumentationsweise des vorliegenden Textes aufzeigen und beurteilen.

Führen Sie den Vergleich unter den erwähnten Hinsichten schrittweise, d.h. jeweils einen Sinnabschnitt fokussierend, durch.

Die Bearbeitung dieser Aufgabe kann aufgrund unterschiedlicher Leseintentionen und Bewertungsgesichtspunkte auch zu unterschiedlichen Ergebnissen führen. Der nachfolgende Versuch zu ihrer Lösung kann daher nur als einer von mehreren möglichen angesehen und sicherlich durch weitere Aspekte ergänzt werden. Nicht zuletzt deshalb kann ein Vergleich Ihrer eigenen Ausführungen mit den hier gemachten Ihnen zusätzliche Anregungen geben.

1. Sinnabschnitt:
Die kritisch-konstruktive Didaktik ist eine bildungstheoretische Didaktik

Mit dieser zentralen Kennzeichnung seiner neuen didaktischen Konzeption knüpft Klafki unmittelbar an seine frühere didaktische Position an, die ebenfalls eine am Begriff der „Kategorialen Bildung" orientierte, bildungstheoretische Didaktik ist.

Damit ist zunächst lediglich eine erste, globale Übereinstimmung zwischen beiden Konzeptionen benannt, die jedoch noch keine Aussagen über mögliche inhaltliche Entsprechungen hinsichtlich des zugrunde gelegten Bildungsbegriffs zuläßt.

2. Sinnabschnitt:
Begründung für die bildungstheoretische Fundierung der kritisch-konstruktiven Didaktik in systematischer und historischer Hinsicht

Dieser Sinnabschnitt kann in zwei weitere Sinnabschnitte untergliedert werden: in die systematische und die historische Begründung.

Aus systematischen Gründen sieht Klafki ein übergreifendes Kategoriengefüge als notwendige Voraussetzung pädagogischer Reflexionen wie auch pädagogisch-praktischer Bemühungen, um zu verhindern, daß diese in ein beziehungsloses Nebeneinander mannigfacher Einzelaktivitäten auseinanderfallen. Das Kategoriengefüge hat demnach orientierende sowie strukturierende und systematisierende Funktionen. Diese Funktionen können durch den Bildungsbegriff erfüllt werden. Klafki verweist in diesem Zusammenhang darauf, daß pädagogische, insbesondere neuere pädagogische Konzepte demgegenüber auf die Verwendung des Bildungsbegriffs scheinbar gänzlich verzichten. Er konstatiert jedoch, daß innerhalb solcher Theoreme und Theorien gleichzeitig andere, dem Bildungsbegriff funktional entsprechende Zentralbegriffe verwendet werden, die wiederum als orientierende, strukturierende und systematisierende Kategoriengefüge auftreten, indem sie zentrierende, übergeordnete Orientierungs- und Beurteilungsmaßstäbe für pädagogische bzw. didaktische Einzelplanungen und -maßnahmen bieten. Klafki mißt den Begriffen „Emanzipation", „Selbst- und Mitbestimmungsfähigkeit" und „autonome Handlungsfähigkeit" diese Funktion zu. Auf ein Kategoriengefüge kann also im Verständnis Klafkis nicht verzichtet werden.

Formal knüpft er hiermit an seine frühere Konzeption an, indem er eine bildungstheoretische Fundierung didaktischer Überlegungen nicht nur als sinnvoll, sondern auch als notwendig erachtet. Andererseits entfernt er sich inhaltlich vom Begriff der „Kategorialen Bildung", indem er nun nicht mehr nur die Frage nach dem

Bildungswert bestimmter Lerninhalte im Blick hat, sondern den Bildungsbegriff zu einem allgemeinen, Orientierung verschaffenden Kategoriengefüge generalisiert. Damit schafft er die Möglichkeit, auch normative Entscheidungskriterien hinsichtlich der Erziehungsziele in die Definition des Bildungsbegriffs mit aufzunehmen. Klafki spricht diese erweiterte Bedeutung des Bildungsbegriffs dadurch an, daß er das Kategoriengefüge in seiner Funktion mit einer „übergreifenden pädagogischen Zielkategorie" gleichsetzt und die dem Bildungsbegriff funktional äquivalenten Zentralbegriffe neuerer pädagogischer Konzeptionen als „allgemeinste Prinzipien für pädagogische Zielbestimmungen" kennzeichnet.

Durch die Frage nach der Funktion des Bildungsbegriffs für pädagogische Überlegungen und für pädagogisches Handeln wählt er eine Argumentationsweise, in der er seinem ursprünglichen Bildungsbegriff funktionale Äquivalente zuordnet, die er anschließend für seine weiteren bildungstheoretischen Überlegungen vereinnahmt. Obwohl die argumentative Konstruktion hinsichtlich der funktionalen Äquivalente folgerichtig und schlüssig ist, können damit Klafkis weitere Schlußfolgerungen nicht als begründet gelten: Die alleinige Feststellung, daß zwei Betrachtungsgegenstände als funktional äquivalent gelten, läßt noch keine Schlußfolgerungen auf deren Bewertung hinsichtlich ihrer Legitimierung oder gar wechselseitigen Begründung zu. Diese Schlußfolgerung legt Klafki jedoch nahe, da er im weiteren die von ihm genannten Zentralbegriffe für die Klärung seines neuen Bildungkonzepts nutzt. Seine Argumentation läßt vielmehr lediglich den Schluß zu, daß es neben dem Bildungsbegriff des „Kategorialen" eine möglicherweise kaum überschaubare Anzahl funktional ähnlicher Begriffe gibt, deren Verwendung oder gar Grundlegung für pädagogische Reflexionen jedoch einer weiteren Überprüfung bedarf. Man denke hier nur an orientierende Kategoriengefüge wie beispielsweise das Geld, politische Ideologien, Macht oder religiöse Regelsysteme.

Klafki verbindet zudem in seiner Argumentationsweise deskriptive Aspekte – den Aufweis funktionaler Äquivalente – mit normativen Aspekten – die Bewertung der so ermittelten Äquivalente als positiv und wertvoll –, ohne explizit auf diese grundlegende Differenz einzugehen.

In historischer Hinsicht will er die Notwendigkeit einer bildungstheoretischen Didaktik durch den Verweis auf den 1770–1830 entwickelten Bildungsbegriff begründen, indem er feststellt, daß auch jener schon ein kritisch-progressiver und zum Teil auch gesellschaftskritischer Begriff gewesen sei. Er belegt diese Einschätzung durch die Hervorhebung der zentralen Begriffsmerkmale einschließlich der entsprechenden Autorenverweise: die Selbstbestimmungsfähigkeit eines jeden Menschen nach Kant, das Recht auf die unterstützende Entfaltung aller Möglichkeiten des Menschen im Sinne Pestalozzis und Humboldts und die nach Klafki diesem Bildungsbegriff implizite Humanisierung und fortschreitend vernünftigere Gestaltung der gesellschaftspolitischen Verhältnisse durch Abbau unbegründeter Herrschaft und Vergrößerung von Freiheitsspielräumen.

Klafki betont, daß neuere pädagogische Konzepte an diese aufklärerische Substanz des Bildungsbegriffs anknüpfen und dies auch in der bildungstheoretischen Grundlegung der kritisch-konstruktiven Didaktik geschehen soll.

Bezüglich des Vergleichs mit Klafkis Begriff der „Kategorialen Bildung" können die schon zur systematischen Begründung vorgenommenen Erörterungen hier fortgeführt werden: Durch die Einbeziehung der Zieldimension in den Bildungsbegriff werden nun explizit diejenigen Ziele benannt, die auch Klafki im Rahmen seiner bildungstheoretischen und didaktischen Überlegungen intendiert.

Kritisch kann zum historischen Rückgriff eingewendet werden, daß er nicht die von Klafki angekündigte argumentative Funktion erfüllt. Der Verweis auf 'Klassiker' des Fachs bzw. der Bildungstheorie ist keine Begründung für die Notwendigkeit bildungstheoretischen Denkens. Er kann lediglich den Nachweis erbringen, daß im pädagogischen Denken mit ähnlichen oder gar gleichen Zielsetzungen an traditionelle Bildungskonzepte angeknüpft wird. Warum bildungstheoretische Konzepte notwendig sind, wird dadurch jedoch nicht geklärt. Klafkis historische Perspektive bietet lediglich eine 'Verortung' und Positionsbestimmung sowohl seines eigenen, neuen Ansatzes als auch neuerer pädagogischer Konzepte, ohne diese jedoch zu begründen bzw. nach deren Geltung zu fragen.

3. Sinnabschnitt:
Bildung als Kategoriale Allgemeinbildung

Im dritten Sinnabschnitt expliziert Klafki seine neuere Position, indem er zugleich darauf verweist, inwiefern sie an sein früheres Konzept der Kategorialen Bildung anknüpft. Das Kategoriale wird von ihm übernommen und mit zusätzlichen Kennzeichnungen, die der aufklärerischen Substanz des Bildungsbegriffs entnommen sind, angereichert. Diese doppelte Bestimmung des Bildungsbegriffs bezeichnet Klafki als die zwei Dimensionen der Bildungstheorie, die sowohl nach dem Bildungswert der Lerninhalte hinsichtlich ihrer kategorialen Bedeutung fragt als auch – und dies ist das Neue der kritisch-konstruktiven Didaktik – Vorgaben für das Bildungsziel im Rückgriff auf den aufklärerischen

rischen Bildungsbegriff und seine wiedererlangte Bedeutung in neueren pädagogischen Konzepten macht.

Klafki zeigt, daß beide Dimensionen aufeinander bezogen sind, indem er verschiedene Bedeutungen des Begriffs der „Allgemeinbildung" aufführt:

1. Allgemeinbildung beinhaltet das Recht aller Menschen auf Bildung.
2. Allgemeinbildung impliziert die Entwicklung aller menschlichen Möglichkeiten, sofern sie mit dem Zusammenleben und den Möglichkeiten anderer vereinbar ist. Klafki nimmt hiermit Bezug auf den Bildungsbegriff Humboldts.
3. Die dritte Bestimmung nimmt das Moment des Kategorialen auf und bezieht es – anders als die frühere Konzeption – auf gesellschaftliche Schlüsselprobleme, die es mit Hilfe von tradiertem Wissen und Zukunftsprognosen zu lösen gilt. Kategoriale Bildung erhält nun explizit die Funktion der selbstbestimmten Gestaltung der Gegenwart und Zukunft.

4. Sinnabschnitt:
Die Bildungsziele

Klafki faßt die Zielbestimmung der Bildung durch die drei intendierten Fähigkeiten zur Selbstbestimmung, zur Mitbestimmung und zur Solidarität zusammen.

Hier wäre zu fragen, inwiefern diese Zielbestimmungen tatsächlich dem zwischen 1770 und 1830 entwickelten Bildungsbegriff entnommen und wie sie darüber hinaus als allgemeine Ziele der Bildung begründet werden können.

Klafkis kritisch-konstruktive Didaktik spiegelt eine grundlegende Theorieentwicklung der Pädagogik seit den 70er Jahren. In der sogenannten „soziologischen Wende" erziehungswissenschaftlicher Theoriebildung ist die Kritische Theorie in der Tradition der Frankfurter Schule zunehmend rezipiert worden. Die kritische Erziehungswissenschaft versteht sich in erster Linie als eine gesellschaftskritische und ideologiekritische Wissenschaft. Ausgehend vom Emanzipationsbegriff – so wie Klafki ihn versteht –, den Begriffen der „Selbstbestimmung" und „Mündigkeit" kritisiert sie gesellschaftliche Bedingungen (als Ideologie gekennzeichnet), die diese Bildungsziele unterbinden bzw. nicht unterstützen. Die ideale und zugleich maßgebliche Form des Umgangs miteinander und die Legitimierung des Handelns werden in erster Linie in den Regeln des herrschaftsfreien Diskurses gesehen.

Diese Grundzüge der kritischen Erziehungswissenschaft verbindet Klafki mit seinem früheren geisteswissenschaftlichen Ansatz. Bildungstheoretisch bedeutet dies, daß nicht mehr nur der Inhalt, sondern nun auch das Bildungsziel von zentralem Interesse ist. Neben dem Erschließen der historisch gegebenen Wirklichkeit und dem Erschlossensein für diese Wirklichkeit, der Zieldimension der Kategorialen Bildung, treten nun die drei grundlegenden Ziele der Selbst- und Mitbestimmung und der Solidaritätsfähigkeit. Zudem bezieht Klafki seine Bildungskonzeption nicht mehr nur auf die kategorialen Inhalte der bestehenden Gesellschaft, sondern er berücksichtigt auch die Veränderung dieser Bedingungen in gesellschaftskritischer Absicht. Der gebildete Mensch ist nunmehr nicht nur der Wissende, der kategorial Erfassende, sondern auch der nach bestimmten gesellschaftlichen und politischen Zielen Handelnde.

▶ *Nehmen Sie zu Klafkis neuerer Bildungskonzeption selbständig schriftlich Stellung. Untersuchen Sie hierfür insbesondere die normativen Aspekte dieser Theorie kritisch. Problematisieren Sie in diesem Zusammenhang die Allgemeingültigkeit der Bildungsziele, indem Sie Diltheys Position mit der des frühen und späteren Klafki in Verbindung bringen.* Grundlegend stellt sich die Frage, inwiefern die Erziehungswissenschaft als Wissenschaft normative Aspekte der Erziehung behandeln kann oder ob sie nur 'wertfrei' wissenschaftlich vorgehen kann oder darf oder sogar selbst normative Setzungen im Hinblick auf Bildungsziele und Bestimmungen des Menschen entwickeln sollte.

Entsprechend den Erweiterungen im Hinblick auf die Bestimmung des Bildungsziels ändert sich auch die didaktische Analyse der Kategorialen Bildung in der kritisch-konstruktiven Didaktik.

Im folgenden Textauszug formuliert Klafki – ähnlich wie in seiner didaktischen Analyse – zentrale Aspekte für die Unterrichtsplanung, die nun aber seiner neueren Bildungskonzeption der kritisch-konstruktiven Didaktik folgen. *Unterstreichen Sie beim Lesen mit unterschiedlichen Farben die Übereinstimmungen mit der didaktischen Analyse der Kategorialen Bildung bzw. die nun neu hinzugetretenen Aspekte der kritisch-konstruktiven Didaktik.*

T 17

Wolfgang Klafki: Achte Studie: Zur Unterrichtsplanung im Sinne kritisch-konstruktiver Didaktik,

in: ders.: Neue Studien zur Bildungstheorie und Didaktik. Zeitgemäße Allgemeinbildung und kritisch-konstruktive Didaktik, 4., durchges. Aufl. Weinheim/Basel: Beltz Verlag 1994, S. 273–284 (Auszug).

Die Frage nach der *Gegenwartsbedeutung* (1. Frage) [...] muß nun etwas präziser als Frage nach den von *Kindern und Jugendlichen erfahrenen und praktizierten Sinnbeziehungen und Bedeutungssetzungen in ihrer Alltagswelt* bestimmt werden. Darin drückt sich – gegenüber der gesellschaftstheoretisch nur wenig reflektierten Auslegung dieser Frage in der alten Didaktischen Analyse – die Erkenntnis aus, daß dieses gegenwärtige Alltagsleben [...] immer durch bestimmte Sozialisationsbedingungen unserer Gesellschaft vermittelt ist. [...]

Entsprechendes gilt für die mögliche, *vermutete Zukunftsbedeutung* (2. Frage). [...]

Die Frage nach der gegenwärtigen und der vermutlichen zukünftigen Bedeutung potentieller Ziel-Themen-Zusammenhänge für die Schüler muß, sofern Unterricht als Interaktionsprozeß verstanden wird, zugleich als Frage an den planenden Lehrer oder die Lehrergruppe verstanden werden [...]

Ich wende mich der *dritten Grundfrage* im ersten Komplex zu, der Frage nach der *exemplarischen Bedeutung*. [...] Am potentiellen Thema müssen sich allgemeinere Zusammenhänge, Beziehungen, Gesetzmäßigkeiten, Strukturen, Widersprüche, Handlungsmöglichkeiten erarbeiten lassen. Sprachlich läßt sich die jeweilige Intention bzw. lassen sich die Intentionen als *Lernziele* [...] formulieren [...]

Die erste Ebene [der Lernzielebenen] ist die des allgemeinsten oder einiger allgemeinster Lernziele. Wo diese Frage in der pädagogischen Diskussion, insbesondere in der Curriculumsdiskussion heute angesprochen wird, stößt man häufig auf den Begriff der „Emanzipation". Er ist allerdings zunächst ein negativer Begriff, da er nur auf die Freisetzung *von* etwas, von Zwängen, von nicht legitimierbaren Herrschaftsverhältnissen usw. hinweist, aber nicht positiv andeutet, *wofür*, im Hinblick *worauf* denn eine solche Freisetzung erfolgen soll. Das positive Pendant zum negativ abgrenzenden Emanzipationsbegriff kann meines Erachtens mit der Doppelformel „Selbstbestimmungs- und Solidaritätsfähigkeit" (deren eines Moment Mitbestimmungsfähigkeit ist) bezeichnet werden. Diese Formel wiederum kann als eine gesellschaftlich reflektierte Fortentwicklung des traditionelleren Begriffs der *„Mündigkeit"* als Erziehungsziel verstanden werden. Jedoch meine ich, daß mit der Formel „Selbstbestimmungs- und Solidaritätsfähigkeit" durchaus nicht nur ein anderes Etikett für „Mündigkeit" gesetzt wird, sondern daß darin ein Hinweis darauf zu sehen ist, worum es heute in der Erziehung und der Erziehungstheorie gehen müßte: nämlich um eine Klärung der Beziehungen zwischen der Selbstbestimmung des einzelnen einerseits und der kritischen Aktivität in größeren gesellschaftlich-politischen Zusammenhängen, die im Begriff der Solidaritätsfähigkeit (einschließlich der Mitbestimmungsfähigkeit) zum Ausdruck gebracht wird, andererseits.

Eine *zweite Ebene* wird erkennbar, sobald man fragt, ob die generellen Begriffe „Selbstbestimmung" und „Solidarität" sich sozusagen „oberhalb" einer Konkretisierung in bestimmten Inhalts- und Fachbereichen durch eine Reihe weiterer Qualifikationen bestimmen lassen, also durch Qualifikationen, die noch nicht direkt auf einzelne Sachbereiche bezogen formuliert werden. Hier wären Begriffe wie „Kritik- und Urteilsfähigkeit", „Kommunikationsfähigkeit", „Fähigkeit, einen eigenen Standpunkt vertreten, aber auch, ihn auf Grund besserer Einsicht korrigieren zu können", usw. einzuordnen.

Auf einer *dritten Ebene* sind bereichsspezifische Konkretisierungen dessen, was auf der ersten und zweiten Lernzielebene formuliert wurde, anzusiedeln. [...]

Auf einer *vierten Ebene* geht es schließlich um Lernzielbestimmungen im Bereich einzelner Fächer bzw. fächerübergreifender Beziehungen, und zwar in Orientierung an den Zielsetzungen auf den „darüber" liegenden Problemebenen. [...]

Der *zweite Hauptkomplex* umfaßt die *vierte* und *fünfte Frage*: Hier geht es um die *Strukturierung der Thematik*, die *Klärung notwendiger und möglicher Teillernziele* und um die *Formen der Erweisbarkeit und Überprüfbarkeit* des im Lernprozeß Angeeigneten. [...]

Die *sechste Grundfrage* richtet sich auf das *Problem der Zugänglichkeit bzw. der Darstellbarkeit (im weitesten Sinn des Wortes)* der Thematik bzw. einzelner ihrer Momente und Teilzusammenhänge. [...]

Die sechste Grundfrage schließt auch eine Besinnung auf die *institutionellen Bedingungen des Unterrichts* ein, einschließlich der Frage, wieweit gegebene Bedingungen zum Zwecke der Durchführung des geplanten Unterrichts verändert werden können. [...]

Die sechste Grundfrage ist das Verbindungsglied zur *siebenten Grundfrage*. Sie war in der alten Fassung der Didaktischen Analyse aufgrund der Eingrenzung auf den Zusammenhang von Zielsetzungen und thematischer Strukturierung nicht enthalten.

Diese siebente Frage, die sich bei detaillierter Bearbeitung wiederum als ein Fragenkomplex erweisen würde, richtet sich darauf, wie die durch die vorangehenden Fragen ermittelten Momente in eine *sukzessive Abfolge eines Lehr-Lern-Prozesses* bzw. *in alternative Möglichkeiten solcher Abfolgen* übersetzt werden können. Die Frage richtet sich also auf die *methodische Strukturierung* bzw. die *Strukturierung des Lehr-Lern-Prozesses*. Gleichzeitig wird damit immer nach *Interaktionsformen*, in denen sich die Abfolge des Lehr-Lern-Prozesses vollziehen kann, gefragt. Das bedeutet: Methoden des Lehrens und Lernens müssen hier nicht nur als der jeweiligen Thematik dienende Lernformen und Lehrhilfen, sondern auch in ihrer Funktion als Anreger und Vermittler (oder auch als Begrenzungen) sozialer Lernprozesse durchdacht und für den gezielten Einsatz im Unterricht vorgesehen werden.

[...] Sie [eine wichtige Teilfrage] besteht darin, Grundtypen von Lernprozessen – verstanden als aktive Aneignungs- und Auseinandersetzungsprozesse, die letztlich am Ziel orientiert sind, Selbstbestimmungs- und Solidaritätsfähigkeit zu entwickeln – herauszuarbeiten und diesen Grundtypen angemessene Lernhilfen (Hilfen seitens des Lehrers) zuzuordnen.

Ich hatte bereits eingangs angedeutet, daß mir die beiden wichtigsten, einander ergänzenden und sich vielfach verschränkenden Lernprozeß-Typen, die jenen Zielsetzungen entsprechen, diejenigen des entdeckenden Lernens [...] und des nachvollziehend-verstehenden Lernens [...] zu sein scheinen. Ich bin der Auffassung, daß in diesen Zusammenhang auch Momente der Theorie Galperins über den stufenweisen Aufbau geistiger Fähigkeiten integriert werden müssen [...].

Erarbeiten Sie nun die zusätzlichen und neuen Aspekte der kritisch-konstruktiven Didaktik im Vergleich mit der didaktischen Analyse der Kategorialen Bildung. Nutzen Sie hierfür die einzelnen Grundfragen bzw. die Methodenfragen der didaktischen Analyse als thematische Perspektiven, unter denen Sie den vorliegenden Textauszug bearbeiten.

Ordnen Sie anschließend mit Hilfe des Arbeitsblattes A17 diesen thematischen Perspektiven die zusätzlichen Aspekte im Rahmen der neueren Konzeption zu.

A 17

Didaktische Analyse	Zusätzliche Aspekte der kritisch-konstruktiven Didaktik
Die Exemplarität des Inhaltes als zentrale didaktische Kategorie	Entsprechend dem neueren Bildungsbegriff wird nun die Frage nach dem Kategorialen und Exemplarischen durch die nach den Lernzielen ergänzt. Klafki unterscheidet vier Ebenen der Lernzielplanung: 1. Ebene: Allgemeinste Lernziele. Klafki grenzt sich von dem ausschließlich in kritischer Absicht verwendeten Emanzipationsbegriff ab, der letztlich ein „negativer", weil nicht konstruktiver Begriff sei, und stellt die Selbstbestimmung, Mitbestimmung und Solidaritätsfähigkeit als allgemeinste Lernziele dar. Er grenzt sich ebenso vom Begriff der „Mündigkeit" ab, indem er die Selbstbestimmung des Menschen stärker mit dessen Solidaritätsfähigkeit verbunden sehen will. 2. Ebene: Konkretisierung der allgemeinsten Lernziele im Hinblick auf noch nicht sachbereichsbezogene Qualifikationen. 3. Ebene: Bereichsspezifische Konkretisierungen der 1. und 2. Ebene. 4. Ebene: Fächerbezogene Konkretisierung
Welche Bedeutung hat der Inhalt im geistigen Leben der Kinder?	• Die Unterrichtsplanung muß die entsprechenden Sozialisationsbedingungen mit einbeziehen • Auch die Lehrenden müssen kritisch nach der Bedeutung der Inhalte für ihr Leben fragen
Worin liegt die Bedeutung des Inhalts für die Zukunft der Kinder?	• Die Unterrichtsplanung muß die entsprechenden Sozialisationsbedingungen mit einbeziehen • Auch die Lehrenden müssen kritisch nach der Bedeutung der Inhalte für ihr zukünftiges Leben fragen
Welches ist die Struktur des Inhalts?	Neben der Sachanalyse müssen die notwendigen Teillernziele geklärt und Formen der Überprüfbarkeit des Lernziels ermittelt werden
Wie kann der Inhalt zugänglich, begreiflich, anschaulich werden?	Hier sollten auch die schulischen Bedingungen des Lernens mitthematisiert werden und gegebenenfalls eine Veränderung dieser Bedingungen intendiert werden
Die Methode	• Die Methodenfrage wird in der neueren Konzeption von den didaktischen Fragen nicht mehr separiert. Sie gehört nun zu einer Grundfrage der Analyse selbst • Unterrichtsmethoden dienen nicht nur der Thematik und den mit ihr verbundenen intendierten Lernprozessen, sondern bewirken zugleich auch als Interaktionsformen soziales Lernen • Es müßten Grundtypen des auf das vorgegebene Bildungsziel bezogenen Lernens ermittelt und ihnen entsprechende Lernhilfen zugeordnet werden • Entdeckendes und nachvollziehend-verstehendes Lernen sind wichtige Lerntypen • Es müßte ein stufenweiser Aufbau geistiger Fähigkeiten ermittelt werden

▶ *Beurteilen Sie auf dem Hintergrund Ihrer bereits zum vorherigen Text vorgenommenen Einschätzungen nun auch die didaktischen Konsequenzen von Klafkis neuerer Bildungskonzeption selbständig. Gehen Sie hierfür die einzelnen neueren Bestimmungen durch, und bewerten Sie sie hinsichtlich ihrer Hilfestellungen und konkreten Bedeutung für die Unterrichtsplanung.*

Die Entwicklung der lehrtheoretischen Didaktik: Von der lehrtheoretischen zu einer kritischen, bildungstheoretischen Didaktik

Neben der geisteswissenschaftlichen und bildungstheoretischen Didaktik im Sinne Klafkis entwickelten Schulz, Otto und Heimann in den 60er Jahren die lehrtheoretische Didaktik. Sie bezieht sich, anders als Klafkis früheres Konzept, nicht auf die Geisteswissenschaftliche Pädagogik, sondern fußt auf der kritisch-rationalen Theorie, die alle Normenentscheidungen prinzipiell als nicht-wissenschaftlich aus dem erziehungswissenschaftlichen Diskurs ausschließt. Es bleibt deshalb zu fragen, welche bildungstheoretischen Implikationen und welche didaktischen Entscheidungen von einer solchen Konzeption vorgenommen werden können.

Die Geisteswissenschaftliche Pädagogik und die Erziehungswissenschaft des Kritischen Rationalismus bilden in den 60er Jahren die beiden grundlegenden und zentralen wissenschaftstheoretischen Konzepte der Erziehungswissenschaft. Trotz einer Vielzahl auch stark voneinander divergierender pädagogischer Ausrichtungen beherrschten diese beiden Ansätze die erziehungswissenschaftliche Theoriebildung.

Erst in den 70er Jahren wurde, wie bereits weiter oben dargestellt, die Kritische Theorie im Sinne der Frankfurter Schule immer stärker für die erziehungswissenschaftliche Theoriebildung rezipiert. So läßt sich auch bei Schulz eine frühere Phase des didaktischen Denkens deutlich von einer späteren unterscheiden, für die er zentrale Aspekte aus der Kritischen Theorie übernommen hat.

Das Berliner Modell: Die lehrtheoretische Didaktik

T 18

Wolfgang Schulz: Unterricht – Analyse und Planung,
in: Paul Heimann/Gunter Otto/Wolfgang Schulz: Unterricht. Analyse und Planung, 10. Aufl. Hannover: Hermann Schroedel Verlag 1979, S.18–21 (Auszug).

2. Unterricht als Bildungshilfe

Erziehen im allgemeinen, Lehren und Unterricht bewirken langfristig wirksame Veränderungen in Menschen oder sollen sie zumindest bewirken. Die Vorgänge im beeinflußten Menschen, die diese Veränderungen ermöglichen, haben sich bisher weitgehend der direkten Beobachtung entzogen. Wenn diese Vorgänge hier mit Lernen bezeichnet werden, dann ist dies ein Ausdruck für die Klasse [...] unbekannter Größen – intervenierender Variabler – die die beobachtbaren Veränderungen von Menschen erklären, soweit sie nicht allein auf Reifungsprozesse zurückgehen [...]. Die beobachtbaren Ergebnisse des Lernens werden im folgenden Neuanpassung oder einfach Anpassung genannt. Da dieser Ausdruck hier die Ergebnisse aller denkbaren Lernprozesse bezeichnen soll [...], ist es verfehlt, ihn in diesem Zusammenhang mit dem abwertenden Beiklang der „bloßen" Anpassung [...] zu gebrauchen, etwa im Gegensatz zu „Widerstand" [...]. Je nach dem beobachtbaren Trend der Neuanpassung an Veränderungen im Umfeld oder Infeld eines Menschen kann man mindestens zwischen Assimilation (die Veränderung sich anpassen) und Akkommodation (sich der Veränderung anpassen) unterscheiden.

Verhalten meint in diesem Zusammenhang die Gesamtheit der Anpassungsleistungen in bezug auf eine Situation.

Der pädagogische Wert des Unterrichts liegt ausschließlich in seinem Einfluß auf die Lernprozesse, in den Anpassungsleistungen, die er bei den Lernenden bewirkt. [...]

Es ist in Deutschland seit Wilhelm von Humboldt [...] weitgehend üblich, für die wünschenswerten Lernprozesse und deren Ergebnis, die von der jeweiligen Bezugsgruppe als menschenwürdig anerkannte Angepaßtheit, die Bezeichnung Bildung zu verwenden. Ob Bildung eher im Besitz bestimmter Informationen über bestimmte Sachgebiet bestehe (materiale B.) oder sich in einem bestimmten Verhalten gegenüber den jeweiligen Umständen zeige (formale B.), ist umstritten [...], ebenso wie die Frage, ob sie vorzugsweise durch Unterricht erworben werde [...] oder allein unter Mitwirkung aller kulturellen Formungsmächte verwirklicht werden kann [...]. Der Klassencharakter verbreiteter Weisen, den Bildungsbegriff zu gebrauchen (die gebildeten Stände; Volkstümliche Bildung) ist oft gerügt worden [...], die Forderung nach einer die Mitglieder der Gesellschaft verbindenden Allgemeinbildung [...] steht gegen die Forderung nach „produktiver Einseitigkeit" [...]. Allgemein ist den hier skizzierten Positionen lediglich, daß sie Bildung als Bezeichnung einer gesellschaftlich wünschenswerten Zuständlichkeit des zu Erziehenden, zu Belehrenden, zu Unterrichtenden auffassen: Als Interpretation der Aufgabe des Menschen sich selbst gegenüber in seiner sozial-kulturellen Situation. In diesem wertfreien und nicht allein auf eine bestimmte historische Lage bezogenen Sinne kann auch die Didaktik den Ausdruck *Bildung* verwenden: als Bezeichnung der Grundlage für die Anpassungsleistungen, die innerhalb einer Gesellschaft oder gesellschaftlichen Gruppe als optimale Anpassungsleistungen angesehen werden und deshalb auch Ziel ihrer Erziehungs- und Unterrichtsbemühungen bzw. funktionaler Wirkungen sind. [...] Nicht Bildung wird in den Unterrichtsanstalten geleistet, sondern der Versuch einer *Bildungshilfe*. Die schlichten Ausdrücke Unterricht, Lehrplan, Schule verschleiern das Verhältnis von Erziehung und Bildung weniger und lassen noch Raum für die Frage, ob denn überhaupt die gesellschaftlich notwendige Bildung der Lernenden angestrebt wird.

Charakterisieren Sie die Art und Weise, in der Schulz den Bildungsbegriff in didaktische Überlegungen mit einbezieht. Formulieren Sie hierfür eine knappe Zusammenfassung des Textes, in der Sie Schulz' Position zugleich von den bisherigen bildungstheoretischen Konzepten abgrenzen.

Schulz' Didaktik ist keine bildungstheoretische. Seine Konzeption fußt nicht wie bei Klafki auf einem Zentralbegriff, der das Ziel der Bildung oder Erziehung vorgibt und der dadurch zugleich eine Orientierungsfunktion für alle erziehungswissenschaftlichen Fragen übernimmt. Schulz geht vielmehr von einem – wie er sagt – „wertfreien" Begriff der Bildung aus. Sein Anliegen ist, zu zeigen, inwiefern und in welcher Hinsicht sein Ansatz den Bildungsbegriff behandeln und beschreibend integrieren kann.

Ausgangspunkt seiner Überlegungen ist ein anderes, ebenfalls zentrales Moment der Erziehung: das Lernen. Er definiert das Lernen als eine langfristige Veränderung im Menschen, die sich der direkten Beobachtung entzieht, gleichwohl als Ursache für beobachtbare Veränderungen des Menschen angenommen werden kann, sofern diese nicht von internen Reifungsprozessen bewirkt sind. Ähnlich wie Luhmann, der auch von der Lernfähigkeit und dem Lernen des Menschen als der zentralen Kategorie der Erziehung ausgeht, bezeichnet Schulz das Lernen und dessen beobachtbare Ergebnisse als „Anpassungen", wobei er nicht ein bloß 'anpaßlerisches' Verhalten meint, sondern die Fähigkeit des Menschen, sich lernend und damit sich auf gegebene Situationen einstellend zu verändern. Schulz unterscheidet zwei grundlegende Mechanismen des Lernens, zwei Anpassungsmechanismen: die Assimilation, in der der Lernende das Neue sich selbst, seinem bereits entwickelten Inneren anpaßt, und die Akkommodation, in der sich der Lernende an das Neue verändernd anpaßt. Verhalten nennt Schulz die Gesamtheit der Anpassungsleistungen in bezug auf eine Situation.

Mit diesen Begriffen der Veränderung durch Lernen, das Anpassungsprozesse als Akkommodation und Assimilation vollzieht, ist der Ausgangspunkt der lehrtheoretischen Didaktik von Schulz benannt, die deshalb auch als lerntheoretische Didaktik bezeichnet wird. Unterricht wird demnach nicht, wie bei Klafki, im Hinblick auf seinen Bildungswert betrachtet, sondern im Hinblick auf seine Möglichkeiten, Lernen zu bewirken.

Wie für Luhmann stellt sich für Schulz die Frage, ob Erziehung ohne normative Vorgaben, ohne einen normativen Bildungsbegriff auskommt.

Bei der Erörterung dieser Frage geht er in erster Linie deskriptiv vor. Er definiert den Bildungsbegriff als die „wünschenswerten Lernprozesse und deren Ergebnisse" und unterstellt hierbei implizit, daß der Begriff des „Lernens" insgesamt noch keine bildungstheoretischen Überlegungen zuläßt: Prinzipiell kann der Mensch sehr unterschiedliche Anpassungsleistungen vollziehen, die sich letztlich auch auf Lernergebnisse beziehen, die nicht wünschenswert sind. Deshalb braucht jeder Bildungsbegriff, auch wenn er unter lerntheoretischen Überlegungen betrachtet wird, das Normative, das zwischen wünschenswerten und nicht-wünschenswerten Lernprozessen unterscheidet. Worin die Intentionalität der Bildung besteht, kann jedoch im Rahmen von Schulz' Ansatz nicht entschieden werden, da er das Problem des Normativen rein deskriptiv behandeln will. Aus diesem Grunde skizziert er zunächst unterschiedliche Vorstellungen des Bildungsbegriffs: Bildung als menschenwürdige Angepaßtheit, die materiale Bildung und die formale Bildung. Gleichzeitig betont er, daß nicht nur der Unterricht als Bildung verstanden werden kann, sondern jede Art der Beeinflussung durch die Kultur. Er verweist auf kritische Aspekte des Bildungsbegriffs, dessen möglichen impliziten „Klassencharakter" und die Problematik der Allgemein- und Spezialbildung.

Schulz schließt die Auflistung unterschiedlicher bildungstheoretischer Themen und Positionen, indem er das sie vereinigende Moment hervorhebt: In einer 'wertfreien' und nicht-normativen Untersuchungsabsicht beschreibt er die Gemeinsamkeit aller Bildungstheorien, nämlich daß durch sie stets eine Bestimmung des Menschen auf dem Hintergrund einer bestimmten sozial-kulturellen Situation vorgenommen wird. Ergänzend zu Schulz müßte hier hinzugefügt werden, daß die Bedingtheit der Bildungskonzepte aber im Hinblick auf eine bestimmte gesellschaftliche oder kulturelle Situation von vielen Bildungstheorien nicht reflektiert wird. Sowohl Humboldt als auch Herbart gehen von allgemeingültigen Bildungszielen aus, eine Vorgehensweise, die erst sehr viel später von Dilthey kritisiert wird.

Schulz nun zieht die Schlußfolgerung, daß ein solcher, rein deskriptiver Bildungsbegriff auch in die didaktischen Überlegungen mit aufgenommen werden kann. Die Didaktik, als Teil der Erziehungswissenschaft, fällt damit selbst keine normativen Entscheidungen, sondern beschreibt, welche „optimalen Anpassungsleistungen" in einer bestimmten Gesellschaft als Bildung angesehen und als Ziel von Erziehung und Unterricht intendiert werden. Unterricht erweist sich als eine Bildungshilfe, die die Mittel dafür bereitstellt, Bildung zu ermöglichen. Aus wissenschaftlicher Perspektive läßt sich dann untersuchen, ob die intendierten Bildungsziele tatsächlich durch die eingesetzten Bildungshilfen realisiert werden können.

Schulz richtet sich mit seinem Konzept gegen eine bildungstheoretisch fundierte Didaktik, zeigt jedoch zugleich auch, daß dem Bildungsbegriff im Hinblick auf die Zielsetzung von Unterricht und Erziehung ein zentraler Stellenwert zukommt. Dieser wird jedoch nicht mit Hilfe von wissenschaftlichen Untersuchungen ermittelt, sondern, nachdem er von außerwissenschaftlichen Prozessen als verbindlich gesetzt wurde, von der Didaktik rein beschreibend aufgenommen. Damit orientiert sich Schulz an den Grundzügen der kritisch-rationalen Theorie, welche ausschließlich eine wertfreie, nicht-normative Wissenschaft zuläßt. Die Erziehungswissenschaft hat somit die Aufgabe, den Einsatz bestimmter Mittel für vorgegebene Bildungsziele zu untersuchen.

Gleichwohl bleibt zu fragen, ob es eine solche wertfreie Wissenschaft in dem hier erhobenen Sinne und unter den hier vorgestellten Bedingungen gibt.

Brezinka hat, auf demselben Ansatz wie Schulz aufbauend, eine eigenständige erziehungswissenschaftliche Richtung, die empirisch kausal-analytische Erziehungswissenschaft, entwickelt: **Brezinka, Wolfgang:** Metatheorie der Erziehung, München 1978.

Ähnlich wie Klafki entwirft Schulz ein Frageraster, das der Unterrichtsanalyse und -planung dienen soll. Er bezeichnet es als die „Strukturanalyse" und fügt, neben anderen, in diesem Textauszug nicht genannten Analyse- und Planungsfragen der Didaktik, auch Fragen zur Normkritik hinzu.

T 19

Wolfgang Schulz: Unterricht – Analyse und Planung,

in: Paul Heimann/Gunter Otto/Wolfgang Schulz: Unterricht. Analyse und Planung, 10. Aufl. Hannover: Hermann Schroedel Verlag 1979, S. 23–25 und 39–40 (Auszug).

1. Die Strukturanalyse

Wenn man das *Phänomen* [...] Unterricht betrachtet, wie es sich im schulischen Alltag, wie in historischen Dokumenten darbietet, im Stadium der Durchführung wie in dem der Planung, so wird man zunächst von traditionellen Anschauungen darüber, von Unterrichtstheorie, von eigener Sympathie oder Antipathie radikal absehen müssen, damit das Erkenntnisobjekt unverstellt in den Blick kommt. Wenn man von dem, was sich zeigt, auch das Zufällige noch abstrahiert, das nur zum jeweiligen Unterrichtsbeispiel, nicht aber notwendig zum Unterricht überhaupt gehört, dann tritt die *formale Struktur* hervor, als deren inhaltliche Variation sich konkreter Unterricht beschreiben läßt.

Mindestens *sechs Momente* konstituieren in ihrem Zusammenwirken Unterricht als absichtsvoll pädagogisches Geschehen: die pädagogischen *Intentionen* (Absichten), die *Themen* des Unterrichts (Inhalte, Gegenstände), mit denen die Absichten verfolgt werden, die *Methoden* (Verfahren), die zur Bewältigung von Intentionen und Themen dienen sollen, schließlich die *Medien* (Mittel) der Verständigung zwischen den am Unterricht Beteiligten über Absichten, Gegenstände und Verfahren sind Strukturmomente, über deren Auswahl der Unterrichtende oder dessen Vorgesetzte *entscheiden* müssen. Bei diesen Entscheidungen müssen sie *voraussetzen*, daß die am Unterricht beteiligten *Menschen* und daß die *Gesellschaft*, in der er stattfindet, in einer Weise gegeben oder aufgegeben sind, für die dieser Unterricht eine Bildungshilfe im schon definierten Sinne leistet.

Im folgenden werden die sechs Strukturmomente verallgemeinert als

	Intentionalität	
Anthropogene Voraussetzungen	Thematik Methodik	Sozial-kulturelle Voraussetzungen
	Medienwahl	

bezeichnet. [...]

Bereits diese [...] vorläufig formulierte Ordnung von Unterrichtseindrücken [Schulz bezieht sich auf ein Unterrichtsbeispiel] erlaubt es, einige Vorteile der Strukturanalyse zu verdeutlichen.

- Mit Hilfe weniger Fragen erhält man ein wenn auch vorläufiges und grobes Gesamtbild des gegebenen Unterrichts.
- In der Akzentuierung und inhaltlichen Ausprägung der Strukturmomente zeigen sich Stilprofile und Stilbrüche.
- Diese Beschreibungsvorteile gelten für alle Ebenen didaktischer Reflexion; der Stil einer Unterrichtsstunde ist prinzipiell ebenso ermittelbar wie der eines Unterrichtenden überhaupt; der Stil der Planung vom Stundenentwurf bis zum amtlichen Lehrplan, der Stil der Durchführung in einem Fach, einem Schulzweig, in einem Lande: Wer auch immer Unterricht zu steuern hat, muß, so wird hier versuchsweise unterstellt, vier Gruppen von Entscheidungen beachten und sich dabei auf zwei Gruppen von Voraussetzungen beziehen.
- Dieses wertfreie Beschreibungsmodell erhebt keinen Anspruch auf alleinige Vertretung didaktischen Denkens, es hilft lediglich, Ordnung in Eindrücke zu bringen und Probleme zu exponieren, die dann mit anderen Methoden weiter verfolgt werden können [...].
- Es behandelt die Zielfragen (Intentionalität plus Thematik), anders als die Didaktik im engeren Sinne [...], zusammen mit den Wegfragen (Methodik und Medienwahl) und läßt das Angewiesensein der Ziele auf geeignete Mittel, umgekehrt die Ab-

hängigkeit der Wahl zweckmäßiger Verfahren von den jeweils gesteckten Zielen klar hervortreten.

- Die Gültigkeit der unterrichtlichen Entscheidungen wird durch deren anthropologische und kulturtheoretische Voraussetzungen bestimmt, und diese Voraussetzungen wieder werden von den Unterrichtsprozessen beeinflußt [...]: Der Unterricht wird nicht als selbstgenügsame pädagogische Provinz, sondern als soziales Geschehen in Wechselwirkung mit anderen Feldern behandelt.

Wie im folgenden gezeigt wird, ist die Strukturanalyse über ihr Grundschema hinaus mühelos differenzierbar. Man kann sich diese Entwicklung als Verfeinerung eines Rasters vorstellen, der über das Unterrichtsgeschehen gelegt wird, um eine möglichst präzise Deskription der inhaltlichen Variation formaler Konstanten zu ermöglichen. [...]

1. Normenkritik

[...] Wenn man bedenkt, daß der Erziehende und damit auch der Unterrichtende sein Gegenüber beeinflussen will, wird einem klar, daß die Pädagogik ohne Setzungen, die das Ziel der Einflußnahme bezeichnen, nicht auskommt. Normensetzung ist nicht das Ergebnis wissenschaftlichen Denkens, und doch braucht dieses die Normen nicht einfach hinzunehmen. Der Didaktiker wird die Unterrichtsnormen zunächst auf ihre semantische Eindeutigkeit als Handlungsanweisungen hin untersuchen, ihre Vereinbarkeit miteinander prüfen, die Begründungen prüfen oder wenigstens charakterisieren, die für die Setzung angegeben werden, nach der Herkunft der Setzungen und nach ihren möglichen Nutznießern fragen, die prüfbaren Folgen ermitteln, die die Setzungen in der Durchführung gehabt haben [...].

Lesen Sie den Text erneut, und gliedern Sie ihn in möglichst große Sinnabschnitte. Formulieren Sie am Textrand jeweils die Kernaussage zu jedem Sinnabschnitt.

Zeilen	Sinnabschnitte
1–26	Die formale Struktur des Unterrichts besteht aus sechs Strukturmomenten
27–59	Vorteile der Strukturanalyse
60–70	Normkritik als wissenschaftliche Aufgabe

Fokussieren Sie den ersten Sinnabschnitt, und erläutern Sie schriftlich dessen Inhalt, indem Sie von dem Begriff der „formalen Struktur" ausgehen, ihn definieren und die Problematik der Normativität und der Unterrichtsziele im Rahmen der Strukturanalyse thematisieren.

Schulz strebt eine wertfreie Beschreibung des Unterrichts an, indem er dessen formale Struktur aufzeigt. Er geht davon aus, daß mit der formalen Struktur Unterricht unabhängig von jedem Vorurteil und jeder emotionalen Belastung frei und unverstellt in den Blick genommen werden kann. Die formale Struktur des Unterrichts verweist nach Schulz auf die den Unterricht konstituierenden Grundzüge. Mit dieser Untersuchungsabsicht ist seine Vorgehensweise „wertfrei" bzw. auf Deskription hin angelegt. Gleichwohl können auch hierbei wertende Gesichtspunkte mit einfließen, zumal nicht deutlich wird, aufgrund welcher Verfahren diese formale Struktur ermittelt wird.

Schulz unterscheidet sechs Strukturmomente, vier Entscheidungsvariablen (über Intentionen, Themen, Methoden und Medien) und zwei Voraussetzungsvariablen (die anthropogenen und die sozial-kulturellen Voraussetzungen). Auch hier wird das wissenschaftstheoretische Grundkonzept von Schulz deutlich: die sechs Momente des Unterrichts werden deskriptiv und nicht normativ dargestellt. In der unterrichtlichen Praxis hingegen müssen entsprechend dem Strukturmodell normative Setzungen vorgenommen werden. Diese Wahl bezieht sich nicht nur auf die jeweilige Zielsetzung, sondern betrifft in gleicher Weise auch Auswahlkriterien für die Bestimmung der Thematik, der Methodik sowie die Wahl der Medien. Die Strukturanalyse ist nach Schulz ein nicht-normatives Beschreibungsmodell der unterrichtlichen Grundzüge, das vier Entscheidungsvariablen umfaßt, die von den Lehrenden in der unterrichtlichen Praxis bestimmt werden müssen und somit im unterrichtlichen Handeln normativen Charakter erhalten.

Fokussieren Sie den zweiten Textabschnitt, in dem Schulz die Vorteile der Strukturanalyse kennzeichnet. Stellen Sie diese Vorteile zusammenfassend dar, und vergleichen Sie dabei die Strukturanalyse mit Klafkis didaktischer Analyse.

Schulz unternimmt mit seiner Strukturanalyse einen holistischen Zugriff auf Unterricht. Er will durch die Strukturmomente ein „grobes Gesamtbild des gegebenen Unterrichts" wiedergeben, das – wie er betont – „mühelos differenzierbar" ist. Klafki zentriert demgegenüber, ausgehend von seinem bildungstheoretischen Konzept der Kategorialen Bildung, alle unterrichtlichen Fragen auf den Inhalt des Unterrichts. Die fünf Grundfragen der didaktischen Analyse sind, obschon sie sich in Teilen mit den Strukturmomenten von Schulz decken, keine Variablen des Gesamtgeschehens „Unterricht", sondern geben Kriterien für die Auswahl von Unterrichtsinhalten vor.

Dieser grundlegende Unterschied zwischen Schulz und Klafki hinsichtlich ihrer jeweiligen Untersuchungsabsicht bildet den Ausgangspunkt für weitere Vergleiche zwischen den beiden Autoren.

- Die Strukturanalyse verweist auf Grundzüge des Unterrichts, die wechselseitig voneinander abhängen. Auch Klafki betont die wechselseitige Implikation der fünf didaktischen Fragen, die jedoch lediglich auf die systematische Beziehung zwischen den Kriterien für die Auswahl der Unterrichtsinhalte bezogen ist. Anders verhält sich dies bei Schulz. Zielfragen und Unterrichtsmethode, die bei Klafki der didaktischen Analyse nachgeordnet sind, bilden bei Schulz zusammen mit den weiteren Strukturmomenten eine Einheit, deren einzelne Momente wechselseitig aufeinander angewiesen sind: Die Methode ist nicht allein abhängig von den Zielen, sondern sie verweist als ein Strukturmoment auch auf die Abhängigkeit des Ziels, das nur durch geeignete Mittel realisiert werden kann.
- Schulz nimmt für seine Strukturanalyse in Anspruch, daß sie auf allen Ebenen der didaktischen Reflexion eingesetzt werden kann, um insbesondere Stilprofile und Stilbrüche, d.h. Konsistenzen und Inkonsistenzen in der unterrichtlichen Praxis, ausfindig zu machen. Klafkis didaktische Analyse bezieht sich in erster Linie auf die Unterrichtsvorbereitung der Lehrenden und hat die Funktion einer kriterienbezogenen Auswahl von Unterrichtsthemen und -inhalten. Schulz' Strukturanalyse also beansprucht im Verhältnis zu Klafkis didaktischer Analyse eine sehr viel breitere Anwendbarkeit.
- Aufgrund seines bildungstheoretischen Ansatzes behauptet Klafki nicht, ein 'wertfreies' didaktisches Modell entwickelt zu haben. Die didaktische Analyse hat vielmehr die Funktion, die Grundzüge der Kategorialen Bildung als Orientierungsmaßstäbe in die pädagogische Praxis zu übertragen. Schulz dagegen strebt ein 'wertfreies' und deshalb in seinem Sinne wissenschaftliches Modell der Unterrichtsananalyse an.
- Schulz sieht im Lernen den zentralen Aspekt des Lehrens; dies konnte anhand des Textauszugs „Unterricht als Bildungshilfe" (T18) erarbeitet werden. Die im vorliegenden Textauszug (T19) erwähnten „anthropologischen Voraussetzungen" des Unterrichts beziehen sich demnach auch und zentral auf die allgemeinen und besonderen Lernvoraussetzungen der Schüler. Klafkis Frage nach den Unterrichtsvoraussetzungen beschränkt sich demgegenüber – und konsequent innerhalb seines Ansatzes – lediglich auf die Bedeutung des Lerninhaltes, die dieser im gegenwärtigen Leben des Schülers hat. Die Voraussetzungen im Sinne von Schulz sind durch die Thematisierung des Lernens wiederum umfassender angelegt und implizieren grundlegende Fragen nach den Lernvorgängen (Anpassung, Akkommodation und Assi-

milation etc.). Einem solchen Konzept folgend, müßten Unterrichtsplanung und Didaktik lerntheoretische Überlegungen für die Beschreibung und Optimierung von Lernprozessen mit einbeziehen. Klafki spricht demgegenüber das Problem des Lernens in der didaktischen Analyse nur indirekt an, insofern von seinen didaktischen Grundfragen auf Lernformen bzw. typische Lernprozesse geschlossen werden kann. Erst in seiner kritisch-konstruktiven Didaktik fordert er, daß die Didaktik typische Lernprozesse beschreiben müßte, die der Realisierung der Bildungsziele der Selbst- und Mitbestimmung und der Solidaritätsfähigkeit dienen sollen.

Fokussieren Sie den dritten Textabschnitt, und erörtern Sie kritisch, welche Aufgaben die Wissenschaft in bezug auf die Normenkritik hat.

Entsprechend seinem wissenschaftstheoretischen Ansatz postuliert Schulz eine 'wertfreie' Didaktik. Zugleich stellt er fest, daß die pädagogische Praxis ohne normative Entscheidungen nicht auskommt. Aus diesem Grunde fordert er, daß die Normativität pädagogischen Handelns von der Erziehungswissenschaft als ein notwendiger Bestandteil unterrichtlicher Praxis anerkannt werden und daß zudem die Wissenschaft die Aufgabe der Normenkritik übernehmen soll.

Schulz geht in der Normenkritik jedoch über den bisherigen 'wertfreien' Rahmen seines Konzepts hinaus, indem er der Wissenschaft nicht nur die Aufgabe zuspricht, normative Setzungen rein beschreibend – durch entsprechende Zusammenfassungen oder Vergleiche – zu behandeln, sondern darüber hinaus einfordert, daß sie den ihr vorgegebenen Normen nicht ausgeliefert wird, so daß sie diese gegebenenfalls auch zurückweisen kann.

Folgende Momente der Normkritik können eine solche Zurückweisung ermöglichen:

- Die Untersuchung der Normen in bezug auf ihre semantische Eindeutigkeit als Handlungsanweisungen soll klären, ob sie eindeutig identifizierbare Maximen des pädagogischen Handelns vorgeben und damit ihrer Funktion gerecht werden, Orientierung für das pädagogische Handeln zu geben.
- Normen können dann zurückgewiesen werden, wenn sie mit anderen Normen, die für die pädagogische Praxis eingesetzt werden, nicht vereinbar sind.
- Darüber hinaus soll der Wissenschaftler auch die Legitimation von Normen prüfen, indem er deren Herkunft ermittelt und nach den Nutznießern fragt sowie die möglichen Folgen der Realisierung der Normen ermittelt. Es ist jedoch insbesondere hinsichtlich dieser Aufgabe zu fragen, inwiefern Normenbegründungen geprüft werden können, ohne daß dabei wiederum normative Setzungen einfließen. Es ist zu vermuten, daß der Wissenschaftler nicht nur deskriptiv die jeweilige Begründung der Norm, ihre Herkunft und ihre Nutznießer sowie ihre Folgen ermittelt, sondern hinsichtlich der Möglichkeit zur Zurückweisung von Normen zwangsläufig selbst wiederum wertend und nicht 'wertfrei' verfahren muß.

Das Hamburger Modell: Eine kritische, bildungstheoretische Didaktik

Schulz hat das Berliner Modell in seiner Grundkonzeption, vor allem in seinem wissenschaftlichen Anspruch auf 'Wertfreiheit', grundlegend verändert und das Hamburger Modell entworfen, in das auch er – wie der spätere Klafki – Grundzüge aus der kritischen Erziehungswissenschaft mit aufgenommen hat.

T 20

Wolfgang Schulz: Ein Hamburger Modell der Unterrichtsplanung. Seine Funktionen in der Alltagspraxis,
in: Bijan Adel-Amini/Rudolf Künzli (Hrsg.): Didaktische Modelle und Unterrichtsplanung, 3. Aufl. Weinheim/München: Juventa Verlag 1991, S. 52–77 (Auszug).

Das Modell des didaktischen Handlungsfeldes, das ich hier vorstelle, geht davon aus, daß pädagogische, hier unterrichtliche Interaktion zum einen eine *Verständigung zwischen prinzipiell handlungsfähigen Subjekten* ist, zwischen Personen, über ihre Befähigung zu eigenverantwortlicher Lebensführung, zum anderen ein immer wieder der Verständigung bedürfendes Training der Voraussetzungen dazu: [...]

– Die Beschäftigung mit Kenntnissen und Fertigkeiten, die zum Eingreifen in Natur und Gesellschaft befähigen, dient diesem Eingreifen nicht unmittelbar; sie dient vorrangig der Befähigung von Mitbürgern, nach eigener Verantwortung und in Rücksicht auf das gleiche Recht aller über Möglichkeiten der Situationsbewältigung zu verfügen.

– Nur im Einverständnis mit den am Unterricht Beteiligten über die Definition der Situation als Unterricht in diesem Sinne läßt sich eine Vermittlung von Kenntnissen, Fertigkeiten und Einstellungen zweifelsfrei als Befähigung zu eigenverantwortlicher Lebensführung erfahren.

[...] Die *komplementären Züge der unterrichtlichen Situation*, die sich aus dem Reifungs- und Informationsgefälle ergeben, sind von den Beteiligten nur temporär und partiell, bei Fortdauer ihrer Gleichheit in ihren Ansprüchen als Personen, unter der *Perspektive möglichst baldiger symmetrischer Interaktionen* zu akzeptieren. [...]

Ein Unterricht, der der Qualifizierung und Spezialisierung handlungsfähiger Subjekte dient, vollzieht sich in einer Interaktion, die ein dynamisches Gleichgewicht zwischen drei Aufgaben zu halten versuchen muß:

– Die unterrichtliche Interaktion verfolgt Absichten, die in der Behandlung von Themen liegen, für deren Bearbeitung sich die Teilnehmer qualifizieren wollen und/oder sollen. [...]

– Sie verfolgt Absichten, die die sozialen Beziehungen zwischen den Mitgliedern der Lehr-Lern-Gruppe betreffen; diese Beziehungen sollen die gemeinsame Bearbeitung des Themas und die Entfaltung der beteiligten Personen fördern.

– Die unterrichtliche Interaktion verfolgt Absichten der Ich-Entfaltung in thematischen und sozialen Bezügen. [...]

Viele Entscheidungen, die bisher zentral gefällt wurden, sind auf die Lehrer, Schüler und Eltern der einzelnen Schulen zu verlagern; vor allem sind Zeit und Raum für die Selbstorganisation der Lehr-Lern-Gruppe bereitzustellen. Die vielberedete Offenheit, nicht nur der Curricula [...], findet in der Notwendigkeit der Verständigung potentiell handlungsfähiger Subjekte in der Lehr-Lern-Gruppe ihre systematische Rechtfertigung.

Die Legalität dieses Modells ist damit an eine gesellschaftliche Ordnung gebunden, deren Selbstverständnis den in der Schule Arbeitenden nicht nur Freiräume beläßt, sondern Lehren und Lernen um der Selbstbestimmung der Beteiligten willen zur Sache des Schulträgers macht. [...]

Die Nutzung der komplementären Züge des Unterrichts zur Hilfe für Selbstbestimmung in Sach- und Sozialbeziehungen ist deren einzig möglich erscheinende Rechtfertigung, wenn man Unterricht auf der Grundlage der Freiheitsfähigkeit der Menschen und einer sich entsprechend relativierenden Gesellschaftsordnung antizipiert. [...]

Nicht nur der institutionell vorgegebene Planungsrahmen, sondern auch die oft eher system- als situationsorientierten Ansprüche einzelwissenschaftlicher Welterklärung werden auf ihren Bezug zur Situation der Lehr-Lern-Gruppe hin befragt und von ihrer Legitimierbarkeit durch das Verfahren des Diskurses in der Gruppe abhängig gemacht, soweit der Handlungsspielraum der Lehr-Lern-Gruppe dies gestattet. [...]

Meiner Meinung nach sollen die Lehrer in diesen Diskussionsprozessen nicht auf die Darstellung und Begründung ihrer professionellen Interpretation der gesellschaftlichen Aufgabe verzichten und auch nicht darauf, ihren Informationsvorsprung einzubringen und ihre eigenen Fähigkeiten und Grenzen als Lehrer darzulegen, damit sie berücksichtigt werden können. [...]

In den Intentionen eines Modells zum Lehren der Freiheit kann es nicht liegen, nur *Kompetenz* anzustreben, im Sinne des Inbegriffs aller Kenntnisse, Fähigkeiten und Fertigkeiten, die zur individuellen wie gesellschaftlichen Reproduktion erforderlich sind. Wichtig ist Kompetenz, insofern sie *Autonomie* ermöglicht, Selbstbestimmung nicht für sich auf Kosten anderer, sondern in *Solidarität*. [...] In der wechselseitigen Ermöglichung und Einschränkung dieser Intentionen realisiert sich die Balance zwischen Sachbezug, Personenbezug und Gruppenbezug [...] im Aspekt Intentionalität.

Unter solchen Intentionen werden nicht nur *Sacherfahrungen* thematisiert, sondern ebenso *Sozialerfahrungen* und *Gefühlserfahrungen*. Nur dann kommt die Gesamtheit der Erfahrungen einer allseitigen Entfaltung der Person zugute.

[...] die von professionellen Erziehern vorgestellte, den einzelnen Teilnehmern akzeptierbare, letztlich von der Lehr-Lern-Gruppe erarbeitete Auswahl, Anordnung, Gewichtung, Akzentuierung von Unterrichtseinheiten, sollte abschließend möglichst selten durch Mehrheitsentscheidungen, sondern möglichst häufig durch Ausdiskutieren ermittelt werden, um ein höheres Ausmaß von Berücksichtigung aller zu gewährleisten. [...]

Der Anspruch auf Hervorbringung, Entfaltung, Wiederherstellung in dieser Gesellschaft handlungsfähiger Subjekte als letztes Ziel didaktischen Handelns in diesem Feld wird nur über entsprechende Mittel und Wege erreicht. Deshalb: So sehr es auch unserem gegenwärtigen Planungsalltag widersprechen mag, nicht am Schreibtisch des einsam planenden Lehrers, sondern in der *Interaktion* mit den Schülern, gegebenenfalls mit anderen Lehrern, mit Eltern, mit Gästen fallen in diesem Modell die planerischen Entscheidungen. [...]

Der Grad, in dem es den Lehrern als Professional didaktisch Handelnden gelingt, die Planung der Unterrichtseinheit zum Bestandteil unterrichtsbezogener Interaktion zu machen, wird für mich immer mehr zum Indikator für die *emanzipatorische Relevanz* [...] des Unterrichts, für die Ablösung der Arbeitsteilung zwischen Anordnen und Ausführen. [...]

Ich differenziere jetzt die einzelnen Momente der Planungsaufgaben notwendig in einem raum-zeitlichen Nacheinander, wobei aber der Implikationszusammenhang der Momente nicht vergessen werden darf:

Bestimmung der *Unterrichtsziele* als Moment planerischer Interaktion

[...]

Behandlung der *Ausgangslage* als Moment planerischer Interaktion

[...]

Erörterung der *Vermittlungsvariablen* als Moment planerischer Interaktion

[...]

Überlegungen zur *Erfolgskontrolle* als Momente planerischer Interaktion

[...]

Lesen Sie den Text erneut, und formulieren Sie zu jedem Textabschnitt eine Kernaussage. Halten Sie diese Kernaussagen schriftlich in Form einer zweispaltigen Tabelle fest, in deren linke Spalte Sie die Zeilenangaben und in deren rechte Spalte Sie die Kernaussagen eintragen.

Zeilen	Kernaussagen
1–5	Unterrichtliche Interaktion ist die Verständigung zwischen prinzipiell handlungsfähigen Subjekten und das Training der Voraussetzung für die Handlungsfähigkeit der Subjekte
6–10	Die Vermittlung von und die Beschäftigung mit Kenntnissen und Fertigkeiten hat zum Ziel, Mitbürger zu eigenverantwortlicher und das Recht anderer wahrender Situationsbewältigung zu befähigen
11–14	Eigenverantwortliche Lebensführung kann nur intendiert werden, wenn alle am Unterricht Beteiligten mit der Definition der Situation einverstanden sind
15–18	Asymmetrische Interaktionsstrukturen dürfen sich nur auf Reifungs- und Informationsgefälle, nicht jedoch auf die gesamte Person beziehen
19–21	Unterricht verfolgt drei Intentionen:
22–24	1. Die Behandlung von Themen für die Qualifizierung,
25–27	2. soziale Ziele, die mit der Interaktionsstruktur der Lehr-Lerngruppe verbunden sind, und
28–29	3. die Ich-Entfaltung in thematischen und sozialen Bezügen
30–35	Unterrichtsplanung soll als Selbstorganisation einer Lehr-Lern-Gruppe vollzogen werden (offener Unterricht)
36–39	Die gesellschaftliche Ordnung muß die Selbstbestimmung der Lehr-Lern-Gruppe als legal akzeptieren
40–44	Wenn Unterricht auf der anthropologischen Grundlage der Freiheitsfähigkeit und einer ihr entsprechenden gesellschaftlichen Grundlage basiert, dann darf die unterrichtliche Asymmetrie nur der Selbstbestimmung dienen
45–49	Einzelwissenschaftliche Welterklärungen müssen von der Lehr-Lern-Gruppe befragt und mit Hilfe des Diskurses legitimiert werden
50–54	Lehrer sollen ihre Interpretation der gesellschaftlichen Aufgabe sowie ihren Informationsvorsprung einbringen und ihre Fähigkeiten und Grenzen darlegen
55–61	'Kompetenz als Autonomie' und 'Selbstbestimmung in Solidarität' sind die Bildungsziele, deren Realisation eine Balance zwischen Sach-, Personen- und Gruppenbezug erlaubt
62–64	Um die Bildungsziele zu realisieren, werden Sach-, Sozial- und Gefühlserfahrungen thematisiert
65–70	Unterrichtsplanung wird von allen in Form des „Ausdiskutierens" durchgeführt

Zeilen	Kernaussagen
71–77	Das handlungsfähige Subjekt ist oberstes Ziel der Didaktik. Deshalb muß die Unterrichtsplanung in der Interaktion mit Schülern, Eltern, anderen Lehrern und Gästen vollzogen werden
78–82	Unterrichtsplanung als Bestandteil unterrichtlicher Interaktion ist ein Indikator für die emanzipative Bedeutung des Unterrichts
83–93	Die vier Planungsaufgaben, die jeweils in planerischer Interaktion entschieden werden, sind: • Unterrichtsziele • Ausgangslage • Vermittlungsvariablen • Erfolgskontrolle

▶ *Erarbeiten Sie selbständig die Grundzüge der Didaktik nach Schulz. Folgenden Fragestellungen können Sie hierfür nachgehen:*

• *Welche Bildungsziele setzt Schulz, und welche Rolle spielt der Bildungsbegriff für seine Gesamtkonzeption?*

• *Welche Vorstellung entwickelt Schulz über die Organisation und die Aufgaben einer Lehr-Lerngruppe? Welche Rolle spielt der Lehrende, und wie kann die Interaktion in der Lerngruppe beschrieben werden?*

• *Inwiefern knüpft das Hamburger Modell an das Berliner Modell an, bzw. inwiefern bricht es mit ihm? Thematisieren Sie hier insbesondere die 'Werturteilsfreiheit' und das Problem der Normativität.*

• *Nehmen Sie einen Vergleich mit der kritisch-konstruktiven Didaktik Klafkis vor, und versuchen Sie aufzuzeigen, daß und inwiefern beide Autoren sich stark aneinander angenähert haben.*

• *Beziehen Sie zum Hamburger Modell kritisch Stellung im Hinblick auf seine Realisierbarkeit und seine normativen Ansprüche.*

Die entsprechenden Artikel aus:
Enzyklopädie Erziehungswissenschaft, hrsg. von Dieter Lenzen, Stuttgart 1995, und **Roth, Leo (Hrsg.):** Pädagogik. Handbuch für Studium und Praxis, München 1991.

Adel-Amini, Bijan/Theodor Schulze/Ewald Terhart (Hrsg.): Unterrichtsmethode. Theorie und Forschung, Weinheim/Basel 1992; **Göckel, Hans:** Vom Unterricht. Lehrbuch der Allgemeinen Didaktik, Bad Heilbrunn/Obb. 1990; **Gudjons, Herbert/Rita Teske/Rainer Winkel (Hrsg.):** Didaktische Theorien. Mit Beiträgen von Wolfgang Klafki, Wolfgang Schulz, Felix v. Cube, Christine Möller, Rainer Winkel, Herwig Blankertz, Hamburg 1986; **Jank, Werner/Hilbert Meyer:** Didaktische Modelle, 3. Aufl. Frankfurt a.M. 1994; **Kron, Friedrich W.:** Grundwissen Didaktik, München usw. 1993.

Tenorth, Heinz-Elmar (Hrsg.): Allgemeine Bildung, Weinheim 1986, und **Sonderheft der Zeitschrift für Pädagogik** zum Thema: „Allgemeinbildung", 21. Beiheft, 1987.

Zum Abschluß des zweiten Kapitels sollen hier noch einige Literaturangaben gemacht werden, die sich sowohl auf bildungstheoretische als auch didaktische Fragestellungen beziehen. Mit Hilfe der genannten Literatur können Sie sich einen vertiefenden Überblick über die in diesem Kapitel behandelten Problemaspekte verschaffen:

3. Kapitel:

Lernen und Lehren

Nachdem in den ersten beiden Kapiteln die zentralen erziehungswissenschaftlichen Fragen nach den Voraussetzungen und den Zielen sowie der Planung und Analyse der erzieherischen Beeinflussung im Unterricht thematisiert wurden, soll nun im dritten Kapitel das Lernen im Zentrum der Überlegungen stehen.

Das Lernen wird in aller Regel nicht durch die Allgemeine Pädagogik untersucht, sondern ist der traditionelle Untersuchungsgegenstand der Pädagogischen Psychologie.

Dies bedeutet jedoch nicht, daß das Lernen lediglich als ein 'Randphänomen' erziehungswissenschaftlichen Fragens dargestellt werden kann. Es ist vielmehr dasjenige Moment, das erzieherisches Bemühen in seiner Planung und Analyse und mit seinen unterschiedlichen Zielsetzungen 'bewirken' bzw. unterstützen will. Erzieherische Zielsetzungen und Didaktik sowie Methodik haben nur dann einen Sinn, wenn Erziehung Lernen ermöglicht, steuert und unterstützt. Erziehung zeigt sich unter dieser Perspektive als eine methodisch geplante und auf bestimmte Zielsetzungen bezogene Kommunikation zwischen Erziehenden und Edukanden, zwischen Eltern und Kindern in der Familie, zwischen Lehrern und Schülern in der Schule oder zwischen Dozenten bzw. Referenten und Erwachsenen in der Erwachsenenbildung, die in erster Linie Lernen intendiert.

Zugleich ist Lernen ein grundlegender menschlicher Vollzug, der nicht nur im Rahmen erziehungswissenschaftlichen Fragens seine zentrale Bedeutung hat. Der Mensch lernt, solange er lebt und aufgrund unterschiedlichster innerer und äußerer Anlässe.

Schon allein aus diesem Grund erweist es sich als schwierig, das Phänomen des Lernens, das durch Entwicklungs- und Alterungsprozesse, gesellschaftliche Gegebenheiten und individuelle Interessen und Fähigkeiten etc. geprägt wird, im Rahmen des nun folgenden Kapitels nur annähernd vollständig darzustellen. Zudem produziert die explosionsartige Entwicklung der Erforschung des Lernens in unterschiedlichen Disziplinen, wie z.B. der Biologie, der Gehirnforschung, der Psychologie, der menschlichen und der künstlichen Intelligenz etc., eine kaum mehr überschaubare Forschungsliteratur. Auch hier kann unmöglich der Versuch unternommen werden, einen Querschnitt dieser empirischen und theoretischen Forschungslage vorzustellen.

In diesem Kapitel wird vielmehr der Versuch unternommen, anhand einiger wichtiger und repräsentativer Texte Lernen und seine Vorgänge näher zu erfassen. Die Frage nach dem systematischen Zusammenhang zwischen Lernen einerseits und Lehren andererseits kann hierbei nur exemplarisch erarbeitet werden. Dies wiederum liegt jedoch nicht nur an der Komplexität des Themas, sondern auch an der erziehungswissenschaftlichen Forschungslage: Weder aus der Psychologie noch aus der Biologie ist bis heute eine allgemein anerkannte und verbindliche Lerntheorie entwickelt worden, die systematisch die Problematik des Lernens unter der Perspektive des Lehrens und Erziehens darstellt. Vielmehr besteht der heutige Forschungsstand der Pädagogischen Psychologie aus zahlreichen, meist empirischen Untersuchungen zu (zum Teil) relativ speziellen Fragestellungen. Die Frage nach generellen, allgemeinen Zusammenhängen, nach für die erzieherische Praxis generalisierbaren Grundstrukturen und nach einer systematischen Verknüpfung unterschiedlicher Forschungsergebnisse ist damit nicht beantwortet. Das erziehungswissenschaftliche Thema des „Lernens und Lehrens" zeigt sich dementsprechend als ein sehr heterogenes Forschungsgebiet.

Einen Überblick über den Forschungsstand der Pädagogischen Psychologie bieten:

Gage, Nathaniel L./David C. Berliner: Pädagogische Psychologie, 4., völlig neu bearb. Aufl. Weinheim/München 1986, und

Weidenmann, Bernd/Andreas Krapp et al.: Pädagogische Psychologie, 2., neu bearb. Aufl. Weinheim/Basel 1993.

Im folgenden soll der Versuch unternommen werden, zentrale Aspekte des Lernens im Rahmen eines Modells der menschlichen Informationsverarbeitung zu ermitteln. Ausgehend von zwei unterschiedlichen lerntheoretischen Ansätzen, dem behavioristischen und dem kognitionspsychologischen, wird hierbei der Begriff des „Lernens" und ein Modell der Informationsverarbeitung schrittweise erarbeitet, um anschließend die Problematik der Lernprozesse selbst im Rahmen eines solchen Modells zu thematisieren. Der Bezug zur Thematik des Lehrens wird einerseits bei der Erarbeitung der einzelnen Texte stets problematisiert bzw. erörtert und andererseits im Rahmen eines selbständigen Arbeitsprojektes abschließend reflektiert.

Ziel dieses Kapitels ist es, in den komplexen Zusammenhang des Lernens einzuführen und Orientierung über die Verknüpfung zwischen verschiedenen Teilaspekten des Lernens zu bieten.

Rückblick: Das Thema „Lernen" in den didaktischen Konzepten von Klafki und Schulz

In allen bisher genannten didaktischen Konzepten, der bildungstheoretischen und kritisch-konstruktiven Didaktik sowie dem Berliner und Hamburger Modell, wird, wenn auch nicht an zentraler Stelle, das Lernen thematisiert.

Nehmen Sie Ihre Ausarbeitungen zu diesen didaktischen Überlegungen zur Hand, und ermitteln Sie, welche Aussagen den Konzeptionen von Klafki und Schulz unter der thematischen Perspektive des Lernens entnommen werden können. Listen Sie anschließend die gewonnenen Aussagen auf, und vergleichen Sie sie miteinander unter der Perspektive, welchen prinzipiellen Unterschied Sie in der Thematisierung des Lernens bei beiden Autoren ermitteln können.
Formulieren Sie diesen Unterschied schriftlich.

Aus Klafkis didaktischer Analyse konnte erschlossen werden, daß er das unterrichtliche Lehren in erster Linie auf das exemplarische, anschauliche, problemorientierte und anwendungsbezogene Lernen bezieht. Er thematisiert damit jedoch noch nicht das Lernen selbst, sondern beschreibt eher, in welcher Form Lernen durch das Lehren beeinflußt werden kann. In seinen späteren didaktischen Überlegungen der kritisch-konstruktiven Didaktik behandelt er das Lernen explizit, indem er fordert, daß didaktische Überlegungen erstens Grundtypen des Lernens, die sich insbesondere auf die intendierten Bildungsziele beziehen, ermitteln und zweitens klären sollten, wie der stufenweise Aufbau geistiger Fähigkeiten gestaltet werden kann. Diese zweite Anforderung impliziert, daß geistige Fähigkeiten erstens benannt und zweitens in ihrem psychologischen Zusammenhang und Aufbau dargestellt werden können.

Klafki verweist damit zwar einerseits auf die Notwendigkeit, Lernen und seine Prozesse sowie Strukturen zu klären, intendiert jedoch in seinen eigenen didaktischen Überlegungen keine Lerntheorie, sondern fragt lediglich nach Lerntypen und ihren Zusammenhängen.

Demgegenüber kann insbesondere den früheren Überlegungen von Schulz eine Definition des Lernens entnommen werden, die zumindest in Ansätzen auf eine Lerntheorie verweist: Er definiert das Lernen als langfristige interne Veränderung des Menschen, die sich einer direkten Beobachtung entzieht und die zugleich die Ursache für beobachtbare Veränderungen ist. Vom Lernen schließt er solche Veränderungen aus, die durch Reifungsprozesse hervorgebracht werden. Lernen und dessen Ergebnisse werden als Anpassungen gekennzeichnet, die erstens durch die grundlegenden Lernprozesse der Akkommodation und Assimilation vollzogen werden und zweitens vom Unterricht befördert bzw. ermöglicht werden sollen. Schulz definiert damit nicht nur den Lernbegriff, sondern verweist zudem auf grundlegende Lernprozesse. In seinen späteren Überlegungen, dem Hamburger Modell, wird das Lernen eher unter normativen Aspekten thematisiert, indem die Selbstorganisation des Lernens als eine grundlegende didaktische Maxime aufgestellt wird.

Beide Autoren beziehen das Lernen in ihre didaktischen Überlegungen mit ein und verweisen – zumindest indirekt – auf die fundamentale Bedeutung der Lernprozesse für didaktische bzw. allgemeiner: für alle erziehungswissenschaftlichen Überlegungen. Schulz bezieht sich hierbei auf lerntheoretische Grundannahmen, die er jedoch im Berliner und Hamburger Modell nicht weiter ausführt. Klafki geht nicht von lerntheoretischen Überlegungen aus, sondern verweist auf den 'Ort' innerhalb didaktischer Überlegungen, an dem lerntheoretische Forschung mit einbezogen und durch die Typisierung von Lernprozessen sowie die Klärung des Aufbaus geistiger Fähigkeiten genutzt werden kann und soll.

Durch die Beschreibung der Anliegen beider Autoren sind zentrale Fragestellungen der Erziehungswissenschaft hinsichtlich des Lernens bereits gekennzeichnet: Von welchen lerntheoretischen Überlegungen kann die Planung, Durchführung und Analyse der erzieherischen Beeinflussung ausgehen, und in welcher Form muß sie sie berücksichtigen bzw. mit einbeziehen?

Vom Behaviorismus zur Kognition: Zwei lerntheoretische Ansätze

Eine behavioristische Lerntheorie

T 21

Burrhus F. Skinner: Erziehung als Verhaltensformung,
München-Neubiberg: E. Keimer Verlag und Buchvertrieb 1971, S. 60–61 (Auszug).

Das, worauf es ankommt, sei an einem typischen Experiment klargemacht. Eine hungrige Ratte befindet sich in einem Experimentierkäfig, der einen Futterverteiler enthält. Eine horizontale Stange am Ende eines Hebels ragt aus einer Wand heraus. Das Niederdrücken des Hebels löst einen Schalter aus. Ist der Schalter mit dem Futterverteiler verbunden, wird das Verhalten der Ratte, die den Hebel niederdrückt, „durch Nahrung verstärkt". Der Apparat stellt einfach einen Zusammenhang zwischen dem Erscheinen von Nahrung und dem Vorkommen einer bestimmten Verhaltensäußerung her. Unter solchen Umständen wächst die Wahrscheinlichkeit, daß die Reaktion auf den Hebel wieder vorkommt [...].

Der grundlegende Zusammenhang zwischen einer Handlung und ihren Folgeerscheinungen wurde an Hand einer ziemlich breiten Skala von Versuchstieren untersucht. Es wurden z.B. Tauben verstärkt, wenn sie auf beleuchtete Scheiben pickten, Affen dafür, daß sie Kippschalter betätigten, die ursprünglich für den fortgeschritteneren Primaten, den Menschen erfunden worden waren. Die untersuchten Verstärker bestanden u.a. aus Wasser, sexueller Berührung, der Möglichkeit zu aggressiven Handlungen und – sofern es sich um menschliche Versuchspersonen handelte – dem Beifall der Mitmenschen oder in dem Universalverstärker, nämlich Geld. [...]

Die Sache läßt sich z.B. auch so einrichten, daß die Ratte nur dann Futter bekommt, wenn sie den Hebel mit einem bestimmten Kraftaufwand drückt. Schwächere Reaktionen verschwinden dann, und es treten ungewöhnlich kräftige Reaktionen auf, die ihrerseits durch weitere Differenzierung der Verstärkungen selektiert werden können. Verstärkung kann auch in Zusammenhang mit dem Vorhandensein bestimmter Stimuli gebracht werden: das Niederdrücken des Hebels setzt z.B. den Futterverteiler nur dann in Bewegung, wenn ein Ton in einer bestimmten Höhe ertönt. Die Ratte reagiert dann mit größerer Wahrscheinlichkeit, wenn ein Ton in dieser Höhe ertönt. Man kann Reaktionen auch unterbrochen verstärken. Einige verbreitete Verstärkungspläne richten sich nach der Wahrscheinlichkeitstheorie. Spielapparate sind oft so eingestellt, daß sie eine wechselnde Zahl von Reaktionen in einer nicht voraussagbaren Folge verstärken.

Der Text von Skinner ist in erster Linie ein beschreibender und kein wissenschaftlich-argumentierender. *Lesen Sie den Text erneut, und ermitteln Sie Textabschnitt für Textabschnitt, was Gegenstand der Beschreibung ist. Erstellen Sie hierfür eine zweispaltige Tabelle, in deren linker Spalte Sie zunächst den jewei-*

ligen Beschreibungsinhalt der drei Textabschnitte eintragen. Die rechte Spalte können Sie für einen noch folgenden Arbeitsschritt reservieren.

Benennen Sie anschließend zusammenfassend den Untersuchungsgegenstand aller drei Textabschnitte, und versuchen Sie abschließend schriftlich den Grund dafür zu formulieren, warum Skinner in erster Linie beschreibend vorgeht.

Gegenstand der Beschreibung: Experimentelle Versuche mit Tieren und Menschen

1. Skinner beschreibt ein Rattenexperiment, in dem das Auftreten eines bestimmten Verhaltens einer Ratte, die Betätigung eines Hebels, dadurch häufiger erfolgt, daß dieses Verhalten mit dem Erscheinen von Nahrung verbunden, gekoppelt wird.
2. Diese Versuchsanordnung kann mit gleichem Ergebnis auch bei anderen Versuchstieren, z.B. Tauben und Affen, durchgeführt werden. Das gleiche gilt auch für Versuche mit Menschen. Die mit dem gewünschten Verhalten verknüpften Reize können variiert werden: hierfür werden Wasser, sexuelle Berührungen, Möglichkeit zu aggressiven Handlungen und – im Falle der Versuche mit Menschen – Beifall von anderen und Geld eingesetzt.
3. Bei ebenfalls ähnlicher Versuchsanordnung können das gewünschte Verhalten, die Reizqualität und die Verknüpfung von Reiz und Verhalten mit Erfolg differenziert werden:
   - der Hebeldruck tritt nicht nur auf, sondern kann auch im Hinblick auf seinen Kraftaufwand differenziert werden
   - die Zugabe des Futters wird mit einem Signalton verknüpft, so daß die Ratte das gewünschte Verhalten gehäuft zeigt, wenn ein Ton in einer bestimmten Höhe ertönt
   - der Reiz muß nicht durchgehend an ein bestimmtes Verhalten geknüpft werden, sondern kann auch unterbrochen, nach wahrscheinlichkeitstheoretischen Frequenzen dargeboten werden.

Skinner beschreibt unterschiedliche Experimente, die alle nach demselben Grundschema angelegt sind: Er gibt eine bestimmte Versuchsanordnung, deren Variationen und Ergebnisse wieder. Damit erweist sich Skinner als ein empirisch arbeitender Wissenschaftler, der seine Aussagen nicht in Form stringenten Argumentierens belegt, sondern deren Gültigkeit durch wiederholte und mit einer hohen Wahrscheinlichkeit voraussagbare Zusammenhänge in der beobachteten Realität nachweist. Diese 'Realität' ist eine in Laborversuchen künstlich hergestellte, die gezielt den vermuteten, wahrscheinlichen bzw. 'gesetzlichen' Zusammenhang untersucht; sie entspricht nicht der Komplexität einer alltäglichen Lebenssituation.

Skinner interpretiert die wiederholt auftretenden Vorgänge in der Realität, indem er ein Erklärungsmodell für die beobachteten Zusammenhänge entwirft. Dies ist das Modell des operanten Konditionierens, das durch die Fachbegriffe „Verhalten", „Verstärken", „Reiz" und „Konditionieren" geprägt ist.

Wenden Sie diese Fachbegriffe auf die beschriebenen Experimente an, indem Sie in der auf Ihrem Arbeitsblatt reservierten rechten Spalte mit Hilfe dieser Fachbegriffe den jeweiligen Versuch erläutern. Benennen Sie auch hier zusammenfassend das Skinnersche Erklärungsmodell.

Gegenstand der Beschreibung: Experimentelle Versuche mit Tieren und Menschen	**Erklärungsmodell: Operantes Konditionieren**
1. Skinner beschreibt ein Rattenexperiment, in dem das Auftreten eines bestimmten Verhaltens einer Ratte, die Betätigung eines Hebels, dadurch häufiger erfolgt, daß dieses Verhalten mit dem Erscheinen von Nahrung verbunden, gekoppelt wird	Operantes Konditionieren erhöht die Wahrscheinlichkeit des Auftretens eines bestimmten Verhaltens, indem das Auftreten des gewünschten Verhaltens mit einem Reiz, der einem grundlegenden Bedürfnis des Versuchstiers bzw. der Versuchsperson entspricht, stets verstärkt wird. Diese Verstärkung bewirkt die höhere Auftrittswahrscheinlichkeit

Gegenstand der Beschreibung: Experimentelle Versuche mit Tieren und Menschen	**Erklärungsmodell: Operantes Konditionieren**
2. Diese Versuchsanordnung kann mit gleichem Ergebnis auch bei anderen Versuchstieren, z.B. Tauben und Affen, durchgeführt werden. Das gleiche gilt auch für Versuche mit Menschen. Die mit dem gewünschten Verhalten verknüpften Reize können variiert werden: hierfür werden Wasser, sexuelle Berührungen, Möglichkeit zu aggressiven Handlungen und – im Falle der Versuche mit Menschen – Beifall von anderen und Geld eingesetzt	Das 'Gesetz' des operanten Konditionierens gilt für verschiedene Tiere und auch für den Menschen. Der verstärkende Reiz kann variiert werden und im Falle des Menschen auch auf grundlegende soziale Bedürfnisse bezogen sein
3. Bei ebenfalls ähnlicher Versuchsanordnung können das gewünschte Verhalten, die Reizqualität und die Verknüpfung von Reiz und Verhalten mit Erfolg differenziert werden: • der Hebeldruck tritt nicht nur auf, sondern kann auch im Hinblick auf seinen Kraftaufwand differenziert werden • die Zugabe des Futters wird mit einem Signalton verknüpft, so daß die Ratte das gewünschte Verhalten gehäuft zeigt, wenn ein Ton in einer bestimmten Höhe ertönt • der Reiz muß nicht durchgehend an ein bestimmtes Verhalten geknüpft werden, sondern kann auch unterbrochen, nach wahrscheinlichkeitstheoretischen Frequenzen dargeboten werden	Das operante Konditionieren bewirkt sehr differenzierte Verhaltensänderungen. Zudem kann der verstärkende Reiz, der sich auf ein Grundbedürfnis des Versuchstieres oder der Versuchsperson bezieht, mit einem anderen Reiz gekoppelt werden, der einem solchen grundlegenden Bedürfnis zwar nicht entspricht, jedoch gerade in seiner Verknüpfung mit dem ursprünglichen Reiz in gleicher Weise verstärkend wirkt. Das Auftreten des Reizes kann auch dann Verhaltensänderungen bewirken, wenn er unterbrochen wird

A 18 *Versuchen Sie den Zusammenhang des operanten Konditionierens grafisch darzustellen, indem Sie mit Hilfe des Arbeitsblattes A18 die Begriffe „zufälliges Verhalten", „konditioniertes Verhalten", „Reiz", „Reaktion", „Verstärkung" und „Bedürfnis" einander analog zum Verlauf des operanten Konditionierens zuordnen.*

Füllen Sie hierfür die Leerstellen des Arbeitsblattes aus.

Kommentieren Sie anschließend die Grafik, indem Sie das Modell des operanten Konditionierens zugleich als ein Lernmodell charakterisieren.

Ein Verhalten tritt auf
= zufälliges Verhalten

Verstärkung
Der Reiz wird an das zufällig auftretende Verhalten gebunden

Reaktion
Das zuvor noch zufällige Verhalten tritt jetzt mit hoher Wahrscheinlichkeit auf; es ist ein konditioniertes Verhalten

Reiz
entspricht einem grundlegenden Bedürfnis

Skinner beschreibt mit seinem Modell des operanten Konditionierens ein Lernmodell, das einen grundlegenden, sowohl für Tiere als auch Menschen geltenden Lernmechanismus kennzeichnet: Ein gewünschtes Verhalten wird hervorgerufen, indem es durch bestimmte Reize verstärkt wird. Lernen wird hier als eine beobachtbare Verhaltensänderung gekennzeichnet, die durch das operante Konditionieren bewirkt wird. Dieses ausschließliche Interesse am beobachtbaren Verhalten ist ein zentraler Grundzug des Behaviorismus, der die internen Prozesse, die Lernprozesse im eigentlichen Sinne, nicht untersucht und somit von vornherein ausblendet. Das Forschungsprogramm des Behaviorismus tut dies bewußt, insofern davon ausgegangen wird, daß die innerpsychischen Prozesse für den Wissenschaftler eine „black box" sind, da sie nicht beobachtet und somit – so die Schlußfolgerung – auch nicht untersucht werden können.

Das operante Konditionieren ist damit keine Lerntheorie über innerpsychische Prozesse, sondern über einen grundlegenden Mechanismus, der gewünschtes Verhalten hervorbringt. Das Lernen wird vorrangig unter dem Aspekt thematisiert, wie es als Verhaltensänderung manipuliert bzw. konditioniert werden kann. Skinners Lerntheorie, und dies gilt für alle Behavioristen, ist demnach zugleich eine Theorie der Beeinflussung des Lernens, die direkte Anweisung für das Lehren geben kann. Oder anders formuliert: Skinners Lerntheorie ist eine Lehrtheorie, die zeigt, wie Lernen als Verhaltensänderung bewirkt wird. (Der folgende Textauszug wird hierzu nähere Auskunft geben).

Ein weiteres zentrales Moment der Skinnerschen Untersuchungen besteht darin, daß zwischen dem Lernen eines Tieres und dem eines Menschen nicht unterschieden wird. Dies läßt vermuten, daß die dargestellte Lerntheorie sich auf sehr basale Vollzüge und grundlegende Bedürfnisstrukturen des Tieres und des Menschen, beispielsweise die Nahrungsaufnahme, bezieht, jedoch komplexere Vollzüge des Menschen und auch seine zumindest potentielle Fähigkeit, von elementaren Bedürfnissen abzusehen, ignoriert.

Das grundlegende Werk des Behaviorismus hat Watson (1878–1958) verfaßt: **Watson, J.:** Behaviorismus, Frankfurt a.M. 1976.

Neben dem operanten Konditionieren stellt das Konzept des „klassischen Konditionierens" nach Pawlow (1849–1936) eine zentrale behavioristische Position dar. Es ist nicht operant, d.h. es verstärkt nicht zufällig auftretendes Verhalten, sondern konditioniert Reaktionen, indem es eine bereits natürlich vorgegebene Verbindung zwischen Reiz und Reaktion für das Lernen nutzt. Das klassische Beispiel Pawlows bezieht sich auf die Konditionierungen eines Hundes: Die natürlich gegebene Verbindung zwischen dem Futter als einem unbedingten, unkonditionierten Reiz und dem Speichelfluß des Tieres als einer ebenso unbedingten, natürlichen Reaktion wird dadurch konditioniert, daß mit der Futtergabe ein bedingter Reiz, ein Glockenton, verbunden wird. Wird dieser Vorgang wiederholt, so zeigt sich der entsprechende Speichelfluß des Tieres schon allein beim Ertönen der Glocke. Das klassische Reiz-Reaktions-Modell konditioniert demnach das Verhalten, indem ein unbedingter Reiz (Futter), gekoppelt an eine unbedingte Reaktion (Speichelfluß), mit einem bedingten Reiz verbunden wird (Glockenton), so daß die vormals unbedingte Reaktion (Speichelfluß) nun auch unter anderen Voraussetzungen und gekoppelt an den erlernten Reiz auftritt: **Pawlow, J.P.:** Die bedingten Reflexe, München 1972.

Eine weitere Lerntheorie, die dem behavioristischen Ansatz verbunden ist, in bezug auf die Untersuchung innerpsychischer Vorgänge jedoch zugleich über ihn hinausgeht, ist das Modell-Lernen von Bandura. Da seine Arbeiten in typischer Weise durch den Übergang vom Behaviorismus zur Kognition, der expliziten Untersuchung interner Lernprozesse, geprägt sind, wird sein Ansatz auch als kognitiver Behaviorismus bezeichnet: **Bandura, A.:** Lernen am Modell, Stuttgart 1976.

In folgendem Textauszug bezieht Skinner die operante Konditionierung auf das Lehren.

Mit Skinner (1904–1990) wird ein typischer Vertreter des Behaviorismus vorgestellt. Innerhalb dieser Forschungsrichtung gibt es eine Fülle von divergierenden Ansätzen und Untersuchungen, die jedoch alle dadurch gekennzeichnet sind, daß sie beobachtbare Verhaltensänderungen bei Tieren und Menschen anhand eines Reiz-Reaktions-Modells deuten, bei dem die innerpsychischen Vorgänge als „black box" abgeblendet und in die Erklärung der Veränderung bzw. des Lernens nicht einbezogen werden.

T 22

Burrhus F. Skinner: Erziehung als Verhaltensformung,

München-Neubiberg: E. Keimer Verlag und Buchvertrieb 1971, S. 61–63 (Auszug).

Operatives Konditionieren läßt sich einfach und unmittelbar auf die Erziehung anwenden. *Lehren* bedeutet die Anordnung von Verstärkungszusammenhängen, unter deren Einwirkung Schüler lernen. Sie lernen zwar auch in ihrer natürlichen Umwelt, ohne daß jemand sie lehrt, aber Lehrer arrangieren bestimmte Verstärkungszusammenhänge, die das Lernen fördern, indem sie das Auftreten von Verhaltensäußerungen beschleunigen oder garantieren, die sonst vielleicht überhaupt nicht aufträten.

Eine Lehrmaschine ist also einfach jeder Apparat, der *Verstärkungszusammenhänge* arrangiert. Es gibt so viele Maschinen, wie es Arten von Verstärkungszusammenhängen gibt. So verstanden, waren die Apparate, die für die experimentelle Verhaltensanalyse entwickelt wurden, die ersten Lehrmaschinen. Sie übertreffen an Feinheit und Kompliziertheit alle Apparate, die heute im Unterricht verfügbar sind, ein Zustand, den jeder bedauern muß, der damit beschäftigt ist, Unterricht so effektiv wie möglich zu machen. [...] Auch der Lehrer braucht instrumentale Unterstützung ähnlicher Art, denn es ist unmöglich, die Mehrzahl von Verstärkungszusammenhängen, die das Lernen fördern, ohne diese instrumentale Unterstützung zu schaffen. [...]

Programmierter Unterricht hatte ebenfalls im Labor Premiere und zwar in Gestalt von programmierten Verstärkungszusammenhängen. Das immer wieder in Erstaunen versetzende Vermögen, Verhalten zu verändern, das häufig in Erscheinung tritt, ist vielleicht der sichtbarste Beitrag, den die experimentelle Verhaltensanalyse bis heute geleistet hat. Es gibt mindestens vier verschiedene Arten des Programmierens. Die eine befaßt sich mit dem Hervorbringen neuer und komplexer Verhaltensmuster oder „Topographien". Es liegt in der Natur des operativen Konditionierens, daß eine Reaktion erst verstärkt werden kann, wenn sie erfolgt ist. Für experimentelle Zwecke wählt man eine Reaktion, die keine Probleme aufwirft (eine Ratte kann in kurzer Zeit dazu gebracht werden, einen leichten Hebel zu bedienen), aber es wäre leicht möglich, Reaktionen zu nennen, die in dieser Weise niemals vorkommen. Können sie deshalb auch niemals verstärkt werden?

[...] Eine hungrige Taube sitzt in einem Käfig, der von der Klasse eingesehen werden kann. Ein Futterverteiler kann mit einem Hebel, den der Vorführende in der Hand hält, betätigt werden. Die Taube hat gelernt, aus dem Futterverteiler zu fressen, ohne durch seine Betätigung gestört zu werden, in anderer Weise wurde sie nicht konditioniert. Die Klasse wurde aufgefordert, eine Reaktion zu benennen, die nicht zum laufenden Repertoire der Taube gehört. Angenommen, es wird beschlossen, die Taube solle eine Acht laufen. Der Vorführende kann auf diese Reaktion nicht einfach warten, um sie zu verstärken. Stattdessen verstärkt er jede vorkommende Teilreaktion, die zu der Endfigur beitragen kann, vielleicht nur das Drehen des Kopfes oder einen Schritt in Richtung des Uhrzeigers. Die verstärkte Reaktion wird rasch wiederholt werden (man kann beobachten, wie unter solchen Umständen Lernen stattfindet), dann wird die Verstärkung ausgesetzt, bis die Taube eine deutlichere Bewegung in die gleiche Richtung macht. Schließlich wird nur noch eine komplette Drehung verstärkt. Dann werden ähnliche Reaktionen im entgegengesetzten Uhrzeigersinn verstärkt, wobei die Bewegung im Uhrzeigersinn teilweise erlischt. Wenn auf diese Weise eine vollständige Bewegung gegen den Uhrzeigersinn geformt worden ist, wird die Uhrzeigerbewegung wieder restituiert, und schließlich führt die Taube beide Drehungen nacheinander aus und wird dafür verstärkt. Die ganze Figur wird anschließend rasch wiederholt; quod erat demonstrandum. Das Formen einer derart komplexen Reaktion sollte nicht länger als fünf bis zehn Minuten dauern. Der einzige Kontakt zwischen dem Vorführenden und der Taube besteht in dem Hebel, der ihm erlaubt, genau den Augenblick zu bestimmen, in dem der Futterverteiler in Tätigkeit tritt. Indem er diejenigen Reaktionen auswählt, die verstärkt werden sollen, improvisiert er ein Verstärkungsprogramm, in dem auf jeder Stufe eine Reaktion verstärkt wird, und das macht es möglich, auf eine weitere, schwierigere Stufe überzugehen. Schritt für Schritt nähern sich die Verstärkungen denjenigen, die die gewünschte Endreaktion erzeugen.

Diese Methode, die Topographie einer Reaktion zu formen, haben *Wolf, Mees* und *Risley* [...] benutzt, um ein schwieriges Verhaltensproblem zu lösen. Ein Knabe war von Geburt an blind, er hatte grauen Star. Bevor er ein Alter erreicht hatte, in dem eine Operation möglich war, bekam er schwere Wutanfälle, und auch nach der Operation blieb er schwer zu behandeln. Es war unmöglich, ihn dazu zu bringen, daß er seine Brille trug, ohne die er bald endgültig blind geworden wäre. Seine Wutanfälle waren mit schweren Anzeichen von Selbstzerstörung verbunden. Schließlich kam er in eine Klinik, die Diagnose lautete: kindliche Schizophrenie. Man wandte nun zwei Prinzipien des operativen Konditionierens an. Die Wutanfälle wurden ausgelöscht, nachdem das Kind gemerkt hatte, daß ihnen niemals Verstärkungen folgten. Dann baute man ein Programm von Verstärkungszusammenhängen auf, um das erwünschte Verhalten des Brillentragens zu formen. Es war notwendig, das Kind Hunger leiden zu lassen, so daß Nahrung als ein wirksamer Verstärker eingesetzt werden konnte. Leere Brillengestelle wurden im Zimmer ausgelegt, und jede Berührung wurde durch Nahrung verstärkt. Verstärkung wurde dann in Zusammenhang mit Handlungen wie Aufnehmen und Herumtragen der Gestelle angewandt, und zwar in einer programmierten Sequenz. Etwas schwierig wurde es bei der Formung der Reaktion, das Gestell an der richtigen Stelle auf die Nase zu setzen. Sobald das erreicht war, setzte man die Linsen ein. Eine Häufigkeitskurve [...] zeigt die Zahl der Stunden, an denen das Kind täglich die Brille trug. Die letzten Eintragungen stimmen im großen ganzen mit der Anzahl der Stunden überein, in denen das Kind wach war.

Fassen Sie den Text schriftlich möglichst knapp zusammen, indem Sie die Anwendung des operanten Konditionierens auf das Lehren darstellen. Klären Sie hierbei, inwiefern Skinner auch komplexe Verhaltensmuster und nicht nur einzelne Verhaltensweisen im Rahmen seiner Lerntheorie zu vermitteln sucht.

Skinner verweist auf die einfache Übertragbarkeit des operanten Konditionierens auf das Lehren. Unterricht soll demnach nach denselben Strukturen angelegt werden, die auch die experimentellen Versuchsanordnungen gekennzeichnet haben. Mit Hilfe von Lernmaschinen werden im Unterricht Verstärkungszusammenhänge arrangiert, um gewünschte Verhaltensweisen und -muster bei den Schülern zu erzeugen. Damit wird die Methode des programmierten Unterrichts zur zentralen Lehrmethode im Sinne des operanten Konditionierens.

Skinner betont, daß ein solches Methodenkonzept auch in der Lage ist, komplexe Verhaltensmuster zu intendieren. Das Grundproblem besteht hier darin, daß nach der Theorie des operanten Konditionierens nur solche Verhaltensweisen angestrebt werden können, die auch zufällig schon bei der Versuchsperson aufgetreten sind. Die Verstärkung kann sich demnach nicht auf prinzipiell neue oder anders geartete Verhaltensweisen beziehen, sondern muß von bereits gezeigtem Verhalten ausgehen.

Am Beispiel der Konditionierung einer Taube, die in Form einer Acht laufen soll, zeigt Skinner, wie jede einzelne Bewegung der Taube, die als Teilbewegung des Laufens einer Acht auftritt, systematisch verstärkt wird, so daß die komplexe und neue Verhaltensweise „eine Acht laufen" Schritt für Schritt zu einer Gesamtbewegung konditioniert wird. Ein weiteres Beispiel, in dem ein kleiner Junge durch Verstärkung trotz erheblicher Widerstände dazu gebracht wird, die im Rahmen seiner Erkrankung notwendige Brille zu tragen, zeigt, wie ein komplexes Verhaltensmuster aufgrund einzelner, schrittweiser Verstärkungen aufgebaut wird.

Für das Lehren im Unterricht ergibt sich hieraus, daß auch neue und komplexe Verhaltensmuster, und nicht nur einzelne Verhaltensweisen, hervorgebracht und vermittelt werden können. Dies zieht die methodische Konsequenz nach sich, Verstärkungen als Verstärkungszusammenhänge zu programmieren, die einzelne Verhaltensweisen konditionieren und zu einem neuen und komplexen Verhaltensmuster zusammenführen.

▶ *Beziehen Sie selbständig kritisch Stellung zum operanten Konditionieren als Lern- und Lehrmethode, und formulieren Sie diese Kritik schriftlich. Folgende Aspekte können Sie hierfür in Betracht ziehen:*
- *Sind Unterrichtsziele ausschließlich auf beobachtbare Verhaltensänderungen zu beziehen?*
- *Gibt es Unterrichtsziele, die nicht aufgrund komplexer Verstärkungszusammenhänge gelernt werden können?*
- *In welcher Beziehung steht ein solches Konzept des programmierten Unterrichts zu didaktischen Anforderungen wie z.B. das selbstbestimmte, aktive, entdeckende, problemlösende etc. Lernen?*
- *Gibt es möglicherweise auch moralische Bedenken?*
- *Beziehen Sie Stellung dazu, ob die Ausführungen Skinners auch auf das Lernen und Lehren mit Hilfe von Lernsoftware bezogen werden könnten, sofern Ihnen entsprechende Programme bekannt sind. Zeigen sich hier dieselben Lernmechanismen, oder gibt es Abweichungen? Welchen Gefahren unterliegt ein solches Lernen? Gibt es Möglichkeiten, diese Gefahren auszuräumen?*

Assimilation und Akkommodation als Grundstruktur des Lernens: Ein kognitionspsychologischer Ansatz

Unter rein historischen Gesichtspunkten kann Piaget, der mit seinen ersten psychologischen Beobachtungen von Kindern in den 20er Jahren dieses Jahrhunderts begann, nicht als ein Vertreter der Kognitionspsychologie gelten, die sich erst nach der „Kognitiven Wende" in den 70er Jahren etablierte. Gleichwohl ist er unter systematischer Perspektive der Kognitionspsychologie zuzuordnen und gilt auch in der heutigen Forschungsdiskussion immer noch als zentraler Vertreter.

T 23

Jean Piaget: Assimilation und Akkommodation,
in: ders.: Meine Theorie der geistigen Entwicklung, hrsg. von Reinhard Fatke, Frankfurt a.M.: Fischer Taschenbuch Verlag 1985, S. 32–38 (Auszug).

[...] Psychologisch bedeuten unsere bisherigen Ausführungen, daß die im Lauf der Entwicklung entstehenden fundamentalen psychogenetischen Verknüpfungen nicht auf empirische »Assoziationen« zurückführbar sind, vielmehr bestehen sie aus *Assimilationen* im biologischen wie im erkenntnistheoretischen Sinne des Wortes.

Aus biologischer Sicht ist Assimilation die Integration externer Elemente in die sich entwickelnden oder abgeschlossenen Strukturen eines Organismus. In seiner gewöhnlichen Wortbedeutung besteht Assimilation von Nahrung aus einer chemischen Verwandlung, die diese Nahrung der Substanz des Körpers einverleibt. Chlorophyllassimilation ist die Integration von Strahlungsenergie in den Stoffwechselzyklus einer Pflanze. [...]

Bringt man das allgemeine Assimilationskonzept in diese Form, wird deutlich, daß es sich nicht nur auf organisches Leben, sondern auch auf Verhalten anwenden läßt. Ein Verhalten nämlich, selbst wenn es für das Individuum neu ist, bedeutet einen absoluten Neuanfang. Es wird stets auf schon vorhandene Pläne übertragen und bedeutet deshalb im Grunde nur die Assimilierung neuer Elemente an bereits aufgebaute Strukturen (angeborene wie etwa die Reflexe oder zuvor erworbene Strukturen). [...]

Wenn nur Assimilation an der Entwicklung beteiligt wäre, gäbe es keine Variationen in den Strukturen des Kindes. Infolgedessen würde es keine neuen Inhalte erwerben und sich nicht weiterentwickeln. Assimilation ist insofern notwendig, als sie die Kontinuität der Strukturen und die Integration neuer Elemente in diese Strukturen garantiert. [...]

Biologische Assimilation gibt es jedoch nie ohne ihr Gegenstück, die *Akkommodation.* [...] Entsprechend nennen wird im Verhaltensbereich jede Modifikation eines Assimilationsplans (oder einer Assimilationsstruktur), die durch die von ihr assimilierten Elemente hervorgerufen wird, Akkommodation. Der Säugling zum Beispiel, der seinen Daumen dem Saugschema assimiliert, wird beim Daumenlutschen andere Bewegungen ausführen als beim Saugen an der mütterlichen Brust. Entsprechend muß ein Achtjähriger, der die Auflösung des Zuckers im Wasser der Vorstellung assimiliert, daß Substanz grundsätzlich erhalten bleibt, bezüglich unsichtbarer Teilchen andere Akkommodationen vornehmen, als wenn die Teilchen noch sichtbar wären.

Deshalb besteht kognitive *Adaptation*, wie ihr biologisches Gegenstück, aus einem Gleichgewicht zwischen Assimilation und Akkommodation. Wie wir gesehen haben, gibt es keine Assimilation ohne Akkommodation. Wir müssen jedoch nachdrücklich betonen, daß auch Akkommodation nicht ohne gleichzeitige Assimilation vorkommt. [...] In gleicher Weise ist das Subjekt in kognitiver Hinsicht zu verschiedenen Akkommodationen in der Lage, aber nur innerhalb gewisser Grenzen, die durch die Notwendigkeit gesetzt werden, die entsprechenden Assimilationsstrukturen zu bewahren. [...]

Zwar sind Akkommodation und Assimilation in allen Tätigkeiten gegenwärtig, doch ihr Verhältnis kann variieren, und erst ein mehr oder weniger stabiles (wenn auch stets veränderliches) Gleichgewicht zwischen ihnen charakterisiert einen vollständigen Intelligenzakt.

Wenn die Assimilation die Akkommodation *übertrifft* (d.h. wenn die Merkmale des Objekts nur insoweit berücksichtigt werden, wie sie mit den gegenwärtigen Interessen des Subjekts übereinstimmen), entwickelt sich das Denken in egozentrische oder sogar autistische Richtung. Die häufigsten Erscheinungsformen dieser Situation im kindlichen Spiel sind die »Symbol-« oder Fiktionsspiele, in denen die dem Kind zur Verfügung stehenden Objekte nur dazu verwendet werden, das zu repräsentieren, was das Kind sich in der Phantasie vorstellt. Diese Spielform, die zu Anfang der Vorstellungstätigkeit (im Alter zwischen anderthalb und drei Jahren) am häufigsten ist, entwickelt sich später zu Konstruktionsspielen, in denen die Akkommodation an Objekte immer genauer wird, bis kein Unterschied mehr besteht zwischen Spiel und spontanen kognitiven oder instrumentellen Tätigkeiten.

Wenn umgekehrt die Akkommodation die Assimilation derart beherrscht, daß das Kind die Formen und Bewegungen der Objekte oder Personen, die gerade seine Modelle sind, wirklichkeitsgetreu reproduziert, entwickelt sich die Repräsentation [...] in die Richtung von Nachahmung. Nachahmung durch Handlung – eine Akkommodation an Modelle, die gegenwärtig sind – weitet sich allmählich zu aufgeschobener Nachahmung und schließlich zu verinnerlichter Nachahmung aus. [...]

Doch solange sich Assimilation und Akkommodation im Gleichgewicht befinden [...] können wir von kognitivem Verhalten im Gegensatz zu Spiel, Nachahmung oder Vorstellungsbildung sprechen und befinden uns damit wieder auf dem eigentlichen Gebiet der Intelligenz. Doch dieses fundamentale Gleichgewicht zwischen Assimilation und Akkommodation läßt sich nur unter mehr oder minder großen Schwierigkeiten erreichen und beibehalten, je nach der Stufe der intellektuellen Entwicklung und den neuen Problemen, die sich auftun. Ein solches Geichgewicht gibt es jedoch auf allen Ebenen, in der frühen Intelligenzentwicklung des Kindes ebenso wie im wissenschaftlichen Denken. [...]

Allgemein gesprochen, ist dieses zunehmende Gleichgewicht zwischen Assimilation und Akkommodation ein Beispiel für einen grundlegenden Prozeß in der kognitiven Entwicklung, der sich als Zentrierung und Dezentrierung beschreiben läßt. Die systematisch verzerrenden Assimilationen der sensomotorischen oder ersten Repräsentationsstadien – die verzerren, weil sie nicht von angemessenen Akkommodationen begleitet sind – bedeuten, daß das Subjekt auf die eigenen Handlungen und den eigenen Standpunkt zentriert bleibt. Auf der anderen Seite ist das sich allmählich herausbildende Gleichgewicht zwischen Assimilation und Akkommodation das Ergebnis einer Reihe von Dezentrierungen, die es dem Subjekt ermöglichen, den Blickwinkel anderer Subjekte oder den Standpunkt von Objekten einzunehmen. Früher haben wir diesen Prozeß lediglich als Egozentrismus und Sozialisation beschrieben. Aber er betrifft weitaus genereller und fundamentaler die Erkenntnis in all ihren Erscheinungsformen. Denn kognitiver Fortschritt ist nicht nur Assimilation von Information; er enthält auch einen systematischen Dezentrierungsprozeß, der eine notwendige Bedingung von Objektivität überhaupt ist.

Schon in den didaktischen Überlegungen von Schulz spielten Assimiliation und Akkommodation eine zentrale Rolle. Im folgenden sollen beide Begriffe genauer definiert werden, um auch mögliche Abweichungen zwischen Schulz' Erläuterungen und Piagets Darstellungen herauszuarbeiten.

Lesen Sie den Text erneut unter der Perspektive, in welcher Verbindung der biologische, verhaltensorientierte und kognitive Aspekt der Assimilation und Akkommodation zueinander stehen. Halten Sie Ihre Ergebnisse schriftlich fest.

Bei genauem Lesen fällt auf, daß Piaget drei verschiedene Hinsichten wählt, unter denen er das Verhältnis von Assimilation und Akkommodation beschreibt. Er beginnt mit der biologischen Perspektive und überträgt diese auf die Hinsicht „Verhalten". Hier definiert er beide Begriffe und kennzeichnet deren Beziehung zueinander als eine Gleichgewichts- bzw. Ungleichgewichtsbeziehung. Auf der Grundlage dieser Definitionen bezieht Piaget schließlich die Assimilations- und Akkommodationsschemata sowie deren Verhältnis zueinander auf die Entwicklung kognitiver Strukturen.

A 19

Klären Sie nun genauer, wie Piaget Assimilation und Akkommodation definiert und welche Beziehungen er zwischen ihnen herstellt. Gehen Sie den Text nochmals unter der thematischen Perspektive durch, welche Aussagen diesbezüglich getroffen werden. Tragen Sie die entsprechenden Merkmale in die auf dem Arbeitsblatt A19 vorgesehenen leeren Kästchen ein, indem Sie sie den vorgegebenen Kategorien zuordnen.

	Assimilation	Akkommodation
Definition aus biologischer Sicht	Assimilation ist die Integration externer Elemente in die sich entwickelnden Strukturen eines Organismus (Nahrungsaufnahme, Chlorophyllassimilation)	Akkommodation ist das biologische Gegenstück zur Assimilation
Definition im Hinblick auf das Verhalten	Assimilation ist die Übertragung neuer Elemente auf bereits aufgebaute Strukturen. Da kein Verhalten ein absoluter Neuanfang ist, sondern stets auf angeborenen bzw. erworbenen Strukturen aufbaut, stehen dem Menschen immer Assimilationsschemata zur Verfügung	Akkommodation ist jede Modifikation einer Assimilationsstruktur, die durch die assimilierten Elemente hervorgerufen wird (Akkommodation aufgrund der veränderten Assimilationsstruktur, die sich beim Saugen eines Säuglings am Daumen im Vergleich zum Saugen an der mütterlichen Brust ergibt)
Funktion	Die Assimilation ermöglicht die Kontinuität von Strukturen, in die Neues integriert wird	Die Akkommodation ermöglicht Variation der Strukturen, d.h. Weiterentwicklung
Gleichgewicht	Das Gleichgewicht zwischen Assimilation und Akkommodation läßt sich nur mit Schwierigkeit herstellen und beibehalten, obschon es auf allen Stufen der Entwicklung hergestellt werden kann	
Ungleichgewicht	Obwohl es keine Assimilation ohne Akkommodation und umgekehrt gibt, kann sich im Verhalten und in Tätigkeiten eine Dominanz des jeweils einen Schemas über das andere ergeben	
	Dominanz der Assimilation:	**Dominanz der Akkommodation:**
	• Im Symbol- und Fiktionsspiel, in dem die Objekte ausschließlich das repräsentieren, was das Kind sich vorstellt • Dieses Spiel ist typisch für Kinder zwischen anderthalb und drei Jahren. Behält die Assimilation auch in der weiteren Entwicklung die Dominanz, so entwickelt sich das Denken in egozentrische oder sogar autistische Richtung	• In der Nachahmung, in der Objekte oder Personen, die das Kind modelliert, wirklichkeitsgetreu reproduziert werden • Die Fähigkeit der Nachahmung unterliegt einer Entwicklung

Schon in der letzten Bestimmung zur Dominanz wird eine Beziehung zwischen den biologischen und verhaltensorientierten Schemata und der kognitiven Entwicklung hergestellt. Piaget geht davon aus, daß die grundlegenden Definitionen nun in den Bereich der Kognition übertragen werden können und zeichnet diesbezüglich ein grundlegendes kognitives Entwicklungsmuster nach.

Beschreiben Sie die kognitiven Assimilationen und Akkommodationen, indem Sie zunächst den Text im Hinblick auf diese thematische Perspektive nochmals durchgehen und anschließend die Entwicklung von der Zentrierung zur Dezentrierung kennzeichnen.

Assimilations- und Akkommodationsprozesse vollziehen sich bei jeder Tätigkeit des Menschen und von Geburt an. Sie haben die grundlegende Funktion, daß neue Erfahrungen aufgenommen werden können und daß – durch die Veränderung der dem Kind eigenen Strukturen – Weiterentwicklung ermöglicht wird. Das Beispiel der Assimilations- und Akkommodationsprozesse des Säuglings zeigt dies sehr eindrucksvoll und verweist auf Gleichgewichtsstrukturen zwischen diesen beiden Prozessen schon in frühesten Entwicklungsstadien. Piaget überträgt diese Grundstruktur auf kognitive Prozesse, die sich erst sehr viel später entwickeln. Der Säugling hat noch keine kognitive Assimilation bzw. Akkommodation vollzogen, sondern das sensomotorische Schema des Saugens zur Assimilation genutzt und zugleich an neue Bedingungen, das Saugen am Daumen, akkommodiert.

Die kognitive Adaptation, das Gegenstück zum biologischen Gleichgewicht von Assimilation und Akkommodation, bezieht sich auf das „kognitive Verhalten", das, anders als das weiter oben dargestellte Fiktionsspiel und die Nachahmung, zum „eigentlichen Gebiet" der Intelligenz gehört. Die Entwicklung der Intelligenz, die kognitive Entwicklung, zeichnet sich durch ein zunehmendes Gleichgewicht von Assimilation und Akkommodation aus. Dieses „kognitive" Gleichgewicht kann auf frühen Entwicklungsstufen nicht gebildet werden: Das junge Kind ist noch nicht in der Lage, angemessene kognitive Akkommodationen zu vollziehen. Es hat noch keine Denkstrukturen ausgebildet, mit deren Hilfe es äußere Objekte adäquat verstehen kann, sondern es nimmt aufgrund des fehlenden Gleichgewichts kognitiver Strukturen in egozentrischer Weise wahr. Dies entspricht der zentrischen Weltsicht des Kindes. Durch ein zunehmendes kognitives Gleichgewicht von Akkommodation und Assimilation ist das Kind in der Lage, äußere Objekte zu begreifen. Es kann den Standpunkt anderer Menschen und Objekte einnehmen, d.h. soziale und räumliche Perspektivenwechsel vollziehen. Damit einher geht eine zunehmende Dezentrierung: Das zentrierende, vorrangig assimilierende Wahrnehmen wird aufgegeben und der eigene Standpunkt in räumlicher wie sozialer Hinsicht als ein Standpunkt unter anderen wahrgenommen. Piaget kennzeichnet diese zunehmende Dezentrierung als eine Entwicklung vom Egozentrismus zur Sozialisation; in einer weiteren und grundlegenden Bedeutung stellt er den Dezentrierungsprozeß als eine notwendige Bedingung von Objektivität überhaupt dar.

Versuchen Sie schriftlich den dargestellten Zusammenhang von Akkommodation und Assimilation auf das Lernen zu beziehen.

Piaget zeigt im vorliegenden Text Entwicklungsprozesse auf. Sein vorrangiges Anliegen ist es, die Entwicklung der Intelligenz, des Denkens, zu klären. Die dieser Entwicklung zugrundeliegenden Assimilations- und Akkommodationsschemata können dabei zugleich als Grundschemata des Lernens verstanden werden. Lernen wird nach Piaget als ein psychischer Prozeß aufgefaßt, dessen Bedingungen bzw. Grundstrukturen auf interne Prozesse des Menschen bezogen sind. Die Aufnahme von Neuem in bereits bestehende Strukturen und die Veränderung dieser Strukturen, um wiederum Neues aufnehmen zu können, kennzeichnen den Lernprozeß, in dem insbesondere durch akkommodierende Vollzüge qualitative Veränderungen ermöglicht werden. Die Akkommodation ist damit der vorrangige Auslöser für strukturelle Veränderungen des Kindes und später auch des Jugendlichen und Erwachsenen. Daß diese Grundschemata des Lernens erst relativ spät auf kognitive Strukturen und deren Assimilationen und insbesondere Akkommodationen bezogen sind, bedeutet nicht, daß in früheren Entwicklungsphasen kein Lernen stattfindet. Es bedeutet vielmehr, daß assimilierende und akkommodierende Lernvollzüge nunmehr auf das angemessene Verstehen von Objekten und Personen bezogen sind: So kann z.B. der achtjährige Junge den Erhalt einer sich auflösenden und unsichtbar werdenden Substanz nur dann angemessen verstehen, wenn er seine kognitive Struktur entsprechend akkommodiert. Durch Änderungen sensomotorischer Schemata, die beispielsweise das Lernen des Säuglings ermöglichen, kann der Erhalt der Substanz nicht verstanden, d.h. kognitiv erfaßt werden.

Geht man davon aus, daß Assimilation und Akkommodation zwei grundlegende Lernprozesse ausmachen, so kann aus Piagets entwicklungspsychologischen Darstellungen geschlossen werden, daß das junge Kind bis zum Alter von etwa 8 Jahren Lernen aufgrund qualitativ anderer Strukturveränderungen vollzieht als das Kind ab 8 Jahren, dessen Lernen durch die sich nun zeigende Dezentrierung auf das Erkennen der Welt, der Objekte und Personen gerichtet ist.

Piagets Entwicklungsbegriff, hier gedeutet als Lernen, läßt sich nicht wie Skinners Lernbegriff direkt auf das Lehren anwenden. In welcher Weise Lernen – als internale Strukturierungsprozesse – auf ein diesem Lernbegriff angemessenes Lehren bezogen werden kann, ist mit Fragen wie beispielsweise den folgenden verbunden:

- Welche internen Prozesse ermöglichen assimilierende und akkommodierende Strukturierungen bzw. Umstrukturierungen? Können diese durch das Lehren unterstützt werden?

Aebli versucht in dieser Hinsicht über Piagets Entwicklungskonzept hinauszugehen, indem er, Entwicklungsprozesse als Lernprozesse deutend, aufzeigt, wie Lernen wiederum durch Unterricht unterstützt bzw. befördert werden kann: **Aebli, Hans:** Zwölf Grundformen des Lehrens. Eine allgemeine Didaktik auf psychologischer Grundlage, 4. Aufl. Stuttgart 1989.

Im Rahmen des Themas „Die Lerntätigkeiten" (3. Kapitel) soll diesem Aspekt weiter nachgegangen werden.

- Die assimilierenden und akkommodierenden Prozesse können nur einen, wenn auch zentralen Teil der internen menschlichen Prozesse ausmachen. Es ist zu fragen, in welcher Form Informationen aufgenommen, wie und durch welche Prozesse sie anschließend assimiliert und akkommodiert werden, in welcher Beziehung diese Prozesse zu internen Strukturen und Schemata stehen und wie Strukturen und Schemata beschaffen sind. Diesem Aspekt soll ebenfalls weiter unten nachgegangen werden, indem die menschliche Informationsverarbeitung insgesamt thematisiert und Lernen als Informationsverarbeitung beschrieben wird. Dabei wird es um die Frage gehen, wie die menschliche Informationsverarbeitung durch das Lehren beeinflußt und gelenkt werden kann.

Die kognitive Wende – Ein Vergleich zwischen behavioristischer und kognitionspsychologischer Lerntheorie

Mit Hilfe des nun folgenden Textauszugs von Gage und Berliner soll ein Vergleich zwischen Skinners und Piagets Konzept gezogen werden. Die beiden Autoren verweisen in ihrem Text auf die kognitive Wende in der Psychologie – und damit auch in der Lerntheorie – und beziehen ihre Überlegungen zugleich auf Unterricht.

Markieren Sie beim Lesen die Aussagen, die auf den Behaviorismus bzw. direkt auf Skinner und die Kognitionspsychologie bzw. auf Piaget bezogen werden können, durch unterschiedliche Farben.

T 24

Nathaniel L. Gage/ David C. Berliner: Pädagogische Psychologie,
4., völlig neu bearb. Aufl. Psychologie Verlags Union Weinheim 1986, S. 275–278 (Auszug).

Manche Psychologen und Pädagogen vertreten die Position, daß keine der bisher aufgeführten Auffassungen von Lernen [Respondentes Lernen (Klassisches Konditionieren), Kontiguitätslernen (Verknüpfungslernen), Operantes Lernen (Lernen durch Verstärkung), Beobachtungslernen] die kognitiven Prozesse des Lernens berücksichtigt. Zu solchen *kognitiven* Prozessen gehören etwa Einsicht und Verstehen, Denken und Begründen oder die Anwendung von induktiver und deduktiver Logik. Die Vertreter einer solchen Position sind der Ansicht, daß nichtkognitive Lernkonzepte zwar auf Stimulus-Reaktions-Beziehungen angewendet werden können, die willkürlich und unlogisch sind, aber daß diese Auffassungen keine ausreichende Grundlage für die Beschreibung und Erklärung von Prozessen darstellen, bei denen logische, rationale und nichtzufällige Beziehungen gelernt werden.

Wenn wir den Lernprozeß des Gymnasiasten analysieren wollen [...] – erinnern wir uns: er entwickelte aus einer Spielsituation mit seinem kleinen Bruder (dem Schaukeln von zwei verschieden schweren Personen auf einer Wippe) ein spontanes

Verständnis des Kraftmomentprinzips, das er vorher im Physikunterricht nicht verstanden hatte –, dann reichen die bisher besprochenen Lernformen dafür anscheinend nicht aus. Der Gymnasiast in unserem Beispiel „sieht" plötzlich, daß das Kraftmoment gleich dem Produkt aus dem Gewicht einer Person und ihrer Entfernung von der Mitte der Wippe ist. Er *erkennt* und *versteht*, warum sein kleiner Bruder weiter von der Mitte entfernt sein muß als er, wenn die Wippe im Gleichgewicht sein soll. Er *erfaßt* und *begreift* den gesetzmäßigen Zusammenhang zwischen Kräften und Entfernungen in einem ausbalancierten Zustand.

Wir könnten versuchen, die Situation in die Stimulus-Reaktions-Sprache des operanten Lernens zu übertragen: die Stimuli wären in diesem Fall die aufeinander bezogenen Gewichte und Entfernungen vom Mittelpunkt der Wippe. Die Versuche unseres Gymnasiasten, Gleichgewicht und Ungleichgewicht vorauszusagen, könnten als die Reaktionen aufgefaßt werden. Diese Reaktionen werden dann durch den tatsächlich folgenden Zustand des Gleichgewichts oder Ungleichgewichts verstärkt oder nicht verstärkt. Aus der aufeinanderfolgenden Reihe von Stimuli, Reaktionen und Verstärkungen, so könnten wir sagen, lernt der Junge schließlich, den Gleichgewichtszustand genau vorauszusagen.

Bei dieser Darstellung auf der Grundlage von operanten Konditionierungsvorgängen fehlt jedoch nach der Meinung von kognitiv orientierten Psychologen etwas Wichtiges. Und dies fehlt auch, wenn wir diesen Lernprozeß als ein Beispiel für respondentes Lernen, Kontiguitätslernen oder Beobachtungslernen zu charakterisieren versuchen. Alle diese verhaltensorientierten Lernansätze scheinen die Wahrnehmung, die Einsicht und die kognitive Verarbeitung der wesentlichen Zusammenhänge in der geschilderten Lernsituation durch den Schüler zu ignorieren. Eben diese geistigen Prozesse, die von den Behavioristen ignoriert werden, spielen in der Lerntheorie der kognitiven Psychologen eine bedeutsame Rolle. Und nach ihrer Auffassung ist all das, was ein Lehrer tut, um diese Wahrnehmungs- und Kognitionsprozesse zu fördern, für den Unterricht von großer Wichtigkeit. Lehrer können ihre Schüler über solche kognitiv zu erfassenden Zusammenhänge aufklären [...], oder sie können ihren Unterricht so aufbauen, daß Schüler diese Zusammenhänge selbst und ohne fremde Hilfe entdecken [...]. Wichtig ist dabei immer, daß die Schüler Wahrnehmungen und kognitive Inhalte neu aufbauen oder umstrukturieren.

Solche Prozesse sind besonders wichtig und nützlich, wenn der Zusammenhang von Elementen in einer Lernsituation, der wahrgenommen und kognitiv verarbeitet werden soll, nicht willkürlicher Natur ist, sondern von der gedanklichen Struktur des Lernstoffes abhängig ist. Derartige logische Strukturen und Bedeutungszusammenhänge sind in Curricula überall zu finden. Nicht nur in der Physik und Mathematik, sondern in allen Naturwissenschaften, aber auch in den geistes- und sozialwissenschaftlichen Fächern weist der Lernstoff immer eine mehr oder weniger feinmaschige logische Struktur auf. Der Lernprozeß eines Schüler wird von kognitiv orientierten Psychologen dabei in erste Linie unter dem Aspekt gesehen, wie der Schüler solche logischen Strukturen und Bedeutungszusammenhänge begreift und versteht.

[...] Aus kognitiver Sicht haben wir es hier [im Falle des Gymnasiasten] also nicht mit einer Reihe von mehr oder weniger willkürlichen Stimulus-Reaktions-Verbindungen zu tun, die der Schüler durch einen Prozeß der operanten Konditionierung erwirbt, sondern mit Wahrnehmungen, Erkenntnissen und kognitiven Verarbeitungsprozessen von Beziehungen zwischen verschiedenen Größen. [...]

Wichtig für die kognitive Konzeption des Lernens ist, daß Wahrnehmung und kognitiver Verarbeitung innere geistige Prozesse zugrunde liegen, die in einem Individuum ablaufen, das sich mit Ideen und Phänomenen auseinandersetzt, die ihm durch seine Umwelt vorgegeben werden. Kognitive (Neu-)Strukturierung und Einsicht erfolgen auf eine Art und Weise, die eine Reduktion auf die atomistischen Konzeptionen der Behavioristen unmöglich macht. Auch wenn man von der Erfahrung ausgeht, die jedem Lernen zugrunde liegt, erscheint es nicht angebracht, hier eine Zerstückelung oder Aufspaltung in „Erfahrungsatome" vorzunehmen. Eine Erfahrung – ganz egal, ob es sich darum handelt, ein „Gefühl" für das Fußballspielen zu entwickeln, „herauszukriegen", worum es bei einer quadratischen Gleichung geht, oder „zu wissen", was eine Aussage von T.S. Eliot darstellt – ist etwas Ganzes und Unzerlegbares. Lehrer können sich keinem besseren Ziel widmen, als die Umwelt von Schülern so zu strukturieren, daß die Wahrnehmung und kognitive Verarbeitung von komplexen Zusammenhängen möglich werden.

Versuchen Sie Ihre farblich unterschiedlich gekennzeichneten Unterstreichungen nun in Form einer Gegenüberstellung systematisch zu erarbeiten und mit Ihrem bisherigen Wissen zu verknüpfen.

Legen Sie eine zweispaltige Tabelle an, mit deren Hilfe Sie die Textaussagen zum Behaviorismus und zur Kognitionspsychologie einander gegenüberstellen. Wählen Sie hierfür thematische Schwerpunkte, unter denen Sie die vergleichende Gegenüberstellung durchführen. Ermitteln Sie diese Vergleichsgesichtspunkte ebenfalls aus dem Text, indem Sie die von Gage und Berliner vorgenommenen thematischen Akzentuierungen stichpunktartig oberhalb der einzelnen Gegenüberstellungen festhalten. Formulieren Sie anschließend in der ersten Spalte die jeweiligen Textaussagen in bezug auf den Behaviorismus und in der zweiten Spalte diejenigen zur Kognitionspsychologie, die Sie zu dem jeweiligen Vergleichskriterium ermitteln konnten.

Kommentieren Sie innerhalb der Spalten jede Ihrer Eintragungen, indem Sie bereits erarbeitete Informationen aus dem Skinner- bzw. Piaget-Text einbeziehen.

Die folgende kommentierte tabellarische Gegenüberstellung kann von Ihrer abweichen, da sie nur eine von mehreren Bearbeitungs- bzw. Systematisierungsmöglichkeiten darstellt. Insbesondere hinsichtlich des Kommentars können solche Abweichungen auftreten, da dabei andere, ergänzende und zusätzliche Aspekte mit aufgenommen werden können.

Vergleichsgesichtspunkt: Die zentrale Differenz zwischen den beiden dargestellten Lerntheorien

Behaviorismus	**Kognitionspsychologie**
Die behavioristische Lerntheorie berücksichtigt die kognitiven Lernprozesse nicht *Kommentar:* Die behavioristische Lerntheorie untersucht äußere Verhaltensänderungen; interne Lernprozesse werden als „black box" bezeichnet und als Untersuchungsgegenstand ausgeschlossen	Die kognitionspsychologische Lerntheorie untersucht kognitive Lernprozesse wie z.B. Einsicht, Verstehen, Denken, Begründen und Anwenden. Ihre Grundthese ist, daß die behavioristische Lerntheorie keine ausreichenden Erklärungen für das Erfassen und Verstehen logischer, rationaler und nicht-zufälliger Beziehungen bietet, sondern lediglich das Lernen von unlogischen und willkürlichen Beziehungen deuten kann *Kommentar:* Wie bei Piaget bezieht sich der Untersuchungsgegenstand auf Erkenntnis- und Denkprozesse. Piaget sieht in der Dezentrierung, dem Gleichgewicht von kognitiver Assimilation und Akkommodation, die Voraussetzung für Objektivität und damit auch für die Erfassung, das Verwenden und Verstehen von logischen, rationalen und nicht-zufälligen Beziehungen

Vergleichsgesichtspunkt: Der Fall des Gymnasiasten

Behaviorismus

Die behavioristische Lerntheorie kann einen solchen Lernprozeß nicht angemessen beschreiben und erklären, da Wahrnehmung, Einsicht und kognitive Verarbeitung von ihr nicht erfaßt werden können. Im Rahmen ihres Ansatzes ergibt sich folgende Deutung:

- Der Reiz: Gewichte und Entfernung vom Mittelpunkt
- Die Verstärkung: das tatsächliche Gleichgewicht
- Die Reaktion: Voraussagen über Gleich- und Ungleichgewicht

Kommentar: Die Lernsituation wird mit Hilfe der zentralen Begriffe des Konditionierungsmodells beschrieben

Kognitionspsychologie

Der Fall zeigt das spontane Verständnis des Kraftprinzips durch die Anschauung. Es geht demnach nicht um willkürliche Reiz-Reaktions-Beziehungen, sondern um Wahrnehmung, Erkenntnis und kognitive Verarbeitung:

- Der Schüler „sieht" Beziehungen
- Er erkennt und versteht Ursachen
- Er erfaßt und begreift Zusammenhänge

Kommentar: Die Aufzählung der Lerntätigkeiten könnte ein Hinweis darauf sein, wie die grundlegenden Lernprozesse der Assimilation und Akkommodation inhaltlich spezifiziert werden können. Die Komplexität der Lerntätigkeiten wird hier im Vergleich zum Skinnerschen Lernmodell angedeutet

Vergleichsgesichtspunkt: Atomistisches vs. komplexes Lernen

Behaviorismus

Die behavioristische Konzeption verfolgt eine atomistische Lerntheorie

Kommentar: Konditioniertes Lernen basiert auf einer kleinschrittigen Verstärkung einzelner Verhaltensweisen. Diese können durch komplexe Verstärkungszusammenhänge zu komplexen Verhaltensabläufen zusammengefügt werden (Beispiel: Eine Taube, die eine Acht läuft, oder der Junge, der eine Brille tragen soll)

Kognitionspsychologie

Kognitive (Neu-)Strukturierungen und Einsichten sind nicht atomistisch erklärbar, da Erfahrungen nicht aus einzelnen Erfahrungsatomen bestehen, sondern sich auf etwas Ganzes beziehen

Kommentar: Lernprozesse treten niemals isoliert auf, sondern sind zumindest stets zugleich an assimilierende und akkommodierende Vollzüge gebunden. Zudem beziehen sich Lerntätigkeiten immer auf bereits vorhandene Schemata, die im Lernen aktiviert und verändert werden. Die Schemata repräsentieren Beziehungszusammenhänge, die als nicht-atomistische Gefüge Lernen beeinflussen und steuern

Vergleichsgesichtspunkt: Das Lehren

Behaviorismus

– – –

Kommentar: Lehren ist im behavioristischen Konzept die bewußte Anwendung des Konditionierungsmodells. Der Lehrer muß demnach Verstärkungszusammenhänge bieten, um intendierte Verhaltensänderungen zu bewirken

Kognitionspsychologie

Der Lehrer sollte Wahrnehmungs- und Kognitionsprozesse fördern, indem er entweder über die kognitiv zu erfassenden Zusammenhänge aufklärt oder sie von den Schülern selbst entdecken läßt. Schulischer Lernstoff hat stets eine gedanklich-logische Struktur. Demnach müssen die Wahrnehmung sowie der Aufbau und die Umstrukturierung kognitiver Inhalte gefördert werden, so daß der Schüler logische Strukturen und Beziehungszusammenhänge begreift

Kommentar: Der Lehrer muß wissen, mit Hilfe welcher Lerntätigkeiten der jeweilige Lernstoff erfaßt werden kann. Er muß inhaltsspezifische Assimilations- und Akkommodationsprozesse lenken und deren Aufbau für das Verstehen komplexer Strukturen und Schemata fördern

▶ *Fassen Sie abschließend Ihre wichtigsten Ergebnisse in einem ausformulierten Text zusammen.*

Lernen als aktiver Prozeß in der Informationsverarbeitung

In diesem Abschnitt wird, ausgehend von den bisherigen Überlegungen, der Begriff des „Lernens" schrittweise vertieft und differenziert, indem er durch knappe Definitionen verdeutlicht, im Rahmen eines Modells der menschlichen Informationsverarbeitung dargestellt und abschließend hinsichtlich der mit ihm verbundenen Lerntätigkeiten thematisiert wird.

Dieses Vorgehen bietet die Möglichkeit, Grundzüge eines kognitionspsychologisch orientierten Lernbegriffs und dessen Komplexität zu erarbeiten. Auch hier werden wiederum, von der Thematisierung des Lernens ausgehend, Beziehungen zur Problematik des Lehrens hergestellt.

Kognition und Lernen – Ein synoptischer Vergleich dreier Texte zur Definition des Lernens

Die drei folgenden Textauszüge thematisieren zusammenfassend grundlegende Probleme der Kognition und des Lernens. Dabei wird der Begriff des „Lernens" nicht immer explizit genannt. Deshalb soll im folgenden untersucht werden, welchen Beitrag diese Texte für die Klärung des Lernbegriffs bieten. Hierfür wird sowohl jeder einzelne Text genau analysiert als auch ein synoptischer, d.h. ein zusammenfassender und sukzessive ergänzender, Vergleich zwischen den Texten vorgenommen. Bei der Analyse des ersten Textes von Wessells, der sich vor allem mit dem Gegenstand der Kognitionspsychologie beschäftigt, werden die von ihm dargestellten Zusammenhänge in einer Grafik visualisiert, die anschließend schrittweise durch die weiteren Texte von Piaget und Shuell ergänzt werden.

Unterstreichen Sie beim Lesen diejenigen Begriffe, anhand derer Ihnen eine Visualisierung des sachlogischen Zusammenhangs geeignet erscheint.

T 25

Michael G. Wessells: Kognitive Psychologie, München: 3. Aufl. Ernst Reinhardt (UTB 1994), S. 14 (Auszug).

Kognitionspsychologie ist die Wissenschaft, die sich mit der menschlichen Informationsverarbeitung befaßt. Ihr Gegenstand, oft als *Kognition* bezeichnet, betrifft die Arten von Informationen, die wir in unserem Gedächtnis haben, und die Vorgänge, die sich auf die Aufnahme, das Behalten und Verwenden solcher Informationen beziehen. Die Gesamtheit dieser Vorgänge nennt man *kognitive* Prozesse. Wenn Psychologen Kognitionen untersuchen, dann möchten sie zu einem besseren Verständnis darüber gelangen, wie wir unsere alltäglichen Aktivitäten – vom Wahrnehmen über das Erinnern bis zum Problemlösen – vollziehen. Die Umsetzung dieser Erkenntnisse in praktische Erziehung, um Beeinträchtigungen des Denkens abzuhelfen und ganz allgemein einen optimalen Einsatz unserer kognitiven Fähigkeiten zu ermöglichen, ist ein ebenso wichtiges Ziel.

A 20 *Versuchen Sie die von Ihnen unterstrichenen Begriffe mit Hilfe des Arbeitsblattes A20 in ihren Beziehungszusammenhängen anschaulich darzustellen. Tragen Sie diese in die dunkelgrauen Kästchen ein.*

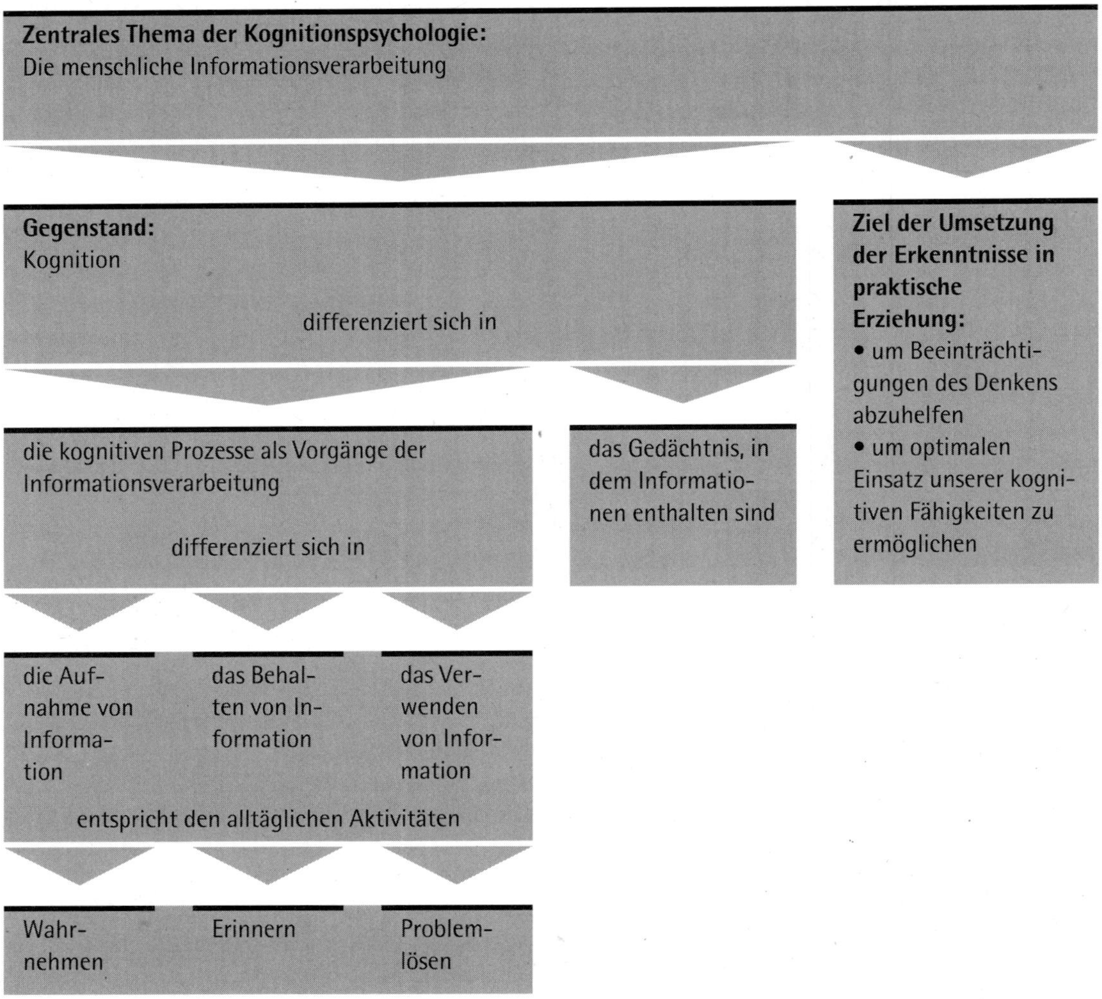

Wessells ist mit seinen Darstellungen in erster Linie darum bemüht, den Gegenstandsbereich und die Ziele der Kognitionspsychologie knapp zu umreißen. *Versuchen Sie aus diesem Modell auf den ihm impliziten Lernbegriff zu schließen.*

Ausgehend von der Feststellung, daß die Erziehung die Aufgabe hat, Beeinträchtigungen des Denkens zu verhindern und einen optimalen Einsatz kognitiver Fähigkeiten zu ermöglichen, kann das durch erzieherisches Bemühen unterstützte Lernen als eine Verbesserung oder gar Optimierung der menschlichen Informationsverarbeitung dargestellt werden. Die menschliche Informationsverarbeitung bezieht sich auf alltäglich ablaufende Prozesse, in denen durch Wahrnehmen Informationen aufgenommen, durch Erinnern bereits aufgenommene Informationen abgerufen und im Problemlösen wahrgenommene und erinnerte Informationen 'verwendet' bzw. verarbeitet werden. Lernen ist der Vorgang, der das Ineinandergreifen dieser Prozesse bzw. die Prozesse selbst verändert. Das Lehren hat die Aufgabe, diese Veränderungen in Form einer Verbesserung und Optimierung zu gestalten.

Definiert man Lernen als Veränderung in der Informationsverarbeitung, so zeigt es sich als ein Prozeß, der die Aufnahme und den Einsatz sowie das Behalten von Informationen beeinflußt, steuert bzw. verändert.

Unterstreichen Sie im folgenden Textauszug zu Piaget diejenigen Merkmale, die den Lernbegriff näher kennzeichnen.

Zum Abschluß dieser theoretischen Einführung in das Problem von Lernen und Entwicklung möchten wir noch darauf hinweisen, wie merkwürdig es ist, daß so viele amerikanische und sowjetische Psychologen – Angehörige großer Nationen, welche die Welt zu verändern beabsichtigen – Lerntheorien hervorgebracht haben, welche Erkenntnis auf ein passives Abbild äußerer Wirklichkeit reduzieren (Hull, Pawlow usw.), während doch menschliches Denken Wirklichkeit stets umformt und überschreitet. Äußerst wichtige mathematische Gebiete (z.B. jene, die mit der Kontinuumshypothese zu tun haben) haben keine Entsprechung in der physischen Realität, und alle mathematischen Techniken führen zu neuen Kombinationen, die die Realität bereichern. Will man einen angemessenen Lernbegriff darlegen, muß man zuerst erklären, wie es dem Subjekt gelingt, zu konstruieren und zu erfinden, nicht bloß, wie es wiederholt und abbildet.

T 26

Jean Piaget: Meine Theorie der geistigen Entwicklung,
hrsg. von Reinhard Fatke, Frankfurt a.M.: Fischer Taschenbuch Verlag 1985, S. 47–48 (Auszug).

A 20

Ergänzen Sie die hellgrauen Felder des Arbeitsblattes A20 durch Piagets Aussagen zum Erkenntnis- und Lernprozeß.

Merkmale des Erkenntnisprozesses:
- Erkenntnis ist kein passives Abbilden der Wirklichkeit
- Menschliches Denken formt Wirklichkeit stets um und überschreitet sie

Schlußfolgerung für den Lernbegriff:
Im Lernprozeß wiederholt und bildet das Subjekt Wirklichkeit nicht ab, sondern es konstruiert und erfindet sie

Verbinden Sie die hier getroffenen Aussagen von Piaget mit seinem Modell der Assimilation und Akkommodation. Berücksichtigen Sie dabei folgende Aspekte:

1. Inwiefern kann der Erkenntnis- und Lernprozeß als ein aktiver und konstruktiver Prozeß verstanden werden?

2. Ergibt sich zwischen der Aussage, daß das Subjekt Wirklichkeit „umformt und erfindet" ein Widerspruch zu der zunehmenden Dezentrierung in der kognitiven Entwicklung, die Assimilation und Akkommodation in ein Gleichgewicht setzt, so daß Objektivität möglich wird? Oder anders formuliert: Ist die angemessene Erfassung und das angemessene Verstehen von Objekten und Personen vereinbar mit einem Erkenntnis- und Lernmodell, das sich gegen einen Abbildungsprozeß des erkennenden Subjekts wendet und von der 'Umformung' und 'Erfindung' der Wirklichkeit als einem konstruktiven Prozeß spricht? Versuchen Sie Ihre Ausführungen am Beispiel des achtjährigen Jungen zu erläutern, der den Erhalt des aufgelösten Zuckers konstruiert.

Piaget verweist in der kurzen Textpassage auf die grundlegend konstruktive Bestimmung seines Erkenntnis- und auch Lernbegriffs. Assimilation und Akkommodation sind Prozesse, mit deren Hilfe neue Informationen – Piaget spricht hier von der „Wirklichkeit" – aufgenommen und verarbeitet werden. Erkennen und Lernen sind damit Prozesse, in denen das Subjekt aktiv mit der ihm zur Verfügung stehenden Information umgeht. Dies spricht, so betont Piaget, gegen eine Abbildungstheorie der Erkenntnis.

Zugleich stellt sich nun die Frage, inwiefern der Erkenntnis- und Lernprozeß, der die Wirklichkeit nicht abbildet, sondern mit Hilfe bereits aufgebauter psychischer Strukturen des Subjekts aktiv konstruiert, diese 'angemessen' bzw. 'richtig' erfassen und verstehen kann. Piagets Formulierungen in dem vorliegenden Text gehen sogar so weit, daß er von einem 'Umstrukturieren' und 'Erfinden' der Wirklichkeit spricht.

Im Rahmen der bisherigen Darstellungen zu Piaget kann dieses Problem, das sich in der Philosophie wie auch in der konstruktivistischen Psychologie als ein grundlegendes Erkenntnisproblem zeigt, folgendermaßen behandelt werden:

Piaget geht davon aus, daß die Entwicklung des Denkens durch ein zunehmendes Gleichgewicht von Assimilation und Akkommodation, d.h. durch zunehmende kognitive Dezentrierung und Hinwendung zur Objektivität, gekennzeichnet ist. Erkenntnis ist keine Informationsverarbeitung, die aufgrund willkürlich subjektiver Schemata vollzogen wird, so daß beispielsweise beliebige Bedeutungen konstruiert werden können (wie dies im Fiktionsspiel der Fall ist), sondern sie konstruiert durch entsprechende Strukturen logische, folgerichtige und stringente Beziehungen. Am Beispiel des achtjährigen Jungen, der den Substanzerhalt konstruiert, kann dies gezeigt werden:

Wenn dieser Junge rein passiv die Wirklichkeit abbildete, käme er entweder zu der Erkenntnis, daß die Substanz, weil sie nicht mehr sichtbar ist, tatsächlich nicht mehr vorhanden ist, oder er käme, falls er das Wasser trinken und die Süße schmecken würde, möglicherweise in den unlösbaren Konflikt, daß die Substanz zwar verschwunden ist, das Wasser jedoch süß schmeckt. Um diesen kognitiven Konflikt lösen zu können, muß der Junge konstruktiv mit der Wirklichkeit umgehen. Er muß ein Modell konstruieren, nach dem er einerseits den Substanzerhalt unterstellen und andererseits die Unsichtbarkeit klären kann. Inwiefern der achtjährige Junge dazu in der Lage ist und welches Modell er hierfür „erfindet" und „konstruiert", wird von Piaget nicht weiter ausgeführt. Das Beispiel zeigt jedoch, daß ein solcher Konstruktionsprozeß bis hin zu Modellbildungen über komplexe chemische Prozesse führen kann, die die „Wirklichkeit" überschreiten, zugleich jedoch genau diese wahrgenommene Wirklichkeit zu klären und zu verstehen suchen.

Das konstruierende Erkennen erweist sich in diesem Zusammenhang als problemlösendes Denken, bei dem unterschiedliche oder sogar widersprüchliche Informationen (die Substanz ist nicht mehr da, das Wasser schmeckt jedoch süß) vor allem durch kognitive Akkommodationen derart aufeinander bezogen werden können, daß der Widerspruch behoben wird. Damit ist der Konstruktionsprozeß, das Erfinden, nicht an willkürliche oder möglichst phantasievolle Prozesse gebunden, sondern er orientiert sich an logischen, widerspruchsfreien und stringenten Strukturen, so daß nach Piaget Konstruktion in diesem Sinne Objektivität hervorbringt.

Der folgende Text von Shuell enthält eine explizite Definition des Lernens auf dem Hintergrund des Modells der menschlichen Informationsverarbeitung. *Unterstreichen Sie beim Lesen diese zum Lernen aufgeführten Merkmale.*

T 27

Th. J. Shuell: The Role of the Student in Learning form Instruction,
in: Contemporary Educational Psychology, 13, 1988, S. 277–278 (Auszug).

As noted earlier, learning is an active, constructive, cumulative, goal-oriented process [...]. It is active in that the student must do certain things while processing incoming information in order to learn the material in a meaningful manner. It is constructive in that new information must be elaborated and related to other information in order for the student to retain simple information and understand complex material. It ist cumulative in that all new Learning builds upon and/or utilizes the Learner's prior knowledge in ways that determine what and how much is learned. It is goal oriented in that learning is most likely to be successful if the learner is aware of the goal (at least in a general sense) toward which he or she is working and possesses expectations that are appropriate for attaining the desired outcome.

Generally speaking, three different types of psychological processes are involved in human learning: (a) cognitive, (b) metacognitive, and (c) affective. All three types of processes interact with one another in successful learning form instruction. Each type contains a number of more specific processes or functions that must occur in order for learning to take place. The present discussion focusses primarily on cognitive and metacognitive factors, but the role of affective factors we be apparent in several places.

Listen Sie zunächst die vier zentralen Merkmale des Lernens nach Shuell auf, und erläutern Sie sie kurz. Legen Sie hierfür eine zweispaltige Tabelle an, in deren linke Spalte Sie das jeweilige Merkmal und in deren rechte Sie die Erläuterungen eintragen. Nutzen Sie diese auch für Hinweise auf die bisherigen Erarbeitungen des Lernbegriffs.

Lernen ist	Erläuterung
• ein aktiver Prozeß	Um Informationen eine sinnvolle Bedeutung geben zu können, müssen aktive informationsverarbeitende Prozesse, „certain things", stattfinden (Wessells: Informationsverarbeitung besteht aus Wahrnehmung, Erinnern und Problemlösen; Piaget: Erkennen ist kein passives Abbilden)
• ein konstruktiver Prozeß	Um einzelne Informationen behalten und komplexe Informationen verstehen zu können, müssen Informationen verarbeitet und in Beziehung zu anderen Informationen gesetzt werden (Piaget: Erkennen und Lernen formt Wirklichkeit um)
• ein kumulativer Prozeß	Jedes Lernen baut auf Vorwissen auf bzw. nutzt Vorwissen und ist damit qualitativ und quantitativ vom Vorwissen mitbestimmt (Piaget: Wirklichkeit wird durch schon bestehende Strukturen, Assimilationsstrukturen, aufgenommen, die akkommodiert werden können)
• ein zielorientierter Prozeß	Lernen ist erfolgsversprechend, wenn der Lernende mit dem Lernen ein ihm bewußtes Ziel verfolgt bzw. bestimmte Erwartungen mit dem Ergebnis des Lernens verbindet (Wessells: In Wessells Feststellung, daß Problemlösen eine zentrale Tätigkeit menschlicher Informationsverarbeitung ist, kommt ebenfalls die Vorstellung zum Ausdruck, daß Informationsverarbeitung zielgerichtet ist. Gleichwohl kann unterstellt werden, daß Shuell diese Zielgerichtetheit allen Lernprozessen unterstellt)

Im Anschluß an die Darbietung der Merkmale des Lernens klassifiziert Shuell die Lernprozesse nach drei Kategorien. *Führen Sie wiederum in Form einer zweispaltigen Tabelle diese drei Kategorien auf, und erläutern Sie diese anhand selbstgewählter Beispiele.*

Kategorien von Lernprozessen	Erläuterungen
Kognitive Lernprozesse	beziehen sich auf Denkprozesse, wie z.B. die Verarbeitung von Informationen aus einem Text
Metakognitive Lernprozesse	beziehen sich auf Denkprozesse, die wiederum Denken zum Gegenstand haben. Sie werden insbesondere in Reflexionsphasen über Methoden und Tätigkeiten bzw. im bewußten Umgang mit Strategien eingesetzt. Dies entspräche – z.B. im Hinblick auf das Textverstehen – der Bewußtwerdung der hierfür verwendeten Denkprozesse als Methoden oder Strategien der Gewinnung von Textinformationen
Affektive Lernprozesse	beziehen sich auf das Lernen im emotionalen Bereich bzw. auf die das kognitive Lernen begleitenden und auch beeinflussenden emotionalen Prozesse. In der Erziehungswissenschaft wird dieser Aspekt z.B. durch die Motivationsforschung berücksichtigt

A 20 *Ergänzen Sie nun abschließend die weißen Felder der Grafik des Arbeitsblattes A20 mit den entsprechenden Merkmalen des Lernens nach Shuell.*

Zentrales Thema der Kognitionspsychologie:
Die menschliche Informationsverarbeitung

Gegenstand:

Kognition | Metakognition | Affektion

differenziert sich in

- die kognitiven Prozesse als Vorgänge der Informationsverarbeitung und
- metakognitiven und
- affektiven

differenziert sich in

die Aufnahme von Information | das Behalten von Information | das Verwenden von Information

entspricht den alltäglichen Aktivitäten

Wahrnehmen | Erinnern | Problemlösen

das Gedächtnis, in dem Informationen enthalten sind

Ziel der Umsetzung der Erkenntnisse in praktische Erziehung:
- um Beeinträchtigungen des Denkens abzuhelfen
- um optimalen Einsatz unserer kognitiven Fähigkeiten zu ermöglichen

Merkmale des Erkenntnisprozesses:

Lernprozesse sind aktive und konstruktive Prozesse:

- Erkenntnis ist kein passives Abbilden der Wirklichkeit
- Menschliches Denken formt Wirklichkeit stets um und überschreitet sie

Schlußfolgerung für den Lernbegriff:

- Im Lernprozeß wiederholt und bildet das Subjekt Wirklichkeit nicht ab, sondern es konstruiert und erfindet sie
- Lernprozesse sind kumulative und zielorientierte Prozesse
- Lernprozesse sind kognitive, metakognitive und affektive Prozesse

Grundzüge eines Modells der Informationsverarbeitung – Ein ergänzender Vergleich dreier Modelle

Durch die bisherigen Erarbeitungen läßt sich der Lernprozeß im Rahmen der Informationsverarbeitung betrachten. Deshalb soll, ausgehend von einem Text Gages und Berliners, der die einzelnen 'Stationen' menschlicher Informationsverarbeitung beschreibt, ein solches Modell entwickelt und durch eine kritische Verarbeitung und einen Vergleich mit Texten von Mandl et al. sowie Grzesik modifiziert werden.

T 28

Nathaniel L. Gage/ David C. Berliner: Pädagogische Psychologie,
4., völlig neu bearb. Aufl.
Psychologie Verlags Union
Weinheim 1986, S. 313–314
(Auszug).

13.2. Informationsaufnahme und -verarbeitung

Wir werden uns im folgenden auf einen theoretischen Ansatz der Informationsaufnahme und -verarbeitung (*information processing*) stützen, der sich am besten in Anlehnung an das Gedächtnismodell erklären läßt, das in Abbildung 13-1 wiedergegeben ist.

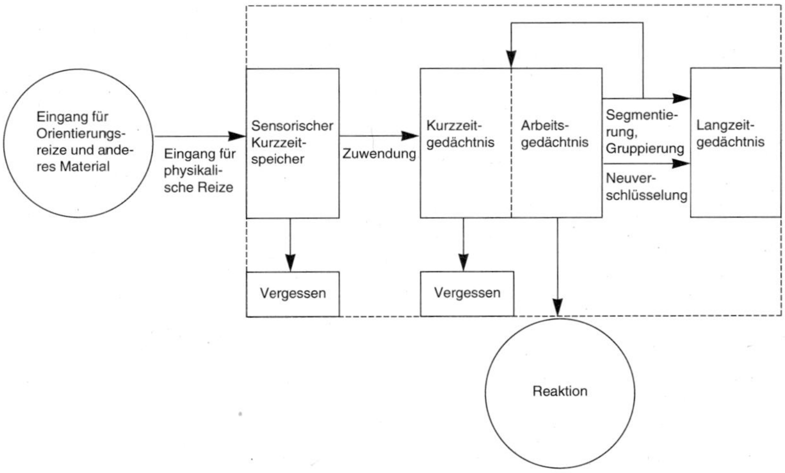

Sensorischer Kurzzeitspeicher:	Kurzzeitgedächtnis:	Arbeitsgedächtnis:	Langzeitgedächtnis:
Die Kapazität dieses Speichers ist wahrscheinlich unbegrenzt. Ein genaues Abbild der sensorischen Information wird während einer sehr kurzen Zeitspanne gespeichert. Der visuelle Speicher nimmt wie eine Kamera „Schnappschüsse" auf, die innerhalb von 0,5 Sekunden wieder ausgeblendet werden. Möglicherweise gibt es für jeden Sinn einen separaten Speicher.	Die Kapazität dieses Speichers ist auf etwa sieben Informationsblöcke begrenzt. Die Information ist nicht mehr im Rohzustand der sensorischen Phase wie beim sensorischen Kurzzeitspeicher. Sie kann durch neue Information abgestoßen werden. Kurzzeitgedächtnis ist bewußtes Gedächtnis: es enthält alles, dessen sich ein Mensch in einem bestimmten Augenblick bewußt ist.	Hat die gleichen Merkmale wie das Kurzzeitgedächtnis. Ist u.U. kein echter Speicher. Es läßt sich mit einem Schmierzettel vergleichen, auf den man sich kurze Notizen macht („Wem schenke ich was zu Weihnachten?").	Ebenso wie der sensorische Kurzzeitspeicher hat dieser Speicher wahrscheinlich eine unbegrenzte Kapazität. Nichts kann durch Vergessen verloren gehen, wenn auch manche Information nicht abgerufen werden kann, weil man sie nicht lokalisieren kann.

Abbildung 13-1. Ein Gedächtnismodell auf der Grundlage von Informationsaufnahme und -verarbeitung

Das Modell stellt einen Stimulus an den Anfang eines bestimmten Ereignisses und eine Reaktion an sein Ende, genauso wie bei anderen Lerntheorien. Was weitaus verfeinerter dargestellt ist, sind die hypothetisch gedachten geistigen Prozesse zwischen diesen beiden Endpunkten. Die gestrichelten Linien repräsentieren die Grenze zwischen den inneren kognitiven Ereignissen und der äußeren Welt. An diesem Modell, das wir in Anlehnung an *Houston* (1981) und *Mayer* (1981) erstellt haben, kann man deutlich erkennen, daß pysikalische Stimuli wie Licht,

Wärme, Druck oder Geräusche von einem Menschen aufgenommen und in seinem sensorischen Kurzzeitspeicher (*short-term sensory storage system*) für kurze Zeit festgehalten werden. Wenn eine solche Stimulusinformation eingehendere Beachtung findet, wird sie vom sensorischen Kurzzeitspeichersystem an das Kurzzeitgedächtnis (*short-term memory*) und Arbeitsgedächtnis (*working memory*) weitergeleitet. Eine so gespeicherte Information kann, wenn sie bearbeitet oder enkodiert wird, in diesem System umgewälzt bzw. an das Langzeitgedächtnis (*long-term memory*) weitergeleitet werden. Die besonderen Merkmale dieses hypothetischen Systems werden in Abbildung 13–1 kurz beschrieben [...]

Charakterisieren Sie den Ansatz von Gage und Berliner schriftlich. Nehmen Sie hierbei auch kritisch Stellung zu den von ihnen verwendeten Begriffen „Stimulus" und „Reaktion".

Gage und Berliner kennzeichnen die internen Prozesse des Menschen als Informationsverarbeitungsprozesse. In Anlehnung an „andere Lerntheorien", gemeint sind hier behavioristische Lerntheorien, bezeichnen sie die vom Menschen aufgenommene Information als Stimulus und die vom Menschen wieder abgegebene Information (diese kann sich in seinem Sprechen, Verhalten, seiner Gestik etc. zeigen) als Reaktion. Das Modell selbst verstehen sie als Darstellung hypothetisch angenommener, intervenierender Variablen zwischen der Aufnahme des Reizes und der jeweiligen Reaktion.

Es ist nicht klar, warum Gage und Berliner die Grundstruktur von Reiz und Reaktion in dieser Form beibehalten. Einerseits könnte dies die Funktion haben, die Spezifität eines Modells der Informationsverarbeitung im Kontext der behavioristischen Theorie in besonderer Weise hervorzuheben; nämlich daß es genau jene Prozesse zum Gegenstand hat, die vom Behaviorismus als „black box" nicht zur Kenntnis genommen werden, und daß zudem diese grundlegend die Transformation vom Reiz zur Reaktion beeinflussen. Eine solche Darstellungsweise würde der anschaulichen Vermittlung dienen. Andererseits wird durch diese Darstellung nicht deutlich, daß die Psychologie sich nach der „kognitiven Wende" radikal vom Reiz-Reaktions-Modell abgewendet hat. Der „Output" der menschlichen Informationsverarbeitung ist demnach keine Reaktion. Er wird vielmehr selbsttätig durch Konstruktion und aktive Prozesse hervorgebracht und kann somit wie jedes andere Handeln als Aktion gekennzeichnet werden. Auch der Schüler im Unterricht z.B. ist nicht lediglich ein 'reaktiv' Lernender, der auf die vom Lehrer in didaktischer oder methodischer Hinsicht gesetzten Reize reagiert. Schüler und Lehrer verbindet eine wechselseitige Interaktion, in der beide Agierende sind und jeweils an das Handeln des anderen anknüpfen.

Ausgehend von der genannten Kritik sollen hier nun alternativ die beiden 'Endpunkte' der Informationsverarbeitung, die jeweils die Grenze nach 'außerhalb' kennzeichnen, in neutralerer Weise als „Input" und „Output" bezeichnet werden.

Fokussieren Sie nun anschließend die im Text von Gage und Berliner abgebildete Grafik einschließlich des zu ihr gehörenden Textes. Formulieren Sie auch hier mögliche kritische Einwände schriftlich, und ziehen Sie Schlußfolgerungen aus Ihrer Kritik bezüglich einer neu anzulegenden Visualisierung.

Die verbalen und non-verbalen Informationen der Grafik weisen einige Unklarheiten bzw. sogar Widersprüche auf:

- Undeutlich bleibt, was in der Grafik mit den Begriffen „Segmentierung", „Gruppierung" und „Neuverschlüsselung" gemeint sein soll, warum genau diese Begriffe angenommen werden und ob sie im Zusammenhang mit den im Text dargestellten 'Umwälzungen im System' stehen. Aus diesem Grunde läßt sich in einer neu zu erstellenden Visualisierung der umfassendere und noch nicht spezifizierte Begriff der „Enkodierung" verwenden.
- Unklar bleibt auch, warum von den genannten Begriffen ein Pfeil genau auf die Begrenzung zwischen Kurzzeitgedächtnis und Arbeitsgedächtnis führt; auch dieser Pfeil soll nicht mit aufgenommen werden.
- Die Grafik gibt keine Auskunft darüber, wohin Informationen aus dem Langzeitgedächtnis abgerufen wer-

den können. Die Visualisierung suggeriert das Langzeitgedächtnis als eine 'Endstation'. Demgegenüber kann das Erinnern als der Prozeß des Wiederbewußtmachens von im Langzeitgedächtnis abgelegter Information gekennzeichnet werden. Aus diesem Grunde sollte in der Visualisierung ein Pfeil vom Langzeitgedächtnis zum Arbeitsgedächtnis führen.

- Die alleinige Verbindung vom Arbeitsspeicher zum Output, in der Grafik zur „Reaktion", unterstellt, daß Handeln ausschließlich durch bewußte innere Prozesse hervorgebracht wird, da das Arbeitsgedächtnis, laut Gage und Berliner, alles das umfaßt, was dem Menschen im Augenblick bewußt ist. Es wäre zu fragen, wie halb- oder unbewußtes Wissen in die Handlungen mit einfließen kann. Möglicherweise gibt es eine Verbindung zwischen dem Langzeitgedächtnis und dem Output. Diese Verbindung soll vorläufig in der Visualisierung angedeutet werden. Die folgenden Texte sollten auch daraufhin untersucht werden, ob sie Hinweise zur Klärung dieses Problems bieten.
- Es wird nicht deutlich, warum Gage und Berliner das Arbeitsgedächtnis vom Kurzzeitgedächtnis abgrenzen. Einerseits stellen sie fest, daß beide durch dieselben Merkmale gekennzeichnet werden können, andererseits betonen sie, daß das Arbeitsgedächtnis unter Umständen kein richtiger Speicher ist. Geklärt werden müßte, warum zwischen ihnen unterschieden wird und warum sie durch eine gestrichelte Linie voneinander getrennt sind, die, laut Gage und Berliners Angaben, eigentlich für die Darstellung der Begrenzung zwischen inneren psychischen Prozessen und der Umwelt dieser Prozesse reserviert ist. Aus den genannten Gründen wird in der zu erstellenden Visualisierung zwischen dem Kurzzeitgedächtnis und dem Arbeitsgedächtnis nicht unterschieden, vielmehr werden beide als Arbeitsgedächtnis gekennzeichnet.

Versuchen Sie nun die neue Visualisierung anzulegen, die sich an den entwickelten Kritikpunkten orientiert. Tragen Sie hier auch die einzelnen Merkmale der 'Stationen' der Informationsverarbeitung ein.

Eine mögliche Vereinfachung der Grafik könnte folgendermaßen aussehen:

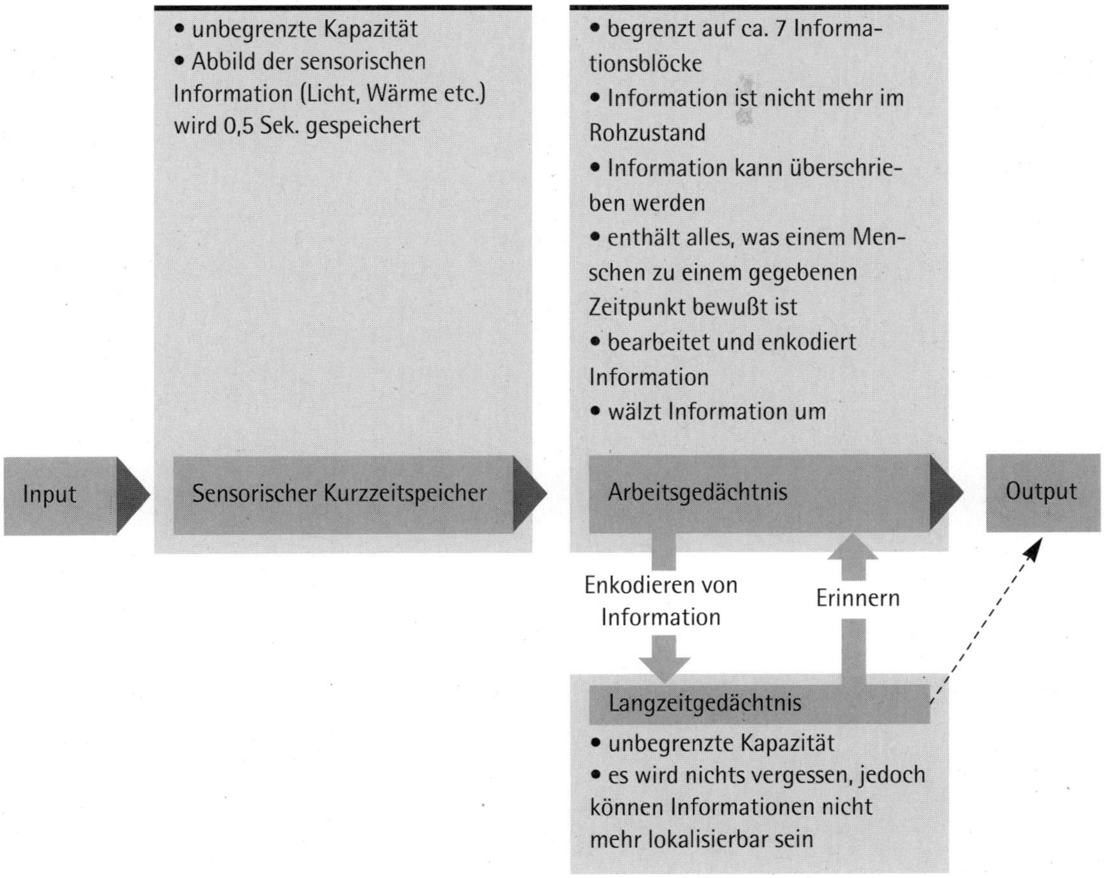

In dem nun folgenden Text von Mandl et al. werden Wissensstrukturen als semantische Netzwerke gekennzeichnet. Die Autoren beschreiben hierbei einen allgemeinen Ansatz semantischer Netzwerke, verbinden diesen mit Überlegungen zu den kognitiven Vorgängen des Erinnerns und Lernens und stellen anschließend einen erweiterten Netzwerkansatz, die Schematheorie, dar, die sie ebenfalls auf Lernprozesse beziehen.

T 29

Heinz Mandl/Helmut Felix Friedrich/Aemilian Hron: Psychologie des Wissenserwerbs,
in: Pädagogische Psychologie, hrsg. von Bernd Weidenmann/ Andreas Krapp et al., 2., neu bearb. Aufl. Psychologie Verlags Union Weinheim 1993, S. 147–151 (Auszug).

Ansätze zur Beschreibung von Wissensstrukturen wurden im Rahmen semantischer Gedächtnismodelle entwickelt. Sie gehen davon aus, daß die grundlegenden Bedeutungseinheiten, aus denen sich Wissensstrukturen zusammensetzen, *Propositionen* sind. Der Satz „*Vitamin C verhindert Skorbut*" enthält z.B. eine Proposition. Eine Proposition umfaßt mindestens zwei Elemente: eine Relation und ein oder mehrere Argumente. Um die unterschiedlichen Argumente zu kennzeichnen, enthalten sie Bezeichnungen wie Subjekt, Objekt, Rezipient, Instrument u.a. In unserem Beispiel ist VERHINDERN die Relation, Argumente sind VITAMIN C (Subjekt) und SKORBUT (Objekt).

Semantische Gedächtnismodelle gehen davon aus, daß Lerner Informationen in Form von Propositionen speichern. Dabei unterscheidet man zwischen Propositionen auf der einen Seite und Worten und Sätzen auf der anderen Seite. Worte und Sätze vermitteln Konzepte, während Propositionen die Konzepte repräsentieren. Propositionen lassen sich als *Netzwerke* darstellen, wobei ein Knoten (hier in Form einer Ellipse gezeichnet) eine solche Proposition repräsentiert. Die einzelnen Pfeile verweisen auf die einzelnen Elemente der Proposition (Abb. 7.1).

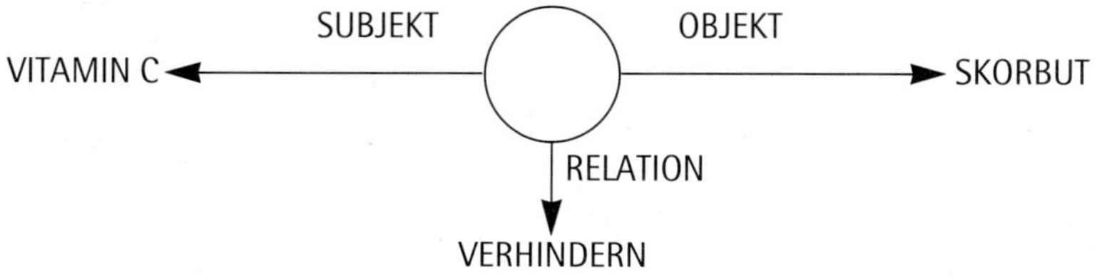

Abb. 7.1: Netzwerkdarstellung einer Proposition

Der Vorteil einer solchen Darstellung liegt darin, daß eine Vielzahl von Propositionen in Form größerer *Netzwerke* verknüpft werden können [...]. Netzwerkansätze gehen davon aus, daß unser gesamtes Wissen so gespeichert ist.

In kognitionspsychologischen Untersuchungen wurde gezeigt, daß sich die Knoten in einer Netzwerkstruktur hinsichtlich ihrer Assoziationsstärke und ihres Aktivationsniveaus unterscheiden. Die Assoziationsstärke ist im wesentlichen um so höher, je häufiger eine Wisseneinheit bzw. ein Wissenselement erfolgreich verwendet wird. Die Annahme einer relativen Assoziationsstärke eines Knotens spielt eine zentrale Rolle für die Erregungsausbreitung innerhalb des Netzwerks, da die Aktivierung (Erinnerung) entsprechend der Assoziationsstärke der Knoten erfolgt. Nach Andersons Theorie der Erregungsausbreitung (1983) in semantischen Netzwerken geht die Erregung von bestimmten Knoten aus, die z.B. durch die Wahrnehmung äußerer Reize (z.B. einer

Lernaufgabe) aktiviert werden. Die Erregung setzt sich im Netzwerk entsprechend der Assoziationsstärke der Knoten fort, die aktiviert wurden. Es wird davon ausgegangen, daß die Aktivation der Knoten wieder erlischt, es sei denn, sie wird durch Fortbestehen der Reizsituation oder durch bestimmte fortbestehende Zielsetzungen aufrechterhalten.

Neues Wissen wird nach diesem Ansatz erworben, wenn eine neue Proposition mit vorhandenen Propositionen im Netzwerk des Lerners verknüpft wird. [...]

In dem dargestellten Beispiel hat der Schüler aktiv neues Wissen mit bereits gespeichertem Wissen verknüpft und dadurch seine Wissensstruktur angereichert. Diesen Prozeß bezeichnet man als *Elaboration* [...].

In Erweiterung der Netzwerkansätze hat man versucht, thematisch zusammengehörige Wissenseinheiten a*ls Schema* zu beschreiben (Rummelhart & Norman, 1978 a). Ein Schema wird als ein ausgrenzbares konzeptuelles Teilsystem in einem Netzwerk aufgefaßt, in dem aufgrund von Erfahrungen typische Zusammenhänge eines Realitätsbereichs verallgemeinert repräsentiert sind [...].

Schemata sind die Repräsentationsform für Objekte, Sachverhalte, Vorgänge usw. Sie können Sachverhalte von unterschiedlicher Komplexität und unterschiedlicher Abstraktheit repräsentieren. Ein Schema besitzt Leerstellen, die mit spezifischen Konzepten ausgefüllt werden können. Beim Ausfüllen der Leerstellen gibt es bestimmte Zuweisungsbeschränkungen. So kann ein kognitives Schema gegenüber vorliegenden Daten angemessen oder nicht angemessen sein. Schema-Leerstellen können aufgrund aktueller Erfahrungen des Lerners auch vorläufig ausgefüllt werden, solange keine definitive Information über die fraglichen Sachverhalte zur Verfügung steht. [...]

Ein zentrales Problem im Zusammenhang mit der Verwendung des Schemakonzepts betrifft seine mangelhafte begriffliche Explikation: Das Schema als Baustein des Wissens ist Konzept, Datenstruktur, Plan oder Programm, Erwartungs- oder Hypothesenstruktur usw.; es steuert, sucht, füllt eine Leerstelle aus usw.

Führen Sie zunächst die Grundbegriffe des allgemeinen Netzwerkansatzes auf, und kennzeichnen Sie deren Beziehung zueinander. Diesen Arbeitsschritt können Sie schriftlich vollziehen; Sie können den Zusammenhang jedoch auch mit Hilfe eines Hierarchiemodells visuell darstellen, an dessen Spitze der allgemeine Netzwerkansatz steht, der sich auf den jeweils folgenden Ebenen durch die entsprechenden Begriffe differenziert.

Im folgenden wird ein solches Modell dargestellt:

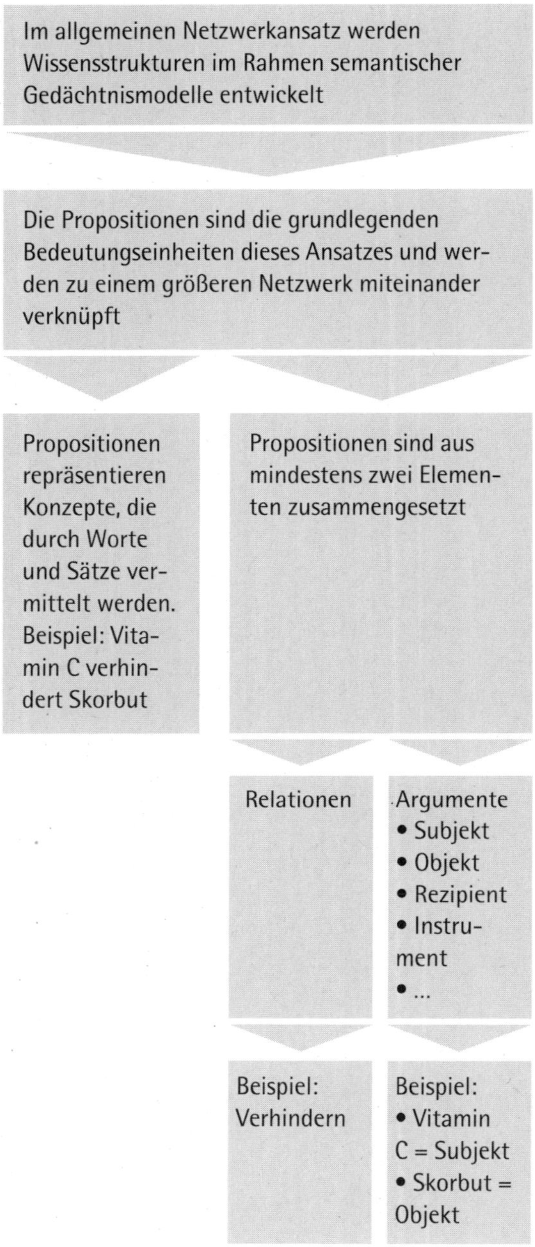

Formulieren Sie nun schriftlich, wie im Rahmen dieser Theorie Erinnern und Lernen beschrieben werden.

Die Netzwerktheorie geht davon aus, daß semantische Wissensstrukturen aus einzelnen Propositionen, den Knoten innerhalb der Netzwerke, aufgebaut werden. Diese Knoten sind in unterschiedlicher Weise, aufgrund ihrer unterschiedlichen Aktivationsniveaus, ansteuerbar bzw. aktivierbar. Hohe Aktivationsniveaus haben diejenigen Propositionen, deren Elemente, Relationen und Argumente häufig erfolgreich genutzt und angesteuert werden. Diese Annahme erklärt den Erinnerungsprozeß: Erinnern ist derjenige Prozeß, in dem, von einer bestimmten Proposition ausgehend, weitere Propositionen angeregt und angesteuert werden. Haben die einzelnen Knoten ein hohes Aktivationsniveau, so sind sie leicht erregbar und ansteuerbar; die mit ihnen verbundenen semantischen Inhalte können demnach gut erinnert werden. Dies impliziert, daß diejenigen semantischen Inhalte am besten erinnert werden, die am häufigsten aufgerufen, d.h. aktiviert werden.

Lernen bedeutet innerhalb dieses Ansatzes, daß das Netz der Propositionen erweitert wird. Dieser Lernprozeß, in dem neue Propositionen mit alten verknüpft werden, wird als „Elaboration" bezeichnet.

Beziehen Sie nun diesen Netzwerkansatz auf das Modell der Informationsverarbeitung. Formulieren Sie schriftlich, welchen 'Stationen' der Informationsverarbeitung die Wissensstrukturen einerseits und das Lernen und Erinnern andererseits zugeordnet werden können. Versuchen Sie hierbei auch folgenden Aspekt zu berücksichtigen:

Welche Beziehung sieht die Netzwerktheorie zwischen dem Arbeitsgedächtnis und dem Langzeitgedächtnis, und inwiefern spricht auch sie dafür, daß das Arbeitsgedächtnis kein eigener Speicher ist?

In der klassischen Aufteilung zwischen dem Arbeitsgedächtnis und dem Langzeitgedächtnis können die semantischen Wissensstrukturen der Struktur des Langzeitgedächtnisses zugeordnet werden. Der Mensch speichert demnach sein Wissen in Netzwerken. Das Erinnern und Lernen müßten demgegenüber dem Arbeitsgedächtnis zugeschrieben werden: Beides sind bewußte Prozesse.

Werden nun diese beiden 'Stationen' der Informationsverarbeitung als separate Speicher beschrieben, so könnten die Prozesse des Erinnerns und Lernens nur dadurch vollzogen werden, daß Informationen aus dem Langzeitgedächtnis entsprechend ihrer Struktur aufgerufen, d.h. verknüpfte Propositionen in den Arbeitsspeicher eingelesen werden, und dort vom erinnernden Subjekt abgelesen bzw. vom lernenden Subjekt mit neuen Informationen verknüpft werden.

Mandl et al. heben in ihrer Darstellung diese klassische Trennung auf. Das Arbeitsgedächtnis ist demnach kein eigener Speicher, in den Informationen eingelesen werden, sondern es fokussiert in bewußter Weise bestimmte Information aus dem Langzeitgedächtnis. Das Arbeitsgedächtnis ist demnach – im eigentlichen Sinne – kein

'Gedächtnis', sondern ein Arbeitsprozeß, in dem aufgrund bestimmter Informationsverarbeitungsprozesse, Mandl et al. nennen hier z.B. die Verarbeitung einer Lernaufgabe, das Subjekt spezifische Knoten im Wissensspeicher aktiviert und entlang ihrer Elemente zu weiteren Knoten 'fährt'. Die aktivierten Knoten sind dem Subjekt jeweils bewußt. Das sich erinnernde Subjekt liest die semantischen Bedeutungen der verknüpften Knoten ab; so z.B. die Verknüpfung von Zutaten und Tätigkeiten, wenn es nach einem Kochrezept gefragt wird. Das lernende Subjekt verknüpft zudem die neue Information mit den schon bestehenden Propositionen; es erweitert das semantische Netz.

Die von Gage und Berliner als „Arbeitsgedächtnis" bezeichnete 'Station' der Informationsverarbeitung ist hiernach nichts anderes als ein bewußtes Arbeiten in und mit dem Langzeitgedächtnis: Im Arbeitsprozeß werden Wissensstrukturen abgefahren und verändert. Dabei können in diesem Prozeß, folgt man der Kapazitätsbeschreibung von Gage und Berliner, stets sieben Informationsblöcke gleichzeitig bewußt sein.

Denken, Lernen und Erinnern wären damit Prozesse, in denen das Subjekt gespeicherte Informationen dadurch aufruft, daß es an einer Stelle im Netzwerk seines Wissens ansetzt und seine Aktivität dann entsprechend den Aktivationsniveaus der Propositionen ausbreitet, wobei es bis zu sieben Informationsblöcke gleichzeitig erfassen kann. Diese Aktivierung kann mit Veränderungen einhergehen, die als Lernen gekennzeichnet werden können, da neue Informationen hinzutreten bzw. möglicherweise auch andere Verknüpfungen vorgenommen werden.

Im weiteren Verlauf des Textes gehen Mandl et al. auf die Schematheorie ein. *Skizzieren Sie diese Erweiterung des Netzwerkansatzes, und versuchen Sie deren Lernbegriff auch mit Bezug auf Piagets Assimilations- und Akkommodationsstrukturen darzustellen.*

Die Schematheorie geht davon aus, daß einzelne Propositionen zu Schemata zusammengefaßt werden können. Das Langzeitgedächtnis ist – bildlich gesprochen – nicht nur durch eine Ebene vernetzter Strukturen gekennzeichnet, sondern es ist hierarchisch geschichtet, wobei Propositionen auf einer höheren Hierarchieebene zu Schemata zusammengefaßt werden, die ihrerseits wiederum miteinander verknüpft sind. Mandl et al. betonen, daß Schemata Sachverhalte von unterschiedlichen Abstraktionsgraden, d.h. unterschiedliche Hierarchieebenen einnehmend, repräsentieren und unterschiedlich komplex sein können. Sie sind ausgrenzbare Teilsysteme der netzartigen Wissensstruktur und repräsentieren typische Zusammenhänge eines Realitätsbereichs, d.h. Beziehungen zwischen Objekten, Sachverhalten, Vorgängen etc.

Diese Schemabildung können Sie sich möglicherweise selbst anhand Ihrer Erinnerungen verdeutlichen. Wenn Sie z.B. versuchen, sich an die Bestimmungsmerkmale des klassischen Bildungsbegriffs zu erinnern, so fällt Ihnen sicherlich nicht sofort jede einzelne Information ein, die Sie diesbezüglich aus den entsprechenden Texten gewonnen haben. Erst durch entsprechende Erinnerungsleistungen können Ihnen einzelne Propositionen bewußt werden. Dennoch gelingt es vielleicht, zwei Schemata, die diese Informationen repräsentieren, direkt aufzurufen und zu erinnern: Bildung als Identitätsbildung und als sittliche Bildung.

Lernen vollzieht sich dadurch, daß Schemata verändert werden können. Mandl et al. gehen davon aus, daß Schemata Leerstellen aufweisen, die im Lernprozeß nach Maßgabe der bereits aufgebauten Strukturen gefüllt werden können. Gleichzeitig verweisen die Autoren darauf, daß Schemata den entsprechenden Informationen angemessen und unangemessen sein können, d.h. daß auch Verknüpfungen hergestellt werden können, die einem bestimmten Sachverhalt nicht entsprechen. Beispielsweise kann durch ein Mißverständnis ein Schüler die Verknüpfung zwischen Vitamin C und der Krankheit Skorbut nicht mit der Relation VERHINDERN, sondern mit ihrer gegenteiligen BEWIRKEN vollzogen haben.

Piagets Grundmuster der Assimilation und Akkommodation kann in die Schematheorie integriert werden. Assimilieren bedeutet, daß neue Informationen in die Struktur eines schon ausgebildeten Schemas 'eingehängt' werden können und damit das bereits bestehende Schema erweitern. Wenn dies jedoch nicht möglich ist, wenn solche erweiternden, assimilierenden Verknüpfungen nicht ohne Schwierigkeiten und Widersprüche vollzogen werden können, werden die Schemata selbst geändert. Das Subjekt akkommodiert Schemata an neue Informationen, die nicht assimiliert werden können.

Versuchen Sie nun mit Hilfe des Arbeitsblattes A21 die durch die Netzwerk- und Schematheorie ermittelten Ergänzungen und Veränderungen des Modells der Informationsverarbeitung zu visualisieren. Tragen Sie die entsprechenden Kennzeichnungen in die hierfür vorgesehenen Kästchen ein, indem Sie unter den auf dem Arbeitsblatt aufgeführten Kategorien bisher noch nicht berücksichtigte Aspekte der Informationsverarbeitung stichwortartig festhalten oder, anknüpfend an bereits erarbeitete Aspekte, die entsprechenden Kennzeichnungen vornehmen. A 21

- unbegrenzte Kapazität
- Abbild der sensorischen Information (Licht, Wärme etc.) wird 0,5 Sek. gespeichert

Kennzeichnung:

- ist im eigentlichen Sinne kein eigener Speicher, sondern operiert mit und über dem Langzeitgedächtnis
- prozessualisiert Wissensstrukturen

Input → Sensorischer Kurzzeitspeicher → Arbeitsprozeß → Output

Erinnerungsfähigkeit:
Die Knoten einer Netzwerkstruktur haben entsprechend der Häufigkeit ihrer erfolgreichen Aktivierung im Arbeitsprozeß unterschiedliche Aktivationsniveaus und Assoziationsstärken ihrer Verknüpftheit. Die Tätigkeit des Arbeitsprozesses wirkt sich somit auf die Erinnerungsfähigkeit aus. Einmal gespeichertes Wissen kann demnach nicht verloren gehen, sondern ist lediglich aufgrund zu schwacher Aktivations- und Assoziationsstärke bei zu geringem Gebrauch nicht mehr lokalisierbar

Bearbeiten, Enkodieren ...

- Erinnern:
ist die Aktivierung miteinander verknüpfter Propositionen mit einer bestimmten Erregungsausbreitung
- Neues Wissen aufbauen:
Neues Wissen wird durch die Einbindung neuer Propositionen in bereits bestehende Netzwerke aufgebaut

Beschaffenheit der im Arbeitsprozeß befindlichen Information

- Strukturiertheit:
Informationen sind nicht im Rohzustand, sondern werden im Arbeitsprozeß entsprechend den Wissensstrukturen des Langzeitgedächtnisses konstruiert
- Umfang:
Möglicherweise ist die Aktivation auf 7 Einheiten (bzw. Propositionen) beschränkt, so daß bei einer weiteren Erregungsausbreitung die Aktivation bereits erregter Knoten erlischt
- Bewußtheitsgrad:
enthält nicht nur das dem Menschen Bewußte, sondern alles, was zu einem bestimmten Zeitpunkt, auch mit unterschiedlicher Aktivationsstärke, aktiviert ist

Kennzeichnung:

- speichert semantische Wissensstrukturen, die aus miteinander verknüpften Propositionen bzw. Knoten bestehen (semantische Netzwerke)
- Propositionen können zu Schemata zusammengefaßt werden

Langzeitgedächtnis

Der folgende Text greift einerseits die bisher dargestellten Zusammenhänge auf, bietet jedoch zugleich die Möglichkeit, diese wiederum zu differenzieren und auf den Lernbegriff zu beziehen.

Unterstreichen Sie beim Lesen die Kernaussagen.

T 30

Jürgen Grzesik: Unterricht. Der Zyklus von Lehren und Lernen, Stuttgart/Dresden: Ernst Klett Verlag für Wissen und Bildung 1994, S. 130–136 u. 225 (Auszug).

Im Unterschied zu dem bis jetzt umrissenen gesamten Möglichkeitsraum des Lernens *stellt das Arbeitsgedächtnis den jeweils aktualisierten Ausschnitt aus ihm her. Es reduziert den gesamten Möglichkeitsraum auf den Raum der jeweils real zur Verfügung stehenden Information.* Damit leistet es die *entscheidende Selektion für das Lernen des jeweiligen Menschen.* Für diese *Begrenzung des faktischen Lernraumes* sind die folgenden, gut gesicherten Eigenschaften des Arbeitsgedächtnisses kennzeichnend:

1. Die Aufmerksamkeit kann nur *relativ wenige Einheiten (chunks) gleichzeitig präsent* halten. Für Silben, Wörter oder Zahlen liegt seine Kapazität im Sinne von Gedächtnisspanne im Durchschnitt der Befunde zahlreicher Untersuchungen in der Größenordnung von etwa 7+ oder –2 Einheiten. [...]

Wieviel Information tatsächlich präsent ist, entscheidet sich erstens durch den *Informationsgehalt der jeweils aktualisierten Einheit* selbst. Er ist z.B. bei Wortbildern oder Wortlauten größer als bei Silben oder Buchstaben. So kann eine einzige Einheit sehr viele einzelne Einheiten repräsentieren, die bei Bedarf jede für sich eine Einheit im Arbeitsgedächtnis bilden können. Wenn man sich z.B. Begriffsnamen, wie „Romantik", ins Arbeitsgedächtnis ruft, dann ist keineswegs der gesamte dazu gespeicherte Begriffsinhalt im Augenblick präsent. [...]

2. Die Aufmerksamkeit kann sich *auf jede Information im gesamten Nervensystem richten,* auf eine schmerzende Körperstelle, ein Geräusch, ein Unbehagen, einen Gedanken, eine geplante Fahrtroute, ein Beispiel, den allgemeinsten Begriff zu einem Beispiel etc. Sie hebt einen Ausschnitt der momentanen sensomotorischen oder der langfristig gespeicherten episodischen oder begrifflichen Information ins Bewußtsein, indem sie die entsprechenden Netzwerke aktiviert, d.h. durch die ihnen zugeleiteten Signale zum „Feuern" bringt [...].

Dieser Zugriff ist schnell und direkt, weshalb er im gesamten Nervensystem „von einer Ecke zur anderen" springen kann. [...]

3. *Durch die Aufmerksamkeit werden Informationen bewußt, von denen aus gleichzeitig in ihrem „Umfeld" weitere große Komplexe von Informationen mitaktiviert werden, aber nur schwach oder gar nicht bewußt sind.* [...] Im „Lichtkegel" der Aufmerksamkeit kann deshalb ein Unterschied gemacht werden zwischen dem, *was bewußt aktiviert und was automatisch aktiviert wird.* Das Vollbewußte steht im Zentrum des Lichtkegels, zur Peripherie hin nimmt der Grad der Bewußtheit ab. Die Kapazität für Vollbewußtes im Arbeitsgedächtnis wird so *um das vergrößert, was gleichzeitig mit dem bewußt Aktivierten sich von selbst einstellt.* Die Kapazität des Bewußten wird davon aber nicht in Anspruch genommen. So sind hochkomplexe Leistungen möglich, ohne daß alles bewußt wäre, ja es ist sogar das *Kennzeichen hochkomplexer Leistungen, daß der Anteil der nicht oder nur wenig bewußten Automatismen besonders hoch ist.* [...] Dieser Zusammenhang spricht dafür, daß das Arbeitsgedächtnis nicht scharf begrenzt ist, sondern daß *zugleich mit dem bewußt Aktivierten anderes mit-aktiviert wird, das mit ihm verbunden ist* [...]

4. Im Arbeitsgedächtnis richtet sich die Aufmerksamkeit auf irgendeine im jeweiligen Augenblick als Zustand festgehaltene Information, z.B. beim Lesen auf einige Wörter, die nach einem Augensprung in einer Augenrast wahrgenommen werden. *Das Arbeitsgedächtnis kann aber zugleich an der so aktivierten Information auch*

Veränderungen vornehmen. Zwei Farben können unterschieden werden, zwei Begriffe lassen sich vergleichen, ein sprachlich formulierter Begriffsinhalt kann in ein graphisches Netzschema transformiert werden, eine plötzliche Angst läßt sich dämpfen, Unlust kann verringert werden etc. Kurz: *An der vergegenwärtigten Information können Operationen aller Art ausgeführt werden. Die Aufmerksamkeit ist immer eine doppelte Aktivität, sie aktiviert einen Bestand an Information, und sie aktiviert gleichzeitig Möglichkeiten des Zugriffs auf diese Information.* [...]

Wenn die Generalthese vom Lernen durch jede Aktivität stimmt, *dann lernt der Mensch nicht nur das, worauf sich seine Aufmerksamkeit richtet, sondern auch durch den operativen Gebrauch von Information, und zwar lernt er genau die Operationen, die er vollzieht.* Der Gebrauch ergäbe dann eine andere Qualität des Gelernten als das Thematisieren. Dies könnnte die grundlegende Konstellation sein für die Differenz zwischen Theoretisieren und Praktizieren, zwischen „Wissen daß" und „Wissen wie", zwischen Betrachten und Tun, für die wechselseitige Transformation von Wissen in Tun und umgekehrt sowie für die spezifischen Schwierigkeiten, die mit dieser Transformation verbunden sind. [...]

[S.225:]

Zur Selbstregulierung der Lernbereitschaft kommt die *Regulierung der Aktivitäten selbst. Die Wahrnehmung einer Störung ist die Ausgangsaktivität für jede Regulierung von Tätigkeiten. Sie wird durch die nachfolgenden Aktivitäten bearbeitet, und zwar potentiell durch alle dafür aktualisierbaren psychischen Möglichkeiten.* Was möglich ist, hängt vom Ausmaß des Gelernten im psychischen Apparat ab, vor allem vom Grad seiner Organisiertheit, von dem die Möglichkeit des Zugriffs auf Einheiten unterschiedlicher Komplexität abhängt. Die ungeheure Beweglichkeit des *Arbeitsgedächtnisses, seine schnelle Folge der Verknüpfung von Zustand und Operation unter Leitung von Selbstregulationen* scheint jedem Versuch zu spotten, sie zu beeinflussen [...]. Trotzdem kann die Klassifikation von Teiltätigkeiten [...] die Grundlage für Überlegungen über ihre Steuerung bilden.

Vergleichen Sie nun die Kernaussagen des Textes mit den bisherigen Ausführungen, indem Sie im Hinblick auf die sechs Textabschnitte (den ersten und den letzten Textabschnitt und die vier von Grzesik durchnumerierten Abschnitte) klären, welche Aussagen den bisherigen Erarbeitungen entsprechen bzw. welche von ihnen abweichen. Legen Sie hierfür eine zweispaltige Tabelle an, in der Sie zu den jeweiligen Abschnitten diejenigen Kernaussagen festhalten, die den bisherigen Erarbeitungen entsprechen (1. Spalte) bzw. von ihnen abweichen (2. Spalte).

Entsprechungen	**Abweichungen**
1. Das Arbeitsgedächtnis bildet den jeweils aktuellen Ausschnitt des Lernraums, d.h. desjenigen Raumes, der jeweils real zur Verfügung steht	
2. • Das Arbeitsgedächtnis kann 7 +/– 2 Einheiten bewußt fokussieren • Das Arbeitsgedächtnis kann Schemata unterschiedlicher Abstraktion und Komplexität erfassen • Das Arbeitsgedächtnis operiert über und mit dem Langzeitgedächtnis, indem es die jeweils aktuellen Ausschnitte des Langzeitgedächtnisses fokussiert	

Entsprechungen	Abweichungen
3. Wissen ist in Form von Netzwerken gespeichert. Die Aufmerksamkeit des Arbeitsgedächtnisses bringt durch entsprechend zugeleitete Signale Netzwerke zum „Feuern" (Erregungsausbreitung bei Mandl et al.). Auch Grzesik geht von Netzwerkteilen bzw. mehreren Netzwerken aus, die dem Begriff des „Schemas" ähneln	Der Aufmerksamkeitsfokus des Arbeitsspeichers kann sich auf jede Information des Nervensystems richten. Grzesik unterscheidet: • die momentanen sensomotorischen Informationen wie z.B. Schmerzen und • die Informationen im Langzeitgedächtnis, die in episodischer und begrifflicher Form vorliegen. Neben den semantischen Wissensstrukturen enthält das Langzeitgedächtnis demnach noch episodische Speicherungen
4. Das Arbeitsgedächtnis umfaßt alle bewußten und wenig oder kaum bewußten Informationen. Dies entspricht der Aktualisierung von Einheiten des Langzeitgedächtnisses mit unterschiedlicher Aktivationsstärke	Die Aufmerksamkeit aktualisiert in ihrem „Lichtkegel" auch kaum Bewußtes, ohne die Kapazität des Arbeitsgedächtnisses zu beeinträchtigen. Das automatische Mitaktivieren vergrößert demnach die Informationsmenge und bezieht auch Unbewußtes bzw. nicht voll Bewußtes mit ein
5. Das Arbeitsgedächtnis kann an den aktivierten Informationen Veränderungen vornehmen,	insofern an den aktualisierten Informationen Operationen aller Art durchgeführt werden können. Die Aufmerksamkeit ist eine doppelte Aktivität: • sie aktualisiert Informationen und • sie aktualisiert zugleich einen Bestand an Zugriffen auf die Informationen. Schlußfolgerung für das Lernen: Mit jeder Aktivität des Arbeitsgedächtnisses lernt das Subjekt nicht nur das, worauf sich seine Aktivität bezieht, sondern auch die Operationen, die es vollzieht. Lernen ist nicht nur sachbezogenes, sondern stets auch methodenbezogenes Lernen
6. Die Lernmöglichkeiten hängen grundlegend davon ab, welche psychischen Möglichkeiten ein Lerner aktivieren kann	Lernen als Selbstregulierung wird durch eine vorausgehende Störung befördert. Um Lernen durch Lehren steuern zu können, kann die Vielzahl der möglichen Tätigkeiten in Teiltätigkeiten klassifizierend unterschieden werden

Versuchen Sie die abweichenden Informationen aus dem Textauszug von Grzesik schriftlich darzustellen bzw. zu erörtern. Folgende Gesichtspunkte können hierbei eine Rolle spielen:

- *Sind die Ausführungen Grzesiks mit den bisherigen Erarbeitungen vereinbar?*
- *Geben Grzesiks Darstellungen Hinweise zur Beantwortung der zu Beginn dieses Kapitels am Text von Gage und Berliner aufgeworfenen Frage, ob das Handeln als Output der Informationsverarbeitung tatsächlich nur durch bewußte Informationen geprägt ist?*
- *Welches Verhältnis besteht nach Grzesik zwischen Aktivität, Lernen und Operationen?*
- *Welcher Bezug kann vom Lernen zum Lehren hergestellt werden? Versuchen Sie bei der Klärung dieser*

Frage die Bedeutung von Lerninhalten im vorliegenden Kontext von derjenigen in Klafkis Kategorialer Bildung abzugrenzen.

Grzesiks Ausführungen geben differenzierte Einsichten in bezug auf die bisherigen Erarbeitungen. In den Grundannahmen über die menschliche Informationsverarbeitung und über das Lernen als ein Prozeß innerhalb dieser Informationsverarbeitung sind sich bislang alle Autoren einig.

Eine zentrale Differenz und Ergänzung ergibt sich dadurch, daß Grzesik, ausgehend vom Begriff der „Aufmerksamkeit", dem Arbeitsgedächtnis nicht nur die bewußten, sondern auch unbewußte Informationen zuspricht. Damit kann die zu Beginn des Kapitels gestellte Frage folgendermaßen beantwortet werden: In das Handeln des Menschen, das durch seine Informationsverarbeitung geprägt wird, gehen nicht nur bewußte Momente mit ein; die Aufmerksamkeit des Subjekts aktualisiert in den Vernetzungen des Langzeitgedächtnisses automatisch auch die mit den bewußten Informationen verknüpften unbewußten. Damit können auch unbewußte interne Aktivitäten grundlegend das Handeln des Menschen mitbeeinflussen.

Alle Aktivitäten des Menschen sind zugleich auch Lernaktivitäten. Grzesik bezeichnet diese Annahme als eine „Generalthese". Die Aufmerksamkeit des Subjekts, durch welche die bewußten und die mit ihnen verknüpften unbewußten Informationen aktualisiert werden, zeigt eine doppelte Aktivität: die Aktualisierung bestimmter Informationen und zugleich die Aktualisierung von Zugriffen auf die Informationen, die Grzesik als Operationen bezeichnet. In jeder Aktivität lernt das Subjekt demnach etwas über bestimmte Informationen und zudem etwas über die meist unbewußt mitaktualisierten Zugriffe auf Information und Veränderungsmöglichkeiten dieser Information. Lernen erweist sich in diesem Zusammenhang als die Selbstregulierung der Aufmerksamkeitsaktivitäten. Diese Regulierungsprozesse erhalten dann eine besondere Bedeutung, wenn neue Informationen nicht mehr störungsfrei assimiliert werden können.

Versucht das Subjekt nun selbständig diese Störungen zu beheben, erhalten die mit den Aktivitäten verbundenen Operationen einen zentralen Stellenwert: Durch veränderte Aktivitäten werden andere, möglicherweise auch neu konstruierte Operationen genutzt und gelernt. Darüber hinaus kann insbesondere ein Mißerfolg, eine Störung in der Informationsverarbeitung zu metakognitiven Prozessen anregen und damit eine Operationsreflexion, eine Methodenreflexion einsetzen, durch die lernend Veränderungen vollzogen werden.

Aus einem solchen Ansatz können vielfältige Schlüsse auf das Lehren gezogen werden. Einige sollen hier genannt werden:

Lehren ist eine Tätigkeit, die die selbstregulierenden Lernprozesse unterstützen sollte. Dies kann – so betont Grzesik – dadurch geschehen, daß einzelne Teiltätigkeiten der Informationsverarbeitung unterstützt werden.

Eine zentrale Rolle für jedes Lernen spielt die Aufmerksamkeit, die die Aktivitäten steuert. Lehrende können auf Lernprozesse dadurch Einfluß nehmen, daß Sie die Aufmerksamkeitssteuerung des Subjekts zu beeinflussen suchen; so z.B. durch das Stellen einer bestimmten Aufgabe, die Initiierung eines Problems als Störung in der Informationsverarbeitung, die Aufmerksamkeitslenkung auf einen bestimmten Sach- oder Methodenbereich. Soll diese Aufmerksamkeitssteuerung intendierte Lernerfolge zeigen, so muß den Lehrenden deutlich sein, welche Inhalte, Sachbereiche und Themen für den jeweiligen Lernprozeß gewählt werden sollen und welche Operationen mit diesen Inhalten verbunden sind. Weiß ein Lehrender, daß z.B. eine Themenstellung die – wenn auch unbewußte – Aktualisierung bestimmter Operationen ermöglicht, so schafft er damit zugleich die Bedingungen für den Gebrauch und das Lernen dieser Operationen. Zudem besteht die Möglichkeit, durch entsprechende Problemstellungen oder Methodenreflexionen die Aufmerksamkeit bewußt auf die Zugriffe zu lenken und diese also selbst zu thematisieren. Im Rahmen der genannten Ausführungen erhält die Frage nach den Lerninhalten eine andere Wendung, als dies bei Klafkis Kategorialer Bildung der Fall war. Es geht hier nicht in erster Linie um das exemplarische Lernen und den kategorialen Charakter der Inhalte, sondern um die Frage, inwiefern Inhalte sich auf die operationale Fähigkeit, die Fähigkeit des Subjekts, mit Informationen umzugehen, auswirken können.

Versuchen Sie nun abschließend die Visualisierung des Modells der Informationsverarbeitung hinsichtlich Grzesiks Ausführungen zu verändern bzw. zu differenzieren. Tragen Sie hierfür in die Grafik des Arbeitsblattes A22 die entsprechenden ergänzenden Kennzeichnungen ein, und beziehen Sie stichwortartig an den hierfür vorgesehenen Stellen auch den Aspekt des Lernens bzw. des Lernens und Lehrens mit ein. **A 22**

- unbegrenzte Kapazität
- Abbild der sensorischen Information (Licht, Wärme etc.) wird 0,5 Sek. gespeichert

Kennzeichnung:
- ist im eigentlichen Sinne kein eigener Speicher, sondern operiert mit und über dem Langzeitgedächtnis
- prozessualisiert Wissensstrukturen
- aktualisiert einen bestimmten Ausschnitt des Langzeitgedächtnisses
- kann seine Aufmerksamkeit auf sensorische, episodische und semantische Informationen lenken
- *Lernen:* Die Qualität des Lernens ist abhängig von den Arbeitsprozessen einschließlich der Strukturiertheit des Langzeitgedächtnisses. Der Arbeitsprozeß operiert mit dem Langzeitgedächtnis

Input → Sensorischer Kurzzeitspeicher → Arbeitsprozeß → Output

Erinnerungsfähigkeit:
Die Knoten einer Netzwerkstruktur haben entsprechend der Häufigkeit ihrer erfolgreichen Aktivierung im Arbeitsprozeß unterschiedliche Aktivationsniveaus und Assoziationsstärken ihrer Verknüpftheit. Die Tätigkeit des Arbeitsprozesses wirkt sich somit auf die Erinnerungsfähigkeit aus. Einmal gespeichertes Wissen kann demnach nicht verloren gehen, sondern ist lediglich aufgrund zu schwacher Aktivations- und Assoziationsstärke bei zu geringem Gebrauch nicht mehr lokalisierbar

Bearbeiten, Enkodieren ...

- Erinnern:
ist die Aktivierung miteinander verknüpfter Propositionen mit einer bestimmten Erregungsausbreitung. Erinnern ist der Prozeß, in dem Netzwerke zum „Feuern" gebracht werden

- Neues Wissen aufbauen:
Neues Wissen wird durch die Einbindung neuer Propositionen in bereits bestehende Netzwerke aufgebaut.
Veränderungen werden aufgrund bestimmter Operationen des Arbeitsprozesses vollzogen

- *Lernen:*
Jede Aktivität ist Lernen.
Bei jedem Arbeitsprozeß findet inhaltliches und methodisch-operatives Lernen statt

- *Lernen und Lehren:*
Lernen wird durch eine vorausgehende Störung befördert (problemorientiertes Lernen und Lehren). Der Lehrende sollte die Vielzahl operativer Lerntätigkeiten kennen und klassifizieren können

Beschaffenheit der im Arbeitsprozeß befindlichen Information

- Strukturiertheit:
Informationen sind nicht im Rohzustand, sondern werden im Arbeitsprozeß entsprechend den Wissensstrukturen des Langzeitgedächtnisses konstruiert

- Umfang und Bewußtheitsgrad:
Möglicherweise ist die Aktivation auf 7 Einheiten (bzw. Propositionen) beschränkt, so daß bei einer weiteren Erregungsausbreitung die Aktivation bereits erregter Knoten erlischt.
Enthält nicht nur das dem Menschen Bewußte, sondern alles, was zu einem bestimmten Zeitpunkt, auch mit unterschiedlicher Aktivationsstärke, aktiviert ist.
Im Arbeitsprozeß können 7 +/- 2 Einheiten unterschiedlicher Abstraktheit gleichzeitig aktualisiert sein. Zudem kann kaum oder wenig Bewußtes aktiviert sein, ohne die Kapazitäten zu beeinträchtigen

- *Lernen:*
Bewußte und kaum sowie wenig bewußte Aktivationen umfassen den aktuellen Lernraum

Kennzeichnung:
- speichert semantische Wissensstrukturen, die aus miteinander verknüpften Propositionen bzw. Knoten bestehen (semantische Netzwerke)
- Propositionen können zu Schemata zusammengefaßt werden
- speichert episodische Strukturen

Langzeitgedächtnis

Die Lerntätigkeiten – Erarbeiten eines operativen Lernbegriffs durch Textvergleich

Die bisherigen Untersuchungen zeigten, daß Lernen ein sehr komplexer internaler Vorgang ist, der durch vereinfachende Modelle, wie beispielsweise das behavioristische Modell, nicht abgebildet werden kann. Die Darstellung des Lernens auf dem Hintergrund eines Modells der menschlichen Informationsverarbeitung hingegen kommt der Komplexität internaler Vollzüge näher.

Im folgenden sollen nun die Lerntätigkeiten selbst thematisiert werden. Das Modell der menschlichen Informationsverarbeitung verweist implizit auf den zentralen Stellenwert der Arbeitsprozesse für das Lernen. Grzesik formuliert diesen Zusammenhang zudem explizit, indem er den operationalen Charakter aller Aktivitäten betont und darüber hinaus das der Beschaffenheit der menschlichen Informationsverarbeitung gemäße Lehren hervorhebt: Lehren beeinflußt die Arbeitsprozesse der Informationsverarbeitung, indem beispielsweise entsprechende Aufmerksamkeitssteuerungen des Lernenden vorgenommen werden. Zudem kann konstatiert werden, daß das Lehren Einfluß auf sämtliche Arbeitsprozesse gewinnen muß, um intendierte Lernprozesse zu ermöglichen. Eine Voraussetzung hierfür ist, daß diese Prozesse genauer und differenzierter auf dem Hintergrund der gesamten menschlichen Informationsverarbeitung und ihrer Strukturen, Kapazitäten und Begrenztheiten darstellbar werden. Eine globale Einteilung in assimilierende und akkommodierende oder in kognitive, metakognitive und affektive Informationsverarbeitungsprozesse reicht sicherlich nicht aus, um das Lehren gezielt hinsichtlich der entsprechenden Lerntätigkeiten zu gestalten.

Mit Hilfe der folgenden vier Textauszüge soll nun der Versuch unternommen werden, den operativen Charakter der Informationsverarbeitung und des Lernens näher zu kennzeichnen. Folgende Aspekte werden hierbei von Wichtigkeit sein:

- Der Handlungsaspekt – die spezifische Qualität der Operationen:
Unterscheiden sich die internen und mentalen Tätigkeiten in spezifischer Form von anderen Tätigkeiten und Handlungsvollzügen des Menschen?
- Die Genese der Operationen:
Wie entwickeln sich diese informationsverarbeitenden Tätigkeiten, welchen 'Ursprung' haben sie, und gibt es im Laufe der Entwicklung eines Menschen typische Stadien, innerhalb derer die informationsverarbeitenden Prozesse eine spezifische Qualität haben?
- Die Typisierung und Systematisierung der Operationen:
Können diese Tätigkeiten näher benannt werden, gibt es hierbei Typen von Tätigkeiten oder elementare Tätigkeiten oder gar eine systematische Beziehung zwischen den Tätigkeiten?
- Das Lernen und Lehren:
In welcher Form kann das Wissen über diese Tätigkeiten die Gestaltung von Lern- und Lehrprozessen beeinflussen?

Der nachfolgende Text von Aebli thematisiert insbesondere den Handlungsaspekt, indem er erstens Operationen als eine Form der mentalen internalen Tätigkeit näher bestimmt und diese zweitens vom Handeln und von anderen psychischen Tätigkeiten unterscheidet. *Lesen Sie den folgenden Text gründlich durch.*

T 31

Hans Aebli: Denken. Das Ordnen des Tuns.
Bd. 1: Kognitive Aspekte der Handlungstheorie, Stuttgart: Klett-Cotta 1980, S. 213–218 (Auszug).

Handlungen werden abstrakt: Reduktion auf das strukturelle Gerüst

Der vorangehende Abschnitt hat uns vor allem gezeigt, was Operationen nicht sind: bloße verinnerlichte Handlungen. Verinnerlichte Handlungen sind vorgestellte Handlungen, keine Operationen. [...] Welches sind also die wesentlichen, definierenden Züge der Operation? Sie sind im Bereiche der Struktur zu finden. Wir beginnen damit, die gemeinsamen Züge von Handlung und Operation zu bezeichnen, um sodann die „differenticae specificae" der Operation zu nennen.

Handlungen stellen Beziehungen her. So ist es eine Handlung, in einem Abstand von einem Meter zwei Beigen Ziegelsteine 30 cm hoch aufzuschichten, ein Brett darüber zu legen und Bücher darauf zu stellen. Eine andere Handlung ist es, von Bern nach Berlin zu reisen, oder einen Kollegen von der Wichtigkeit der Linguistik FILLMORES für die Handlungstheorie zu überzeugen. In jedem Falle werden Beziehungen hergestellt. [...] Handlungen stellen Beziehungen her, weil diese in der Intention des Handlungsschemas implizit enthalten sind: Im Aufschichten der Ziegelsteine deren „Aufeinander", im Darüberlegen des Brettes die Beziehung der „erhöhten Verbindung der beiden Stützen", im Nach-Berlin-Reisen mein Kontakt mit Berlin, in meinem Reden mit dem Kollegen die Annahme meiner Argumente durch ihn. [...]

All das, was wir hier von der Handlung in Erinnerung gerufen haben, gilt auch von der *Operation*. Auch sie stellt Beziehungen her. Auch sie bezieht in ihr Funktionieren vorgefundene Gegenstände der Umwelt ein oder erzeugt sie in wahrnehmbarer oder in vorstellungsmäßiger Form selbst. Auch in ihrer Intention ist eine Beziehung, das Ergebnis, vorausgenommen. Worin besteht der Unterschied? In der *Abstraktheit* und in der *Reinheit ihrer Konstruktion*. Diese Züge realisieren sich fast vollständig in den Steuerungsprozessen der Operation. Wir können daher sagen: Eine Operation unterscheidet sich von einer Handlung vor allem in der Art ihrer Steuerung, einfacher ausgedrückt: in dem, worauf der Handelnde bei ihrer Ausführung *achtet*.

Dieser Gedanke kann am ersten der drei genannten Beispiele deutlich gemacht werden. Wer Ziegelsteine aufeinanderschichtet, muß auf Verschiedenes achten. [...]

Der Erbauer kann seine Aufmerksamkeit noch auf einen anderen Aspekt seiner Handlung wenden. Er kann feststellen, daß er die beiden Backsteinbeigen so weit auseinanderstellen muß, daß der Abstand ihrer Außenkanten gleich der Länge des Brettes ist. Er wird, mit anderen Worten, die linke und rechte äußere Oberkante der Beigen als zwei Strecken im Raum betrachten, und er wird die untere Seite des Brettes als ein Rechteck ansehen, dessen beide Breitseiten auf den beiden Strecken liegen sollen. All das kann er in der Wahrnehmung oder in der Vorstellung realisieren. Er kann aber auch konkret handelnd vorgehen, die beiden Beigen einmal in der ungefähr richtigen Distanz aufschichten und dann einen Helfer bitten, das Brett auf der einen Seite bündig festzuhalten, während er die andere Beige so weit verschiebt, bis sie ihrerseits mit dem Brettende bündig ist. Auch diese konkrete Handlung ist damit eine Operation. Hier wird nur eines beachtet: das Zusammenfallen zweier Strecken mit den zwei Breitseiten eines Rechteckes. Man sieht: Nicht nur die Steuerung der Handlung ist abstrakt. Auch die darin vorkommenden Gegenstände werden abstrakt gesehen, denn, ob Buchen- oder Eschenbrett, ist hier alles einerlei. Ja, sogar die Dicke des Brettes spielt keine Rolle: Der Operierende beachtet in diesem Moment am Brett nur die rechteckige Unterfläche.

Entsprechend ist das Ergebnis im Bewußtsein des Operierenden ein reines und abstraktes: [...] eine Unterstützungsfläche links – eine Unterstützungsfläche rechts – dazwischen eine Verbindung, oder, noch abstrakter und etwas anders betrachtet, zwei Strecken im Raum, dazwischen aufgespannt, ein ebenes Rechteck.

So können wir eine Operation eine abstrakte Handlung nennen. Sie kann effektiv ausgeführt oder nur gedacht werden: Das ist unwesentlich. Wenn sie effektiv ausgeführt wird, so sieht der Handelnde von anderen, im übrigen für den Erfolg der Handlung zwar notwendigen, aber im Moment nicht interessierenden Aspekten der Handlung ab, um einen einzigen zu zentrieren, diesen aber in Klarheit und in bestmöglicher Strukturierung zu sehen. Dieses Bemühen um bestmögliche Strukturierung macht das Operieren nun auch zu einem kognitiven Prozeß. Zwar sind die Grenzen fließend, die Richtung ist jedoch klar: Indem das Bemühen um Strukturierung in den Vordergrund tritt, wird die Handlung „kognitiv".

Nun könnte man sagen, das leuchte alles ein, aber es sei doch deutlich, daß Operationen nicht aus Handlungen hervorgehen, sondern daß bei ihnen ein neues, vielleicht „geistiges" oder „theoretisches" Element zur Handlung hinzukomme. Darauf antworten wir: Daß Operationen höher strukturiert sind als Handlungen, ist offensichtlich. Indessen sind auch Handlungen strukturiert. Es besteht daher kein Grund, das Mehr an Strukturiertheit nun plötzlich zum Anlaß zu nehmen, in der Operation ein neues, andersartiges Element zu sehen. Sodann könnte man sagen, die Operation sei doch deutlich ein innerliches Geschehen, das zum äußeren Tun des Bewegens von Steinen und Brettern hinzukomme. Darauf würden wir antworten: Auch beim „äußeren Tun" des Aufschichtens von Steinen und Hinlegens des Brettes ist das Entscheidende seine Steuerung. Bloße Muskelaktivität ist nichts, nur gesteuerte Muskelaktivität erzeugt ein brauchbares, nämlich strukturiertes Ergebnis. Wenn man also schon ein innerliches Element in der Operation sehen will, so muß man es auch in der Handlung sehen; auch in dieser Hinsicht sind Handlungen und Operationen verwandt.

Ja, man könnte so weit gehen und feststellen, daß auch jede Handlung auf ihre Weise abstrakt ist, denn sie behandelt ihre Gegenstände unter gewissen Gesichtspunkten. Diese hängen wesentlich mit dem verfolgten Ziel zusammen. So wird ein Büchergestell-Bauer in einer Hütte, die er allein bewohnt, das Geräusch, das er beim Niederlegen der Steine verursacht, nicht beachten; sein Handeln „abstrahiert" davon und ist in dieser Hinsicht „abstrakt". Ebenso wird er sich wahrscheinlich keine Gedanken über die Stabilität seiner Konstruktion machen; wenn nicht gerade ein schweres Erdbeben auftritt, werden die Ziegelsteine durch ihre bloße Schwere aufeinander stehen bleiben. [...] So kann man sagen, daß schon in der Handlung Ansätze zu einer abstrakten Behandlung der Gegenstände vorliegen; sie werden in der Operation einfach konsequent fortgeführt.

Schließlich ist darauf hinzuweisen, daß wir hier einige Beispiele dessen gesehen haben, was Piaget *„abstraction à partir de l'action"* und – später und weniger glücklich – *„abstraction réfléchissante"* genannt hat. In der Tat: es geht hier nicht primär um Abstraktion an Gegenstandsvorstellungen. Weggelassen werden nicht Merkmale von Objekten. Die Abstraktion, von der wir hier sprechen, vollzieht sich an Handlungen. Operationen sind abstrakte Handlungen. Erst in einem zweiten Schritt könnte man sagen, die abstrakte Operation *behandle* auch ihre Gegenstände anders, beachte weniger Merkmale an ihnen. Das Primat kommt der Handlung zu. Objekte treten in unserer Sicht zuerst im Rahmen von Handlungen auf. Zwar kann es im Verlauf der phylogenetischen und der ontogenetischen Entwicklung dazu kommen, daß sich der Mensch ein Bild der Wirklichkeit aufbaut, das von seinen spezifischen Handlungsinteressen mehr oder weniger unabhängig ist. Aber auch dann bleibt noch, was wir über die Wahrnehmung gesagt haben: daß die Darstellung der Wirklichkeit, der Aufbau ihres Bildes, selbst ein *Akt* des Subjektes ist und in dieser Hinsicht dem Handeln und dem Operieren gleicht. Die Gegenstände und die Phänomene der Welt sind in dieser Sicht Objekte von Darstellungshandlungen.

Schließlich bleibt festzuhalten, daß die hier entwickelte Theorie einen stufenweisen Übergang von der Handlung zur Operation postuliert. Die Stufen des Übergangs sind Stufen der Abstraktion. Die Handlungen, die wir geschildert haben, können zunehmend abstrakt gesteuert und betrachtet werden. Sie werden damit zunehmend „operativ".

Der Text von Aebli soll im folgenden unter einer spezifischen Frageintention behandelt werden: Inwiefern gibt er Auskunft über die bislang noch nicht weiter spezifizierten mentalen Tätigkeiten der Informationsverarbeitung? Diese Frageintention bildet eine thematische Perspektive, die erstens später auf weitere Texte zur Gewinnung zusätzlicher Aspekte bezogen wird und zweitens im vorliegenden Text einer selektiven, themenbezogenen Informationsgewinnung dienen soll. Die einzelnen Texte sind in diesem Zusammenhang nicht für sich allein von Interesse, sondern dienen als Informationsquelle für die Behandlung eines ausgewählten Themas. Diese Untersuchungsabsicht lenkt und beeinflußt die nun folgende Textanalyse: Die basalen textanalytischen Methoden der Gliederung nach Text- bzw. Sinnabschnitten werden unter der Perspektive des gewählten Themas durchgeführt: Erstens werden solche Informationen, die der Klärung des Themas nicht direkt dienen, nicht näher behandelt. Dies kann dazu führen, daß möglicherweise für andere Leseinteressen wichtige Kernaussagen des Textes hier nicht weiter untersucht werden. Zweitens wird auch die Gliederung nach Sinnabschnitten durch die thematische Perspektive geleitet. Dabei kann es zu einer Festlegung von Sinneinheiten kommen, die erheblich von derjenigen unter nicht explizierten oder anderen thematischen Perspektiven abweicht. Im Extremfall können hierbei ganze Textpassagen, nachdem sie auf ihren Aussagegehalt hinsichtlich des gewählten Themas geprüft wurden, von der näheren Analyse des Textes ausgenommen werden.

Diese Form des Zugriffs auf Texte hat für alle themengeleiteten Untersuchungsabsichten, wie dies z.B. bei Seminar- oder Examensarbeiten der Fall ist, eine zentrale Bedeutung. Um einer Arbeit einen 'roten Faden' zu geben, müssen Texte selektiv behandelt werden. Geschieht dies nicht, ist schnell die Gefahr gegeben, daß eine Arbeit letztlich nur summarisch die einzelnen Aussagen verschiedener Texte referiert, ohne Gewichtungen der Relevanz von Textinformationen hinsichtlich des Themas vorzunehmen. Diese themenbezogene und selektive Behandlung von unterschiedlichen Texten ist eine notwendige Voraussetzung dafür, einen themenbezogenen Textvergleich durchführen zu können.

Gliedern Sie den vorliegenden Text in einzelne Sinnabschnitte, die jeweils die Formulierung von Kernaussagen zum Verhältnis von Handlung und Operation zulassen, und kommentieren Sie anschließend diese Kernaussagen hinsichtlich des vorgegebenen Themas: die Kennzeichnung mentaler Tätigkeiten innerhalb der menschlichen Informationsverarbeitung.

Legen Sie hierfür eine dreispaltige Tabelle mit den Spalten: Textabschnitte, Sinnabschnitte und Kommentar an. Formulieren Sie in der zweiten Spalte die Kernaussagen der Sinnabschnitte, und ordnen Sie ihnen in der ersten Spalte die von Ihnen durchnumerierten Textabschnitte zu. Kommentieren Sie die Aussagen anschließend in der dritten Spalte unter der hier gewählten thematischen Perspektive.

Textabschnitte	**Sinnabschnitte**	**Kommentar**
1	Operationen sind keine bloß verinnerlichten Handlungen. Operationen und Handlungen unterscheiden sich strukturell voneinander	Mentale Tätigkeiten können zumindest in die beiden Tätigkeitstypen „bloß verinnerlichte Handlungen" und „Operationen" unterschieden werden
2, 3	Handlungen und Operationen sind ziel- bzw. ergebnisorientiert. Operationen zeichnen sich dadurch aus, daß sie • abstrakt und rein in ihrer Konstruktion sind und • eine eigene Art der Tätigkeitssteuerung haben	• Mentale Tätigkeiten haben durch ihre Ziel- bzw. Ergebnisorientiertheit stets einen Bezug zur 'äußeren' Welt • Die operative Informationsverarbeitung ist die Basis für abstrakte, klar konstruierende und in besonderer Weise steuernde Tätigkeiten
4, 5, 6	Operationen sind abstrakt hinsichtlich: • der Steuerung der Handlung • der Bewußtseinsgegenstände • des Ergebnisses des Operierens	Aufgrund ihrer Abstraktheit sind Operationen stets nur auf Teilaspekte (der Handlung selbst, der konstruierten Gegenstände und der Ergebnisse) komplexer und konkreter Handlungen bezogen

Textabschnitte	Sinnabschnitte	Kommentar
7	Eine Operation ist eine abstrakte Handlung, die einen Aspekt zentriert, um ihn möglichst klar und strukturiert zu sehen	Da die Operation nicht die Gesamtheit der tätigkeitsrelevanten Momente in den Blick nimmt, können mit ihr einzelne Gegenstände klarer, bewußter und strukturierter gesehen werden. Operationen bilden die Basis für erkenntnisorientierte Tätigkeiten
8,9	Operationen gehen aus Handlungen hervor, ohne ein neues oder andersartiges Element zu bilden: • Sie bauen auf jenen auf, insofern sie ein höheres Maß an Strukturiertheit aufweisen • Operationen und Handlungen trennt nicht der Dualismus: 'äußerlich' vs. 'innerlich'. Vielmehr ist beiden – zumindest in Teilen – ein innerliches Moment zu eigen • Operationen führen die schon in den Handlungen angelegte Abstraktheit konsequent fort	Hinsichtlich ihrer Eigenschaft als mentale Tätigkeiten unterscheiden sich Handlungen und Operationen nicht voneinander: Beide sind strukturiert, 'innerlich' und abstrakt. Ihre Differenz besteht darin, daß der Grad an Strukturiertheit und Abstraktion bei der Operation zunimmt. Mentale Tätigkeiten müssen immer in irgendeiner Form strukturiert sein, und ihnen kommt stets das Moment der Abstraktion zu, da das Subjekt nicht alle Momente des Konkreten zugleich erfassen kann
10	Operationen sind in erster Linie Abstraktionen von Handlungsmomenten. Daraus folgt in zweiter Linie, daß sie auch ihre Gegenstände abstrakt behandeln	Als abstrakte Vollzüge konstruieren Operationen auch ihre Gegenstände als abstrakte. Die informationsverarbeitende Tätigkeit konstruiert Information, deren Eigenschaften und Qualitäten vom Konstruktionsprozeß selbst abhängig ist
11	Der Übergang von Handlungen zu Operationen wird durch ein stufenweises Abstrahieren vollzogen, in dem die Handlungen zunehmend 'kognitiv' werden	Die Informationsverarbeitung wird zumindest hinsichtlich der kognitiven und metakognitiven Prozesse grundlegend mit Hilfe von Operationen vollzogen

Kennzeichnen Sie entsprechend den bisherigen Aussagen und Erläuterungen zum Text von Aebli den Stellenwert der Operationen für die Informationsverarbeitung und das Lernen des Menschen. Versuchen Sie hierbei das von Klafki im Rahmen seiner didaktischen Konzeption angesprochene exemplarische Lernen zu thematisieren, indem Sie die schon bei der Bearbeitung des Grzesik-Textes angedeutete operationale Bedeutung nun eingehender betrachten.

Operationen sind informationsverarbeitende Tätigkeiten, die die Grundlage für den Vollzug von kognitiven und metakognitiven Prozessen bilden. Diese Funktion können sie aufgrund ihres relativ hohen Grades an Abstraktheit, ihres hohen Maßes an Strukturiertheit und ihrer besonderen Steuerungsfähigkeit erfüllen. Nach Aebli unterscheiden sich Operationen von anderen mentalen Tätigkeiten, so z.B. der bloß verinnerlichten Handlung, der innerlichen Vorstellung einer Handlung, nicht dadurch, daß ihnen eine völlig andere oder neue Qualität der Tätigkeit zukommt. Vielmehr knüpft das Operieren an diese bloßen Vorstellungstätigkeiten an, indem es von den diesen Tätigkeiten bereits inhärenten Aspekten der Strukturiertheit, der Abstraktheit und der Steuerung ausgeht und diese in besonderer Weise akzentuiert und qualitativ verbessert.

Operationen können demnach als abstrakte Handlungen gekennzeichnet werden, die sich aufgrund ihrer Abstraktheit von Handlungen zu kognitiven und metakognitiven Prozessen entwickeln.

Unter dem Gesichtspunkt des Lernens erhalten die Operationen in dem hier dargestellten Sinne eine besondere Bedeutung: Sie sind als kognitive und metakognitive Vollzüge diejenigen Prozesse, die Lernen in besonderer Weise ermöglichen und die von Lehrenden angeregt und auch gesteuert werden.

Alle informationsverarbeitenden Tätigkeiten, wie z.B. auch die bloße Verinnerlichung von Handlungen, können Lernen ermöglichen. Grzesik geht in seinen Ausführungen sogar so weit, daß er mit allen mentalen Tätigkeiten einen Lernprozeß verbindet. Nach Piaget könnte dieser Zusammenhang folgendermaßen spezifiziert werden: Jede Informationsverarbeitung ist zugleich mit assimilierenden und akkommodierenden Prozessen verbunden, so daß neue Informationen bereits bestehende Schemata anreichern bzw. modifizieren. Diese Vorgänge sind Lernvorgänge.

Die Operationen stellen mentale Tätigkeiten dar, mit deren Hilfe kognitive Assimilations- und Akkommodationsprozesse vollzogen werden, die wiederum kognitive Lernprozesse hervorbringen.

Die bloße Verinnerlichung von Handlungen erzeugt beim Lernenden, obschon auch ihr bereits strukturierende, abstrahierende und steuernde Prozesse zu eigen sind, noch eine relativ vage, informationsgeladene und ungenaue innere Vorstellung. Durch abstrahierende Prozesse werden hingegen spezifische Merkmale der Handlung fokussiert, so daß diese Aspekte besser in den Blick und somit in die Aufmerksamkeit des Lernenden gelangen. Es werden nur bestimmte Hinsichten und nicht mehr die mannigfaltigen konkreten Merkmale einer Handlung erfaßt, so daß eine gezielte Aufmerksamkeitssteuerung möglich wird.

Im Rahmen der Erarbeitung eines Modells der Informationsverarbeitung wurde von allen behandelten Autoren die quantitative Begrenztheit des „Arbeitsspeichers" betont. Versucht nun ein Lernender möglichst viele konkrete Informationen gleichzeitig zu fokussieren, ist seine Kapazität zur Verarbeitung der Informationen schnell erschöpft. Abstrahierende Prozesse ermöglichen hierbei eine Reduktion der Komplexität und eine Konzentration auf einige wenige Merkmale, für die jedoch dann ein höheres Maß an Verarbeitungs- und Lernkapazität zur Verfügung steht.

Die Ausführungen zeigen, daß Abstraktionen die Steuerung und Strukturierung von Informationen implizieren. Abstraktionen steuern, indem sie die Aufmerksamkeit auf bestimmte Aspekte lenken, und sie strukturieren, indem sie den abstrakten Handlungen eine Struktur unterstellen. Das Handeln, das zudem als konkrete Handlung durch individuelle Merkmale geprägt ist, besteht somit nicht mehr nur aus der Summe einzelner und vielfältiger Teile, sondern durch die Abstraktion werden die Vorstellungsinhalte gemäß bestimmter Strukturen, die die Tätigkeit steuern, verknüpft. Die Handlungen erhalten dadurch ein höheres Maß an Rationalität und Durchschaubarkeit, können auf andere konkrete Handlungen übertragen werden und verlieren sich nicht in der konkreten Vielfältigkeit individueller Handlungsbedingungen.

Für das exemplarische Lernen kann aus dem Dargestellten folgende Schlußfolgerung gezogen werden:

Handlungen können durch ihre operative Verarbeitung rationaler und durchschaubarer gemacht werden. Die Bewältigung von Handlungen mit ähnlichen Strukturen, die jedoch individuell sehr unterschiedlich ausgeprägt sein können, gelingt mit Hilfe der entsprechenden Operationen sicherer, bewußter und auch effektiver. Das exemplarische Lernen basiert darauf, daß Operationen, die am Beispiel eines bestimmten Zusammenhangs erworben wurden, nun auch auf andere Zusammenhänge übertragen werden können, indem diese Operationen die Informationsverarbeitung in der neuen Situation steuern. So kann z.B. die Fähigkeit, einen Text im Hinblick auf seinen Gedankengang zu gliedern, bei der Analyse eines bestimmten Textes erworben werden. Der Lernende hat, wenn er eine solche Gliederung durchführt, die hierfür spezifischen Operationen verwendet. Kann er diese auch auf die Analyse anderer Texte mit ähnlicher Struktur und ähnlichem Schwierigkeitsgrad anwenden, so ist diese textverstehende Fähigkeit, exemplarisch erworben, nun auf viele ähnliche Fälle anwendbar, d.h. generalisierbar und übertragbar. Das Beispiel zeigt, daß mit dem exemplarischen Lernen der Transfer des Gelernten auf andere Anwendungssituationen möglich wird. Sind die entsprechenden Operationen entwickelt, so können neue Aufgaben gleichen Typs besser und schneller bewältigt und die mit ihnen verbundenen Informationen demnach gezielter und strukturierter verarbeitet werden.

Zudem zeigt dieses Beispiel, daß Lernen nicht nur darin besteht, neues Sachwissen in bereits erworbene Wissensstrukturen aufzunehmen. Lernen besteht zugleich und möglicherweise auch in grundlegender Weise darin, daß Operationen entwickelt und erworben werden. Aeblis Text verweist dabei auf die elementare und konstitutive Bedeutung des Handelns für den Aufbau der Operationen: Operationen werden durch und im Handeln gelernt. Lernen vollzieht sich in erster Linie handlungsorientiert, wobei die entsprechenden Operationen durch Abstraktionsprozesse erworben werden.

Im Rahmen der bisherigen Erarbeitungen kann nun ein generalisierendes Ergebnis formuliert werden, in dem lerntheoretische Überlegungen mit didaktischen Gesichtspunkten verbunden werden: Didaktische Überlegungen, wie beispielsweise die Maxime der Exemplarität, die von Klafki aus bildungstheoretischer Sicht aufgestellt wurde, können durch nähere Analysen der Lernoperationen sinnvoll beschrieben werden. Bildungstheoretische und didaktische Untersuchungen werden damit durch eine psychologische Perspektive angereichert, die wiederum grundlegend für die Ermittlung eines den jeweiligen Lernprozessen angemessenen Lehrens ist.

Im folgenden Auszug werden die bisherigen Ausführungen zur Entwicklung der Operationen aus dem Handeln um die Darstellung ihrer entwicklungspsychologischen Genese erweitert. *Gliedern Sie schon beim ersten Leseprozeß den Text nach den von Piaget aufgeführten Entwicklungsphasen, indem Sie den Anfang und das Ende dieser einzelnen Sinnabschnitte am Textrand markieren und deren Kernaussagen unterstreichen.*

T 32

Jean Piaget: Theorien und Methoden der modernen Erziehung,
Frankfurt a.M.: Fischer Taschenbuch Verlag 1990, S. 31–34 (Auszug).

Die Entwicklung der Operationen

[...] Den Anfangspunkt der intellektuellen Operationen muß man also bis in eine erste Entwicklungsperiode zurückverfolgen, die vom Handeln und der sensomotorischen Intelligenz charakterisiert wird. Diese gänzlich praktische Intelligenz, die als Mittel einzig die Wahrnehmung und die Bewegungen benützt, ohne bereits zu Vorstellungen oder zum Denken fähig zu sein, zeugt nichtsdestoweniger von der Existenz eines Bemühens um Situationsverständnis. Und sie mündet schließlich in der Erstellung von Aktionsschemata, die den späteren Operations- und Begriffsstrukturen als Substrukturen dienen werden. Beispielsweise beobachtet man bereits auf dieser Stufe die Konstruktion eines fundamentalen Schemas des Behaltens: Das Kind merkt sich die Anwesenheit fester Gegenstände, die ab einem Alter von neun oder zehn Monaten (nach diesbezüglich völlig negativen Phasen) hinter Trennwänden gesucht werden, auch wenn sie jeglicher momentanen Wahrnehmung entzogen sind. Desgleichen beobachtet man die Ausbildung schon fast reversibler Strukturen: etwa die Organisierung der Stellungen und Umstellungen in einer »Gruppe«, die durch die Möglichkeit des Umkehrens und Ausweichens gekennzeichnet ist (reversible Mobilität). Man kann die Konstituierung von Kausalbeziehungen verfolgen, welche zunächst an die reine Aktion allein geknüpft sind und später nach und nach objektiviert und, in Verbindung mit der Konstruktion des Gefüges von Ding, Raum und Zeit, eingeordnet werden. [...]

Ab dem zweiten Lebensjahr beginnt eine zweite Periode, die sieben oder acht Jahre dauert und deren Beginn durch das Auftreten der Symbol- oder semiotischen Funktion markiert wird. Diese gestattet, sich augenblicklich nicht wahrnehmbare Dinge oder Ereignisse vorzustellen, indem man diese mit Hilfe von Symbolen oder differenzierten Merkmalen vergegenwärtigt: solche sind das symbolische Spiel, die »verschobene« Nachahmung, die Zeichnung usw. und vor allem die Sprache selbst. Die Symbolfunktion erlaubt es so der sensomotorischen Intelligenz, zum Denken überzugehen, doch verzögern zwei Umstände die Entwicklung der eigentlichen Operationen, so daß während der gesamten zweiten Periode das intelligente Denken präoperativ bleibt.

Der erste dieser Umstände ist folgender: Es bedarf einer gewissen Zeit, um das Handeln zum Denken zu verinnerlichen, denn es ist weit schwieriger, sich den Ablauf einer Handlung und deren Ergebnisse mit den Mitteln des Denkens vorzustellen, als sich auf eine materielle Durchführung zu beschränken: Zum Beispiel ist es etwas ganz anderes, in Gedanken ein Quadrat in Drehung zu versetzen und sich alle 90 Grad die Position der verschieden gefärbten Seiten vorzustellen, als das Quadrat tatsächlich zu drehen und die Effekte zu konstatieren. Die Verinnerlichung der Handlungen bedingt also deren Rekonstruktion auf einer neuen Ebene, und diese Rekonstruktion kann die gleichen Phasen durchlaufen wie die vorige Rekonstruktion, jedoch mit einem größeren Abstand vom Handeln selbst.

Zweitens erfordert diese Rekonstruktion eine weitaus größere ständige »Dezentration« – ein Verlassen der Mittelpunktposition – als auf der sensomotorischen Stufe. Bereits während der ersten beiden Jahre seiner Entwicklung (sensomotorische Periode) war das Kind gezwungen, eine Art kopernikanischer Revolution im kleinen zu vollbringen: Während es anfangs alles auf sich und seinen eigenen Körper bezogen hat, ist es schließlich dahin gelangt, ein raum-zeitliches und kausales Universum zu errichten, in dem sein Körper nur noch Objekt unter anderen inmitten eines unübersehbaren Gewirrs von Zusammenhängen ist. Auf der Ebene der gedanklichen Rekonstruktionen gilt das gleiche, aber in einem weit höheren Maß und mit einer Schwierigkeit mehr: Es geht darum, nicht nur eine Beziehung zur Dingwelt, sondern überdies auch zur Personenwelt zu finden; und das setzt eine zugleich physische und soziale Dezentrierung voraus, also ein Übergehen vom Egozentrismus zu den beiden Formen der Koordination, die am Ursprung der operativen Reversibilität stehen (Inversionen und Reziprozitäten).

In Ermangelung von Operationen gelangt das Kind im Verlauf dieser zweiten Periode nicht zur Konstituierung der elementarsten Gleichheitsbegriffe, ohne die das logische Schlußfolgern nun einmal unmöglich ist. So meint es, daß zehn aneinander gereihte Münzen eine größere Anzahl ergeben, wenn man zwischen ihnen Zwischenräume läßt; daß eine in zwei Teile geschiedene Menge mehr ausmacht als die ursprüngliche; daß eine Strecke, die einmal geknickt ist, dadurch länger wird; daß die Entfernung von A nach B nicht unbedingt dieselbe ist wie die zwischen B und A (besonders an einem Abhang); daß eine Flüssigkeit in einem Glas A mehr wird, wenn man sie in ein schmäleres Glas B gießt, usw.

Mit ungefähr sieben bis acht Jahren beginnt hingegen eine dritte Periode, in der diese Probleme und viele andere leicht gelöst werden – dank der Tatsache, daß Verinnerlichung, Koordination und Dezentration zunehmen und in jenes allgemeine Gleichgewicht münden, das von der Umkehrbarkeit der Operationen bewirkt wird (Inversionen und Reziprozitäten). Mit anderen Worten, man kann die Entwicklung der Operationen beobachten: Vereinigungen und Scheidungen von Klassen, also die Grundlage der Klasseneinteilung; Verkettungen von Beziehungen $A < B < C < \ldots$, Grundlage der Reihenbildung; Synthese der Klasseninhalte und der Reihenfolge (worauf die Zahlen beruhen); räumliche Trennung und kontrollierte Verschiebungen sowie deren Synthese, die zum Maßbegriff führt, usw.

Doch diese mannigfachen entstehenden Operationen erstrecken sich erst über einen zweifach begrenzten Bereich. Einerseits beziehen sie sich vorläufig bloß auf Gegenstände und nicht auf Hypothesen, die verbal in Form von Aussagen ausgedrückt werden (deshalb die Nutzlosigkeit von Vorträgen in den ersten Volksschulklassen und die Notwendigkeit eines konkreten Unterrichts). Andererseits sind sie einstweilen nur zu recht kleinen Schritten fähig, im Gegensatz zu den künftigen kombinatorischen und »Aussagen«-Operationen, deren Spielraum weit größer sein wird. Diese beiden Beschränkungen sind ziemlich interessant und zeigen, inwiefern diese anfänglichen Operationen, die man als »konkret« bezeichnet, noch mit der Aktion verwandt sind, aus der sie sich ableiten: denn die Zusammenfassungen, Reihenbildungen, Vergleiche usw., die in der Gestalt materieller Aktionen vollzogen werden, weisen tatsächlich diese beiden Arten von Merkmalen auf.

Um das elfte, zwölfte Lebensjahr schließlich tritt eine vierte und letzte Periode auf, die ihr Gleichgewicht auf der Stufe der Adoleszenz findet. Ihr allgemeines Kennzeichen ist die Erschließung einer neuen Art des Überlegens, die sich nicht mehr ausschließlich auf unmittelbar vorstellbare Objekte oder Realitäten bezieht, sondern auch auf »Hypothesen«: das heißt auf Aussagen, aus denen die notwendigen Folgerungen gezogen werden könnnen, ohne daß über ihre Richtigkeit oder Falschheit entschieden werden müßte, ehe das Ergebnis überprüft ist. Man beobachtet also die Entwicklung der sogenannten »Aussagen«-Operationen zusätzlich zu den konkreten Operationen: Implikationen (»wenn ... dann«), Disjunktionen (»entweder ... oder«), Inkompatibilitäten, Konjunktionen usw. Und diese Operationen weisen zwei neue Merkmale auf. Erstens enthalten sie eine Kombinatorik, was bei den »Gruppierungen« von Klassen und Relationen der vorhergehenden Stufe nicht der Fall ist; diese Kombinatorik ist ohne weiteres auf Objekte oder physische Faktoren ebenso anwendbar wie auf Ideen und Aussagen. Zweitens bringt jede Aussagenoperation eine inverse und eine reziproke Komponente mit sich; so sind diese beiden bislang voneinander getrennten Formen der Umkehrbarkeit (die Inversion für die Klassifizierungen und die Reziprozität für die Relationen) von nun an in einem Gesamtsystem vereint, das die Gestalt einer »Gruppe« von vier Transformationen hat.

Nutzen Sie Ihre Textmarkierungen für die Erstellung einer zweispaltigen Tabelle. Tragen Sie in die linke Spalte die Sinnabschnitte ein, indem Sie die einzelnen Entwicklungsperioden aufzählen und knapp kennzeichnen. Formulieren Sie anschließend in der rechten Spalte zusammenfassend Piagets Aussagen über die typischen informationsverarbeitenden Tätigkeiten innerhalb dieser Perioden.

Entwicklungsphasen	**Tätigkeiten**
1. Entwicklungsperiode: • vom Handeln und der sensomotorischen Intelligenz geprägt • praktische Intelligenz	• Wahrnehmung und Bewegung • keine Vorstellungs- und Denkfähigkeit • mündet in die Erstellung von Aktionsschemata als Basis für spätere Operations- und Begriffsstrukturen: – Schema des Behaltens – reversible Mobilität durch Umkehren und Ausweichen – an Aktionen geknüpfte Kausalbeziehungen
2. Entwicklungsperiode: • beginnt mit dem 2. Lebensjahr • die Symbol- oder semiotische Funktion tritt auf • geht zum Denken über, das jedoch noch präoperativ bleibt, weil – die Verinnerlichung des Handelns zum Denken und – die physische und soziale Dezentrierung (d.h. die Operationen der Reversibilität als Inversion und Reziprozität) Entwicklungszeit benötigen	• Vorstellungsfähigkeit durch – symbolisches Spiel – 'verschobene' Nachahmung – Zeichnung – Sprache • präoperatives Denken, d.h. die eigentlichen Operationen sind noch nicht entwickelt • aus diesem Grunde fehlen die elementarsten Gleichgewichtsbegriffe, die das logische Schlußfolgern benötigt

Entwicklungsphasen	Tätigkeiten
3. Entwicklungsperiode: • beginnt mit ca. 7–8 Jahren • konkret-operative Phase	• Zunahme von Verinnerlichung, Kooperation und Dezentration • Gleichgewicht durch Umkehrbarkeit der Operationen mit Hilfe von „Inversion" (Negation im Rahmen der Klassifizierung) und „Reziprozität" (Umkehrung von Relationen), die noch voneinander getrennt sind • Vereinigung und Scheidung von Klassen (Klasseneinteilung) • Verkettung von Beziehungen (Reihenbildung) • Synthese der Klasseninhalte und Reihenfolge (Zahlenbegriff) • räumliche Trennung und kontrollierte Verschiebung sowie deren Synthese (Maßbegriff) • Operationen sind auf Gegenstände und noch nicht auf Hypothesen bezogen • Operationen können nur in recht kleinen Schritten vollzogen werden und sind noch nicht in der Weise kombinierbar wie Aussagen-Operationen • ausschließlich konkrete Operationen, die in der Gestalt materieller Aktionen vollzogen werden
4. Entwicklungsperiode: • beginnt mit ca. 11–12 Jahren • aussagenlogische oder formal-logische Phase	• Denken, das sich auf Hypothesen, Aussagen bezieht • Aussagen-Operationen (Implikationen, Disjunktionen, Inkompatibilitäten, Konjunktionen etc.) • Kombinatorik der Operationen • Inversion und Reziprozität sind in einem Gesamtsystem der Operationen zu einer Gruppe von – Identität (dieselbe Operation) – Inversion (die Negation der Operation) – Reziprozität (die Umkehrbarkeit der Operation) – Korrelation (die gleichzeitige Negation und Umkehrung der Operation) vereint

Piaget beschreibt die Entwicklung der Operationen mit Hilfe einer relativ abstrakten und sicherlich in einem ersten Textzugriff nicht unmittelbar verständlichen Sprache. Dies liegt an seiner stark formalisierenden Darstellung der Operationen und ihrer Zusammenhänge.

Legen Sie deshalb in Form einer eingehenden schriftlichen Erörterung die Entwicklung der Operationen nach Piaget genauer dar.

Orientieren Sie sich hierbei an den in der tabellarischen Übersicht erfaßten Merkmalen der Entwicklungsstufen, und kennzeichnen Sie die Entwicklung der Operationen im Rahmen des von Piaget aufgezeigten Entwicklungszusammenhangs. Unterstreichen Sie hierfür zunächst diejenigen Begriffe aus dem tabellarischen Überblick, die Ihnen unklar geblieben sind, und versuchen Sie diese mit Hilfe Ihres bereits erworbenen Wissens zur Informationsverarbeitung und aus dem Kontext des vorliegenden Textes zu klären.

Referieren Sie anschließend die Aussagen des Textes schriftlich, indem Sie entsprechende Begriffsklärungen vornehmen und diese, nach Möglichkeit, durch anschauliche Beispiele ergänzen.

Piaget kennzeichnet die Genese der Operationen auf der Basis einer Entwicklungspsychologie der Intelligenz, innerhalb derer er vier Entwicklungsperioden unterscheidet.

Den 'Anfangspunkt' der Operationen sieht er in der praktischen bzw. sensomotorischen Intelligenz der ersten Entwicklungsperiode, deren Handlungen ausschließlich durch Wahrnehmung und Bewegung gekennzeichnet sind. Dementsprechend sind die internen psychischen Prozesse des Kindes, die akkommodierenden und assimilierenden Prozesse, „Aktionsschemata". Dies impliziert zwar, daß das Kind bereits psychische Schemata aufbaut, jedoch sind diese noch nicht an Denk- oder Vorstellungsprozesse gebunden.

Dennoch hat auch diese Phase bereits eine elementare Bedeutung für die Entwicklung der Operationen, insofern die Aktionsschemata Strukturen aufweisen, die jetzt zwar noch an die Mobilität gebunden sind, später jedoch als Strukturen der Operationen auftreten. So ist der Bewegung des Umkehrens und Ausweichens schon eine Reversibilität zu eigen, die von der sensomotorischen Intelligenz zwar nicht 'gedacht' oder 'vorgestellt', sondern nur in der Aktion realisiert wird, später jedoch eine wesentliche Grundstruktur der Operation selbst ausmacht.

Auch in der zweiten Entwicklungsphase bilden sich noch keine Operationen aus, obschon hier die psychischen Prozesse des Kindes bereits als Denkprozesse gekennzeichnet werden können. Denken wird nun dadurch möglich, daß das Kind zu Vorstellungen fähig ist. Diese werden wiederum durch die Symbol- oder semiotische Funktion ermöglicht: Die Symbolfunktion beispielsweise der Sprache ermöglicht es dem Kind, Vorstellungen von etwas zu haben, d.h. unabhängig von der direkten Wahrnehmung und Bewegung zu werden, weil das Symbolisierte und nicht nur das Wahrgenommene Gegenstand des psychischen Prozesses ist. Gleichwohl bleibt auch dieses Denken noch präoperativ, da zwei wesentliche kognitive Voraussetzungen der Operationen, die Verinnerlichung der Handlungen und die Dezentralisierung, erst allmählich aufgebaut werden. Die Verinnerlichung von Handlung ist die Vorstellung von einer Handlung oder eines Handlungsablaufes, die auch zeitlich unabhängig von dem tatsächlichen Eintreten der Handlung gebildet werden kann. Die Dezentralisierung ist eine Relativierung der eigenen Perspektive, wobei das Ich nicht mehr alle Handlungen, Vorstellungen und Wahrnehmungen nur auf sich bezieht, sondern sich selbst als eine Person unter anderen Personen erfährt. Die Dezentralisierung ermöglicht es dem Kind, Beziehungen zu andern Personen nicht nur aufzunehmen (dies ist ihm schon von Anfang an möglich), sondern diese Beziehungen als eine Relation zwischen dem Ich und der anderen Person vorstellen zu können.

Sind diese beiden grundlegenden kognitiven Fähigkeiten zur Verinnerlichung der Handlung und zur Dezentration noch nicht entwickelt, können sich auch keine Operationen ausbilden. Dies wird in der zweiten Entwicklungsperiode insbesondere dadurch deutlich, daß dem Kind aufgrund des noch präoperationalen Denkens elementarste Gleichgewichtsbegriffe fehlen.

Erst in der dritten Entwicklungsphase bilden sich die Operationen aus, da die Verinnerlichung der Handlungen und die Dezentration vom Kind vollzogen worden sind. Kennzeichnend für diese Periode ist nunmehr nicht nur die Tatsache, daß das Kind zu Vorstellungen befähigt ist, sondern daß die mit diesen Vorstellungsvollzügen verbundenen Operationen eine bestimmte Struktur aufweisen, die schon die sensomotorische Intelligenz im Hinblick auf ihre Wahrnehmungs- und Bewegungsakte erkennen ließ: die Reversibilität. Die besondere Qualität der nun möglichen operativen Reversibilität besteht darin, daß die Vorstellungsakte umkehrbar werden. Piaget unterscheidet zwei Klassen von umkehrbaren Operationen: die Inversion und die Reziprozität.

Die Inversion kehrt den Vorstellungsakt der Klassifizierung um, so daß das Kind, wenn es eine Klassifizierung vornimmt, sogleich selbstverständlich auch deren umgekehrte Operation, die Negation, vollziehen kann: A und ¬A. Analoges gilt für die Umkehroperation der Reziprozität, die sich auf die Vorstellung einer Relation und deren Umkehrung bezieht. So kann beispielsweise in der sozialen Dezentration das Kind nun seine Beziehung zu einer anderen Person umkehren, indem es in seiner Vorstellung die Position der anderen Person einnimmt und von deren Standpunkt aus die Beziehung zu ihm selbst betrachtet: A –> B und B –> A.

Die operative Reversibilität ermöglicht nun eine Reihe von Operationen, die ohne die Umkehrbarkeit des Vorstellungsaktes nicht möglich wären: Vereinigung und Scheidung von Klassen, Verkettung von Beziehungen etc.

In der dritten Entwicklungsperiode ist das operative Denken zwar schon ausgebildet, es unterliegt jedoch grundlegenden Einschränkungen: Die Klassifizierungen und Relationierungen können vorerst nur auf konkrete Gegenstände bezogen werden; die Operationen bleiben somit konkret. Zudem sind Klassifizierungen und ihre Inversion einerseits und Relationierungen und deren Reziprozität andererseits untereinander nicht kombinierbar.

Diese beiden Einschränkungen – der ausschließliche Bezug auf konkrete Gegenstände und die eingeschränkte Kombinierbarkeit der Operationen untereinander – werden erst in der vierten und letzten Periode der Entwicklung aufgehoben. Die Operationen können nun auch auf abstrakte Gegenstände bezogen werden, so daß durch sie – als Aussagen-Operationen – Hypothesen gebildet werden. Der Jugendliche wird unabhängig von der 'konkreten Realität' und kann schlußfolgernd und logisch konstruierend Modelle über sie bilden. Die Aussagen-Operationen erweitern das Spektrum der operativen Möglichkeiten, da nun zusätzlich zu den konkreten Operationen (Klassifizierung und Relationierung mit ihren entsprechenden reversiblen Operationen) eine Fülle von abstrakten Operationen möglich wird: Implikationen, Disjunktionen etc. Die Aussagen-Operationen sind abstrakte Operationen, die über konkrete Operationen vollzogen werden. Dies bedeutet, daß der Jugendliche nun nicht mehr nur klassifizieren bzw. relationieren und die jeweiligen Operationen zudem umkehren kann, sondern Klassifizierungen und Relationierungen sowie deren Reversibilität zum Gegenstand seines Operierens macht. Die noch dem konkret-operationalen Denken eigene Eingeschränktheit wird aufgehoben, und beide Reversibilitätsoperationen werden auf jede Aussage anwendbar.

Dadurch bilden die Aussagen-Operationen ein Gesamtsystem, in dem alle Operationen untereinander kombinierbar sind und das insgesamt durch vier grundlegende Transformationen (der „Gruppe") geprägt ist: erstens die Aussagen-Operation, zweitens deren Umkehrung durch Negation (Inversion), drittens deren Umkehrung durch die Reziprozität und viertens deren gleichzeitige Umkehrung durch Negation und Reziprozität. Am Beispiel der Implikation („wenn ... dann ...") kann eine solche „Gruppe" wie folgt dargestellt werden:

Die Implikation:
Die Implikation ist durch eine kausale Verknüpfung gekennzeichnet. Durch sie wird eine Ursache oder ein Grund (A) mit einer bestimmten Wirkung, dem Auftreten eines bestimmten Ereignisses (B) verbunden. Die Implikation bezieht sich demnach auf die Aussage, daß 'wenn A auftritt (bzw. 'wahr ist'), dann auch B auftritt (bzw. 'wahr ist')'. Formal kann diese Implikation folgendermaßen dargestellt werden: A => B.

Die Umkehrung als Negation der Implikation:
Die erste Form der Umkehrung der Implikation besteht darin, daß das Kausalverhältnis negiert wird. Es wird festgestellt, daß zwischen A und B kein kausales Verhältnis oder mit anderen Worten: die Nicht-Implikation besteht. Das Auftreten von A kann aussagenlogisch damit verknüpft werden, daß B nicht auftritt: A • ¬B.

Die Umkehrung als Reziprozität der Implikation:
Die zweite Form der Umkehrung besteht darin, daß die kausale Beziehung von A zu B umgekehrt wird. Dann gilt: „wenn B, dann A". Die reziproke Implikation kehrt die Relation zwischen A und B um: B => A.

Die Umkehrung als Reziprozität und Negation der Implikation:
Sollen nun beide Umkehrungen zugleich durchgeführt werden, so muß die reziproke Implikation nun wiederum negiert werden. Dies bedeutet, daß das umgekehrte Kausalverhältnis zwischen A und B in eine Nicht-Implikation transformiert, d.h. negiert wird. Wenn B auftritt, dann tritt A nicht auf: ¬A • B.

Implikation	Negation der Implikation	Reziproke Implikation	Negation der reziproken Implikation
A => B	A • ¬B	B => A	¬A • B

Diese hier sehr formal dargestelle Gruppe der Implikation erlaubt dem Denken eine differenzierte Erfassung von kausalen Beziehungen. Mit den jeweiligen Umkehrungen der Implikationen werden Aussagen formuliert, die als Hypothesen auf ihre Richtigkeit hin überprüft werden können und entsprechende Differenzierungen im Hinblick auf die Qualität der kausalen Verknüpfung zulassen. Ein Beispiel soll dies veranschaulichen:

Zwei Ereignisse, die durch Beobachtung gewonnen wurden, sollen nun aussagenlogisch im Hinblick auf die Gruppe der Implikation miteinander verknüpft werden. Die erste Aussage (A) „Es regnet" und die zweite Aussage (B) „Die Straße wird naß" gelten beide als wahr, da die jeweiligen Ereignisse eingetreten bzw. beobachtbar sind. Die erste Hypothese ist nun die Implikation, die kausale Verknüpfung zwischen diesen beiden Ereignissen. Es wird hierbei angenommen, daß diese beiden Ereignisse nicht nur zufällig zusammen auftreten, sondern daß (A) die

Ursache von (B) ist: Wenn es regnet, wird die Straße notwendig naß.

Um zu prüfen, ob tatsächlich ein Implikationsverhältnis und nicht nur ein zufällig gleichzeitiges Auftreten die Beziehung zwischen den beiden Ereignissen kennzeichnet, kann diese Implikationshypothese dadurch auf ihre Geltung hin überprüft werden, daß ausgeschlossen wird, daß ihre Negation ebenso Geltung besitzt: „Es regnet, und die Straße wird nicht naß", muß falsch sein, wenn das Implikationsverhältnis richtig ist. Erweist sich die Aussage in ihrer Negation als richtig, so muß das Implikationsverhältnis verworfen werden. In unserem Fall ist die Negation falsch, da Straßen bei Regen, soweit sie nicht überdacht sind, immer naß werden. Das Implikationsverhältnis kann demnach bestätigt werden. Als nächstes kann nun eine weitere Hypothese gebildet werden: „Wenn die Straße naß wird, dann regnet es"; dies ist die reziproke Implikation. Wird diese Aussage bestätigt, so kann geschlußfolgert werden, daß (A) und (B) immer nur zusammen auftreten, daß das Auftreten von (A) notwendig mit dem Auftreten von (B) und umgekehrt (B) notwendig mit dem Auftreten von (A) verbunden ist. Für unseren Zusammenhang bedeutete dies, daß der Regen die alleinige Ursache dafür wäre, daß die Straße naß wird. Daß ein kausales Verhältnis zwischen (A) und (B) besteht, konnte durch die Prüfoperation der Negation bereits bestätigt werden. Ob diese Kausalität zugleich jedoch dadurch gekennzeichnet ist, daß (A) die alleinige Ursache von (B) ist, kann nur überprüft werden, wenn auch die reziproke Implikation nicht negiert werden kann. Dies ist jedoch nicht der Fall: Die Negation der reziproken Implikation („Es regnet nicht, und die Straße ist naß") kann durchaus auftreten, wenn beispielsweise eine Straßenreinigungsmaschine die Straßennässe verursacht hat.

Anhand dieses Beispiels kann gezeigt werden, daß durch die Gruppe der Implikationsoperationen das Kausalverhältnis differenziert betrachtet werden kann: Es wird nicht nur festgestellt, daß ein Kausalverhältnis besteht, sondern zudem, daß die Ursache nicht als alleinige Ursache gelten und somit die Wirkung auch aufgrund anderer Ereignisse verursacht werden kann.

Aufgrund der Gruppenbildung, d.h. der unterschiedlichen Formen der Hypothesenbildung und deren Überprüfung, ist das formal-operationale Denken also in der Lage, genauere und differenziertere logische Aussagen zu treffen.

Nachdem nun die Entwicklung der Operationen nach Piaget eingehend untersucht wurde, soll im folgenden ein Vergleich zwischen Aeblis und Piagets Text durchgeführt werden, um deren jeweilige Darstellung des Operationsbegriffs deutlicher herauszuarbeiten.

Eine grundlegende Gemeinsamkeit beider Texte besteht darin, daß jeweils die Genese der Operationen in ihren verschiedenen Entwicklungsstadien aufgezeigt wird. Obschon Aebli hierbei die Entwicklung der Operationen allgemein aus dem Handeln darstellt und Piaget demgegenüber eine entwicklungspsychologische Genese im Blick hat, können beide hinsichtlich der Abfolge der jeweiligen Entwicklungsschritte miteinander verglichen werden.

Benennen und kennzeichnen Sie hierfür auf dem Arbeitsblatt A23 diese einzelnen Entwicklungsstadien hinsichtlich der für sie typischen Tätigkeiten. **A 23**

	Entwicklungspsychologische Genese der Operationen nach Piaget	Entwicklung der Operation aus der Handlung nach Aebli
1. Stadium:	Wahrnehmung und Bewegung	Handlung
Kennzeichnung:	Die Tätigkeiten sind noch nicht an Denkprozesse, sondern an Aktionsschemata gebunden, deren Strukturen in späteren Phasen auch als Operationsstrukturen auftreten werden (reversible Mobilität)	Auch Handlungen haben schon einen gewissen Grad an Strukturiertheit und Abstraktion

	Entwicklungspsychologische Genese der Operationen nach Piaget	**Entwicklung der Operation aus der Handlung nach Aebli**
2. Stadium:	Vorstellung; präoperatives Denken	Bloß verinnerlichte Handlungen
Kennzeichnung:	Durch die Vorstellungsfähigkeit, die durch die Symbolfunktion ermöglicht wird, beginnt das Denken, ohne jedoch bereits Operationen ausgebildet zu haben	In der bloßen Verinnerlichung der Handlung werden Handlungen vorgestellt
3. Stadium:	Konkrete Operationen	Die Operationen
Kennzeichnung:	Die Vorstellungen können mit Hilfe konkreter Operationen vollzogen werden, da folgende Fähigkeiten ausgebildet sind: • Verinnerlichung von Handlungen • Dezentration • Zwei noch voneinander getrennte Formen der Reversibilität (Inversion und Reziprozität). Die konkreten Operationen sind in ihren Denkprozessen an das Beobachtete und die Aktion gebunden	Sie sind gekennzeichnet durch ein relativ hohes Maß an Strukturiertheit und Abstraktion. Sie ermöglichen die Denkprozesse. In ihnen wird die Handlung 'kognitiv'
4. Stadium:	Aussagen-Operationen	
Kennzeichnung:	• Das Denken bezieht sich auf Aussagen und kann hypothesenbildend und modellbildend vollzogen werden • Die Aussagen-Operationen ermöglichen ein Operieren über konkrete Operationen und sind deshalb abstrakter als das konkrete Denken • Durch die Aussagen-Operationen entsteht eine freie Kombinatorik der Operationen • Die beiden Formen der Reversibilität können nun als aufeinander folgende oder gleichzeitige Transformationen einer jeden Aussage eingesetzt werden	

Führen Sie nun die Ähnlichkeiten, Gleichheiten und Verschiedenheiten beider Genesekonzepte auf. Wählen Sie die einzelnen Genesestadien als Vergleichsgesichtspunkte. Formulieren Sie die Ergebnisse Ihres Vergleichs, und heben Sie jeweils die von Ihnen gewählten Kriterien, unter denen Sie Aebli und Piaget in Beziehung zueinander setzen, durch gliedernde Überschriften oder Unterstreichungen hervor. Im folgenden Text wurden die Hervorhebungen durch Überschriften und Fettdruck vorgenommen.

1. Stadium:
Insbesondere im Vergleich der beiden Anfangsstadien der Operationsentwicklung wird die grundlegende Differenz der beiden **Ansätze** deutlich: Piaget setzt entsprechend seinem entwicklungspsychologischen Ansatz den Anfang der Genese der Operationen in die ersten Lebensjahre, während Aebli allgemeine Aussagen über die Entstehung von Operationen macht, die auf keine bestimmte Entwicklungsperiode bezogen sind. Während Piaget die psychische Entwicklung des Menschen und die unterschiedlichen Stufen der Intelligenz untersucht, zeigt Aebli eine Genese der Operationen vom äußerlichen Tun und Handeln hin zu internen psychischen Vollzügen auf.

Die **Tätigkeiten** in den beiden 'Anfangsstadien' der Operationen unterscheiden sich daher auch qualitativ voneinander, denn die bei Aebli genannten Handlungen können prinzipiell auch von Erwachsenen durchgeführt werden.

Trotz dieser Unterschiede kann jedoch festgestellt werden, daß beide Autoren die **Operationen aus dem Handeln entwickeln**. Darüber hinaus weisen beide Autoren dem Handeln ein gemeinsames Merkmal zu: die **Struktur**. Aebli betont, daß nicht nur die Operationen, sondern auch das Handeln selbst, aus dem sie sich entwickeln, schon einen gewissen Grad an Strukturiertheit aufweisen müssen. Piaget verweist auf diese Strukturiertheit des Handelns in der ersten Entwicklungsstufe, indem er feststellt, daß die vom Kind entwickelten Aktionsschemata grundlegende Ähnlichkeiten mit den Strukturen der späteren Operationen aufweisen: Sie sind bereits reversibel, wobei sich allerdings ihre Reversibilität noch nicht auf Denkstrukturen, sondern auf reversible Mobilitäts- und Bewegungsstrukturen bezieht.

Damit ergibt sich eine weitere Gemeinsamkeit beider Autoren: Sie schreiben dem Handeln eine bestimmte Eigenschaft zu, deren Weiter- und Fortentwicklung die Genese der Operationen ausmacht.

Die diese kennzeichnende **'Entwicklungslogik'** aber besteht nach Piaget darin, daß Strukturen der Aktion sich zu Denkstrukturen und damit zu den Operationen entwickeln. Aebli benennt diese Strukturen des Handelns und der späteren Operationen nicht. Er geht vielmehr von der Tatsache der Strukturiertheit selbst aus, die sich im Verlauf der Operationsentwicklungen verstärkt. Gleiches gilt für ihn hinsichtlich der Abstraktheit der Tätigkeiten. Der Entwicklungsprozeß ist bei Aebli demnach eher durch die relative Zunahme von Bestimmungsmomenten gekennzeichnet, während Piaget stärkere Stufungen und Abgrenzungen zwischen den einzelnen Entwicklungsschritten sieht und mehr die qualitative Veränderung ursprünglicher Strukturen betont.

2. Stadium:
Für beide Autoren ist dies die Phase des Beginns innerer **Vorstellungen**, die noch einen **vor-operationalen Charakter** haben. In der Begründung dieser Feststellung jedoch unterscheiden sich die Autoren voneinander.

Nach Piaget begründet einerseits die Symbolfunktion das sich nun entwickelnde Denken; andererseits ist es noch nicht in der Lage, diese Denkprozesse gemäß der den Operationen eigenen Strukturen zu vollziehen. Die Fähigkeit, innere Vorstellungen zu bilden, ist noch kein hinreichendes Kriterium für die Entwicklung der Operationen. Diese Entwicklungsperiode könnte gemäß Piaget als eine '**Übergangsstufe**' bezeichnet werden: Sie bildet nur eine von mehreren notwendigen Voraussetzungen operationalen Denkens, nämlich die Vorstellungsfähigkeit, ohne jedoch zugleich eine weitere, nämlich diejenige der entsprechenden Strukturiertheit, bereitzustellen. Piaget begründet diese Ungleichzeitigkeit damit, daß die Fähigkeit zur Verinnerlichung des Handelns und die Fähigkeit zur Dezentration längere Entwicklungszeit beanspruchen.

Aebli argumentiert diesbezüglich anders. Er geht davon aus, daß die bloße Verinnerlichung von Handlungen noch nicht an bestimmte operationale Strukturen gebunden ist. Die Vorstellung des äußerlich vollzogenen Handelns ist in seinem Sinne eine '**Übergangsphase**' zu den Operationen.

3./4. Stadium:
Für beide Autoren beginnt nun die **Operationalität** der inneren Vollzüge und damit das Denken selbst bzw. das operationale Denken.

Nach Aebli erhalten die inneren Vorstellungen nun die für die Operationen notwendige **Strukturiertheit** und **Abstraktheit**. Diese Steigerung gilt als das ausschlaggebende Bestimmungskriterium. Anders als Piaget, benennt er die Strukturen der Operationen nicht, noch kann er einen bestimmten Grad der Strukturiertheit und Abstraktheit als Beginn der Operationen ansetzen. Dies läßt den Schluß zu, daß er möglicherweise nicht von bestimmten Strukturen der Operationen ausgeht und zudem die Strukturiertheit als relatives Maß im Vergleich zur Strukturiertheit der Handlungen und ihrer bloßen Verinnerlichung annimmt.

Piaget hingegen belegt die Operationen mit Begriffen und differenziert innerhalb des operationalen Denkens wiederum zwei Phasen, die sich hinsichtlich ihrer Strukturiertheit und Abstraktheit voneinander unterscheiden. Strukturell sind konkrete Operationen in erster Linie durch die noch voneinander getrennte Inversion und Reziprozität geprägt. Im aussagenlogischen Denken wird diese Trennung dann schließlich aufgehoben, und es erlangt eine kombinatorische Struktur, die vielfältige schlußfolgernde und differenzierende Operationen erlaubt. Hinsichtlich ihrer Abstraktheit bleiben die konkreten Operationen noch an konkrete Dinge, Aktionen und Gegenstände, gebunden, während das aussagenlogische Denken als abstraktes Denken Operationen über Operationen ausbildet und zu entsprechenden Hypothesen- und Modellbildungen gelangt.

▶ *Nehmen Sie abschließend eine selbständige Beurteilung der Ergebnisse Ihres Vergleiches in schriftlicher Form vor. Folgende Aspekte können hierfür leitend sein:*
- *Inwiefern wird von den Autoren die Genese der Operationen tatsächlich geklärt?*
- *Wird die 'Entwicklungslogik' deutlich und einsehbar, d.h. stringent dargestellt?*
- *Wird durch die Genese der Operationen der Begriff der „Operation" hinreichend geklärt?*
- *Welches Maß an Übereinstimmung kann bei beiden Autoren gefunden werden? Differieren ihre Ausführungen stark, oder können auch unterschiedliche Darlegungen ergänzend aufeinander bezogen werden?*

Die beiden Texte von Aebli und Piaget haben in erster Linie die Genese der Operationen beleuchtet. In Piagets Ausführungen wurden jedoch auch schon einzelne Operationen selbst angesprochen. In dem nun folgenden Text von Dörner werden einige zentrale Operationen explizit behandelt.
- *Lesen Sie diesen Text gründlich, und unterstreichen Sie seine Kernaussagen.*
- *Gliedern Sie ihn nach Sinnabschnitten, indem Sie Textpassagen unter einer zentralen Aussage zusammenfassen und diese Aussage zu Beginn des jeweiligen Sinnabschnitts am Textrand schriftlich festhalten.*
- *Formulieren Sie anschließend, möglichst in einem Satz, die Hauptintention von Dörners Darlegungen.*
- *Ordnen Sie abschließend jeder von Ihnen ermittelten Aussage ihre Funktion im Gedankengang des Textes zu. Halten Sie hierfür stichpunktartig fest, welche argumentative Bedeutung jedem Sinnabschnitt im Rahmen der Grundintention des Gesamttextes zukommt.*

T 33

Dietrich Dörner: Problemlösen als Informationsverarbeitung,
3. Aufl. Stuttgart: Verlag W. Kohlhammer 1987, S. 111–115 (Auszug).

6.3 Kognitive Operationen

[...] Weiter führt nach unserer Meinung ein Ansatz, der mehr phänomenal orientiert ist und aus der präzisen Beobachtung von Denkprozessen hervorging. Selz (1913) entwickelte als erster den Ansatz einer Lehre der kognitiven Prozesse, die über die assoziationstheoretische Position hinausreichte, z.T. in Auseinandersetzung mit den Lehren der späten Assoziationstheoretiker, besonders mit der Konstellationstheorie von G.E. Müller. Selz unterscheidet folgende elementare kognitive Prozesse:

1. Komplexreproduktion:
Vergleich eines sensorischen Eingangs mit einem gespeicherten Inhalt, z.B. Erkennen eines Reizes als »Stuhl«, wobei zugleich der Kontext »zum Sitzen«, »Möbelstück« usw. aktiviert wird.

2. Komplexergänzung:
Zu Teilen wird das zugehörige Ganze assoziiert. Das Wortfragment »Land..gsbr.cke« führt zu »Landungsbrücke«.
3. Schemaergänzung:
Konkretisierung eines abstrakten Suchbildes (»antizipatorisches Schema« in Selz' Redeweise). Man sucht z.B. einen Oberbegriff für »Rudern«. »Oberbegriff für Rudern« ist das »abstrakte Suchbild«, »Sport« dessen Konkretisierung.
4. Änderung eines Gedächtnisbildes *durch Abstraktion*, d.h. Entfernung bestimmter Merkmale aus einem Gedächtnisbild.
5. Änderung eines Gedächtnisbildes *durch Differenzierung*, d.h. Hinzufügung von Merkmalen (»Konkretisierung«).
6. Komplexbildung, d.h. Verknüpfung bislang nicht verbundener Gedächtnisinhalte zu einer neuen Einheit.

(Die angegebenen Namen stammen nicht von Selz, der seine elementaren Prozesse auch nicht listenmäßig angegeben hat. Die Prozesse 2 und 3 heißen bei Selz beide »Komplexergänzung« [...].)

[...] Es soll nicht untersucht werden, ob diese Liste tatsächlich erschöpfend ist, d.h. ob sich alle komplexen geistigen Prozesse als zusammengesetzt aus nur diesen Prozessen betrachten lassen. Der Unterschied der aufgezählten Prozesse zu dem undifferenzierten Assoziationsbegriff einerseits und zu den globalen und inhaltsleeren Wortmarken der faktorenanalytischen Intelligenzforschung andererseits ist wohl offensichtlich, und es ist kein Zufall, daß neuere Ansätze der Denk- und Gedächtnisforschung [...] in hohem Maße von Selz' Arbeit mittelbar oder unmittelbar beeinflußt sind [...].

Einen neueren Versuch findet man bei Lompscher [...].

Lompscher unterscheidet acht elementare geistige Operationen, nämlich:
1. Zergliedern eines Sachverhaltes in seine Teile
(Beispiel: Übergang von »Auto« zu »Rad«, »Karosserie« usw.) Diese Operation gibt Antwort auf die Frage: »Woraus besteht X?«
2. Erfassen der Eigenschaften eines Sachverhaltes
(Beispiel: Übergang von »Ball« zu »rund«, »elastisch« usw.) Diese Operation gibt Antwort auf die Frage: »Welche Merkmale hat X?«
3. Vergleichen von Sachverhalten hinsichtlich der Unterschiede und Gemeinsamkeiten
(Beispiel: »Kugelschreiber und Füllfederhalter sind beide zum Schreiben, beide sind stabförmig und meist ungefähr 10 cm lang. Der Kugelschreiber schreibt mit einer Füllung länger als der Federhalter, mit dem Federhalter schreibt es sich aber besser, und die Schrift wird ausdrucksvoller, weil Druckunterschiede sich in verschiedenen Strichstärken widerspiegeln...«)
4. Ordnen einer Reihe von Sachverhalten hinsichtlich eines oder mehrerer Merkmale
(Beispiel: »Hans ist größer als Elli, Elli ist größer als Luise; Elli hat das hellste Haar, dann kommt Luise, dann Hans.«)
5. Abstrahieren als Erfassen der in einem bestimmten Kontext wesentlichen Merkmale eines Sachverhaltes und Vernachlässigen der unwesentlichen Merkmale
(Beispiel: »Im Hinblick auf seine Verwendung als Verpackungsmaterial ist ein Schuhkarton ziemlich klein, außerdem leicht verformbar, da seine Pappe nicht sehr stabil ist ...«)
6. Verallgemeinern als Erfassen der einer Reihe von Sachverhalten *gemeinsamen* und *wesentlichen* Eigenschaften
(Beispiel: »Straßenbahn und Eisenbahn sind beide motorgetrieben und schienengebunden.«)

7. *Klassifizieren* als Einordnung eines Sachverhalts in eine Klasse (Beispiel:»Eine Straßenbahn ist ein Verkehrsmittel.«)
8. *Konkretisieren* als Übergang vom Allgemeinen zum Besonderen (Beispiel: »Ein Beispiel für ein Verkehrsmittel ist die Straßenbahn.«)

Man wird leicht die Beziehungen dieser Liste zu der Liste der Selzschen Operationen entdecken. Nach Lompschers Auffassung realisieren diese Operationen jede geistige Tätigkeit [...]. Meist treten sie nicht isoliert, sondern als Komponenten komplexerer Prozesse auf. So besteht nach Lompscher [...] z.B. das Definieren durch Angabe von Oberbegriff und wesentlichem Unterscheidungsmerkmal (»Eine Straßenbahn ist ein motorgetriebenes, schienengebundenes Verkehrsmittel«) aus den Teilprozessen des Abstrahierens, Klassifizierens und Verallgemeinerns, wobei noch weitere Operationen hinzutreten.

Man kommt in der Tat erstaunlich weit, wenn man darangeht, geistige Prozesse in die Lompscher-Operationen zu zerlegen. So kann man zwanglos viele Teilprozesse der von uns dargestellten Lösungsprozeduren [...] als Lompscher-Operationen identifizieren. [...]

Lompscher [...] sieht die Operationen »Erfassen von Eigenschaften« und »Ausgliedern von Teilen« als Grundoperationen an, die »letztlich in allen anderen Operationen wiederkehren«. In der Tat setzt der Vergleich zweier Sachverhalte voraus, daß man Eigenschaften oder Teile dieser Sachverhalte kennt, um dann durch den Vergleich die gemeinsamen und unterschiedlichen Teile bzw. Eigenschaften ermitteln zu können. Falls also die Ausgliederung von Teilen und Eigenschaften nicht schon früher erfolgt ist, müssen diese Operationen *Teiloperationen* der Operation »Vergleichen« sein.

Ähnliches gilt für die Operation *Verallgemeinern*. Verallgemeinern bedeutet die Bildung eines abstrakten Sachverhaltbildes, welches nur diejenigen Eigenschaften aufweist, die allen Sachverhalten gemeinsam sind, für die die Verallgemeinerung erfolgt. Dieser Prozeß der Verallgemeinerung kann insgesamt ein recht komplizierter Prozeß sein. Verallgemeinern setzt selbst wieder den Prozeß des Vergleichens als *Teilprozeß* voraus, denn nur aufgrund eines Vergleichs der entsprechenden Sachverhalte können die gesuchten gemeinsamen Eigenschaften gefunden werden. Da Vergleichen wiederum oft das Ausgliedern von Teilen und Eigenschaften als Teilprozeß enthält, ist der Prozeß der Verallgemeinerung noch vielfacher zusammengesetzt als der Prozeß des Vergleichens.

Auch beim *Abstrahieren* wird vorausgesetzt, daß die Eigenschaften, von denen abstrahiert werden soll, von jenen getrennt werden können, die beibehalten werden sollen. D.h., das Ausgliedern von Eigenschaften ist Voraussetzung des Abstraktionsprozesses und muß, wenn die Ermittlung von Eigenschaften nicht schon vorher erfolgt ist, Teilprozeß des Abstraktionsprozesses sein.

Klassifizieren setzt voraus, daß ein Sachverhalt da ist, der klassifiziert werden soll und daß eine Reihe von Klassen zur Auswahl stehen, denen dieser Sachverhalt möglicherweise zuzuordnen ist. Diese Klassen sind durch bestimmte charakteristische Merkmale gekennzeichnet. Der Prozeß des Klassifizierens setzt somit voraus, daß die Eigenschaftsmenge des Sachverhalts bekannt ist, und daß ein Vergleich erfolgt zwischen der Eigenschaftsmenge des Sachverhalts und den Eigenschaftsmengen der Klassen. Der Sachverhalt fällt in diejenige Klasse, deren Eigenschaftsmenge nur solche Eigenschaften enthält, welche auch in der Eigenschaftsmenge des Sachverhalts vorkommen. Wiederum also erfordert eine Operation, nämlich hier das Klassifizieren, als Voraussetzung die Ausgliederung von Eigenschaften und enthält als Teilprozeß den Prozeß des Vergleichens.

Diese Erörterungen zeigen deutlich, daß die Lompscher-Operationen noch nicht die endgültige Antwort auf die Frage nach den Elementaroperationen des menschlichen

Geistes sind. Die Lompscher-Operationen sind in schwer durchschaubarer Weise ineinander geschachtelt, setzen einander voraus und enthalten sich wechselseitig. Dies ist Lompscher durchaus klar. Er fordert eine detaillierte psychologische Analyse konkreter Operationen und sieht seine Darstellung der Wechselbeziehungen der Operationen nur als Annäherung an [...].

Wir sind allerdings nicht sicher, ob tatsächlich eine psychologische Analyse im traditionellen Sinne hier weiterhilft. Der Verhaltensbeobachtung ist das psychische Geschehen doch nur auf einem sehr groben Auflösungsgrund zugänglich, und auch die Selbstbeobachtung reicht hier nicht allzuweit. Man wird sich wahrscheinlich auf der Suche nach den elementaren Operationen auf »subpsychologisches« Gebiet begeben müssen und sich unter anderem fragen müssen, was nach der materiellen Struktur des Nervensystems als elementarer Prozeß in Frage kommt.

Wir haben hierzu einen Versuch unternommen und geprüft, ob man alle Teilprozesse eines Heurismus für interpolatives Problemlösen auf die elementaren Prozesse »aktivieren«, »hemmen«, »verknüpfen« und »entknüpfen« zurückführen kann. Das ist möglich [...]. Ob man aus diesen vier neurophysiologisch gut interpretierbaren Prozessen tatsächlich alle komplexeren geistigen Prozesse zusammensetzen kann, bleibt zu überprüfen.

A 24 *Visualisieren Sie nun mit Hilfe der teilausgefüllten Grafik des Arbeitsblattes A24 sowohl den Gedankengang als auch die zentralen Aussagen des Textes.*

Hauptintention:
Darstellung der Problematik der Elementaroperationen

A. Ausgangspunkt der Argumentation:
Auflisten elementarer kognitiver Prozesse

Argumentative Funktion:
Von Beispielen ausgehende Problematisierung

Referieren der Operationen nach Selz

Argumentative Funktion:
Rückgriff auf eine historische Position

Referieren der Operationen nach Lompscher

Argumentative Funktion:
Darstellung eines neueren Versuches

Die Operationen:
1. Komplexreduktion
Erläuterung: Vergleichen zwischen einer wahrgenommenen Information und einem gespeicherten Schema, um jene identifizieren zu können
2. Komplexergänzung
Erläuterung: Teilinformationen werden ergänzt und zu einem Ganzen zusammengefügt
3. Schemaergänzung
Erläuterung: Suchen nach einem abstrakteren Begriff und seine Benennung (z.B. einen Oberbegriff suchen und benennen)
4. Änderung eines Gedächtnisbildes durch Abstraktion
Erläuterung: Absehen von bestimmten Merkmalen aus einem Schema und Aufnehmen bestimmter ausgewählter Merkmale
5. Änderung eines Gedächtnisbildes durch Differenzierung
Erläuterung: Erweiterung eines Schemas durch Hinzufügung von Merkmalen
6. Komplexbildung
Erläuterung: Verknüpfung von Schemata

Die Operationen:
1. Zergliedern
Erläuterung: Zergliedern eines Sachverhaltes in seine Teile (Analysieren im Hinblick auf Bestandteile)
2. Erfassen der Eigenschaften
Erläuterung: Zergliedern eines Sachverhaltes in seine Eigenschaften (analytisches Differenzieren von Merkmalen und Eigenschaften)
3. Vergleichen
Erläuterung: Zwei oder mehrere Sachverhalte hinsichtlich ihrer Unterschiede und Gemeinsamkeiten betrachten
4. Ordnen
Erläuterung: Reihenbildung zwischen Sachverhalten hinsichtlich einer oder mehrerer Merkmale
5. Abstrahieren
Erläuterung: Bei einem Sachverhalt wesentliche Merkmale erfassen und von unwesentlichen Merkmalen absehen
6. Verallgemeinern
Erläuterung: An mehreren Sachverhalten die gemeinsamen und wesentlichen Merkmale erfassen
7. Klassifizieren
Erläuterung: Einordnen eines Sachverhaltes in eine Klasse
8. Konkretisieren
Erläuterung: Von einem übergeordneten Begriff zu einem untergeordneten Begriff gelangen

B. Erste Erörterung
Beurteilung: Die beiden Listen von Operationen haben ein hohes Maß an Gemeinsamkeiten

Argumentative Funktion:
Beleg der Gültigkeit der genannten Operationen hinsichtlich des wissenschaftlichen Konsenses

C. Zweite Erörterung
These: Referieren der Lompscher-These: Jede geistige Tätigkeit kann mit Hilfe der genannten Operationen analysiert werden. Diese treten häufig jedoch als Komponenten eines komplexen Prozesses auf
Beispiel: Definieren durch Oberbegriffsbildung hinsichtlich eines wesentlichen Unterscheidungsmerkmals
Beurteilung: Geistige Tätigkeiten können weitgehend in Lompscher-Operationen als deren Komponenten zerlegt werden und haben somit einen breiten Erklärungswert (Anwendung auf Problemlöseprozeduren)

Argumentative Funktion:
Beleg der Gültigkeit der genannten Operationen hinsichtlich ihrer Reichweite und ihrer Anwendbarkeit

D. Dritte Erörterung
These: Referieren der Lompscher-These: Die ersten beiden Lompscher-Operationen treten als Grundoperationen jeder Operation auf

Argumentative Funktion:
Problematisierung der Gültigkeit der Operationen hinsichtlich ihrer elementaren Bedeutung

Überprüfen der These:
Dörner zergliedert einige Lompscher-Operationen in die unterstellten Elementar- bzw. Grundoperationen

Zergliedern

Gegenstand:
der Teile und Eigenschaften zweier Sachverhalte

Gegenstand:
der Teile und Eigenschaften eines Sachverhaltes und mehrerer Klassen

Gegenstand:
der Teile und Eigenschaften eines Sachverhaltes

Vergleich:
Gemeinsamkeiten und Unterschiede zweier Sachverhalte erfassen

Vergleich:
Gemeinsamkeiten und Unterschiede zwischen einem Sachverhalt und mehreren Klassen erfassen

Abstrahieren:
Die zu abstrahierenden Eigenschaften werden ausgewählt, von den anderen wird abgesehen

Verallgemeinern:
Nur diejenigen Teile und Eigenschaften werden als Abstrakta aufgegriffen, die den Sachverhalten gemeinsam sind

Klassifizieren:
Zuordnen eines Sachverhaltes zu einer Klasse, wenn deren Eigenschaften und Merkmale mit denen des Sachverhaltes übreinstimmen

Beurteilung:
Dörner sieht – wie auch Lompscher – die wechselseitige Verschachtelung der Lompscher-Operationen. Damit sind diese Operationen keine Elementaroperationen

Lösung der Problematik nach Lompscher:
Eine detaillierte psychologische Analyse der Operationen

Lösung der Problematik nach Dörner:
Weder durch Fremd- noch durch Selbstbeobachtung kann eine genaue psychologische Analyse durchgeführt werden. Deshalb sollten die elementaren Operationen auf subpsychologischem Gebiet, in der materiellen Struktur des Nervensystems, gesucht werden. 'Aktivieren', 'Hemmen', 'Verknüpfen' und 'Entknüpfen' erweisen sich für einen bestimmten Problemlöseprozeß als neurologisch gut interpretierbare Prozesse

Vergleichen Sie Piagets Benennung und Erläuterung der Operationen mit den von Dörner dargestellten auf der Basis der jeweiligen Textauszüge. Zeigen Sie dabei neben Ähnlichkeiten und Gemeinsamkeiten die Zusammenhänge zwischen den Operationen auf. Versuchen Sie zudem aus den Konzepten Schlußfolgerungen für das Lernen und Lehren zu ziehen.

Die folgenden Ausführungen gehen von den bisherigen Arbeitsergebnissen aus, reichern diese jedoch mit weiteren Informationen an.

Auffallend ist, daß die von Dörner dargestellten Operationen, insbesondere die Lompscher-Operationen, den von Piaget aufgeführten konkreten Operationen stark ähneln, während eine Differenzierung zwischen konkreten und aussagenlogischen Operationen von Dörner nicht vorgenommen wird. Dies liegt daran, daß Dörner hier den Versuch unternimmt, die Operationen zu elementarisieren. Er fragt danach, welche Grund- bzw. Basisoperationen des menschlichen Denkens angenommen werden können, die als Komponenten komplexer Denkvollzüge auftreten. Nach Piaget haben die konkreten Operationen eine solche grundlegende Funktion für die aussagenlogischen Operationen. Diese stellen keine völlig neuen, von den konkreten Operationen unabhängigen Operationen dar. Vielmehr bauen sie auf den konkreten Operationen auf, indem sie als Operationen über Operationen gebildet werden und somit nicht mehr auf konkrete, sinnlich faßbare Gegenstände, sondern auf Aussagen bezogen sind. Die besondere Qualität der aussagenlogischen Operationen besteht darin, daß nun Inversion und Reziprozität miteinander verbunden werden und eine Kombinatorik der Operationen auftritt. Für die Qualität des Denkprozesses selbst ergeben sich dadurch neue Möglichkeiten, beispielsweise das hypothetische und modellbildende Denken. Zusammenhänge, wie z.B. die kausale Beziehung der Implikation, können nun sehr differenziert und genau durchdacht werden.

Trotz dieser neuen Qualitäten des Denkens stehen nach Piaget die konkreten Operationen in einem Fundierungszusammenhang mit den aussagenlogischen, die wiederum in konkrete Operationen elementarisierbar sind. Die von Piaget dargestellte Kombinatorik des Denkens ist eine solche, die auf konkreten Operationen basiert und Beziehungen zwischen diesen herstellt. Am Beispiel der Implikation konnte dies deutlich gemacht werden: Die Operation selbst und ihre verschiedenen Formen der Reversibilität sind nicht auf einen Gegenstand A oder B bzw. dessen Negation bezogen, sondern auf deren Beziehung zueinander. In dieser Hinsicht sind die formalen Operationen zugleich auch aussagenlogische, indem sie wahre bzw. nicht-wahre Aussagen zueinander in Bezug setzen. Letztlich erweisen sich aussagenlogische Operationen als die vollständige Kombinatorik zweier Aussagen und ihrer Negation: $A \bullet B + A \bullet \neg B + \neg A \bullet B + \neg A \bullet \neg B$. Kombiniert man diese vier Grundoperationen vollständig, nämlich einzeln, in Zweier- und Dreiergruppen bzw. alle vier miteinander (beispielsweise: $A \bullet B$ als einzelne Operation, $(A \bullet B) \vee (A \bullet \neg B)$ als Zweiergruppe, $(A \bullet B) \vee (A \bullet \neg B) \vee (\neg A \bullet B)$ als Dreiergruppe oder $(A \bullet B) \vee (A \bullet \neg B) \vee (\neg A \bullet B) \vee (\neg A \bullet \neg B)$ als Vierergruppe), so erhält man eine Kombinatorik von sechzehn Möglichkeiten, die die sechzehn aussagenlogischen Operationen ausmachen. Ohne hier genauer auf diesen Beziehungszusammenhang einzugehen, kann festgestellt werden, daß die aussagenlogischen Operationen sich grundlegend aus Position und Negation und deren Kombination zusammensetzen.

Durch die Annahme Piagets, daß aussagenlogische Operationen sich durch eine Kombinatorik auszeichnen, sind auch die von ihm dargestellten Operationen in Grundoperationen elementarisierbar. Die Basis für diese Grundoperationen bilden die konkreten Operationen mit ihrer Klassifizierung sowie deren Negation durch Inversion und Relationierung sowie deren Negation durch Reziprozität. Diese Operationen kennzeichnen wiederum durchgehend die von Dörner dargestellten Lompscher-Operationen. Vergleichen, Abstrahieren, Verallgemeinern und Klassifizieren basieren nicht nur, wie von Dörner dargestellt, auf den grundlegenden Teiloperationen des Zergliederns eines Sachverhaltes und dem Erfassen seiner Eigenschaften, sondern sie sind zudem grundlegend durch die Operationen der Klassifizierung im weiteren Sinne (A) und deren Negation durch Inversion ($\neg A$) gekennzeichnet. Alle diese Operationen zeichnen sich nach Dörner dadurch aus, daß sie bestimmte Eigenschaften und Teile eines Sachverhaltes identifizieren bzw. von ihnen absehen. Hinzu kommt die Relationierungsoperation, die dem „Ordnen einer Reihe von Sachverhalten hinsichtlich eines oder mehrerer Merkmale" gleichkommt.

Hinsichtlich des Beziehungszusammenhangs der Operationen können zwischen den beiden Autoren ebenfalls Ähnlichkeiten festgestellt werden, wenn auch der Zusammenhang nicht in gleicher Weise akzentuiert wird.

Während Dörner in seiner Problematisierung der Elementaroperationen in erster Linie die wechselseitige Verschachtelung der Operationen analysiert, betont Piaget ihren strukturellen Zusammenhang durch die Reversibilität in Form des Negierens und Umkehrens. Dieser elementare Zusammenhang wird auch in Dörners Ausführungen deutlich, ohne jedoch explizit formuliert zu werden – erstens durch die grundlegende Funktion der Klassifizierung und Inversion für die Operationen, wobei er jedoch hinsichtlich der Reihenbildung die Reversibilität nicht ausführt, und zweitens sind auch die von ihm zum Schluß des Textes aufgeführten elementaren neurophysiologischen Prozesse grundlegend durch das Schema von Prozeß und Negation bestimmt: Aktivieren und Hemmen, Verknüpfen und Entknüpfen.

Versucht man nun diese beiden Aspekte, den der Elementaroperationen einerseits und den der Struktur der Operationen andererseits, auf das Lernen und Lehren zu beziehen, eröffnen sich folgende mögliche und vielfältige Verweisungen:

Das Bemühen um die Erforschung von Elementaroperationen verweist darauf, daß alle geistigen Prozesse des Menschen, in denen mit Hilfe von Operationen Informationen verarbeitet, aufgenommen, verändert und als Wissen gespeichert werden, hochkomplexe, wechselseitig verschachtelte und miteinander kombinierbare Operationen sind. Damit sind auch die Lernprozesse als geistige Vollzüge nicht auf einfache Basisoperationen reduzierbar, sondern stets komplexe und zusammengesetzte Tätigkeiten. Ein Kind, das im Biologieunterricht beispielsweise verschiedene Tiergattungen hinsichtlich ihrer jeweiligen Merkmale und Eigenschaften voneinander unterscheidet, sie benennt und ihnen bestimmte Tiere zuordnet, operiert mit Hilfe vergleichender, klassifizierender, abstrahierender, verallgemeinernder etc. mentaler Prozesse. Ein Jugendlicher, der im Physikunterricht anhand eines Experiments physikalische Gesetze entdeckt und rekonstruiert, operiert zudem mit verschiedenen aussagenlogischen Operationen, die das Kausalverhältnis der beobachteten Zusammenhänge zu klären versuchen.

Soll das Lehren unterstützende Funktionen für das Lernen gewinnen, muß es den Versuch wagen, die Informationsverarbeitung des Lernenden zu beeinflussen. Prinzipiell ist dies eine Aufgabe, die, auf die internen Prozesse eines anderen Menschen bezogen, nicht einfach durch von außen vorgegebene technisierbare Verfahren durchgeführt werden kann. Vielmehr bedarf eine solche intendierte Beeinflussung vielfältiger kommunikativer Abstimmungen, d.h. Interaktionen, zwischen dem Lehrenden und dem Lernenden, die die Tätigkeiten des Lernenden thematisieren und somit auch die das Lernen ermöglichenden Operationen bewußt machen. Die folgenden Punkte umfassen einige Aspekte dieses Geschehens und erheben natürlich nicht den Anspruch auf vollständige Erfassung des Lehrens unter operationalen Gesichtspunkten:

- Die mit einem Lernziel verbundenen Fähigkeiten und Fertigkeiten können nicht nur als Grob- und Feinziele analysiert werden, sondern auch in die mit ihnen verbundenen operationalen Tätigkeiten differenziert werden. Es stellt sich somit die Frage, welche Operationen ein Kind oder Jugendlicher vollziehen können muß, um das angestrebte Ziel realisieren zu können. Sind die Ziele als kleinschrittige Feinziele formuliert, beispielsweise die beiden Begriffe „Mut" und „Tapferkeit" miteinander zu vergleichen und den Vergleich erörternd darzulegen, so ist die Bestimmung der hierfür notwendigen Operationen noch relativ überschaubar. Anders verhält sich dies bei globalen Zielen oder gar allgemeinen Bildungszielen wie beispielsweise „Sittlichkeit" und „Identität". Hier können sicherlich nicht mehr alle sie konstituierenden Operationen benannt werden. Dennoch erweist sich eine, wenn auch unvollständige Operationenanalyse als hilfreich oder gar notwendig, wenn bestimmt werden soll, zu welchen informationsverarbeitenden Prozessen der Lernende befähigt werden soll. So ist die sittlich-moralische Erziehung z.B. auf die grundlegende operationale Fähigkeit der sozialen Dezentrierung angewiesen, in der der Lernende seine eigene Person und sein eigenes Handeln als eine Position neben anderen Positionen in Form einer Perspektivenübernahme relativieren kann.
- Ausgehend von der Operationenanalyse des jeweiligen Lehr- und Lernziels kann das Ziel auch in seinem Schwierigkeitsgrad für den Lernenden eingeschätzt werden: ob es durch relativ einfache oder sehr verschachtelte und komplexe Operationen gekennzeichnet ist und von welcher Qualität diese Operationen sind (konkrete Operationen, aussagenlogische Operationen).
- Die Operationenanalyse des Ziels kann mit einer Diagnose der Lernfähigkeiten des Lernenden abgestimmt werden. Hier können insbesondere entwicklungsbedingte und erfahrungsbedingte Voraussetzungen des Lernenden ins Spiel gebracht werden. Bei einer Diskrepanz zwischen Diagnose und Lernzielanalyse stellt sich die Frage, inwiefern der Lehrende den Aufbau der gewünschten Operationen unterstützen kann oder ob das Ziel hinsichtlich seines Schwierigkeitsgrades revidiert werden muß.
- Die kognitiven Operationen können aufgrund ihres Beziehungszusammenhanges untereinander 'durchgearbeitet' werden. Eine Lernaufgabe wird dann nicht nur durch die für sie konstituierenden Operationen bewältigt, sondern zugleich auch von den jeweilig reversiblen Operationen abgegrenzt. Der bewußte Vollzug dieser Operationen durch entsprechende Aufforderungen und Hinweise durch den Lehrenden erhöht die Sicherheit des Vollzugs und das Verständnis

für den jeweiligen Sachzusammenhang. Das 'Durchspielen' der Implikation mit Hilfe ihrer reversiblen Operationen konnte dies zeigen.

- Der Lehrende kann hierfür die Aufmerksamkeit des Lernenden auf dessen informationsverarbeitende Vollzüge lenken, ihn dazu auffordern, seine Vorgehensweise, seine Denkprozesse zu explizieren, bzw. ihn auf die mit dem Lösungsprozeß verbundenen Operationen aufmerksam machen. So können beispielsweise die Teiloperationen des Klassifizierens hinsichtlich eines bestimmten Sachverhaltes und bestimmter Klassen expliziert werden, indem die hierfür notwendigen Analyse- und Zergliederungsprozesse, die Vergleichs- und Abstraktionsprozesse benannt werden (wenn z.B. im Deutschunterricht zunächst die Merkmale und Eigenschaften eines bestimmten Dramas expliziert und anschließend für eine Klassifizierung mit Hilfe der Merkmale und Eigenschaften der Begriffsklassen „Tragödie" und „Komödie" verglichen werden).

Die Bewußtwerdung der jeweiligen Teiloperationen kann zu einem Methodenwissen führen, das später auch auf andere Sachverhalte anwendbar ist.

- Der Vollzug bestimmter Operationen kann auch dadurch angeregt werden, daß der Lernende ein bestimmtes Problem zu lösen versucht, ohne daß er direkt von einem Lehrenden unterstützt wird. Im Hinblick auf einen bestimmten Sachverhalt sammelt der Lernende Erfahrungen, probiert möglicherweise unterschiedliche operationale Strategien und Vollzüge aus, bis er eine Lösung gefunden hat. Das handlungs- und problemorientierte Lernen richtet die Aufmerksamkeit des Lernenden – sobald dieser bewußt Strategien anwenden möchte – auf seine eigenen mentalen Vollzüge. Die Möglichkeit, Fehler zu begehen, wird hierbei zu einem fruchtbaren didaktischen Prinzip.

Arbeitsprojekt: Lehren und Lernen – Zusammenfassende Verarbeitung unter einer thematischen Perspektive

Die bisherigen Erarbeitungen zum Thema „Lernen und Lehren" haben, ausgehend von zwei unterschiedlichen Lernbegriffen, dem behavioristischen und dem kognitionspsychologischen, den Lernbegriff, ein Modell der Informationsverarbeitung und die kognitiven Operationen thematisiert. Hierbei sind auch einige grundsätzliche Aspekte des Lehrens angesprochen worden, die entweder den jeweiligen Texten selbst entnommen oder aus ihnen erschlossen werden konnten. Diese noch in den einzelnen Texten und Ausarbeitungen verstreut befindlichen Hinweise sollen im folgenden zusammengeführt werden.

Für die Thematisierung des Lehrens auf dem Hintergrund eines operationalen Lernbegriffs, der sich in erster Linie auf die menschliche Informationsverarbeitung bezieht, können bislang lediglich einige zentrale Aspekte zusammengestellt werden. Es ist nicht zu erwarten, daß sich daraus eine kognitionspsychologische Theorie des Lehrens oder eine kognitionspsychologische Didaktik ergibt. Der erziehungswissenschaftliche Forschungsstand zeigt, daß eine solche Gesamttheorie noch nicht existiert. Darüber hinaus ist auch nicht anzunehmen, daß eine solche Didaktik oder Theorie der Lehre grundlegend neue Methoden des Lehrens ermitteln würde, die in der bisherigen Diskussion des Lehrens noch nicht bekannt sind. Es ist vielmehr zu erwarten, daß die Beeinflussung des Lernprozesses durch das Lehren mit Hilfe kognitionspsychologischer Überlegungen sich an dem Lernprozeß selbst, den internen Vollzügen des Lernenden, orientiert. Dadurch kann der Einsatz von spezifischen Lehrmethoden (z.B. exemplarisches, handlungsorientiertes, problemorientiertes, projektorientiertes, soziales Lehren und Lernen) nicht nur durch normative didaktische Überlegungen, die insbesondere im Kapitel „Bildung und Didaktik" zur Sprache gekommen sind, motiviert, sondern zudem durch typische Prozesse und Abläufe des Lerngeschehens selbst begründet werden.

Ausgangspunkt der zusammenfassenden Darstellung des Lehrens und Lernens bildet ein Text, der die Operationen als kognitive Vollzüge im Rahmen der menschlichen Informationsverarbeitung thematisiert und daran anschließend einige Aspekte hinsichtlich des Lehrens aufzeigt. Bei der Erarbeitung soll eine Grafik zu den im Text genannten operativen Beziehungszusammenhängen erstellt werden, die durch die Erarbeitungen aus dem gesamten Kapitel angereichert werden kann.

Gliedern Sie den Text – mit Hilfe der Ihnen geläufigen Operationen – in Sinnabschnitte.

T 34

Peter Nenninger/ Gunther Eigler/ Gerd Macke: Studien zur Mehrdimensionalität von Lehr-/ Lern-Prozessen,

Lernen wird hier als ein Geschehen gedacht, in dessen Verlauf sich Veränderungen in den Dimensionen Wissen – operative Handlungsmöglichkeiten – Motive simultan ergeben. [...]

Für das Lernen in bestimmten Inhaltsbereichen war es erforderlich, die operativen Vollzüge des Lerners, die in der Rahmenkonzeption sehr allgemein als auf Lernaufgaben gerichtete Lerntätigkeit gefaßt sind, als ein Operieren mit Informationen zu konkretisieren [...]: Operationen als kognitive Vollzüge sind auf informationshaltige Zustände gerichtet, sie verändern diese Zustände und erzeugen durch ihr Einwirken neue informationshaltige Zustände. Das bedeutet, daß die operativen Vollzüge des Lerners immer mit einer Abfolge von informationshaltigen Zuständen verbunden sind. Um diesen Zusammenhang begrifflich zu fassen, bot sich an, auf Ashbys Ansatz (Ashby, 1974) zur Präzisierung des Veränderungsbegriffs zurückzugreifen. Ashby unterscheidet zwischen den einwirkenden Faktoren, die Veränderungen erzeugen und die er Operatoren nennt, und den Veränderungen, die sie hervorrufen und die er in Form von Übergängen zwischen Zuständen zu fassen sucht: den Zustand, auf den der Operator einwirkt (also den Zustand vor dem Einwirken), nennt er Operand, denjenigen, der durch Einwirken des Operators aus dem Operanden entsteht (also den Zustand nach dem Einwirken), nennt er Transformierte. Die durch den Übergang 'Operand –> Transformierte', den er Transition (bzw. Transformation) nennt, definiert. Entsprechend dieser Vorstellung bietet es sich an, Operationen als Operatoren zu interpretieren, die auf informationshaltige Zustände einwirken, und ihr Wirksamwerden durch die Übergänge 'Operand –> Transformierte' zu fassen, die sie zwischen informationshaltigen Zuständen erzeugen. Dieser Ansatz zur Bestimmung von Operationen wird als 'Operand-Operator-Transformierte-Ansatz' (kurz: OOT-Ansatz) bezeichnet [...].

Ein Versuch, die operativen Vollzüge des Lerners mittels OOT-Ansatz zu beschreiben, erfordert dreierlei:

1. Informationstypen bzw. -klassen müssen als Zustände mit speziellem Informationsgehalt gefaßt werden und voneinander unterscheidbar sein;

2. Operationstypen bzw. -klassen müssen als spezielle Vollzüge charakterisiert werden, die Übergänge zwischen solchen Informationstypen bewirken, und

3. Informations- und Operationstypen müssen in Form von Matrizen bzw. in Form von Übergangs- und/oder Zustandsverkettungen miteinander verknüpfbar sein, damit die operativen Vollzüge des Lerners als Abfolge von Operationen beschrieben werden können. [...]

Hauptprinzip war dabei, daß durch Lehren das Handeln des Lerners in einer Weise angeregt und auf das Ziel des Lernens ausgerichtet werden muß, daß bestehende Handlungsvoraussetzungen des Lerners aktualisiert werden, in der Auseinandersetzung mit den Lernaufgaben umstrukturiert, erweitert, präzisiert, konsolidiert und dadurch in jene Form bzw. Ausprägung gebracht werden, die von den jeweiligen Lernzielen her sowohl hinsichtlich des Wissens als auch der Art der Operationen gesetzt ist.

Dazu ist

– hinsichtlich der informativen Komponente des Lernens zu beachten, daß Lerner beim Eintritt in einen Lehr-Lern-Prozeß vermutlich über prototypische Formen der Wissensrepräsentation verfügen, die in der Auseinandersetzung mit den Lernaufgaben zu systematischeren und vollständigeren Wissensrepräsentationen in Form semantischer Netzwerke auszubauen sind;

– hinsichtlich der operativen Komponente des Lernens zu berücksichtigen, daß Lerner anfangs vermutlich mehr global und unsystematisch operieren und daß ihr Operieren bei der Bearbeitung von Lernaufgaben zu systematischen und elaborierten Formen geführt werden muß;

– hinsichtlich der motivationalen Komponente des Lernens davon auszugehen, daß Lerner aufgrund der Ausprägung ihres allgemeinen Leistungsmotivs und ihres inhaltsspezifischen Motivs mit unterschiedlichen Erwartungen in den Lernprozeß eintreten und sich damit in unterschiedlicher Weise Ziele für ihr individuelles Lernen setzen.

Zusätzlich kann das Verhältnis von operativer und informativer Komponente des Lernens in unterschiedlicher Weise akzentuiert werden:
– zum einen in der Weise, daß durch Lehren neue Informationen dargeboten werden und der Lerner angeregt wird, diese Informationen im Lernhandeln mitvollziehend zu erfassen und bedeutungsvoll in seine Kognitive Struktur zu integrieren (Modell Ausubel);
– zum anderen derart, daß der Lerner durch Lehren zu selbständigem Lernhandeln angeregt wird mit dem Ziel, neue Informationen selbständig zu erzeugen (Modell Bruner).

Der Text von Nenninger et al. läßt sich in zwei große Sinnabschnitte einteilen: in die Definition der kognitiven Operationen mit Hilfe des OOT-Ansatzes und einen knappen Aufriß zum Thema „Lernen und Lehren". Diese Aufteilung soll für das Arbeitsprojekt leitend sein.

Gehen Sie zunächst vom ersten Sinnabschnitt aus, und versuchen Sie die in ihm dargestellten Zusammenhänge des OOT-Ansatzes in einer Grafik zu visualisieren.

Die Informationsverarbeitung als Transition:

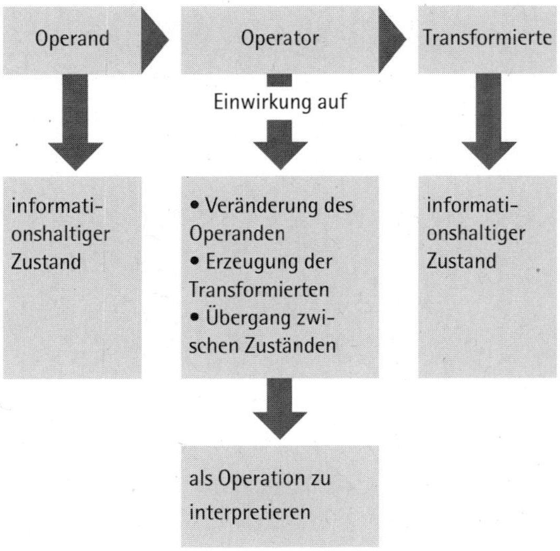

▶ *Führen Sie nun selbständig das Arbeitsprojekt durch. Folgende Arbeitsschritte können Sie hierbei vornehmen:*

• *Modifizieren Sie die visualisierte Grundstruktur des OOT-Ansatzes:*

1. Ergänzen Sie hierfür die Merkmale aus der Definition des Lernbegriffs, indem Sie die Transition näher kennzeichnen.

2. 'Verorten' Sie den Prozeß der Transition im Modell der Informationsverarbeitung, indem Sie deren Bedeutsamkeit für den Arbeitsprozeß und das Langzeitgedächtnis klären. Ergänzen Sie anschließend das OOT-Modell durch die entsprechenden Kennzeichnungen des Modells der Informationsverarbeitung.

3. Differenzieren Sie den im OOT-Ansatz verwendeten Operationsbegriff mit Hilfe der Erarbeitungen zu den Lerntätigkeiten, indem Sie stichpunktartig die Aspekte der Operationsgenese, der Typisierung sowie Klassifizierung und der Elementarisierung der Operationen zusammenfassen.

Die jeweiligen Ergänzungen können Sie auch schriftlich formulieren.

• *Fassen Sie die zahlreichen Aspekte zum Thema „Lehren" zusammen:*

1. Erarbeiten Sie schriftlich die diesbezüglichen Ausführungen aus dem Nenninger-Text, indem Sie sie als methodisch-didaktische Hinweise bzw. Maximen für die Beeinflussung der Informationsverarbeitung des Lerners kennzeichnen und zusammenfassen.

2. Ergänzen Sie diese Hinweise stichpunktartig durch diesbezügliche Aussagen aus allen Textauszügen und Erarbeitungen des Kapitels.

3. Fassen Sie Ihre 'Sammlung' methodisch-didaktischer Hinweise schriftlich zusammen, und versuchen Sie hierbei diese Hinweise zu systematisieren, indem Sie sie beispielsweise nach folgenden Gesichtspunkten klassifizieren:
a) Die Funktion des Lehrens im Rahmen einer Theorie

der menschlichen Informationsverarbeitung
b) Methodisch-didaktische Maximen hinsichtlich der Lernvoraussetzungen (Wissen, entwicklungspsychologische Aspekte etc.)
c) Methodisch-didaktische Maximen hinsichtlich des Lernziels (Differenzierung zwischen bildungstheoretisch-didaktischen Überlegungen einerseits und lerntheoretischen Aspekten andererseits)
d) Methodisch-didaktische Maximen hinsichtlich der Lerntätigkeiten (Struktur und Aufbau von Lernprozessen, handlungs- und problemorientiertes Lehren und Lernen etc.)

4. Kapitel:

Sozialisation und Erziehung

Wie alle zentralen Themen der Erziehungswissenschaft ist auch dasjenige der Sozialisation durch eine fast unüberschaubare Fülle an Forschungsliteratur gekennzeichnet, in der von zum Teil sehr unterschiedlichen theoretischen Ansätzen und Erkenntnisinteressen ausgegangen und sich zudem auch unterschiedlicher wissenschaftlicher Methoden, wie z.B. theoretisch-reflektierender oder empirischer Verfahrensweisen, bedient wird.

Darüber hinaus ist die Problematik der Sozialisation, ähnlich wie das Thema „Lernen", nicht nur für erziehungswissenschaftliche Fragestellungen bedeutsam. Sowohl für psychologische als auch für soziologische Untersuchungen ist das Lernen und die Sozialisation von zentraler Bedeutung. Beide beziehen sich auf allgemeine, alle Lebensbereiche sowie die gesamte Entwicklung des Menschen betreffende Veränderungen und sind deshalb für zahlreiche wissenschaftliche Disziplinen von Interesse. Demgegenüber können die Themen der Bildsamkeit, Bildung und Didaktik eher als genuine erziehungswissenschaftliche Problemstellungen aufgefaßt werden.

Aus den genannten Gründen kann auch das Thema der Sozialisation hier nicht umfassend oder gar vollständig dargestellt werden. Das folgende Kapitel steht deshalb unter einer spezifischen Themenstellung, die zugleich jedoch die Möglichkeit eröffnen soll, grundlegende Aspekte der Sozialisation zu erfassen: Es geht in erster Linie um eine Begriffsdefinition, in der sowohl der Begriff der „Sozialisation" aus unterschiedlichen Perspektiven geklärt als auch in seiner Beziehung zum Begriff der „Erziehung" thematisiert wird. Im ersten Teil dieses Kapitels wird deshalb die Begriffsklärung und Beziehung zwischen „Sozialisation und Erziehung" im Zentrum der Erarbeitungen stehen. Der anschließende zweite Teil wird sich dann mit der Sozialisation und ihrer Wirksamkeit im Rahmen erzieherischen Handelns beschäftigen. Damit steht die Frage, inwiefern auch Erziehung sozialisiert, im Zentrum der Überlegungen. Exemplarisch wird dies an der schulischen Sozialisation gezeigt.

Einen guten Überblick über die Fülle der Literatur bietet das „Neue Handbuch der Sozialisationsforschung", das ein repräsentatives Bild über die neuere Sozialisationsforschung gibt. Es bezieht neben methodischen, wissenschaftstheoretischen und historischen Fragestellungen auch die Untersuchung zentraler Instanzen und Dimensionen der Sozialisation mit ein. Darüber hinaus wird diesem Sammelband zur Erarbeitung der schulischen Sozialisation ein Artikel entnommen werden: **Hurrelmann, Klaus/Dieter Ulich (Hrsg.):** Neues Handbuch der Sozialisationsforschung, 4., völlig neu bearb. Aufl. Weinheim/Basel 1991.

Begriffsklärung: Erziehung und Sozialisation

Die drei folgenden Texte von Durkheim, Hurrelmann und Luhmann bilden die Basis für die Erarbeitung eines Begriffsvergleichs, in dem die Begriffe „Erziehung" und „Sozialisation" voneinander abgegrenzt und aufeinander bezogen werden. Diese drei Texte wurden sowohl aus systematischen als auch aus historischen Gründen ausgewählt: Alle drei Autoren gelten als prominente Vertreter der Sozialisationsforschung, deren Darlegungen jeweils spezifische und zugleich typische sozialisationstheoretische Ansätze repräsentieren. Der Soziologe Durkheim (1858–1917) gilt als ein Begründer der Sozialisationstheorie. Seine Ausführungen zur Verinnerlichung gesellschaftlicher Regeln und Normen haben die weitere Forschungsdiskussion grundlegend geprägt. So knüpfte beispielsweise der amerikanische Soziologe Parsons (1902–1979) an Durkheims Konzept an und versuchte es mit anderen, eher psychologisch orientierten Ansätzen, insbesondere von Freud und Mead, zu verbinden.

Auf die zentrale Bedeutung Durkheims für die soziologische Betrachtung und Erklärung des Begriffs der „Erziehung" wird auch im „Uni-Training Erziehungswissenschaft. Grundstrukturen des Fachs" verwiesen. Der dort erarbeitete Textauszug enthält ähnliche Aussagen wie der nun folgende, wobei jedoch die hier vorherrschende Untersuchungsabsicht eine andere ist: Es geht nun nicht um die soziale Dimension des Erziehungsbegriffs, sondern um eine Differenzierung zwischen den Begriffen der „Sozialisation" und „Erziehung".

Der Text von Hurrelmann repräsentiert einen sozialisationstheoretischen Ansatz, der sich von der soziologischen Perspektive Durkheims abgrenzt, insofern er sie als „soziologistisch" kritisiert und seinerseits den Prozeß der Sozialisation unter psychologischer Perspektive als eine Aneignung äußerer Realität durch ein „produktiv realitätsverarbeitendes Subjekt" erklärt und deutet.

Durch Luhmanns Text wird die Problematik der Sozialisation und Erziehung wiederum aus dem Blickwinkel eines Soziologen betrachtet, der als ein führender Vertreter der Systemtheorie gilt.

Einen Überblick über den Gegenstand und die historische Entwicklung sozialisationstheoretischen Fragens erhalten Sie in den beiden Aufsätzen:

Hurrelmann, Klaus/Dieter Ulich: Gegenstands- und Methodenfragen der Sozialisationsforschung, in: dies. (Hrsg.): Neues Handbuch der Sozialisationsforschung, 4., völlig neu bearb. Aufl. Weinheim/Basel 1991, und **Geulen, Dieter:** Die historische Entwicklung sozialisationstheoretischer Ansätze, in: Klaus Hurrelmann/Dieter Ulich (Hrsg.): Neues Handbuch der Sozialisationsforschung, 4., völlig neu bearb. Aufl. Weinheim/Basel 1991.

Bearbeiten Sie den ersten der drei Vergleichstexte in gewohnter Weise.

T 35

Emil Durkheim: Erziehung und Soziologie,
Düsseldorf: Pädagogischer Verlag Schwann 1972, S. 30–31 (Auszug).

Wir kommen somit zu folgender Definition:
Erziehung ist die Einwirkung, welche die Erwachsenengeneration auf jene ausübt, die für das soziale Leben noch nicht reif sind. Ihr Ziel ist es, im Kinde gewisse physische, intellektuelle und sittliche Zustände zu schaffen und zu entwickeln, die sowohl die politische Gesellschaft in ihrer Einheit als auch das spezielle Milieu, zu dem es in besonderer Weise bestimmt ist, von ihm verlangen.

3. Folgerungen aus der vorangegangenen Definition: Der soziale Charakter der Erziehung

Aus der vorangegangenen Definition folgt, daß Erziehung in einer planmäßigen Sozialisation der jungen Generation besteht. In jedem von uns, so kann gesagt werden, existieren zwei Seinsweisen, die, obgleich sie gedanklich unterschieden werden können, sich nicht voneinander trennen lassen. Das eine Sein wird aus allen geistigen Zuständen gebildet, die sich nur auf uns selbst und auf die Ereignisse unseres persönlichen Lebens beziehen: dies könnte das individuelle Sein genannt werden. Die andere Seinsweise ist ein System von Ideen, Gefühlen und Gewohnheiten, die nicht unsere Persönlichkeit ausdrücken, sondern die Gruppe oder verschiedene Gruppen, denen wir angehören. Dies sind religiöse Überzeugungen, sittliche Grundsätze und Praktiken, nationale und berufliche Traditionen, kollektive Meinungen jeglicher Art. Ihre Gesamtheit bildet das soziale Sein. Dieses Sein in jedem von uns zu schaffen, ist das Ziel der Erziehung.

[...] Beachtet werden muß, daß nicht nur dieses voll ausgebildete soziale Sein in der primitiven Konstitution des Menschen nicht vorhanden ist, sondern daß es sich aus ihr auch nicht spontan entwickelt hat. Spontan war der Mensch nicht geneigt, sich einer politischen Autorität zu unterwerfen, eine moralische Disziplin anzuerkennen, sich hinzugeben und sich aufzuopfern. [...] Es ist die Gesellschaft selbst, die in dem Maße, in dem sie sich formte und festigte, aus sich selbst jene großen moralischen Kräfte gezogen hat, in deren Angesicht der Mensch seine Unterlegenheit spürte.

Läßt man aber nun die vagen und unbestimmten Tendenzen beiseite, die der Erbmasse zugeschrieben werden können, so bringt das Kind bei Eintritt ins Leben nur seine individuale Natur mit. Die Gesellschaft findet sich also selbst mit jeder neuen Generation im Angesicht einer 'tabula rasa', auf der sie aufbauen muß. Zu dem eben geborenen egoistischen und asozialen Sein muß sie so schnell wie möglich ein anderes Sein hinzufügen, welches fähig ist, ein sittliches und soziales Leben zu führen. Dies ist das Werk der Erziehung. Darin kann man ihre große Bedeutung ermessen. Sie ist nicht begrenzt auf die Entwicklung des individuellen Organismus in die durch die Natur angegebene Richtung und nicht begrenzt darauf, die verborgenen Möglichkeiten, die nur offenbart werden müssen, ans Licht zu bringen. Sie schafft im Menschen ein neues Sein.

Versuchen Sie nun die Kernaussagen des Textes in ihrem gedanklichen Zusammenhang zu visualisieren. Hierfür können Sie nach folgenden Arbeitsschritten vorgehen:

1. Erarbeiten Sie schriftlich jeden einzelnen Sinnabschnitt, indem Sie erstens die einzelnen zentralen Aussagen des Sinnabschnitts stichpunktartig festhalten, zweitens eine den jeweiligen Sinnabschnitt zusammenfassende Kernaussage formulieren und drittens seine argumentative Funktion benennen (z.B. These, Begründung, Erläuterung, Schlußfolgerung).

2. Fertigen Sie eine Visualisierung an, indem Sie die Beziehungen zwischen den einzelnen Sinnabschnitten durch entsprechende Symbole (z.B. Pfeile) kennzeichnen.

Argumentative oder andere, z.B. sachliche Zusammenhänge können prinzipiell in verschiedener Weise visualisiert werden, da es viele gestalterische Möglichkeiten gibt, die denselben Zusammenhang ausdrücken und repräsentieren. Trotz erheblicher Differenz in der Gestaltung stimmen Visualisierungen – beziehen sie sich auf denselben Zusammenhang – in ihrem Sachgehalt, ihren Aussagen doch weitgehend überein.

Die folgende Grafik zeigt eine von mehreren möglichen Versionen zur Visualisierung der Argumentationsstruktur des vorliegenden Textes. *Vergleichen Sie diese mit Ihrer eigenen Grafik insbesondere hinsichtlich der Sachaussagen und Beziehungszusammenhänge, die durch die Visualisierung zum Ausdruck kommen.*

1. Sinnabschnitt
Argumentative Funktion: Ausgangspunkt der Argumentation
Kernaussage: Eine Definition der Erziehung
Zentrale Aussagen:

Zum Prozeß der Erziehung:
Erziehung ist die Beeinflussung von Kindern, die für das soziale Leben noch nicht reif sind, durch die Erwachsenengeneration

Zum Ziel der Erziehung:
Physische, intellektuelle und sittliche Zustände des Kindes, die
- die politische Gesellschaft in ihrer Einheit und
- das spezielle Milieu von einem Mitglied der Gesellschaft erwarten

2. Sinnabschnitt
Argumentative Funktion: Schlußfolgerung aus der Definition in Form einer These formuliert
Kernaussage: Erziehung ist die planmäßige Sozialisation der jungen Generation
Zentrale Aussagen: (Entfällt aufgrund der Kürze des Sinnabschnitts)

3. Sinnabschnitt
Argumentative Funktion:
Erste Begründung der These
Kernaussage:
Erziehung ist planmäßige Sozialisation, weil das Ziel der Erziehung und das Resultat der Sozialisation identisch sind: Beide dienen der Entwicklung des sozialen Seins
Zentrale Aussagen:
- Der Mensch hat zwei analytisch differenzierbare Seinsweisen:
a) das individuelle Sein: alle geistigen Zustände, die sich auf uns selbst und auf Ereignisse unseres persönlichen Lebens beziehen
b) das soziale Sein: System von Ideen, Gefühlen und Gewohnheiten, die die Gruppe bzw. Gruppen ausdrücken, denen wir angehören;
Beispiele: religiöse Überzeugung, sittliche Grundsätze und Praktiken, nationale und berufliche Traditionen, kollektive Meinungen
- Das soziale Sein ist Ziel der Erziehung

4. Sinnabschnitt
Argumentative Funktion:
Zweite Begründung der These
Kernaussage:
Erziehung muß als planmäßige Sozialisation auftreten, da die Genese des sozialen Seins auf einen bewußt geplanten Vermittlungsprozeß angewiesen ist
Zentrale Aussagen:
- Das soziale Sein ist in der ursprünglichen, „primitiven" Konstitution des Menschen noch nicht vorhanden und
- entwickelt sich nicht von selbst, d.h. „spontan"
- Das soziale Sein entspringt nicht der ursprünglichen Natur des Menschen, sondern wird von der Gesellschaft hervorgebracht
- Das neugeborene Kind hat lediglich eine individuale Natur; das soziale Sein ist ihm noch äußerlich; es ist gesellschaftlich gesehen eine 'tabula rasa'
- Aus diesem Grunde kann die individuale Natur als egoistisch und asozial gekennzeichnet werden
- Die Gesellschaft muß durch die Sozialisation in diesem Kind ein sittliches und soziales Sein schaffen
- Sie ist auf geplant vollzogene Sozialisation angewiesen

Im Anschluß an diese Erarbeitungen sollen nun die beiden Begriffe „Sozialisation" und „Erziehung", ebenfalls in Form einer Visualisierung, einander zugeordnet werden. Anders als in der vorherigen Visualisierung, die argumentative Beziehungen repräsentiert, wird die nun folgende Grafik mit Hilfe begriffslogischer Zusammenhänge (Ober- und Unterbegriffe oder Gegenüberstellungen) aufgebaut.

Versuchen Sie nun also zusammenfassend die Begriffe „Erziehung" und „Sozialisation" einander begriffslogisch zuzuordnen und grafisch darzustellen. Ergänzen Sie diese Grafik durch Schlußfolgerungen zu den Bestimmungen der Sozialisation, falls Ihnen dies sinnvoll erscheint.

Transformieren Sie Ihre Grafik anschließend wiederum in einen Text – so, als ob Sie sie einem anderen erläutern würden.

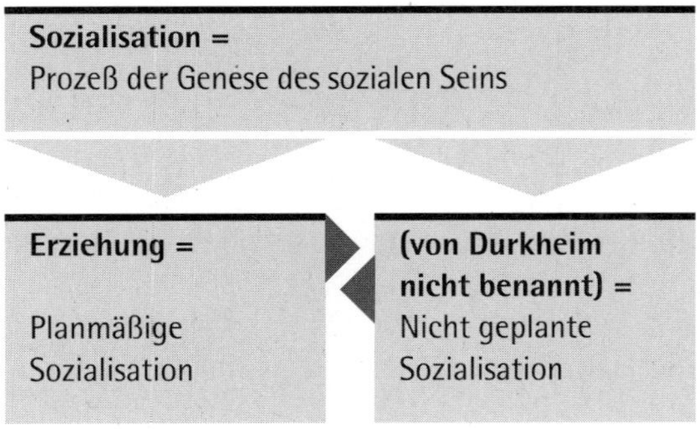

Der Begriff der „Erziehung" ist nach Durkheim dem der „Sozialisation" unterzuordnen. Erziehung bezeichnet lediglich einen Teil der Gesamtheit aller sozialisatorischen Prozesse, nämlich denjenigen, der bewußt und planmäßig angelegt ist und somit explizit das Ziel der Entwicklung des sozialen Seins intendiert. Der Sozialisationsbegriff ist demnach ein Obergriff zum Erziehungsbegriff. Aus einer solchen begriffslogischen Bestimmung kann geschlossen werden, daß es weitere Sozialisationsprozesse gibt, die nicht erzieherischer Art sind. Auf diesen Aspekt der Sozialisation geht Durkheim im vorliegenden Text nicht explizit ein. Implizit kann jedoch gefolgert werden, daß alle jene Beeinflussungsformen der Erwachsenengeneration auf noch nicht sozial reife Kinder, die nicht planmäßig und intendiert angelegt sind, jedoch ebenso der Entwicklung des sozialen Seins dienen, als Sozialisation bezeichnet werden können. Diese Differenz zwischen geplanten erzieherischen Wirkungen und nicht-geplanten Beeinflussungen der jungen Generation wird in der erziehungswissenschaftlichen Literatur mit dem Begriffspaar der „intendierten Erziehung" und der „funktionalen Erziehung" ausgedrückt. Entsprechend dieser Unterscheidung kann Durkheims Sozialisationsbegriff zusammenfassend als die Summe aller intendierten und funktionalen Erziehungsprozesse aufgefaßt werden, die der Schaffung des sozialen Seins dienen.

Erörtern Sie schriftlich den Sozialisationsbegriff nach Durkheim. Halten Sie dabei fest, durch welche Merkmale Durkheim den Sozialisationsbegriff explizit und implizit kennzeichnet. Beziehen Sie auch kritische Überlegungen mit ein.

- Sozialisation ist ein Prozeß, der in erster Linie der Vergesellschaftung dient: Er hat die Aufgabe, noch nicht sozial reife, junge Menschen in die Gesellschaft einzuführen, so daß sie ihre Mitgliedschaft sowohl in der Gesamtgesellschaft als auch an einem spezifischen 'Ort' in der Gesellschaft wahrnehmen können. Sozialisation schließt damit nicht nur die Vermittlung der gesellschaftlichen Moral und Regeln ein, die die gesellschaftliche Einheit ausmachen, sondern ist ebenso auf die Allokation, die Befähigung, einen bestimmten Platz in der Gesellschaft einzunehmen, bezogen.
- Sozialisation ist ein Prozeß, der mit dem Erwachsenwerden, mit dem Mitgliedwerden in einer Gesellschaft abgeschlossen ist.
- Der Begriff der „Sozialisation" wird nach Durkheim aufgrund des mit ihm verknüpften Resultats definiert. Damit wird der Prozeß der Sozialisation selbst nicht in den Blick genommen, sondern lediglich festgestellt, daß dieser stattgefunden hat, wenn ein bestimmtes Ergebnis erzielt wurde.
- Durkheims Sozialisationsbegriff ist auf die Schaffung des sozialen Seins bezogen, das die Möglichkeit zu einem sittlichen und sozialen Leben gibt. Mit einer solchen Definition bezieht er den Sozialisationsprozeß normativ auf ausschließlich jene sozialen Kompetenzen, die von ihm positiv bewertet werden. Daß aufgrund von sozialisatorischen Beeinflussungen auch gegenteilige Wirkungen hervorgebracht werden können, wird von Durkkeim nicht in den Blick genommen. So können aufgrund planmäßiger und auch nichtplanmäßiger Beeinflussungen der jungen Generation soziale Dispositionen erworben werden, die einem sittlichen und sozialen Leben zuwiderlaufen.
- Die Problematik der Normativität des Sozialisationsbegriffs kommt auch dadurch zum Ausdruck, daß das

soziale Sein im vorliegenden Text ausschließlich durch die von der Gesellschaft vorgegebenen Anforderungen bestimmt wird. Es bleibt zu fragen, ob es insbesondere unter erzieherischer Perspektive Grenzen der 'Unterwerfung unter eine politische Autorität' oder Grenzen des 'Sich-Hingebens' und 'Sich-Aufopferns' gibt.

▶ *Versuchen Sie selbständig einen Vergleich zwischen dem Erziehungsbegriff nach Durkheim und einem von Ihnen ausgewählten Bildungsbegriff aus dem zweiten Kapitel zu ziehen.*

Erarbeiten Sie diesen Vergleich unter der thematischen Perspektive, inwiefern durch die jeweiligen Ziele die Erziehung personalisierende bzw. sozialisierende Funktionen erhält, und schlußfolgern Sie aus dem Vergleich, welche wechselseitige Kritik die Autoren aufgrund ihrer jeweiligen Position aneinander üben könnten.

Mit Hilfe des folgenden Textes von Hurrelmann kann die Begriffsklärung zum Sozialisations- und Erziehungsbegriff fortgesetzt und erweitert werden. Hurrelmann erklärt und definiert „Sozialisation" im Vergleich zu Durkheim aus einer grundlegend anderen Perspektive. Bei der Texterarbeitung selbst sollen deshalb stets Vergleiche mit Durkheim vorgenommen werden. *Gliedern Sie den Text wiederum in Sinnabschnitte.*

T 36

Klaus Hurrelmann: Einführung in die Sozialisationstheorie. Über den Zusammenhang von Sozialstruktur und Persönlichkeit, Weinheim/Basel: Beltz Verlag 1986, S. 14 und 158–160 (Auszug).

Begriffliche Festlegungen

a) Sozialisation

Im heute allgemein vorherrschenden Verständnis wird mit Sozialisation der Prozeß der Entstehung und Entwicklung der menschlichen Persönlichkeit in Abhängigkeit von und in Auseinandersetzung mit den sozialen und den dinglich-materiellen Lebensbedingungen verstanden, die zu einem bestimmten Zeitpunkt der historischen Entwicklung einer Gesellschaft existieren. Sozialisation bezeichnet den Prozeß, in dessen Verlauf sich der mit einer biologischen Ausstattung versehene menschliche Organismus zu einer sozial handlungsfähigen Persönlichkeit bildet, die sich über den Lebenslauf hinweg in Auseinandersetzung mit den Lebensbedingungen weiterentwickelt.

b) Persönlichkeitsentwicklung

Als Definitionsbestandteil von „Sozialisation" wird hier der Begriff „Persönlichkeit" verwendet. Mit Persönlichkeit wird das einem Menschen spezifische organisierte Gefüge von Merkmalen, Eigenschaften, Einstellungen und Handlungskompetenzen bezeichnet, das sich auf der Grundlage der biologischen Ausstattung als Ergebnis der Bewältigung von Lebensaufgaben jeweils lebensgeschichtlich ergibt. Als Persönlichkeitsentwicklung läßt sich die überdauernde und langfristige Veränderung wesentlicher Elemente dieses Gefüges im historischen Zeitverlauf und im Verlauf des Lebens bezeichnen.

c) Erziehung

Vom Begriff der Sozialisation wird in der heute vorherrschenden Verwendung der Begriff Erziehung deutlich abgesetzt. Erziehung ist ein begriffslogisch dem Begriff Sozialisation untergeordneter Begriff, der die Handlungen und Maßnahmen bezeichnet, durch die Menschen versuchen, auf die Persönlichkeitsentwicklung anderer Menschen Einfluß zu nehmen, um sie nach bestimmten Wertmaßstäben zu fördern. Erziehung bezeichnet nur einen Teil derjenigen gesellschaftlich vermittelten Einflüsse auf die Persönlichkeitsentwicklung, die unter den Begriff Sozialisation fallen, nämlich die bewußten und geplanten Einflußnahmen.

[...]

a) Mit dem Begriff „Verarbeitung der äußeren Realität" wird das Ergebnis der Aneignung von und Auseinandersetzung mit den Lebensbedingungen bezeichnet. Die soziale und gegenständliche Umwelt wird nach Objekten, Interaktionsabläufen, Werten, Normen und Deutungsmustern und nach dem Beziehungsgefüge zwischen diesen Einzelkomponenten mit den Sinnen aufgenommen, eingeordnet, bewertet und interpretiert, in Vergleiche einbezogen, erneut eingeordnet, bewertet und interpretiert, sowohl auf der kognitiven wie der affektiven Ebene, und schließlich mit den eigenen Bedürfnissen und den eigenen Handlungsplänen erneut abgestimmt. Um die Verarbeitung vornehmen zu können, sind bestimmte grundlegende Fertigkeiten und Fähigkeiten im sensorischen, motorischen, affektiven, kognitiven und interaktiven Bereich des Verhaltens und Handelns notwendig. *Jeder Vorgang der Aneignung und Auseinandersetzung verändert diese Fertigkeiten und Fähigkeiten zugleich und entwickelt sie weiter. Mit dem Begriff der Verarbeitung ist also zugleich auch immer ein „Arbeiten an sich selbst" gemeint, wobei die Eindrücke und Erfahrungen mit den zurückliegenden Kenntnis- und Wissensbeständen, Erlebnissen und Beobachtungen in Einklang zu bringen sind.*

b) Jeder Mensch hat das Bestreben, die in ihm angelegten Kräfte und Fähigkeiten zu entfalten und in die selbständige Verfügbarkeit zu nehmen. Im Prozeß der Aneignung der äußeren Realität und ihrer produktiven Verarbeitung werden die eigenen Fertigkeiten und Fähigkeiten zugleich entdeckt, entwickelt, weiterentwickelt und gefestigt. Im Verlauf der Persönlichkeitsentwicklung kommt es zu einem fortschreitenden Beherrschen dieser Fertigkeiten und Fähigkeiten, die es ermöglichen, eine zunehmend differenzierte Aufnahme und Beobachtung der konkreten situativen Gegebenheiten der Umwelt vorzunehmen und sich den Lebensbedingungen in angemessener Weise anzupassen, zugleich ein wachsendes Verstehen der Zusammenhänge von Ereignissen und Strukturen der Umwelt zu erwerben und eine fortschreitende Fähigkeit zur Gestaltung und Beherrschung der äußeren Realität zu entwickeln.

Der Prozeß der Aneignung und Auseinandersetzung mit der äußeren Realität ist ein lebenslang anhaltender Prozeß, doch er hat besonders markante Abschnitte in der Kindheits- und Jugendphase. Ein Kind erweitert seine Bezugswelt durch fortdauerndes Aneignungsverhalten, durch sinnliches Begreifen und Ergreifen, durch Aufnahme und Imitation von Interaktionsformen der Bezugsperson, durch Interpretation der Situation und durch Abbildung komplexer Strukturen der äußeren Realität. In späteren Entwicklungsschritten eignet es sich die weiter entfernt liegenden Zonen der Umwelt an, die durch gesellschaftliche Bedeutung, Normen, Werte, Einstellungen und gesellschaftliche Institutionen und ihre Handlungserwartungen gegeben sind.

Einen optimalen Verlauf nimmt die Persönlichkeitsentwicklung, wenn in jeder Lebenssituation und in jeder aktuellen Handlungssituation ein Arrangement mit den Bedingungen der äußeren Realität möglich ist, das im Einklang mit den persönlichen Bedürfnissen und Interessen eines Menschen steht. Voraussetzung hierzu sind Fertigkeiten und Fähigkeiten, die nicht nur eine Verarbeitung der äußeren Realität, sondern auch ihre Bearbeitung ermöglichen.

c) Prozesse der Aneignung und Auseinandersetzung mit der äußeren Realität können nicht allein durch Mechanismen erklärt werden, die innerhalb der Person verankert sind. Vielmehr müssen die konkreten Strukturen der äußeren Realität in die Analyse einbezogen werden. *Fertigkeiten und Fähigkeiten verändern sich nicht nur wegen alters- oder lebensphasenspezifisch sich wandelnder Verarbeitungskapazitäten eines Menschen, sondern auch wegen der sich verändernden sozialen und materiellen Lebensbedingungen in lebenszeitlicher und histo-*

rischer Perspektive. Nur über Interaktion und Kommunikation mit anderen Menschen können Interpretationen der äußeren Realität und Bedeutungszuschreibungen vorgenommen werden. Der Verarbeitungsprozeß ist abhängig von persönlichen Merkmalen und Dispositionen wie auch von Merkmalsstrukturen der äußeren Umwelt, wie sie im vorigen Kapitel dargestellt wurden.

d) Im handlungstheoretischen Verständnis, das dieser Arbeit zugrunde liegt, können die Fähigkeiten und Fertigkeiten, die Voraussetzungen für soziales Handeln sind, nur über einen symbolisch vermittelten Prozeß der Interaktion von Menschen miteinander verstanden werden, der sich über wechselseitige Interpretationen von sozialen Situationen vollzieht. Der Austausch von Situationsdefinitionen kommt nur zustande, wenn die Partner der Interaktionen fähig und bereit sind, sich gegenseitig in ihre soziale Lage zu versetzen und diese Perspektivenübernahme als Ausgangspunkt für das eigene Handeln anzuerkennen. *Als Ergebnis des sozialen Austausches und der sozialen Kommunikation kann der Aufbau von komplexen Fähigkeiten und Fertigkeiten verstanden werden, die das eigene Handeln in verschiedenen Situationen angemessen und im Einklang mit den eigenen Interessen und Bedürfnissen steuern.* Handeln ist die intentionale und tätige Verwirklichung von Zielen, die aus der Wahrnehmung der Situation, der Zielorientierung und der Konzeption der Mittel zur Erreichung der Ziele entsteht.

Die Gliederung nach Sinnabschnitten kann, entsprechend ihrer Differenziertheit, unterschiedlich viele Textpassagen zusammenfassen. Je umfassender ein Sinnabschnitt ist, desto abstrakter ist die Formulierung seiner Kernaussage.

Hinsichtlich des Textanfangs bedeutet dies, daß die ersten drei alphanumerisch aufgelisteten Textpassagen sowohl zu dem Sinnabschnitt „Begriffsdefinitionen" zusammengefaßt als auch in die drei Sinnabschnitte „Definition des Sozialisationsbegriffs", „Definition des Begriffs der Persönlichkeitsentwicklung" und „Definition des Erziehungsbegriffs" gegliedert werden können.

Deutlich wird jedoch, daß sich der Text – grob gegliedert – zumindest in zwei Teile zerlegen läßt: in die Definitionen zentraler Begriffe und in die Erörterung von Zusammenhängen, die die Sozialisation in grundlegender Weise prägen. Bei der Bearbeitung des Textes soll von dieser Zweiteilung ausgehend Hurrelmanns Ansatz vergleichend mit Durkheims Position erarbeitet werden.

Fokussieren Sie hierfür in einem ersten Arbeitsschritt den Textteil zu den Definitionen. Visualisieren Sie die von Hurrelmann dargestellten Begriffszusammenhänge einschließlich der ihnen zugehörigen Kernaussagen. Legen Sie diese Visualisierung in einer Weise an, daß der Begriffszusammenhang mit Durkheims Bestimmung der Beziehung zwischen dem Sozialisations- und Erziehungsbegriff unmittelbar vergleichbar wird. Erläutern Sie anschließend die Visualisierung und den in ihr angelegten Vergleich schriftlich.

Sozialisation =
Lebenslanger Prozeß der Entstehung und Entwicklung der menschlichen, sozial handlungsfähigen Persönlichkeit

- Der Prozeß der Sozialisation ist die Entwicklung eines biologisch ausgestatteten Organismus zu einer Persönlichkeit in Abhängigkeit von und in Auseinandersetzung mit den sozialen und den dinglich-materiellen Lebensbedingungen
- Die Persönlichkeit ist ein organisiertes Gefüge von Merkmalen, Eigenschaften, Einstellungen und Handlungskompetenzen, das sich auf der Grundlage der biologischen Ausstattung und durch die Bewältigung von Lebensaufgaben ergibt

Erziehung =

Bewußte und geplante Einflußnahme auf die Persönlichkeitsentwicklung, um diese nach bestimmten Wertmaßstäben zu fördern

(von Hurrelmann nicht benannt) =
Nicht-bewußte und nicht-geplante Einflußnahme

Die Visualisierung zeigt, daß auch Hurrelmann den Erziehungsbegriff dem Sozialisationsbegriff unterordnet. In dieser Zuordnung gleichen sich zudem Hurrelmanns und Durkheims nähere Ausführungen: Erziehung ist die planmäßige und bewußte Sozialisation.

Die Grafik macht gleichzeitig jedoch auch eine grundlegende Differenz zwischen den beiden Autoren anschaulich. Während Durkheim als Resultat der Sozialisation das soziale Sein annimmt, das er durch gesellschaftliche Vorgaben definiert, ist der Sozialisationsprozeß bei Hurrelmann in erster Linie auf die Ausbildung der Persönlichkeit bezogen, die er als eine sozial handlungsfähige Persönlichkeit kennzeichnet.

Gemeinsam ist beiden Autoren, daß sie unter Sozialisation die Vergesellschaftung des Menschen verstehen. Sie unterscheiden sich jedoch grundlegend in der Bestimmung dessen, was die Vergesellschaftung ausmacht:

- Im Unterschied zu Durkheim betont Hurrelmann, daß die Sozialisation zu keiner Zeit abgeschlossen wird; sie ist ein lebenslanger Prozeß. Dies impliziert, daß Vergesellschaftung nicht durch das Mitglied-Werden in einer Gesellschaft abgeschlossen ist.
- Während Durkheim die Sozialisation in erster Linie durch die Tradierung sozial-moralischer, gesellschaftlicher Gegebenheiten an die heranwachsende Generation kennzeichnet, betont Hurrelmann, daß Sozialisation eine Aneignung von und Auseinandersetzung mit den Lebensbedingungen darstellt. Es geht ihm somit nicht um die 'Verinnerlichung' von vorgegebenen Normen und Regeln, sondern um die aktive Auseinandersetzung des einzelnen mit seiner Umwelt – mit dem Ziel seiner Handlungsfähigkeit. Ob dies zugleich, wie dies bei Durkheim angenommen wird, mit bestimmten positiv besetzten Werten und Normen verbunden ist, ist damit nicht gesagt.
- Hurrelmanns Darstellungen heben Durkheims strikten Dualismus zwischen individuellem und sozialem Sein auf. Hurrelmanns Begriff der „sozial handlungsfähigen Persönlichkeit" meint das vergesellschaftete Subjekt, das eine Identität ausgebildet hat, in der individuelle Zustände, Gefühle und Selbstbewußtsein untrennbar mit sozialen Fähigkeiten und Fertigkeiten verbunden sind.

Die beiden letzten Punkte können durch eine genauere begriffliche Bestimmung der sozial handlungsfähigen Persönlichkeit aus dem zweiten Teil des Textes ergänzt werden. *Lesen Sie deshalb den übrigen Text unter der gezielten Fragestellung, mit welchen zusätzlichen Merkmalen Hurrelmann die sozial handlungsfähige Persönlichkeit versieht.*
Markieren Sie die entsprechenden Textpassagen, und ergänzen Sie die zuvor erstellte Visualisierung durch diese Kennzeichnungen. Sie können hierfür das Arbeitsblatt A25 nutzen. A 25

Sozialisation = Lebenslanger Prozeß der Entstehung und Entwicklung der menschlichen, sozial handlungsfähigen Persönlichkeit

- Der Prozeß der Sozialisation ist die Entwicklung eines biologisch ausgestatteten Organismus zu einer Persönlichkeit in Abhängigkeit von und in Auseinandersetzung mit den sozialen und den dinglich-materiellen Lebensbedingungen
- Die Persönlichkeit ist ein organisiertes Gefüge von Merkmalen, Eigenschaften, Einstellungen und Handlungskompetenzen, das sich auf der Grundlage der biologischen Ausstattung und durch die Bewältigung von Lebensaufgaben ergibt
- Das Ziel der sozial handlungsfähigen Persönlichkeit wird dann optimal realisiert, wenn das Subjekt in jeder Lebens- und Handlungssituation sich mit den Bedingungen der äußeren Realität arrangiert und dabei im Einklang mit seinen persönlichen Bedürfnissen und Interessen steht; d.h., daß das Subjekt situationsgemäß und im Einklang mit den eigenen Interessen und Bedürfnissen handeln kann
- Die sozial handlungsfähige Persönlichkeit verarbeitet nicht nur äußere Realität, sondern kann auch auf sie einwirken und sie gestalten

Erziehung =
Bewußte und geplante Einflußnahme auf die Persönlichkeitsentwicklung, um diese nach bestimmten Wertmaßstäben zu fördern

(von Hurrelmann nicht benannt) =
Nicht-bewußte und nicht-geplante Einflußnahme

▶ *Erörtern Sie selbständig, inwiefern die hier zur sozial handlungsfähigen Persönlichkeit ergänzten Merkmale die bisherigen Aussagen in bezug auf einen Vergleich zwischen Durkheims und Hurrelmanns Positionen unterstützen.*

Bei der bisherigen Erarbeitung des Hurrelmann-Textes, seiner Begriffsdefinitionen im ersten Teil und der Analyse der Zielbestimmung der Sozialisation im zweiten Teil, konnte bereits in zentralen Aspekten vergleichend auf Durkheim eingegangen werden.

Dieser Vergleich soll nun für die restlichen Aspekte des zweiten Teils fortgeführt werden:

- *Nehmen Sie hierfür die entsprechenden Textpassagen mit den von Ihnen vorgenommenen Markierungen und Sinnabschnittsbildungen zur Hand.*
- *Formulieren Sie schriftlich, welchen Aspekt der Sozialisation Hurrelmann hier thematisiert.*
- *Charakterisieren Sie anschließend die Position Hurrelmanns, indem Sie feststellen, wie er diesen Aspekt zu klären sucht bzw. welches Erklärungsmodell er implizit für seine Argumentation nutzt. Beziehen Sie für die Darstellung seines theoretischen Hintergrundes auch Überlegungen aus dem dritten Kapitel mit ein.*
- *Grenzen Sie sowohl den thematischen Aspekt als auch die Position Hurrelmanns vergleichend von Durkheims Darstellungen ab.*

Das zentrale Thema des zweiten Textteils sind die Fähigkeiten und Fertigkeiten, die der Verarbeitung der äußeren Realität dienen. Hurrelmann behandelt also den Prozeß der Sozialisation unter psychologischen Gesichtspunkten. Ihm geht es nicht um die Inhalte der Sozialisation und deren Herleitung, wie dies im Text von Durkheim durch die Darstellung des sozialen Seins und dessen gesellschaftlichen Ursprungs der Fall war. Hurrelmann zentriert seine Darstellung vielmehr um die Frage, wie der Prozeß der Sozialisation als eine Vergesellschaftung des Subjekts funktioniert, wie eine dem Subjekt zunächst äußerliche Realität im Sozialisationsprozeß für die Persönlichkeit des einzelnen bestimmend werden kann; oder anders formuliert: wie soziale und dinglich-materielle Gegebenheiten durch den Sozialisationsprozeß zu einer inneren Realität, einer psychischen Realität werden.

Durkheims Ausführungen behandeln diese Frage nicht explizit, denn er geht selbstverständlich davon aus, daß das soziale Sein im Menschen geschaffen werden kann.

Hierbei kann unterstellt werden, daß er diesen Prozeß als Internalisierung versteht, bei der bestimmte äußere Vorgaben vom Subjekt innerlich abgebildet werden und derart sein Handeln steuern.

Demgegenüber stellt Hurrelmann den Prozeß der Sozialisation sehr differenziert dar. Er kennzeichnet ihn als einen produktiven Aneignungs- und Verarbeitungsprozeß des Subjekts, in dem äußere Gegebenheiten nicht einfach übernommen, sondern vielmehr aktiv sowohl verarbeitet als auch – umgekehrt – gestaltet werden können.

Dabei kennzeichnet Hurrelmann implizit Lernen als Informationsverarbeitung. Sozialisation ist grundlegend als ein Lernprozeß zu verstehen, der mit dem Ziel verbunden ist, solche Fähigkeiten und Fertigkeiten aufzubauen, die das Subjekt zu einer sozial handlungsfähigen Persönlichkeit machen.

Ähnlich wie das Modell der menschlichen Informationsverarbeitung beschreibt Hurrelmann, daß äußere Gegebenheiten vom Subjekt zunächst sinnlich wahrgenommen werden, um anschließend mit Hilfe zahlreicher komplexer Operationen verarbeitet zu werden (einordnen, bewerten, interpretieren, in Vergleiche einbeziehen etc.). Er betont, daß dieser Informationsverarbeitungsprozeß sowohl kognitive als auch affektive Aspekte hat und von sensorischen, motorischen, affektiven und kognitiven Fähigkeiten und Fertigkeiten abhängig ist.

Der Sozialisationsprozeß kann demnach nicht durch eine schlichte Verinnerlichung äußerer Gegebenheiten beschrieben werden, sondern ist ein hochkomplexer kognitiver Vorgang, der mit Hilfe unterschiedlicher Operationen äußere Informationen verarbeitet. Die Besonderheit dieses sozialen Lernprozesses besteht nach Hurrelmann darin, daß eigene Bedürfnisse und Motive nicht nur als affektive Zustände die Informationsverarbeitung beeinflussen, sondern daß dieser Lernprozeß explizit darauf angelegt ist, diese Bedürfnisse mit den verarbeiteten Informationen in Einklang zu bringen. Auch hier wird, wie bei Durkheim, die Normativität des Sozialisationsbegriffs deutlich: Sie besteht nach Hurrelmann in dem intendierten Gleichgewicht zwischen der verarbeiteten Information und den eigenen Bedürfnissen, zwischen der Verarbeitung äußerer Information und dem selbständigen Einwirken auf die äußere Situation.

Ausgehend von einem aktiven Prozeß der Informationsverarbeitung nimmt auch Hurrelmann Akkommodations- und Assimilationsprozesse als grundlegende Lernprozesse an. So betont er, daß mit jeder Informationsverarbeitung die Fähigkeiten und Fertigkeiten des Subjekts verändert werden: Es assimiliert somit nicht nur Informationen an bereits bestehende Strukturen, sondern es akkommodiert die Strukturen, indem es 'an sich selbst arbeitet' und die Eindrücke und Erfahrungen mit den zurückliegenden Kenntnis- und Wissensbeständen etc. in Einklang zu bringen versucht.

Im Rahmen eines solchen Lernmodells wird auch deutlich, warum Sozialisation nicht nur bewußt in der Erziehung intendiert wird, sondern auch selbstverständlich und 'automatisch', ohne Beeinflussung von außen, geschieht: Jede Informationsverarbeitung ist immer auch ein Veränderungsprozeß, in dem neue Erfahrungen mit bereits bestehenden abgeglichen werden und somit Lernen möglich wird.

In diesem Sinne ist Sozialisation wie auch das Lernen ein lebenslanger Prozeß.

In den Abschnitten b) und c) des zweiten Teils geht Hurrelmann unter anderem auf entwicklungspsychologische Aspekte der Sozialisation ein. Er betont, daß der Informationsverarbeitungsprozeß zunehmend differenzierter und angemessener vollzogen wird und das intellektuelle Verständnis für Zusammenhänge von Ereignissen und Strukturen wächst. Dieser Entwicklungsprozeß könnte durch Piagets Darstellung der kognitiven Entwicklung ergänzt werden. Obschon sich in der Kindheit und Jugend die Fähigkeiten des Lernens und damit auch die Fähigkeit zur Sozialisation erst allmählich entwickeln, sieht Hurrelmann das Ziel der Sozialisation nicht erst dann realisiert, wenn entsprechende geistige Fähigkeiten entwickelt sind. Der Prozeß der Sozialisation ist für ihn ein lebenslanger Prozeß, der auch schon in der frühen Entwicklung des Menschen zu entsprechenden Gleichgewichtsformen zwischen den Bedingungen der äußeren Realität und den eigenen Bedürfnissen führen kann. Auch hier zeigt sich eine Parallele zu Piaget, und zwar zu seinem Gleichgewichtskonzept, das auf unterschiedlichen Entwicklungsstufen unterschiedliche Qualitäten besitzt.

Im Gegensatz zu Piaget wendet sich Hurrelmann jedoch gegen eine strikte alters- und lebensphasenspezifische Stufung der Verarbeitungskapazitäten. Hurrelmann geht demgegenüber von einer elementaren, wechselseitigen Interaktion zwischen kognitiven und affektiven Fähigkeiten einerseits und den jeweiligen sozialen und materiellen Lebenbedingungen andererseits aus.

Im letzten Textabschnitt stellt er sein handlungstheoretisches Verständnis des Sozialisationsbegriffs knapp dar. Er geht davon aus, daß die sozialen Kompetenzen sich aus dem sozialen Handeln, der Interaktion mit anderen Menschen, entwickeln. Auch hierin kann eine grundlegende Parallele zum operationalen Lernbegriff gezogen werden, nach dem sich die kognitiven Fähigkeiten, die Operationen, aus dem Handeln entwickeln. Der Fähigkeit zur Perspektivenübernahme, die mit der sozialen Dezentration Piagets vergleichbar ist, weist Hurrelmann hierbei eine zentrale Bedeutung in bezug auf die Befähigung zur wechselseitigen Interpretation sozialer Situationen und damit zum sozialen Handeln überhaupt zu.

Im Rahmen entwicklungspsychologischer Untersuchungen hat sich eine eigene Forschungsrichtung entwickelt, die sich insbesondere mit der Problematik der sozialen Entwicklung beschäftigt. Ihre Untersuchungsabsicht richtet sich auf das Wahrnehmen und Verstehen sozialer Zusammenhänge und Beziehungen sowie die damit verbundenen sozialen Handlungskompetenzen, für welche die Fähigkeit der Perspektivenübernahme eine grundlegende Rolle spielt. So hat beispielsweise Kohlberg auf dem Hintergrund der Piagetschen Entwicklungstheorie die sozial-moralische Entwicklung des Kindes dargestellt und in entsprechende Stufen des Moralverständnisses eingeteilt: **Kohlberg, Lawrence:** Zur kognitiven Entwicklung des Kindes. Drei Aufsätze, Frankfurt a.M. 1974.

Allgemeiner und nicht vorrangig auf die moralische Entwicklung des Kindes bezogen, stellt Schmidt-Denter die soziale Entwicklung des Menschen dar:

Schmidt-Denter, Ulrich: Soziale Entwicklung. Ein Lehrbuch über soziale Beziehungen im Laufe des menschlichen Lebens, München/Weinheim 1988.

Der dritte und letzte Text im Rahmen der Begriffsklärung stammt von Luhmann. *Gehen Sie beim Lesen des Auszugs in gewohnter Weise vor.*

T 37

Niklas Luhmann: Soziale Systeme. Grundriß einer allgemeinen Theorie,
2. Aufl. Frankfurt a.M.: © Suhrkamp Verlag 1985, S. 280–282 (Auszug).

Sozialisation kommt ohne besondere Aufmerksamkeitsanforderungen durch Mitleben in einem sozialen Zusammenhang zustande. Sie setzt Teilnahme an Kommunikation voraus, und zwar speziell die Möglichkeit, das Verhalten anderer nicht nur als Faktum, sondern als Information zu lesen – als Information über Gefahren, über Enttäuschungen, über Koinzidenzen jeder Art, über Realisation eines Bezugs auf soziale Normen, über das in einer Situation Angemessene. [...] Erziehung dagegen benutzt die Reduktion auf Handlung, um etwas zu erreichen, was die Koordination einer Vielzahl von Bemühungen voraussetzt, also nicht den Zufällen sozialisierender Ereignisse überlassen werden kann. Nur als Erziehung kann die Sozialisation in ein Input/Output-Schema gebracht werden. Man definiert die Zustände oder Verhaltensweisen, die man erreichen möchte, würdigt die Ausgangslagen (Reifegrad, Begabung, Vorkennntnisse) als Bedingungen und wählt die pädagogischen Mittel, um das, was nicht von selbst geschieht, dennoch zu erreichen. Der Riesenaufwand von Interaktion und Organisation von Unterrichtssituationen, Schulklassen, Schulsystemen ist nur die Ausformulierung dieses Prinzips. [...]

Ein Hinausgehen über bloße Sozialisation und über bloße ad hoc-Erziehung scheint in allen komplexeren Gesellschaften unausweichlich zu sein. Nur so können Kenntnisse und Fähigkeiten reproduziert werden, die nur durch lange Sequenzen koordinierter Einzelschritte erworben werden können. Nur so sind Prozesse der Spezialisierung und der auf Spezialisierung gegründeten Verteilung auf Rollen möglich. Das ist geläufig. Und ebenso geläufig ist eine Kritik der Lebensfremdheit von Schulen und der Unbrauchbarkeit des gelernten Wissens. Die Kritik richtet sich aber primär auf die Auswahl der Lehrpläne, auf politische Eingriffe, auf die Kultusbürokratie und neuerdings auf den auch hier wirksamen Kapitalismus. Sie müßte viel fundamentaler ansetzen, denn sie zielt auf die Folgeprobleme der Intentionalisierung der Erziehung selbst. Vor allem müßte stärker beachtet werden, daß eine pädagogisch stilisierte Handlung selbst wieder Kommunikation eben dieser Absicht wird. Dadurch wird eine Art Sekundärsozialisation im pädagogischen Kontext unausweichlich. Das Handeln tritt mit seinen Absichten, seinen Idealen, seinen Rollenzwängen ins System ein und wird im System erlebt und beurteilt. [...] Die Erziehung strebt einen Output an. Sie beurteilt die vorliegenden Bedingungen wie Begabung, Vorkenntnisse, Schuldisziplin. Sie variiert die pädagogischen Mittel, um zur Wirkung zu kommen, in der Hoffnung auf Erfolg. Aber all das hat Sozialisationseffekte im System, die sich der Berechnung entziehen [...]. Sie transformieren Gleichheit in Ungleichheit. Sie motivieren und demotivieren. Sie schließen Erfolgserfahrungen an Erfolgserfahrungen und Mißerfolgserfahrungen an Mißerfolgserfahrungen an. Sie begünstigen Einstellungen, die es ermöglichen, speziell mit Erziehern, Lehrern, Schulen und Schulklassen zurechtzukommen.

Im folgenden soll der Text von Luhmann vergleichend mit den Texten von Durkheim und Hurrelmann genauer erarbeitet werden. In einem ersten Arbeitsschritt werden hierfür die Ähnlichkeiten und Gleichheiten zwischen Luhmann einerseits und Durkheim bzw. Hurrelmann andererseits erarbeitet, um anschließend, in einem zweiten Arbeitsschritt, Luhmanns Position in Abgrenzung von den beiden anderen Autoren herausarbeiten zu können.

Legen Sie sich für den ersten Arbeitsschritt eine zweispaltige Tabelle an. Tragen Sie in die linke Spalte die einzelnen Sinnabschnitte und deren Kernaussagen ein, die Sie anhand Ihrer Markierungen im Text ermitteln können. Kommentieren Sie in der rechten Spalte die Kernaussagen, indem Sie sie auf Durkheims bzw. Hurrelmanns Darlegungen beziehen.

Luhmann	**Durkheim bzw. Hurrelmann**
1. Erläuterung zum Sozialisationsbegriff: • Sozialisation kommt durch Mitleben in einem sozialen Zusammenhang zustande • Sozialisation setzt Teilnahme an Kommunikation voraus, wobei das Verhalten anderer als Information aufgefaßt wird	Ähnlich wie Hurrelmann geht es Luhmann um die Frage, wie Sozialisation funktioniert. Auch er geht davon aus, daß durch die Teilnahme an Kommunikation Informationsverarbeitungsprozesse ermöglicht werden, die der Aneignung und Auseinandersetzung mit der äußeren sozialen Realität dienen. Luhmann setzt jedoch einschränkend voraus, daß der einzelne in der Lage und willens sein muß, die sozialen Aspekte des Handelns auch als Informationen zu lesen. Der einzelne muß sie als Informationen konstruieren können, sich ihrer bewußt werden und sie entsprechend verarbeiten
2. Erläuterung zum Erziehungsbegriff: • Erziehung nutzt die Reduktion auf Handlungen, sie ist ein System, das auf typische erzieherische Handlungen spezialisiert ist • Durch Erziehung wird Sozialisation in ein Input/Output-Schema überführt: Es werden Ziele definiert (Output), die Ausgangslage diagnostiziert und berücksichtigt (Input) und aufgrund dieser Vorüberlegungen entsprechende pädagogische Mittel eingesetzt • Dem Schulsystem liegt die Überführung der Sozialisation in ein Input/Output-Schema zugrunde	Luhmann erläutert hier differenziert den auch von Durkheim und Hurrelmann dargestellten Zusammenhang, daß Erziehung planmäßige und bewußte Sozialisation ist: • Durch Erziehung werden Handlungen eingesetzt, die speziell der Sozialisation dienen (bewußt) • Erziehung überführt die Sozialisation in ein Input/Output-Schema, aus dem entsprechende pädagogische Mittel gewonnen werden (planmäßig)

Luhmann	Durkheim bzw. Hurrelmann
• Die Überführung von Sozialisation in Erziehung ist notwendig, um systematische Lernprozesse zu ermöglichen, die die Voraussetzung für Spezialisierung und Rollenverteilung bilden	Erziehung ist wirksamer als zufällige Sozialisationsprozesse: Sie ermöglicht systematisches Lernen (Qualifizierung) und Rollenverteilung (Allokation)
3. Schulkritik: • Luhmann fordert, daß die Schulkritik fundamentaler hinsichtlich der Geplantheit und Bewußtheit der Erziehung ansetzen sollte • Erziehung sozialisiert ihrerseits wiederum, da sie Kommunikation ist • Erziehung ist ein Handlungssystem, das aufgrund des Input/Output-Schemas und der Mittelwahl bestimmte Strukturen hat, die wiederum bestimmte Sozialisationseffekte bei den Schülern hervorbringen	– – –

Versuchen Sie nun im zweiten Arbeitsschritt die Abgrenzung zwischen Luhmann einerseits und Hurrelmann bzw. Durkheim andererseits herauszuarbeiten. Visualisieren Sie hierfür das Verhältnis von Sozialisation und Erziehung analog zu den bisherigen Visualisierungen bei Durkheim und Hurrelmann, und erläutern Sie diese Grafik im Vergleich mit den vorherigen schriftlich.

Sozialisation
kommt durch das Mitleben in einem sozialen Zusammenhang zustande, wobei von den Teilnehmern das Verhalten anderer als Information gelesen wird

Erziehung
überführt die Sozialisation in ein Input/Output-Schema zum Zwecke des systematischen Lernens (Qualifikation und Allokation) und richtet somit einen speziell auf Sozialisation ausgerichteten Handlungszusammenhang ein

• Zufällige Sozialisation
• Ad hoc-Erziehung

Sozialisation
Von der Erziehung als einem spezifischen Kommunikationszusammenhang gehen wiederum Sozialisationseffekte aus

Trotz der schon erwähnten Übereinstimmungen zeigt die vorliegende Visualisierung einige grundlegende Differenzen zwischen Luhmanns Konzeption von Sozialisation und Erziehung einerseits und Hurrelmanns und Durkheims andererseits.

Luhmanns Begriff der „Sozialisation" ist im vorliegenden Text nicht normativ bestimmt. Seine Darlegungen beziehen sich ausschließlich darauf, wie Sozialisation möglich ist. Schon Hurrelmann hat diesen Aspekt thematisiert, und beide Autoren zeigen in ihren Erklärungen einige Gemeinsamkeiten. Darüber hinaus belegt Hurrelmann jedoch den Begriff der „Sozialisation" normativ: Sozialisation ist derjenige Entwicklungsprozeß, der die sozial handlungsfähige Persönlichkeit hervorbringt. Ähnlich verfährt Durkheim, der die Frage nach dem 'Wie' der Sozialisation nicht stellt, sondern Sozialisation normativ als die Schaffung des sozialen Seins bestimmt. Luhmann gibt ein solches Ziel oder intendiertes Resultat der Sozialisation nicht vor, sondern beschränkt sich in seiner Darlegung darauf, Sozialisation als einen Prozeß zu kennzeichnen, in dem durch die Teilnahme an einer Kommunikation soziales Lernen dadurch ermöglicht wird, daß das Verhalten, das soziale Handeln anderer als Information aufgenommen, d.h. wahrgenommen, und verarbeitet wird. So müssen soziale Normen beispielsweise nicht durch Vorschriften oder andere explizite Formulierungen vermittelt werden, sondern können durch die Informationsverarbeitung in den Handlungen anderer erkannt und entsprechend verarbeitet werden.

Luhmann unterscheidet zwei Formen der Sozialisation: die Erziehung, die einen selbständigen und eigenen Handlungszusammenhang, wie z.B. die Schule, ausbildet und sich in ihrem Handeln am Input/Output-Schema orientiert, einerseits und die zufällige Sozialisation bzw. die Ad hoc-Erziehung andererseits. Diese Differenz ist auch schon bei Durkheim und Hurrelmann angelegt, insofern sie zwischen der planmäßigen und bewußten Erziehung auf der einen und der nicht-planmäßigen und nicht-bewußten Erziehung auf der anderen Seite unterscheiden. Innerhalb der Luhmannschen Konzeption wird diese Differenzierung jedoch dadurch zugespitzt, daß er auch die Ad hoc-Erziehung der bewußten und planmäßigen gegenüberstellt. Die Erziehung, auf die er sich bezieht, ist nicht schon durch einzelne zufällige Handlungen gegeben, auch wenn sich diese Handlungen bewußt auf die Beeinflussung anderer Menschen richten. Erziehung findet nach Luhmann in speziell für die Erziehung eingerichteten Handlungszusammenhängen statt, in denen die erzieherische Beeinflussung auf Dauer gestellt und in den für sie funktionalen Strukturen verläuft. Erziehung tritt somit als ein Erziehungssystem auf, in dem erzieherisches Handeln bewußt durch pädagogische Mittel und hinsichtlich bestimmter Ziele sowie Ausgangsbedingungen des Lernens stattfindet. Die Schule ist hierfür ein typisches Beispiel.

Aufgrund der Annahme, daß Erziehung stets auch als Kommunikation vollzogen wird, schließt Luhmann, abweichend von den Positionen Hurrelmanns und Durkheims, daß Erziehung ihrerseits aufgrund der ihr eigenen sozialen Regeln, sozialen Handlungsweisen und Interaktionsstrukturen spezifische Sozialisationseffekte hat, die nicht mit den intendierten Zielen übereinstimmen müssen und die lediglich aufgrund der Teilnahme an der erzieherischen Kommunikation zustande kommen.

Luhmanns Forderung nach einer Schulkritik, die insbesondere die spezifischen schulischen Sozialisationseffekte untersucht und sich nicht in erster Linie auf die bewußten und planmäßigen Ziele und Inhalte der Schule bezieht, ist in der erziehungswissenschaftlichen Literatur längst eingelöst.

1973 führte Zinnecker durch einen Artikel in „betrifft: erziehung" den Begriff des „heimlichen Lehrplans" in die deutsche Diskussion ein, der unter dem Titel „hidden curriculum" bereits in Amerika diskutiert wurde: **Zinnecker, J. (Hrsg.):** Der heimliche Lehrplan, Weinheim/ Basel 1975.

Ziel dieser Diskussion war es, die Wirkungen der Schule jenseits ihrer intendierten Zielsetzungen zu ermitteln, um festzustellen, ob und inwiefern das Lernen aufgrund sozialisatorischer Bedingungen mit dem intendierten Lernen vereinbar ist bzw. inwiefern das intendierte Lernen von dem Lernen durch die Sozialstruktur abhängig ist.

In der heutigen Forschung gibt es zahlreiche Untersuchungen, die die Sozialisation durch Schule und Familie zum Gegenstand haben. Allerdings werden diese kaum noch unter dem Titel des „heimlichen Lehrplans" geführt. Im folgenden Teilkapitel werden zwei Texte erarbeitet, die sich auf diese 'heimlichen' Sozialisationseffekte der Schule beziehen.

Einen Überblick über den Stand der Forschung hinsichtlich der Sozialisation in der Familie gibt: **Kreppner, Kurt:** Sozialisation in der Familie, in: Klaus Hurrelmann/ Dieter Ulich (Hrsg.): Neues Handbuch der Sozialisationsforschung, 4., völlig neu bearb. Aufl. Weinheim/Basel 1991.

Schulische Sozialisation

Die beiden folgenden Texte von Dreeben und Ulich befassen sich mit der schulischen Sozialisation. Ausgehend von Luhmanns Überlegungen, daß Schüler durch die Teilnahme an der schulischen Interaktion sozialisiert werden, indem die sozialen Aspekte des gemeinsamen Handelns als Information verarbeitet werden, sollen folgende Aspekte untersucht werden:

- Welche Sozialisationseffekte werden in den Texten benannt?
- Aufgrund welcher sozialer Aspekte des Handelns, welcher Strukturmerkmale der schulischen Interaktion werden diese Effekte hervorgerufen?

Anschließend sollen beide Texte in bezug auf diese Fragestellungen miteinander verglichen werden.

T 38

Robert Dreeben: Was wir in der Schule lernen,

Frankfurt a.M.: © Suhrkamp Verlag 1980, S. 62–83 (Auszug).

Unabhängigkeit

Eine Antwort auf die Frage: ›Was wird in der Schule gelernt?‹, lautet: die Schüler lernen anzuerkennen, daß es Aufgaben gibt, die sie allein tun müssen – und entsprechend zu handeln. Mit dieser selbst auferlegten Verpflichtung geht die Vorstellung einher, daß andere ein legitimes Recht haben, solch unabhängiges Verhalten unter bestimmten Umständen zu erwarten. [...] Das Wort Unabhängigkeit hat eine allgemein anerkannte, wiewohl nicht eindeutige Bedeutung. Wenn ich es hier verwende, so will ich damit ein ›Cluster‹ von Bedeutungen bezeichnen: von sich aus etwas tun, Selbstvertrauen haben, persönliche Verantwortung für das eigne Verhalten akzeptieren, selbständig handeln [...] und Aufgaben verrichten, bei denen man unter verschiedenen Umständen mit Recht die Hilfe anderer erwarten kann. In der Schule ist der Schüler von den Familienmitgliedern getrennt, die ihm für gewöhnlich Hilfe, Unterstützung und Zuspruch bieten – Personen also, von denen er seit jeher abhängig ist. [...]

Eltern erwarten von ihren Kindern in mancherlei Situationen unabhängiges Handeln, aber der Lehrer erwartet vom Schüler ganz systematisch, daß er bei der Ausführung der schulischen Aufgaben den Standard der Unabhängigkeit einhält. Daneben gibt es mindestens zwei Aspekte des Schulbetriebs, die unmittelbar die Norm der Unabhängigkeit betreffen: Regeln gegen das Mogeln und formale Prüfungen. [...] Wir bezeichnen also solche Handlungsweisen als Mogeln, die eng an die Unterrichtsziele der Schule gebunden sind und bei denen eine Leistung mit Hilfe anderer erfolgt, während eine Leistung ohne fremde Hilfe erwartet wird. [...]

Die Ironie beim Mogeln in der Schule liegt nun darin, daß die gleichen Handlungen in anderen Situationen als moralisch akzeptabel und sogar empfehlenswert gelten. Es ist lobenswert, wenn ein Freund einem anderen in seinem Kummer hilft oder wenn die Eltern dem Kind beistehen; und wenn jemandem die Informationen fehlen, eine

Arbeit zu verrichten, dann gehört es sich, daß der andere einspringt. Tatsächlich sind viele schulischen Aktivitäten, die wir als Mogeln bezeichnen, geläufige Formen der Hilfe und Unterstützung in der Familie und zwischen Freunden. [...]

Was die Tests betrifft, und besonders die Verwendung von Leistungstests, so sind die sozialen Bedingungen für die *Abhaltung* von Tests, nicht aber deren Inhalt oder Umfang für die Entwicklung von Unabhängigkeit besonders wichtig. Im großen und ganzen werden die Schüler unter mehr oder minder rigoros kontrollierten Bedingungen getestet. [...]

Die Prüfungen sind eine Methode, die Norm der Unabhängigkeit zu etablieren [...]

Leistung

[...] Er [der Begriff der „Leistung"] bezeichnet für gewöhnlich Aktivität und Beherrschung, die aktive Beeinflussung der Umwelt statt ihrer fatalistischen Hinnahme, sowie den Wettbewerb gemäß irgend einem Standard der Auszeichnung. Analytisch ist der Begriff der Leistung vom Begriff der Unabhängigkeit zu scheiden, denn abgesehen von anderen Unterschieden können Leistungskriterien auch auf kollektiv verrichtete Aktivitäten angewandt werden. [...]

Die Schulklasse ist um eine Reihe von Kernaktivitäten herum organisiert, bei denen der Lehrer den Schülern Aufgaben zuweist und die Qualität ihrer Arbeiten beurteilt und vergleicht. Im Lauf der Zeit unterscheiden die Schüler sich danach, wie gut sie die verschiedenen Aufgaben ausführen, von denen die meisten den Gebrauch symbolischer Fähigkeiten verlangen. [...]

Die unmittelbare Bedeutung der Schularbeit als Aufgabenerfahrung, die nach Leistungskriterien beurteilt wird, ist beinah selbstevident. Diese Erfahrung ist eingelagert in die Sequenz: Zuweisung – Ausführung – Beurteilung, wie sie für die Arbeit kennzeichnend ist. Weniger evident aber ist die Tatsache, daß diese Aktivitäten den Schüler zwingen, sich mit verschiedenen Graden von Erfolg und Mißerfolg auseinanderzusetzen, die durchaus psychologisch problematisch sein können. [...] Die Schule bietet also den meisten Schülern die Erfahrung, gelegentlich zu gewinnen und gelegentlich zu verlieren, und in dem Maß, wie sie aus ihren schulischen Aktivitäten eine gewisse Gratifikation beziehen, lehrt die Schule sie, ihre Arbeit in einer zu Leistungserfolg führenden Geisteshaltung anzulegen. Gleichzeitig lernen sie in vielfältiger Weise, mehr und minder gut mit Erfolg und Scheitern fertigzuwerden. [...]

Die Schule bietet ein weiteres Spektrum von Leistungserfahrungen als die Familie, aber sie hat auch weniger Mittel, um die Selbstachtung des Schülers im Fall des Versagens zu schützen und zu unterstützen. [...]

Universalismus und Spezifität

Anders als Unabhängigkeit und Leistung, gelten Universalismus und Spezifität für gewöhnlich nicht als gute Sache. Eltern und Lehrer ermahnen die Kinder, unabhängig zu handeln und ihre Arbeit gut zu tun; nur wenige nähren die Vorstellung, daß der Mensch bereitwillig seine Ähnlichkeit mit anderen hinsichtlich spezifischer Kategorien anerkennen solle, während er deren offenkundige Unterschiede ignoriert; in gewissem Sinne heißt dies, die eigene Individualität leugnen. [...]

Die Norm der Spezifität wird leicht mit jener der Universalität verwechselt, obwohl sie sich von ihr unterscheidet. Sie bezieht sich auf die Breite des Interesses, das eine Person an einer anderen nimmt; auf die Verpflichtung, ihr Interesse auf ein enges Spektrum von Merkmalen und Belangen zu beschränken oder es so zu erweitern, daß es ein breites Spektrum umfaßt. [...] Der Begriff der Relevanz ist implizit; die Merkmale und Belange, die im Spektrum enthalten sein sollten – egal ob breit oder eng –, sind jene, die hinsichtlich der Aktivitäten, in welche die betreffenden Personen involviert sind, als relevant erachtet werden. Ärzte und Ladeninhaber zum Beispiel unterscheiden sich hinsichtlich des Interesses, das sie an Personen nehmen, die ihre Dienste in Anspruch nehmen, aber der Inhalt ihres Interesses variiert auch je nach der Art der Bedürfnisse und Wünsche dieser Personen.

Ich behaupte nun, daß es entscheidend darauf ankommt, was die Schule bei den Kindern bewirkt, damit diese die Normen, die viele Bereiche des öffentlichen Lebens durchdringen, anerkennen; denn die vorschulische Erfahrung der Kinder in der Familie ist stark durch die besondere Behandlung des Kindes durch die Eltern und durch elterliche Rücksichtnahme geprägt. Wenn man sagt, daß Kinder die Norm des Universalismus lernen, dann bedeutet dies, daß sie es akzeptieren, von anderen als Mitglieder von Kategorien behandelt zu werden (neben ihrer Behandlung als Sonderfälle, wie z.B. in der Familie).

Kategorisierung

[...] Eine solche Erfahrung ist die systematische Einführung und Abgrenzung von Mitgliedschaftskategorien. Erstens: indem der Lehrer allen Schülern in einer Klasse gleiche oder ähnliche Aufgaben aufgibt, konfrontiert er sie praktisch mit den gleichen Anforderungen. Selbst wenn es Unterschiede im Inhalt der Aufgabe gibt, sind die Mitglieder der Klasse doch dem gleichen Lehrer und den von ihm auferlegten Pflichten ausgesetzt. Zweitens: die Altersparität schafft einen Zustand der Homogenität hinsichtlich der Entwicklungsstufe, wobei eine ungefähre Gleichsetzung der Fähigkeiten der Schüler es dem Lehrer ermöglicht, ihnen ähnliche Aufgaben zuzuweisen. Drittens: durch den Prozeß der alljährlichen Versetzung in die nächste Klasse überschreiten die Schüler die Grenzen, die eine Alterskategorie von der nächsten trennen. Mit der Sukzession solcher Grenzüberschreitungen stellt sich das Wissen ein, daß jede Alterskategorie mit bestimmten Umständen verbunden ist (z.B. Lehrer, Schwierigkeit der Aufgaben, unterrichtete Fächer). Außerdem lernen die Schüler, die Beziehungen zwischen den Kategorien sowie das Verhältnis ihrer gegenwärtigen Position zu früheren und zukünftigen Positionen kennen, da sie den Übergang zwischen diesen erfahren haben. Auf diese Weise bietet die Klasse (spezifischer: die Klasse innerhalb des Altersjahrgangs) mit ihrer altersmäßig homogenen Mitgliedschaft und ihren klar gezogenen Grenzen eine Basis für die kategoriale Gruppierung, welche die Familie nicht wiederholen kann. Und was das wichtigste ist, die Erfahrung in einer Gruppe von Altersgleichen und der wiederholten Grenzüberschreitung ermöglicht es den Schülern, einen Blick für die Relativität aller Dinge zu entwickeln, nämlich die Fähigkeit, ihre eigene Situation aus anderem Blickwinkel als ihrem eigenen zu betrachten. [...] Die Schule [...] schafft die geeignete Situation, um Vergleiche zwischen den Schülern in kategorialen, nicht in partikularen Begriffen anzustellen.

[...] Sie [die Schüler] entdecken, daß sie bei einer Vielzahl von Aktivitäten gleich behandelt werden und daß sie relativ einheitlichen Anforderungen und Bewertungskriterien ausgesetzt sind. Dadurch lernen sie, welche unterschiedlichen Erfahrungen dem Prinzip der Kategorisierung unterworfen sind. Die Elementarschulklasse, in der meist ein und derselbe Lehrer mehrere Fächer unterrichtet, bietet nicht die notwendige Abwechslung der Personen und Fächer, um ein eindeutiges Beispiel für das Prinzip der Kategorisierung abzugeben.

Personen und Positionen

Wiewohl die Idee der Kategorisierung wesentlich für die Norm der Universalität ist, hat sie zusätzliche, abgeleitete Aspekte. Einer davon ist die wichtige, in

Industriegesellschaften allgemein gültige Unterscheidung zwischen der Person und der sozialen Position, die sie einnimmt. Von den Individuen wird oft erwartet, daß sie einander gemäß ihrer sozialen Position behandeln, statt auf ihre individuelle Identität einzugehen. Die Schule fördert die Fähigkeit, diese Unterscheidung zu treffen (und übt auch die Verpflichtung ein, dies zu tun), indem sie den Schülern Gelegenheit gibt, zu entdecken, daß verschiedene Individuen, die ein und dieselbe soziale Position einnehmen, sich häufig in einer Weise verhalten, die mehr mit der Position als mit der jeweiligen Person zu tun hat, die diese einnimmt. [...] Erwachsene Männer und Frauen finden sich sowohl in der Schul- als auch in der Familiensituation. In der Schule kann der Schüler entdecken, daß eine wachsende Zahl verschiedener Erwachsener beiderlei Geschlechts die gleiche Position, nämlich die des ›Lehrers‹ einnehmen kann. Diese Entdeckung läßt sich in der Familie nicht sogleich machen, weil es dort unmöglich ist, definitiv festzustellen, ob ›Eltern‹ zwei Positionen bedeutet, die eine von einem Mann, die andre von einer Frau eingenommen, oder aber eine einzige Position, eingenommen von zwei Personen verschiedenen Geschlechts. [...]

Spezifität

Die strukturellen Arrangements, die die Schule bietet, führen eher als jene der Familie zur Übernahme der Norm der Spezifität: Erstens: da die Personenstärke und das Verhältnis zwischen Erwachsenen und Nicht-Erwachsenen in der Schulklasse viel größer ist als in der Familie, bietet die Schule große soziale Aggregate, und in diesen können Schüler (neben ihren engeren Freundschaften) viele beiläufige Verbindungen eingehen, in die sie nur einen kleinen Teil ihrer selbst investieren. Da Umfang und Heterogenität der Schülerschaft auf jeder der folgenden Schulstufen zunehmen, nehmen auch die Gelegenheiten zu solchen, etwas fragmentarischen Sozialkontakten und deren Vielseitigkeit zu. Die relative Leere und Flüchtigkeit dieser Beziehungen macht es wahrscheinlich, daß die Schüler Erfahrungen haben werden, in denen ihre volle Individualität *nicht* beteiligt ist, wie es meist in ihren Beziehungen mit Verwandten und engen Freunden der Fall ist.

Zweitens: wenn die Schüler die Elementarschule verlassen und die Fachzweige der Sekundarstufe durchlaufen, haben sie es mit Lehrern zu tun, die ein immer engeres und spezialisierteres Interesse an ihnen nehmen. (Und zwar deshalb, weil sowohl die Spezialisierung der Fächer als auch die Zahl der Schüler, die jeder Lehrer im Lauf des Tages unterrichtet, zunimmt.)

Lesen Sie den Text erneut unter der thematischen Perspektive, welche Sozialisationseffekte durch welche schulischen Strukturmerkmale erzeugt werden. Exzerpieren Sie hierfür die entsprechenden Kernaussagen in folgender Weise:

Legen Sie eine zweispaltige Tabelle an. Tragen Sie in die linke Spalte diejenigen Merkmale ein, die Dreeben der Struktur des schulischen Handelns zuweist. Formulieren Sie in der rechten Spalte die Sozialisationseffekte, die er aufgrund dieser Strukturmerkmale annimmt, indem Sie die erlernten Fähigkeiten zunächst hinsichtlich der jeweiligen von ihm aufgeführten Normen zusammenfassen und anschließend stichpunktartig näher kennzeichnen.

Merkmale der Schulstruktur	Schulische Sozialisationseffekte
• Trennung von den Familienmitgliedern • Lehrer erwarten vom Schüler durchgehend, daß dieser seine Aufgaben nach dem Standard der Unabhängigkeit erledigt • Regeln gegen das Mogeln, wobei die Unterstützung anderer in anderen Kontexten ein moralisches Gebot sein kann • Formale Prüfungen werden unter kontrollierten Bedingungen abgehalten, um unabhängiges Arbeiten zu sichern	**Die Fähigkeit zum unabhängigen Handeln und zur Anerkennung der Unabhängigkeit als Norm:** • Anerkennung, daß Aufgaben allein erledigt werden müssen • Akzeptanz, daß andere legitimerweise unabhängiges Verhalten unter bestimmten Umständen erwarten • Vielfältige psychische Dispositionen: von sich aus etwas tun, Selbstvertrauen haben, persönliche Verantwortung für das eigene Verhalten akzeptieren, selbständig handeln, Aufgaben verrichten, bei denen man unter Umständen mit Recht die Hilfe anderer erwarten kann
• Schulisches Handeln ist durch folgende Interaktionssequenz gekennzeichnet: Der Lehrer weist den Schülern eine Aufgabe zu, diese bearbeiten die Aufgabe, die anschließend vom Lehrer hinsichtlich ihrer Qualität beurteilt wird • Schüler unterscheiden sich hinsichtlich ihrer Leistung • Schule ist strukturell nicht in der Lage, Unterstützung und Schutz für die Selbstachtung des Schülers zu bieten	**Die Fähigkeit zum leistungsorientierten Handeln und die Anerkennung der Leistung als Norm:** • Die Fähigkeit zur Aktivität und Beherrschung • Die Fähigkeit zur aktiven Beeinflussung der Umwelt • Wettbewerbsfähigkeit nach einem Standard der Auszeichnung • Entwicklung einer erfolgsorientierten Geisteshaltung • Die Fähigkeit zur Erfolgs- bzw. Mißerfolgsbewältigung
	Die Fähigkeit zum universellen und spezifischen sozialen Handeln und die Anerkennung des Universalismus als Norm: – Universalismus ist die Anerkennung der Ähnlichkeit mit anderen hinsichtlich einer Kategorie, wobei offenkundige individuelle Unterschiede abgeblendet werden – Die Spezifität bezieht sich auf das spezifische Interesse an einer anderen Person: Sie umfaßt die Breite jenes Merkmalsspektrums der Person, das für das aktuelle soziale Handeln relevant ist Dreeben untergliedert diese Fähigkeiten und Normen in drei Teilfähigkeiten bzw. Teilnormen:
• Die systematische Einführung und Abgrenzung von Mitgliedschaftskategorien – dadurch, daß ähnliche Aufgaben die Schüler mit gleichen Anforderungen konfrontieren (zudem sind sie demselben Lehrer und denselben Pflichten ausgesetzt)	**1. Die Fähigkeit zur Bildung sozialer Kategorien und deren Anerkennung als Norm:** • Das Wissen, daß jede Alterskategorie mit bestimmten Umständen verbunden ist • Die Fähigkeit, verschiedene Alterskategorien, Positionen in Beziehung zueinander zu setzen • Die Fähigkeit zur kategorialen Gruppierung

Merkmale der Schulstruktur	Schulische Sozialisationseffekte
- durch die Altershomogenität - durch die Versetzungen	• Die Entwicklung des Bewußtseins der Relativität aller Dinge, d.h. die Fähigkeit zur Perspektivenübernahme • Unterschiedliche Erfahrungen mit dem Prinzip der Kategorisierung
• Verschiedene Personen mit denselben sozialen Positionen verhalten sich eher positionsgebunden • Verschiedene Individuen nehmen dieselbe Lehrerrolle ein	**2. Die Fähigkeit, zwischen Person und Position zu unterscheiden und dies als Norm anzuerkennen:** • Die Fähigkeit, Personen gemäß ihrer sozialen Position zu behandeln, anstatt auf ihre individuelle Identität einzugehen
• Die Schulstruktur bietet die Möglichkeit, viele beiläufige Kontakte aufzunehmen • Zunehmende Möglichkeit zu fragmentarischen und vielseitigen Kontakten • Die Lehrerkontakte werden zunehmend auf bestimmte Fächer spezialisiert • Lehrer unterrichten insbesondere in den höheren Klassen täglich sehr viele Schüler	**3. Die Fähigkeit, Personen unter einem spezifischen Interesse zu sehen und zu behandeln und die Spezifität als Norm anzuerkennen:** • Die Erfahrung, daß es Kontakte gibt, an denen die eigene Individualität nicht voll beteiligt ist • Die Erfahrung, daß Lehrer ein immer begrenzteres und fächerspezialisiertes Interesse an den Schülern haben

Der folgende Text von Ulich ist dem „Handbuch der Sozialisationsforschung" entnommen. Als Aufsatz in einem Handbuch versucht der Text einen Überblick über Untersuchungen, insbesondere empirischer Art, zur schulischen Sozialisation zu vermitteln. Aus diesem Grunde verweist Ulich an zahlreichen Stellen auf andere Literatur, deren bibliographische Angaben hier nicht abgedruckt sind, da sie für den vorliegenden Erarbeitungszusammenhang nicht vonnöten sind. Hinzu kommt, daß der Text um zahlreiche und auch umfangreiche Textpassagen gekürzt werden mußte. Während bei den anderen, in diesem Band abgedruckten Texten trotz der Kürzungen deren Kernaussagen und Gedankengänge im wesentlichen wiedergegeben werden konnten, mußte der Text von Ulich, da er in großen Teilen aus Zusammenstellungen verschiedener Untersuchungsergebnisse besteht, auch um Textpassagen gekürzt werden, die weitere und wichtige Aspekte der schulischen Sozialisation thematisieren. Für die Kürzungen war der Gesichtspunkt leitend, daß durch Ulich in manchen Punkten ein anderes Sozialisationskonzept zum Ausdruck kommt als dasjenige, das anhand von Dreeben exemplarisch erarbeitet wurde.

Unterstreichen Sie diejenigen Passagen, die Aufschluß einerseits über die Struktur der Schule und andererseits über deren Wirkungen auf die Schüler geben.

T 39

Klaus Ulich: Schulische Sozialisation,
in: Klaus Hurrelmann/Dieter Ulich (Hrsg.): Neues Handbuch der Sozialisationsforschung, 4., völlig neu bearb. Aufl. Weinheim/Basel: Beltz Verlag 1991, S. 382–389 (Auszug).

3. Sozialisationsfelder und -wirkungen der Schule

3.1 Schulsystem, Schulorganisation, Schulklima

[...] Korrelationen des Klimas mit Aspekten der Schülerpersönlichkeit stehen bei Pekrun (1985; 1983, 578) im Vordergrund: Das schulische und – weniger eng – allgemeine Fähigkeits-*Selbstkonzept* der Schülerinnen und Schüler ist mit der wahrgenommenen Unterrichtsanstrengung und Unterstützung der Lehrer gekoppelt und mit der erlebten Kooperation und Affiliation zwischen Schülern (r bis .33). Dieselben Klimavariablen korrelieren bis .75 mit dem jeweiligen sozialen *Selbstkonzept* und stehen auch mit dem *allgemeinen* Selbstwertgefühl in einem positiven Zusammenhang, ein Anzeichen für die schulübergreifende Bedeutung (Auswirkung?) des Klimas. [...] Es [das wahrgenommene Lehrerverhalten (Lenkung, Eingehen auf und Kooperation mit Schülern)] erweist sich weiter als wesentlicher Faktor der Schulzufriedenheit, die außerdem mit Streßerfahrungen negativ und mit der Unterstützung durch Mitschüler positiv korreliert (Eder 1986) [...]. Bei negativ erlebter Schulumwelt tendieren die Schülerinnen und Schüler vor allem zu einer Funktionalisierung ihrer Beziehungen zu Lehrern und Mitschülern („Beziehungsmanagement"), bei einem günstigen Klima zeigen viele ein „demonstratives Engagement" gegenüber Lehrern. [...]

3.2. Schüler-Schüler-Beziehungen

[...] Der festgelegte organisatorische Rahmen der Schulklasse als eine weitgehend altershomogene Zwangsgruppierung [...] begrenzt allerdings die Möglichkeiten der Beziehungsgestaltung ziemlich stark.

Schüler-Schüler-Beziehungen sind gerade heute wesentlich vom Leistungs- und *Konkurrenzprinzip* bestimmt: Der – vom Lehrer vorgenommene – soziale Leistungsvergleich und die Knappheit guter Noten machen die Schulklasse zum wirksamsten Erfahrungsfeld von Konkurrenz. Innerhalb der vorgegebenen Konkurrenzstruktur versuchen die Schülerinnen und Schüler positive (Freundschafts-)Beziehungen herzustellen und miteinander solidarisch zu handeln (Furtner-Kallmünzer & Sardei-Biermann 1982, 42). Inwieweit dies faktisch gelingt, hängt von der Position des Schülers in der Leistungshierarchie der Klasse und von der Anpassung gegenüber den schulischen Normen ab; sowohl gute, stark konkurrenzorientierte, und besonders schlechte Schülerinnen und Schüler als auch solche, die sich den Lehrererwartungen strikt konform verhalten, geraten in Beziehungskonflikte mit den Mitschülern und häufig in eine Außenseiterrolle [...]

Wie eng die Schüler-Schüler-Beziehungen und ihre sozialisatorischen Konsequenzen mit der affektiven *Lehrereinstellung* zum einzelnen Schüler zusammenhängen, kann besonders deutlich an der Grundschule demonstriert werden (kaum Fachlehrerprinzip). Petillon (1982, 326) ermittelt bei fast 6000 Schülerinnen und Schülern aus vierten Klassen bemerkenswerte Unterschiede zwischen den aus Lehrersicht unbeliebten und den beliebten Kindern: Die unbeliebten fühlen sich weitaus häufiger von den Mitschülern abgelehnt und isoliert, erleben mehr Schadenfreude der anderen bei negativen Lehrerreaktionen und haben einen niedrigeren soziometrischen Wahlstatus; die beliebten Schülerinnen und Schüler machen also in ihren Beziehungen zu Mitschülern eindeutig positivere Erfahrungen. Vermutlich verstärken sich hier schulart- und altersbedingte Einflüsse. [...]

Unbefriedigende Sozialbeziehungen treten jedenfalls mit vermehrtem Konkurrenzdruck und Mangel an Solidarität auf – offensichtlich ein kompliziertes Wechselverhältnis, das für die sozialen Erfahrungen der Schülerinnen und Schüler konstitutiv und für viele von ihnen auch belastend ist. Das Ausbalancieren zwischen den Kokurrenz- und den Gemeinschaftsnormen (Furtner-Kallmünzer & Sardei-Biermann 1982, 49) stellt sich als zentrale Schwierigkeit und zugleich Aufgabe für die Beziehungen der Schüler dar. Ob dies auch die *Identitätsentwicklung nach* der Schulzeit beeinflußt, ist empirisch noch nicht geklärt (Pekrun 1985, 242).

3.3. Lehrer-Schüler-Beziehungen

[...] Obwohl ich hier nicht die soziale Konstruktion der Lehrer-Schüler-Interaktion erläutern kann (K. Ulich 1983, 73), muß ihr sozialisatorisches Hauptelement formuliert werden: Aus den gesellschaftlichen Aufgaben von Schule (Fend 1980, 13) resultiert eine grundsätzliche asymmetrische Interaktionsstruktur, d.h. vor allem eine sehr ungleiche *Machtverteilung*. Schülerinnen und Schüler befinden sich gegenüber Lehrern in einer klar untergeordneten, in einer Abhängigkeitsrolle (Furtner-Kallmünzer & Sardei-Biermann 1982, 33; Hurrelmann 1983, 52). [...] Jahrelange Erfahrungen in dieser Rolle tragen zu einer Internalisierung von Hierarchiestrukturen bei, die für andere gesellschaftliche Bereiche (Arbeit, Politik) durchaus funktional ist.

Empirische Ergebnisse vor allem aus qualitativen Studien ermöglichen Aufschluß darüber, welche *Probleme* Schülerinnen und Schüler in der Beziehung zu Lehrern erfahren. In Intensivinterviews mit Sekundarschülern kristallisieren sich vier Bereiche heraus (Holtappels 1987, 133):

- das Lehrer-Schüler-Verhältnis wird als *versachlichte* Beziehung, bestimmt von formalen Erfordernissen der Schule, und somit wenig persönlich erlebt;
- Schülerinnen und Schüler spüren deutlich *die Lehrermacht* bei der Durchsetzung von Situationsdefinitionen und Entscheidungen;
- Erwartungen der Lehrer und ihre Formen der sozialen Kontrolle erfahren die Schüler überwiegend als *restriktiv*;
- beim pädagogischen Engagement der Lehrer wird vor allem das mangelnde Eingehen auf schwächere und auffällige Schüler kritisiert.

Ähnliche Problemfelder erbringen die Gruppendiskussionen von Furtner-Kallmünzer und Sardei-Biermann (1982, 34). Danach ist die Beziehung zu Lehrern aus der Schülersicht in zweifacher Weise als *ambivalent* zu kennzeichnen: Einerseits legen die Schüler Wert auf Gleichberechtigung und demokratische Entscheidungen, andererseits erwarten sie von den Lehrern Autorität und Durchsetzungsfähigkeit; einerseits möchten die Schüler eine persönliche, je individuelle Beziehung zu Lehrern, andererseits wollen sie gleich und gerecht behandelt werden – für die Lehrer eine offenkundig schwer zu lösende Erwartungsdivergenz [...]

Lehrerinnen und Lehrer kategorisieren und typisieren ihre Schüler aus wahrnehmungspsychologischen Gründen und nach berufsspezifischen Erfordernissen (Beurteilung); ihr Schülerbild ist eine wesentliche Determinante ihres Verhaltens gegenüber den Schülern. Als zentrale Dimensionen der *Typisierung* fungieren (die schulinstitutionellen Anforderungen an) Leistung und Konformität der Schüler (Petillon 1987, 82; K. Ulich 1980, 489). Entsprechend dem vom Lehrer zugeschriebenen Leistungs- und Konformitätsstatus lassen sich verschiedene Schülertypen und analoge Interaktionsmuster bilden, die z.T. auch empirisch bestätigt sind (Petillon 1987). Kurz zusammengefaßt, nach Ergebnissen von Petillon (1982, 302): Leistungsstarke *und* konforme Schülerinnen sind bei Lehrerinnen und Lehrern am beliebtesten, werden häufiger gelobt, freundlich behandelt und in ihren Persönlichkeitseigenschaften günstig beurteilt (für leistungsschwache *und* wenig konforme gilt jeweils das Gegenteil); die Zwischentypen unterscheiden sich dadurch, daß Lehrer die leistungsschwachen *und* konformen (im Vergleich mit den leistungsstarken und weniger konformen) lieber mögen, ihnen mehr Zuwendung und Hilfen geben und sie gezielt verstärken. Bei aller Problematik solcher Typologien wird doch sichtbar, wie nachhaltig schulische Verhaltensstandards – vermittelt über Lehrerwahrnehmung und -urteile – die Qualität der sozialen Beziehungen beeinflussen.

3.4. Kommunikationsprozesse und Lerninhalte im Unterricht

[...] Schulisches Lernen ist also durch eine klare *inhaltliche Distanzierung* gekennzeichnet: Die Lerngegenstände haben wenig bis nichts mit dem außerschulischen Leben zu tun, und der Unterricht wird von den Lehrern (auch) inhaltlich bestimmt, während die Schüler sich passiv und reaktiv verhalten (Sardei-Biermann 1985, Hagstedt 1980).

Es bleibt die – fast schon rhetorische – Frage, warum Schüler sich dann überhaupt die Lerninhalte aneignen. Sie lernen die Gegenstände unabhängig von ihrem aktuellen Lebensbezug, weil das Lernen an sich, also vor allem die Gedächtnisleistung, belohnt wird (Oerter 1985). Ihre *Motivation* ist nicht (oder nur selten) inhaltlich, sondern auf *Leistung* orientiert; (gute) Noten werden zum Hauptanlaß und -ziel der Lernbemühungen (Hildebrand-Nilshon 1980; Furtner-Kallmünzer & Sardei-Biermann 1982, 26; vgl. 3.5.). Genau darin, nämlich in der Forderung und Förderung einer abstrakten, eben inhaltsunabhängigen, Leistungsbereitschaft, liegt der wahrscheinlich wichtigste Sozialisationseffekt von Schule. Gewissermaßen als Nebenfolge tritt im Verlauf der Schulzeit ein Nachlassen inhaltlicher Interessen der Schülerinnen und Schüler auf (Todt 1985; Schiefele 1986); im Vergleich mit außerschulischen Einflüssen auf die Interessenentwicklung Jugendlicher hat jedenfalls die Schule nur marginale Bedeutung (Braungart & Jungkunz 1989).

3.5. Schulleistung, Angst und Versagen

[...] Die hohe Relevanz der Leistungsbeurteilung in der Schule manifestiert sich besonders bei einer sozialpsychologischen Analyse ihrer Prinzipien und Funktionen – bis hin zu Abkühlungsprozessen – (als Übersicht: K. Ulich 1983, 151). Entscheidend ist dabei, daß die Bewertung von Leistungen *immer auch* zur Beurteilung des Schülers als *Person* führt (Wahl et al. 1984, 204; K. Ulich 1983, 145); Leistungsurteile werden stets als Ausdruck sozialer Anerkennung bzw. fehlender Anerkennung oder gar Mißachtung seitens der Lehrer erfahren und beeinflussen insofern die psychische Disposition (Furtner-Kallmünzer & Sardei-Biermann 1982, 25). Im Schulalltag stellen nicht nur Klassenarbeiten und Extemporalien, sondern genau so Lehrerfragen, Unterrichtsbeiträge und Hausaufgaben ein ständiges Bewertungs- und Belastungspotential dar, unter dem auch gute Schülerinnen und Schüler leiden (Hildebrand-Nilshon 1980; zum Leistungsdruck in der Kollegstufe Schmied 1982 a). [...] In der jüngsten Zeit konzentrieren sich einige Studien auf Zusammenhänge zwischen Schulleistung und wichtigen Aspekten der *Persönlichkeitsentwicklung*; Längsschnittuntersuchungen sind allerdings auch hier selten [...]. Gefragt wird besonders nach den leistungsbezogenen Einflüssen der Schule auf Selbstwahrnehmung und *Identität* von Jugendlichen [...]. So zeigt Lambrich (1987) in einer genauen Fallanalyse einiger guter und schlechter Schüler beachtliche Unterschiede im Selbstbild, in der Selbstsicherheit und im Selbstvertrauen sowie bei den Verhaltensstrategien im Unterricht. Das Selbstbild von der eigenen Leistung ist zwischen erfolgreichen und nicht erfolgreichen Schülern signifikant verschieden, und zwar auch zwischen Schülern verschiedener Schularten bzw. Gesamtschulzweige; im Zeitverlauf (hier: 7. bis 9. Jahrgangsstufe) verbessert sich jedoch das Selbstbild der Hauptschüler, während das der Gymnasiasten sich eher verschlechtert (Tillmann et al. 1984, 244). Ausschlaggebend ist offensichtlich die eigene Einschätzung relativ zu den jeweiligen Vergleichsgruppen vor und nach dem Schulübertritt. Der schulische Leistungsstand eines Schülers steht aber nicht nur mit Leistungsaspekten des *Selbstkonzepts*, sondern auch mit dem allgemeinen Selbstwertgefühl der Schülerinnen und Schüler in einer korrelativen Beziehung (Pekrun 1985; Fend 1984).

Erarbeiten Sie den Ulich-Text auf dem Hintergrund der von Dreeben dargestellten Sozialisationseffekte der Unabhängigkeit, der Leistung, des Universalismus und der Spezifität. Wählen Sie die genannten Sozialisationseffekte als thematische Perspektiven, unter denen Sie den Ulich-Text erneut durchgehen. Legen Sie hierfür drei verschiedene Schreibbögen an, denen Sie jeweils die Themen „Unabhängigkeit", „Leistung" und „Universalismus/Spezifität" zuweisen. Formulieren Sie nun schriftlich die Aussagen, die Ulich zu diesen Hinsichten trifft, und erörtern Sie zugleich die jeweiligen Differenzen zwischen Dreebens und Ulichs Darlegungen.

Unabhängigkeit

Ulich referiert Ergebnisse aus einer empirischen Untersuchung von Pekrun, die das Schulklima zum Gegenstand hat. Drei Merkmale der schulischen Kommunikation, im Kontext der Untersuchung als „Klimavariablen" bezeichnet, zeigten sich hierbei als bedeutsam hinsichtlich ihrer Auswirkungen auf das Fähigkeits-Selbstkonzept der Schüler: die vom Schüler wahrgenommene Unterrichtsanstrengung, die Unterstützung durch den Lehrer und die Kooperation sowie Affiliation zwischen den Schülern. Verglichen mit Dreebens Darlegungen zeigen sich hier insbesondere hinsichtlich der Lehrerunterstützung und der Schülerkooperation sowie – affiliation grundlegende Differenzen der Interpretation schulischer Sozialisation: Während Dreeben die Nicht-Kooperationen zwischen den Schülern und ihre selbständig erbrachten Leistungen, ihre Einzelleistungen, als eine zentrale strukturelle Gegebenheit annimmt, die sich insbesondere im Verbot des Mogelns und den formalen Prüfungsbedingungen widerspiegelt, werden in der referierten Untersuchung genau entgegengesetzte strukturelle Merkmale als bedeutsame Klimavariablen angenommen.

Zugleich interpretieren beide Autoren die von ihnen untersuchten strukturellen Merkmale hinsichtlich ihrer sozialisatorischen Wirkungen als positiv: Während Dreeben die Nicht-Kooperation als eine wesentliche Basis für das Lernen der Unabhängigkeitsnorm darstellt, ist nach Pekrun die Kooperation ein grundlegendes Merkmal für ein positives Fähigkeits-Selbstkonzept. Hinzu kommt, daß diese Klimavariablen sich positiv auf das soziale Selbstkonzept der Schüler auswirken, so daß Ulich hier sogar von einer schulübergreifenden Bedeutsamkeit und Wirksamkeit des Schulklimas spricht: Das soziale Selbstkonzept wird nicht nur in bezug auf schulisches Handeln, sondern soziales Handeln insgesamt, d.h. auch in anderen Kontexten, von spezifischen schulischen Strukturmerkmalen beeinflußt. Neben dieser für die allgemeine psychische Entwicklung der Schüler zentralen Wirkung des Schulklimas zeigt Ulich, daß die Variablen „Lehrerverhalten" und „Unterstützung durch die Mitschüler" sich auf die Schulzufriedenheit auswirken, die wiederum dafür verantwortlich ist, daß und in welchem Ausmaß Schüler Schulstreß erfahren.

Die unterschiedlichen Einschätzungen durch Dreeben und Ulich gerieten nur dann nicht in Konflikt miteinander, wenn der Kooperation einerseits und der Nicht-Kooperation andererseits auch tatsächlich verschiedene Sozialisationswirkungen zugesprochen werden könnten. Dies ist jedoch nicht der Fall, weil Dreeben die Sozialisationswirkung der Unabhängigkeit in Abhängigkeit von einem positiven Fähigkeits-Selbstkonzept sowie sozialen Selbstkonzept definiert (von sich aus etwas tun, Selbstvertrauen haben, persönliche Verantwortung übernehmen etc.).

Leistung

Hinsichtlich der Leistung sehen sowohl Dreeben als auch Ulich die Schule als ein zentrales Erfahrungsfeld für das Leistungs- und Konkurrenzprinzip. In ihrer Bewertung dieses Prinzips unterscheiden sie sich jedoch deutlich. Dies wird insbesondere durch einen erörternden Vergleich ihrer Ausführungen zu Universalismus und Spezifität deutlich, der weiter unten durchgeführt wird. Dreeben betont, daß das Leistungsprinzip in eine typische unterrichtliche Interaktionsstruktur eingebettet ist: Der Lehrer weist Aufgaben zu, Schüler bearbeiten diese Aufgaben, und der Lehrer beurteilt wiederum diese Bearbeitung. Ulich kennzeichnet die Interaktionsstruktur zwischen Lehrern und Schülern als asymmetrisch und stellt diese, auf eine Untersuchung Holtappels rückgreifend, auch als ein zentrales Problem im Schülererleben dar: Erstens spüren Schüler deutlich die Lehrermacht, und zweitens erfahren sie das Lehrerhandeln als restriktiv. Hinsichtlich der Kennzeichnung schulischer Interaktionsstrukturen stimmen beide Autoren überein, auch wenn es Dreeben in erster Linie um die Rollenverteilung und Interaktionsmuster geht und Ulich eher die Positions- bzw. Machtverteilung betont. Beide kennzeichnen den Unterricht durch eine nichtsymmetrische Rollenverteilung zwischen Lehrern und Schülern. Dreeben sieht hierin die strukturelle Grundlage für das Lernen des Leistungsprinzips, während Ulich hieraus schlußfolgert, daß Schüler dann – negativ beurteilte – Hierarchiestrukturen internalisieren.

Ulich betont jedoch ähnlich wie Dreeben, daß die Übernahme der Leistungsnorm bzw. die Leistungsmotivation als ein zentraler Sozialisationseffekt der Schule gesehen werden kann. Er betrachtet diesbezüglich, im Rückgriff auf Todt und Schiefele, das nachlassende Interesse der Schüler an den Lerninhalten als eine Nebenfolge der sozialisatorischen Vermittlung des Leistungsmotivs: Das Leistungsmotiv und nicht das Sachinteresse wird zum ausschlaggebenden Lernmotiv, so daß die Schule im Vergleich zu außerschulischen Einflüssen nur wenig Einfluß auf die tatsächliche Interessenentwicklung Jugendlicher hat.

Schule und Unterricht vermitteln aufgrund sozialisatorischer Wirkungen nach Dreeben nicht nur das Leistungsprinzip selbst, sondern ermöglichen dem Schüler zudem einige grundlegende Erfolgs- und Mißerfolgserfahrungen. Gleichzeitig betont Dreeben jedoch auch, daß die Schule strukturell nicht in der Lage ist, auf das Scheitern des Selbstwertgefühls und der Selbstbeurteilung der Schüler einzugehen. Oder anders formuliert: Schule kann zwar einerseits die Fähigkeit zur Differenzierung zwischen Person und Rolle vermitteln, sie unterstellt diese Fähigkeit jedoch, wenn Schüler beispielsweise schlechte Noten auch hinsichtlich ihres Selbstwertgefühls verarbeiten müssen. Die Erfolgs- oder Mißerfolgszuschreibung kann von Schülern jedoch kaum als unabhängig von ihrer Gesamtpersönlichkeit betrachtet werden. Ulich geht auf diesen Aspekt der Leistungsanforderung und des Selbstwertkonzepts ein. Er stellt fest, daß die Beurteilung des Schülers durch den Lehrer stets auch als eine Beurteilung seiner Person gesehen wird. Deshalb wirkt sich die Beurteilung der Schüler auf deren Persönlichkeits- und Identitätsentwicklung aus. Ulich beklagt, daß es zu dieser Sozialisationswirkung der Schule kaum Längsschnittuntersuchungen gibt, die diese Wirkung tatsächlich empirisch nachweisen können. Er geht auf Untersuchungen ein, in denen gezeigt wird, daß das Selbstwertkonzept von Schülern relativ zur jeweiligen Bezugsgruppe anderer Schüler variiert, so daß eine Abhängigkeit des Selbstwertkonzepts von allgemeinen Leistungsstandards als erwiesen gelten kann.

Universalismus und Spezifität

Ulich referiert im Rahmen einer empirischen Untersuchung, daß die Beziehungen zu Lehrern und Schülern stärker funktionalisiert werden, wenn die Schulumwelt negativ erlebt wird. Die von Dreeben dargestellte Differenzierung von Person und Rolle, die durch die Schulstruktur gelernt wird, kann dadurch erst einmal bestätigt werden. Inwiefern dies zu einem im Text von Ulich eher negativ gemeinten „Beziehungsmanagement" führt, kann nicht genau geklärt werden, weil nicht deutlich wird, was er unter Funktionalisierung der Beziehung bzw. unter Beziehungsmanagement versteht. Diese negative Bewertung entspricht der einleitend zu den Normen Universalismus und Spezifität von Dreeben vorgenommenen Einschätzung, daß die beiden Normen „gewöhnlich nicht als gute Sache" gesehen werden – zumal sie in einem gewissen Sinne bedeuten, daß die eigene Individualität geleugnet wird. Dennoch sieht Dreeben sie als eine Voraussetzung dafür, Person und Rolle differenzieren zu können, was in unserer heutigen Gesellschaft eine grundlegende soziale Kompetenz darstellt.

Ulich und Dreeben geben hier möglicherweise zu denselben Sozialisationseffekten der Schule unterschiedliche Bewertungen ab, wobei Ulich eher die Identitätsentwicklung der Schüler im Blick hat, gemäß der er die ganze Person, die Individualität des Schülers in der Schule berücksichtigt sehen will, während Dreeben soziale Kompetenzen und Normen anstrebt, die auch in der Gesellschaft grundlegende Bedeutung haben und von der Schule zumindest über ihre sozialisatorischen Wirkungen vermittelt werden.

Diese unterschiedliche Einschätzung wird auch in anderer Hinsicht deutlich:

- Während Dreeben die Altershomogenität der Schüler im Klassenverband als eine schulstrukturelle Voraussetzung für die Fähigkeiten zur Kategorisierung sieht, bewertet Ulich sie als eine Zwangsgruppierung, die die Möglichkeit der Beziehungsgestaltung einschränkt.
- Hinsichtlich des Leistungs- und Konkurrenzprinzips betont Ulich, daß Schüler, über diese formalen, ihre Schülerpositionen betreffenden Anforderungen hinaus, versuchen Freundschafts- und Solidaritätsbeziehungen untereinander zu schaffen. In diesem Zusammenhang führt er aus, inwiefern sich unterschiedliche Bezugsgruppen, die in der Schulklasse stets zugleich vorhanden sind, einander beeinflussen: wie die Realisierung der Schülerposition und -rolle aus dem Bezugssystem „Unterricht" sich positiv bzw. negativ auf die Herstellung von Solidaritätsbeziehungen in der Bezugsgruppe „Freundschaft" auswirkt und welchen Einfluß Sympathien des Lehrers auf das Beziehungsgefüge zwischen den Schülern haben. Insgesamt stellt Ulich fest, daß Mangel an Solidarität und vermehrter Konkurrenzdruck durch unbefrie-

digende Sozialbeziehungen unter den Schülern hervorgerufen werden. Auch hier werden strukturelle Momente der Schulklasse im Sinne von Dreeben (Konkurrenz, Leistung, Unabhängigkeit) als Merkmale einer negativ beurteilten schulischen Situation dargestellt, die letztlich in den Konflikt zwischen Konkurrenz- und Gemeinschaftsnormen mündet. Ulich fragt auch hier nach ihrer Bedeutung für die Identitätsentwicklung, die empirisch noch nicht untersucht ist.

• Auf eine Untersuchung Holtappels zurückgreifend, stellt Ulich die Differenz von Person und Rolle im Schülererleben als ein zentrales Problem dar: Schüler beklagen die Formalisierung und Versachlichung sozialer Beziehungen, die nicht mehr persönlich erlebt werden.

• Die Ambivalenz der Schülererwartungen hinsichtlich der Lehrerrolle wird durch die von Ulich referierte Untersuchung von Furtner-Kallmünzer und Sardei-Biermann deutlich: Schüler wollen einerseits gleichberechtigt, in symmetrischen Beziehungen handeln, schätzen jedoch andererseits Autorität und Durchsetzungsfähigkeit des Lehrers; einerseits wollen sie persönliche, auf die Individualität eingehende soziale Beziehungen, andererseits beurteilen sie gerechte und alle gleich behandelnde Verhaltensweisen des Lehrers positiv. Diese Ambivalenz könnte nach Dreeben als eine Auseinandersetzung mit der Rollenstruktur der Schule und als ein noch nicht abgeschlossener Lernprozeß bezüglich der Differenzierung zwischen Person und Rolle gekennzeichnet werden. Wenn dieser Lernprozeß intendiert ist, jedoch, wie dies Ulich darstellt, zu sozialen Erwartungskonflikten führt, sollte auch explizit im Unterricht eine Reflexion auf die wechselseitigen Erwartungen zwischen Lehrern und Schülern stattfinden.

• Ulich sieht nicht nur in der Leistungskategorie die Spezifität, unter der Lehrer ihre Schüler betrachten und behandeln, sondern auch in der Konformitätskategorie. Eine referierte Untersuchung von Petillon verweist auf diese beiden Dimensionen der Lehrersympathien.

▶ *Versuchen Sie selbständig den Vergleich auch auf die unterschiedlichen Konzeptionen zum Sozialisationsbegriff nach Durkheim, Hurrelmann und Luhmann zu beziehen.*
Formulieren Sie anschließend – aufgrund Ihrer bisherigen Erarbeitungen – eine eigene, bewertende Stellungnahme zu den verschiedenen Sozialisationseffekten der Schule. Folgende Gesichtspunkte können Sie dabei berücksichtigen:
– die Bewertung von Sozialisationseffekten durch die beiden Autoren Dreeben und Ulich und Ihren eigenen Standpunkt,
– die Problematik der Ermittlung von Sozialisationseffekten der Schule sowohl hinsichtlich empirischer Untersuchungen als auch bezüglich rein schulstruktureller Überlegungen und
– die Problematik einer nicht exakten begrifflichen Differenzierung zwischen intendierten Sozialisationseffekten einerseits und Sozialisationseffekten, die sich aufgrund der für die Realisierung der schulischen Lernziele eingerichteten sozialen Strukturen der Schule ergeben, andererseits. Diese Problematik könnte durch eine begriffliche Differenzierung genauer benannt und anschließend auf die Vereinbarkeit zwischen intendierten Erziehungszielen und automatisch ablaufenden Sozialisationseffekten hin untersucht werden.

Arbeitsprojekt: Struktureller Zusammenhang der zentralen Themen

Bei der Erarbeitung der zentralen Themen der Erziehungswissenschaft, die zugleich den Horizont zentraler Problemstellungen des Fachs eröffnen, wurde wiederholt sowohl auf die wechselseitige Durchdringung der einzelnen Themen als auch auf ihre Abgrenzung voneinander aufmerksam gemacht. Zum Abschluß soll der Beziehungszusammenhang zwischen den Themen mit Hilfe eines selbständigen Arbeitsprojektes genauer erfaßt werden. Die folgenden Erläuterungen dienen als Hilfestellungen für die Durchführung eines solchen Projektes:

Die zentralen Themen können voneinander abgegrenzt und zugleich aufeinander bezogen werden, indem geklärt wird, welche Aspekte der Erziehung die einzelnen Themen zum Gegenstand ihrer Darlegungen machen bzw. welche dieser erzieherischen Aspekte von den jeweiligen Themen ausgespart werden.

Geht man beispielsweise davon aus, daß das Erziehungsziel bzw. mehrere Erziehungsziele einen solchen strukturellen Aspekt der Erziehung ausmachen, so kann festgestellt werden, daß sowohl bei der Thematisierung der Bildsamkeit, bei bildungstheoretischen wie diaktischen Fragen als auch bei der Diskussion des Sozialisationsthemas in unterschiedlicher Weise explizite und implizite Zielbestimmungen der Erziehung vorgenommen werden. Demgegenüber ist die Problematik des Lernens und Lehrens eher auf den Lernprozeß und dessen Gestaltung bezogen. Diese beiden Aspekte, die Erziehungs- oder Lehrmethode einerseits und das Lernen andererseits, sind wiederum Strukturmerkmale der Erziehung, die zum Teil explizit, insbesondere aber auch implizit in den Ausführungen der anderen zentralen Themen wiedergefunden werden können. Auf der anderen Seite lassen sich die Themen – wie gesagt – voneinander abgrenzen. Obschon didaktische Fragen Aspekte des Lernens implizieren (wie dies bereits durch Klafki und auch Schulz angedeutet wurde), werden hier andere Schwerpunkte gesetzt – etwa in bezug auf die Zielproblematik, die Methodenproblematik oder den Zusammenhang von Ziel und Methode.

▶ *Versuchen Sie zunächst zentrale Aspekte der Erziehung voneinander zu unterscheiden, die für den späteren Vergleich zwischen den unterschiedlichen Thematisierungen und die Erarbeitung des strukturellen Zusammenhangs der Themen als Vergleichskriterien fungieren können. Ermitteln Sie diese erzieherischen Aspekte dadurch, daß Sie hinsichtlich der einzelnen zentralen Themen jeweils die Frage zu beantworten suchen, welchen Aspekt bzw. welches Merkmal der Erziehung diese untersuchen. Dabei können Sie von der Vielzahl einzelner Überlegungen absehen und abstrahierend vorgehen, indem Sie möglichst globale Aspekte formulieren.*

Im Trainingsband „Grundstruktur der Erziehungswissenschaft" werden die Aspekte auf dem Hintergrund eines systemtheoretischen Strukturschemas zur Behandlung erziehungswissenschaftlicher Fragestellungen intensiv entwickelt. Hier können sie nicht in der gebotenen Kürze erneut erarbeitet oder erörtert werden. Dennoch kann, ausgehend von den bisherigen Erarbeitungen und ergänzt durch einige Hinweise, eine solche Struktur rekonstruiert werden.

Die nachfolgenden Erörterungen verweisen auf eine unter mehreren Möglichkeiten, solche Aspekte und deren Beziehungen zueinander zu benennen:

- Ausgehend von der Feststellung, daß Erziehung methodisch gesicherte und planmäßige Sozialisation ist, kann der Erziehung die Funktion der Sozialisation zugesprochen werden. Sowohl in einer eingehenden

Beschäftigung mit der Problematik der Sozialisation als auch in bildungstheoretischen Überlegungen spielte die Frage nach der Identitätsbildung, der Persönlichkeitsentwicklung des Menschen immer wieder eine zentrale Rolle. Diese Aspekte konnten als die Personalisation des Menschen, die gleichfalls als Funktion der Erziehung gelten kann, dargestellt werden. Daneben wurden auch die Qualifikation und die Allokation als erzieherische Funktionen – wenn auch nur kurz – erwähnt.

Funktion der Erziehung:
Sozialisation, Personalisation, Qualifikation, Allokation

Der Begriff der „Funktion" besagt, daß der Erziehung ein bestimmtes Problem zugesprochen wird, das sie durch die erzieherischen Prozesse zu behandeln sucht: Erziehung behandelt demnach die Probleme der Sozialisation, Personalisation etc.

• Ein weiterer wesentlicher Aspekt der Erziehung ist ihr Ziel bzw. ihre Zieldimension. In diesem Strukturaspekt wird nicht festgestellt, welche Aufgabe bzw. Funktion der Erziehung allgemein zugesprochen werden kann, sondern es wird nach bestimmten Verfaßtheiten des sozialisierten, personalisierten etc. Menschen gefragt, die durch den erzieherischen Prozeß intendiert werden. So zeigt z.B. Humboldts Bildungsideal eine bestimmte, angestrebte Form der Personalisation, so wie das soziale Sein bei Durkheim eine spezifische Form der Sozialisation darstellt. Funktion und Zielsetzung stehen demnach in wechselseitigem Bezug zueinander.

Funktion der Erziehung:
Sozialisation, Personalisation, Qualifikation, Allokation

Ziele der Erziehung

• Entsprechend dem Luhmannschen Input/Output-Schema und der mit diesem Schema verbundenen pädagogischen Mittel können neben dem Output, den Zielen, auch der Input, die Ausgangsbedingungen der erzieherischen Beeinflussung, als ein Strukturmerkmal der Erziehung benannt werden.

Funktion der Erziehung:
Sozialisation, Personalisation, Qualifikation, Allokation

Ausgangslage | **Ziele der Erziehung**

• Zwischen der Ausgangslage und dem Ziel der Erziehung spannt sich der gesamte Prozeß der erzieherischen Beeinflussung, der unter unterschiedlichen methodischen Gesichtspunkten gestaltet werden kann. Hierbei stellt sich nicht nur die Frage, welche Lerninhalte gewählt werden sollen, wie dies beispielsweise im Rahmen der Kategorialen Bildung nach Klafki der Fall ist, sondern es ist zudem zu fragen, gemäß welcher sozialer Strukturen (Interaktions-, Rollenmuster, asymmetrischer oder symmetrischer Strukturen etc.) diese Interaktion zwischen Erzieher und Edukand verlaufen soll und wie dieser Prozeß der Beeinflussung zeitlich zu gestalten ist (beispielsweise durch intensive Lehr- und Lernzeiten in der Schule oder zufällig, entsprechend der jeweiligen Situationsgegebenheiten stattfindende Erziehung, wie dies eher in der Familie der Fall ist). Innerhalb des Input/Output-Schemas sind diese Strukturmomente die pädagogischen Mittel.

Funktion der Erziehung:
Sozialisation, Personalisation, Qualifikation, Allokation

Ausgangslage — **Methoden der Erziehung:**
• Lern- und Lehrinhalte
• Rollen- und Positionsverteilung zwischen Erzieher und Edukand bzw. zwischen den Edukanden
• Lehr-und Lernzeiten
— **Ziele der Erziehung**

• Mit den bisherigen Aspekten bzw. Strukturmomenten der Erziehung wurde der Prozeß der Erziehung hinsichtlich seiner Funktion, seiner Ausgangslage, seiner Ziele und seiner Strukturiertheit kategorisiert.

Zudem zeigt sich das Lernen als ein zentrales erzieherisches Moment. Erziehung kann nur stattfinden, wenn die Lernprozesse eines Menschen durch andere Menschen unterstützt werden. Dieses Lernen bringt ebenfalls bestimmte Ausgangslagen mit, ist auf die durch die Erziehung gesetzten Ziele bezogen und wird entsprechend den eingesetzten Methoden unterstützt. In der Erarbeitung der Sozialisationsproblematik zeigte sich, daß dieses Lernen nicht nur auf die intendierten Lernziele bezogen ist, sondern zugleich auch ein Lernen durch Teilnahme an der erzieherischen Interaktion darstellt.

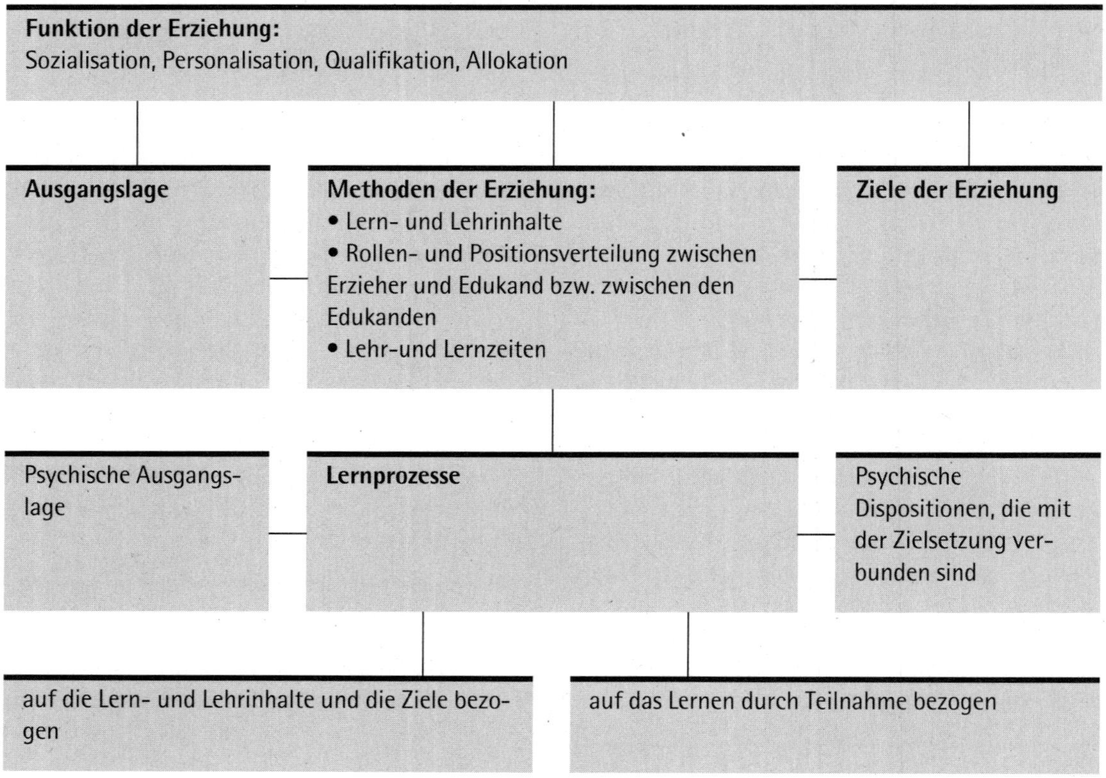

▶ *Vergleichen Sie die hier dargestellten Strukturmomente mit den von Ihnen erarbeiteten. Versuchen Sie durch Ergänzungen bzw. entsprechende Differenzierungen und Veränderungen die zentralen Aspekte der Erziehung bzw. der erziehungswissenschaftlichen Thematisierungen festzulegen.*

Rekapitulieren Sie anschließend Ihre Erarbeitungen zu den einzelnen Themen hinsichtlich folgender Gesichtspunkte:

• *Welche Strukturmomente werden vorwiegend, nur marginal bzw. implizit durch die Themen bzw. Darlegungen einzelner Autoren angesprochen?*

• *Welche Strukturmomente werden hingegen nicht berücksichtigt?*

• *Welche Beziehungen stellen die Themen bzw. Darlegungen einzelner Autoren, sofern sie mehrere Strukturmomente berücksichtigen, zwischen diesen her, bzw. werden die Beziehungen nicht oder kaum berücksichtigt?*

• *Wie werden die einzelnen Strukturmomente, wenn sie berücksichtigt werden, inhaltlich gefüllt?*

• *Widersprechen sich einige inhaltliche Ausgestaltungen der Strukturmomente bzw. können sie einander ergänzen?*

Aber wenn die Schwierigkeiten, die alle diese Fragen umgeben, noch einigen Raum ließen, über diesen Unterschied zwischen Mensch und Tier zu streiten, so gibt es doch eine andere sehr spezifische Eigenschaft, die sie unterscheidet und über die es keinen Zweifel geben kann: die Fähigkeit, sich zu vervollkommnen; eine Fähigkeit, die, mit Hilfe der Umstände, sukzessive alle anderen entwickelt und bei uns sowohl der Art als auch dem Individuum innewohnt – während ein Tier nach einigen Monaten ist, was es sein ganzes Leben lang sein wird, und seine Art nach tausend Jahren, was sie im ersten dieser tausend Jahre war. Weshalb kann allein der Mensch geistesschwach werden? Kommt es nicht daher, daß er damit zu seinem anfänglichen Zustand zurückkehrt und daß – während das Tier, das nichts erworben und auch nichts zu verlieren hat, immer bei seinem Instinkt bleibt – der Mensch, wenn er durch das Alter oder durch andere akzidentielle Umstände alles wieder verliert, was seine *Perfektibilität* [...] ihn hatte erwerben lassen, folglich tiefer fällt als das Tier selbst [...]?

T 1

Jean-Jacques Rousseau: Diskurs über die Ungleichheit.
Kritische Ausgabe des integralen Textes. Mit sämtlichen Fragmenten und ergänzenden Materialien nach den Originalausgaben und den Handschriften neu ediert, übersetzt und kommentiert von Heinrich Meier, Paderborn/München/Wien/Zürich: Ferdinand Schöningh 1984 (UTB für Wissenschaft; Uni-Taschenbücher 725), S.103–105 (Auszug).

T 2

Johann Heinrich Pestalozzi: Meine Nachforschungen über den Gang der Natur in der Entwicklung des Menschengeschlechts (1797), in: ders.: Auswahl aus seinen Schriften 1, hrsg. und kommentiert von Arthur Brühlmeier, Bern/Stuttgart: UTB Verlag Paul Haupt 1977, S. 171 und S. 219 (Auszug).

Soviel sah ich bald: Die Umstände machen den Menschen. Aber ich sah ebensobald: Der Mensch macht die Umstände; er hat eine Kraft in sich selbst, selbige vielfältig nach seinem Willen zu lenken.

Sowie er dies tut, nimmt er selbst Anteil an der Bildung seiner selbst und an dem Einfluss der Umstände, die auf ihn wirken. Ich suchte jetzt dieses Gemisch von Zufall und Freiheit, welches das Geschick meines Daseins auf Erden zu sein scheint, mir selbst näher zu entwickeln, und fragte mich zuerst: Wie bin ich das, was ich wirklich bin? Wie kommt der Mensch dahin, dass er wirklich ist, was er ist? [...]

Ich besitze eine Kraft in mir selbst, alle Dinge dieser Welt mir selbst, unabhängig von meiner tierischen Begierlichkeit und von meinen gesellschaftlichen Verhältnissen, gänzlich nur im Gesichtspunkt, was sie zu meiner inneren Veredelung beitragen, vorzustellen und dieselben nur in diesem Gesichtspunkte zu verlangen oder zu verwerfen. Diese Kraft ist im Innersten meiner Natur selbständig, ihr Wesen ist auf keine Weise eine Folge irgendeiner anderen Kraft meiner Natur.

Sie ist, weil ich bin, und ich bin, weil sie ist.

Sie entspringt aus dem mir wesentlich einwohnenden Gefühl: Ich vervollkommne mich selbst, wenn ich mir das, was ich soll, zum Gesetz dessen mache, was ich will.

Vor diesem Hintergrund läßt sich die Perfektionierung oder Vollendung des Menschen als Leitformel für die Ausdifferenzierung des Erziehungssystems proklamieren. Vollkommenheit heißt, zumindest bei den Philanthropisten, proportionierliche Entwicklung aller Anlagen des Menschen. Sie ist das Prinzip, das Glückseligkeit auf Erden und in Ewigkeit bedeutet. Glückseligkeit ist der Zustand, in dem Vollkommenheit zum Selbstgenuß, zur 'angenehmen Empfindung' geworden ist, und Erziehung ist das Geschäft, das sie bewirkt. Kein anderes kann wichtiger sein [...].

Die Formel Perfektion *hypostasiert* damit die Erziehung als Geschäft der Menschheitsentwicklung [...]. Fortschreitende Vervollkommnung des Menschengeschlechts bleibt eine allgemeine, auf die gesamte Gesellschaft und alle ihre Einrichtungen bezogene Formel, die es zugleich nahelegt, mit besonderem Nachdruck Einrichtungen und Methoden der Erziehung hierfür einzusetzen [...]. Das Erziehungssystem gewinnt mit dieser Formel den Sinn des eigenen Beitrags und dessen gesellschaftliche Relevanz.

T 3

Niklas Luhmann/ Karl-Eberhard Schorr: Reflexionsprobleme im Erziehungssystem,
Stuttgart: Verlagsgemeinschaft Ernst Klett 1979, S. 64/65 (Auszug).

T 4

Ulrich Herrmann: Perfektibilität und Bildung. Funktion und Leistung von Kontingenzformeln der Anthropologie, Kulturkritik und Fortschrittsorientierung in den reflexiven Selbstbegründungen der Pädagogik des 18. Jahrhunderts, in: D. Hoffmann/A. Langewand/Chr. Niemeyer (Hrsg.): Begründungsformen der Pädagogik in der „Moderne", 2. Aufl. Weinheim: Deutscher Studienverlag 1994, S. 88–89 (Auszug).

Dies ist [Herrmann bezieht sich hier auf Rousseaus Text im zweiten Discours, der auszugsweise zu Beginn dieses Kapitels bearbeitet wurde] – in kurzen Worten – der gedankliche Kern jener eingangs benannten selbstschöpferischen Selbstermächtigung des Menschen, *sich selbst* in einer *selbst*geschaffenen Lebenswelt verwirklichen *zu wollen* – oder richtiger gesagt: *zu müssen*, weil eine Alternative gar nicht besteht [...]

Damit ist die Grundlage benannt, auf der der anthropologisch-moralphilosophische und -pädagogische Diskurs der Moderne, vom 18. Jahrhundert bis heute, steht: die *nature humaine* als *faculté de se perfectionner*, die *perfectibilité* als Individual- und Gattungscharakter des Menschen. Unter dieser Voraussetzung stehen dann auch die zu beantwortenden Fragen: Welchen *Entwurf* soll, darf und muß der Mensch von sich machen, als Gattungswesen und als Person? Welche *Zwecke* soll, darf und muß er seinem individuellen und gesellschaftlichen Handeln setzen; welche von ihnen sind mindestens instrumentell vertretbar, welche auch moralisch-praktisch gerechtfertigt? Welches sind die *geschichtlichen Erfahrungs- und die zeitlichen Handlungsräume*, innerhalb deren menschliches Handeln verantwortlich gedacht bzw. überschaut werden kann? Welche *Möglichkeiten* hat der Mensch überhaupt, sich produktiv mit diesen Fragen *auseinanderzusetzen* und sich mit anderen darüber zu *verständigen*?

Die 'Natur' des Menschen ist paradox: *von Natur aus* ist der Mensch zwar unvollkommen, aber es entspricht zugleich seiner *Natur*, sich zu vervollkommnen, auch wenn nur die „Annäherung" – wie KANT sagte – an die „Idee" des „ganz Geraden", des „Vollkommenen", möglich ist. Die „Natur" des Menschen ist also *weder* vollkommene „Tierheit" (seiner physischen Natur) *noch* vollendbare „Menschheit" (Humanität ihrer moralischen Qualität nach). Nur das Tier ist als Lebewesen „vollkommen", insofern es seinen angeborenen Instinkten und Lernfähigkeiten folgen *muß* und insofern dies für das Überleben ausreicht. „Ein Tier ist schon alles durch seinen Instinkt ... Der Mensch aber braucht eigene Vernunft. Er hat keinen Instinkt, *und muß sich selbst den Plan seines Verhaltens machen*. Weil er aber nicht sogleich im Stande ist, dieses zu tun, sondern roh auf die Welt kommt: so müssen es andere für ihn tun" (KANT 1964b, S. 697). Der Mensch kann sein Leben nicht einfach leben – er *muß* es nicht einmal; denn er hat ja auch die Freiheit, es selber zu beenden –, sondern er muß es *führen*. Dies aber muß der heranwachsende Mensch *lernen*, und lernen kann er es nur von anderen Menschen[10], weil es dabei nicht nur oder vorrangig um die technisch-instrumentelle Organisation des bloßen Überlebens geht, sondern vor allem um die zwischenmenschliche Verständigung über die sozialen und moralischen Regeln und Normen des *sittlichen Betragens*, die die Grundlage dafür sind, daß der Mensch Einsicht gewinnen kann in die Notwendigkeit der Aufforderung zur Konstitution seines *moralischen Charakters*.

[10] Daher die Formulierung in KANTS Pädagogik: „Der Mensch kann nur Mensch werden durch Erziehung. Er ist nichts, als was die Erziehung aus ihm macht. Es ist zu bemerken, daß der Mensch nur durch Menschen erzogen wird, durch Menschen, die ebenfalls erzogen sind" (vgl. KANT 1964b, S. 699). Diese Bemerkung richtet sich wohl gegen ROUSSEAUS Auffassung (im „Emile"), daß auch die Dinge und die Umstände uns erzögen: sie disziplinieren oder sozialisieren uns lediglich, weil wir mit ihnen keine *praktische*, sondern nur eine *technische* Kommunikation haben können.

Kant, Immanuel: Über Pädagogik (1803), in: ders.: Werke in 6 Bänden, hrsg. v. W. Weischedel, Bd. VI, Darmstadt 1964b, S. 693–761.

[...] so sieht man doch immer die Bildsamkeit des Zöglings vorausgesetzt, *ohne welche Voraussetzung kein Erzieher sein Werk angreifen kann.* Alsdann aber knüpft sich an dies erste Postulat bei allen Pädagogen die doppelte Frage: erstlich, wozu soll der Zögling gebildet werden?, zweitens, durch welche Mittel? Das heißt, die Pädagogik ruft einerseits die *Ethik*, andererseits die *Psychologie* zu Hilfe.

T 5 Johann Friedrich Herbart: Pädagogische Schriften.
Bd.2: Pädagogische Grundschriften, hrsg. von Walter Asmus, Stuttgart: Klett-Cotta 1982, S. 271 (Auszug).

T 6

Johann Friedrich Herbart: Umriß pädagogischer Vorlesungen, in: ders.: Umriß pädagogischer Vorlesungen. Rede bei Eröffnung der Vorlesungen über Pädagogik. Aphorismen zur Pädagogik, hrsg. von Theodor Rutt, Paderborn: Ferdinand Schöningh 1957, S. 5–6 (Auszug).

Umriss Pädagogischer Vorlesungen
1835
Einleitung

§1.
Der Grundbegriff der Pädagogik ist die *Bildsamkeit* des Zöglings.
Anmerkung. Der *Begriff* der Bildsamkeit hat einen viel weiteren Umfang. Er erstreckt sich sogar auf die Elemente der Materie. Erfahrungsmäßig läßt er sich verfolgen bis zu denjenigen Elementen, die in den Stoffwechsel der organischen Leiber eingehen. Von der Bildsamkeit des Willens zeigen sich Spuren in den Seelen der edleren Tiere. Aber Bildsamkeit des Willens zur Sittlichkeit kennen wir nur beim Menschen.

§2.
Pädagogik als Wissenschaft hängt ab von der *praktischen Philosophie* und *Psychologie*. Jene zeigt das Ziel der Bildung, diese den Weg, die Mittel und die Hindernisse.

Anmerkung. Hierin ist auch die Abhängigkeit der Pädagogik von der Erfahrung enthalten, indem teils die praktische Philosophie schon Anwendung auf die Erfahrung in sich aufnimmt, teils die Psychologie nicht bloß von der Metaphysik, sondern von der durch Metaphysik richtig verstandenen Erfahrung ausgeht. Die bloß empirische Menschenkenntnis aber genügt der Pädagogik um desto weniger, je veränderlicher ein Zeitalter in Ansehung seiner Sitten, Gewohnheiten und Meinungen ist. Denn hierdurch verlieren allmählich die Abstraktionen aus früherer Beobachtung den Kreis, worin sie gültig waren.

§3. [...]

§4.
Die Pädagogik darf jedoch auch keine unbegrenzte Bildsamkeit voraussetzen, und die Psychologie wird diesen Irrtum verhüten. Die Unbestimmtheit des Kindes ist beschränkt durch dessen *Individualität*. Die Bestimmbarkeit durch Erziehung wird überdies beschränkt durch Umstände der Lage und der Zeit. Die Festigkeit der Erwachsenen bildet sich innerlich fort und wird dem Erzieher unerreichbar.

§5. [...]

§6.
Das Vermögen der Erziehung darf nicht für größer, aber auch nicht für kleiner gehalten werden, als es ist. Der Erzieher soll versuchen, wieviel er zu erreichen imstande sei; aber stets darauf sich gefaßt halten, durch Beobachtungen des Erfolgs auf die Grenzen vernünftiger Versuche zurückgewiesen zu werden. Damit er nichts versäume, muß er das Ganze der praktischen Ideenlehre vor Augen haben. Damit er die Beobachtungen verstehe und richtig auslege, muß ihm die Psychologie stets gegenwärtig sein.

§7. [...]

T 7

Dietrich Benner: Systematische Pädagogik. Die Pädagogik und ihre wissenschaftliche Begründung,

in: Leo Roth (Hrsg.): Pädagogik. Handbuch für Studium und Praxis, München: Ehrenwirth Verlag 1991, S. 10–12 (Auszug).

Im Unterschied zum Anlagebegriff, der seit Platons Seelenlehre eine Präformiertheit der Lernmöglichkeiten der einzelnen unterstellt, und im Unterschied zum Begabungsbegriff, der feststellt, was den einzelnen im Lernprozeß leichter oder schwerer fällt, formuliert der Begriff der *Bildsamkeit* ein Prinzip pädagogischer Interaktion, das die Gegebenheit von Anlagen und Begabung zwar nicht leugnet, wohl aber begründet, warum nach dem Fraglichwerden eines teleologischen Verständnisses der Aufgaben pädagogischer Interaktion ein bildungstheoretisch begründeter Begriff der Bestimmung der einzelnen nicht mehr von deren Anlagen und Begabungen ausgehen kann. Das Prinzip der Bildsamkeit verweist auf eine stets im Werden begriffene Identität des Menschen, die nicht auf Einseitigkeit und Bestimmtheit, sondern auf Vielseitigkeit und Offenheit angelegt ist und zur Voraussetzung hat, daß wir uns gegenseitig als an unserer Bestimmung arbeitende Subjekte anerkennen.

Die Frage, wie sich auf die »Natur« des Menschen so einwirken lasse, daß die künftige Bestimmung der Heranwachsenden weder teleologisch vorbestimmt noch willkürlich durch ihre Erzieher bewirkt wird, beantwortete die bürgerliche Pädagogik der Neuzeit, indem sie als ein zweites Prinzip pädagogischen Denkens und Handelns dasjenige der Aufforderung zur *Selbsttätigkeit* aufstellte, welches die der veränderten Aufgabenstellung pädagogischer Praxis affine Kausalität pädagogischen Wirkens auf einen Begriff bringt.

[...] Zur Eigenart der für pädagogische Interaktion konstitutiven Selbsttätigkeit gehört es, daß wir sie verfehlen, sobald wir unter ihr nur eine bestimmte Selbsttätigkeit verstehen und diese auf Formen eines herstellenden Tuns oder einer politischen Selbstbestimmung einengen. Denn der Begriff der Selbsttätigkeit ist für sich genommen notwendig ebenso allgemein wie der der Bildsamkeit. Das zweite Prinzip pädagogischer Interaktion besagt nämlich, daß alle Rezeptivität im Lernen über eine Spontaneität des Lernenden vermittelt ist und daß die Aufforderungen zur Selbsttätigkeit darum solche sein müssen, die sich gleichermaßen an die Rezeptivität wie die Spontaneität des Lernenden richten [...].

Die beiden Prinzipien der zwar nicht unendlichen, sondern endlichen, gleichwohl universellen und vielseitigen Bildsamkeit und der Fremdaufforderung zur Selbsttätigkeit sind Prinzipien der individuellen Seite pädagogischer Praxis. Damit sie in der pädagogischen Interaktion anerkannt werden können, ist die Beachtung zweier weiterer Prinzipien erforderlich, welche sich auf die veränderte Stellung der neuzeitlichen pädagogischen Praxis im Rahmen der menschlichen Gesamtpraxis beziehen. Es sind dies die Idee der *Transformation der gesellschaftlichen Determination pädagogischer Prozesse in eine praktische Determination und die Idee einer nichthierarchischen Verhältnisbestimmung der ausdifferenzierten Grundformen menschlicher Praxis.*

Schon die konstitutiven Prinzipien pädagogischer Interaktion enthalten Bezüge zur gesellschaftlichen Seite der pädagogischen Praxis. Richtig verstanden besagen sie, daß es um der Freiheits- und Menschenrechte willen, welche die neuzeitliche bürgerliche Gesellschaft erstmals in der Geschichte der Menschheit dem Anspruch und der Idee nach allen Menschen zugesteht, keine prästabilierte Bestimmung der einzelnen nach Maßgabe gesellschaftlicher Interessen mehr geben kann und darf. Dies schließt nicht aus, daß die Gesellschaft Kritik an der pädagogischen Praxis und ihren Leistungen üben kann und darf, dies schließt jedoch ein, daß die Bewertung solcher Kritik stets zugleich über eine dem Prinzip der Aufforderung zur Selbsttätigkeit verpflichtete pädagogische Gesellschaftskritik erfolgen muß. Auf die Lernprozesse Heranwachsender wirken ja niemals nur über erziehliche Aufforderungen zur Selbsttätigkeit vermittelte, sondern immer auch von den außerpädagogischen Bereichen der

Gesellschaft ausgehende Einflüsse ein. Diese gilt es nicht nur unter ökonomischen und politischen, sondern auch unter pädagogischen Fragestellungen zu beurteilen und daraufhin zu prüfen, inwieweit sie zur Selbsttätigkeit auffordernde pädagogische Wirkungen erleichtern oder erschweren. Die Idee einer solchen Kritik und Prüfung bringt die regulative Idee der Transformation der gesellschaftlichen Determination pädagogischer Prozesse in eine praktische Determination auf den Begriff. [...]

Ein vergleichbarer Zusammenhang gilt für das konstitutive Prinzip universeller Bildsamkeit aller einzelnen und die regulative Idee einer nichthierarchischen Verhältnisbestimmung der ausdifferenzierten Grundformen menschlicher Praxis. Die traditionelle teleologische Normierung der Bildsamkeit der einzelnen nach Maßgabe gesellschaftlicher Erwartungen kann nämlich nur überwunden werden, wenn die von der pädagogischen Praxis zu fördernde individuelle und vielseitige Bildsamkeit auch gesellschaftlich anerkannt wird und wenn alle für die Erhaltung und Weiterentwicklung der Gesellschaft erforderlichen Tätigkeiten daraufhin überprüft werden, inwieweit ihre Betätigungsfelder solche eines vielseitigen Interesses sind oder nicht sind. Eine solche Überprüfung aber kann nur gelingen, wenn in ihr kein Bereich menschlicher Praxis einen Primat gegenüber den anderen beansprucht, sondern pädagogische, ethische, ökonomische und politische Fragen gleichberechtigt berücksichtigt werden.

T 8

Niklas Luhmann/ Karl-Eberhard Schorr: Lernfähigkeit,

in: dies.: Reflexionsprobleme im Erziehungssystem, Stuttgart: Verlagsgemeinschaft Ernst Klett 1979, S. 84–91 (Auszug).

Die Teilnahme am Unterricht führt zum Lernen des Verhaltens in lernspezifischen Interaktionssystemen, führt im Erfolgsfalle zum Lernen des Lernens und entwickelt somit generell einsetzbare Lernfähigkeiten. Mit dem Lernen des Lernens beendet der Erziehungsprozeß sich selbst, und zwar dadurch, daß er das Lernen auf Dauer stellt. Nicht die Selbstreferenz der Person in ihrem Verhältnis zur Welt, sondern die Selbstreferenz des Funktionsprozesses zeichnet den Steigerungseffekt aus, der durch Ausdifferenzierung von Erziehungsprozessen erreichbar ist. Die dies formulierende Kontingenzformel wollen wir einfach Lernfähigkeit nennen. [...]

Lernfähigkeit ist kein neuer Begriff, aber gleichwohl bricht man mit der Tradition des Bildungsgedankens, wenn man im Lernen die Zentralfigur sieht, um die alles andere gravitiert. [...]

Es kommt in allem Lernen, das ist gemeint, nicht auf das Anhäufen zutreffender Kenntnisse oder brauchbarer Fähigkeiten als solcher an, sondern auf die dabei mitgelernte Fähigkeit, das Gelernte als Grundlage weiteren Lernens zu verwenden. Was zutrifft und was brauchbar ist, ist eben dasjenige Wissen und Können, das es ermöglicht, in späteren Situationen erneut erfolgreich zu lernen. Damit ist natürlich nicht jenes „studendum vero semper et ubique" QUINTILIANS [...] gemeint, jene bloß repetierende Übung des einmal gelernten Verbalvermögens bei jeder passenden Gelegenheit; sondern zu lernen ist die Dauerbereitschaft, Neuem durch Änderung von bereits gelernten Erwartungsmustern zu begegnen. [...]

Das Konzept des zu lernenden Lernenkönnens paßt sich in eine funktional differenzierte Gesellschaftsordnung ein. Es kann insofern als Korrelat evolutionärer Veränderungen des Gesellschaftssystems begriffen werden: Höhere Komplexität, die selektives Verhalten erzwingt, erfordert höhere Umstellfähigkeit auf der Ebene sozialer wie auf der Ebene personaler Systeme [...]. Die Formel Lernfähigkeit bezeichnet keine Universaltugend, bietet keinen Ersatz für Gerechtigkeit als Basistugend politischer Gesellschaft oder für Frömmigkeit (pietas) als Basistugend religiöser Gesellschaften. Vielmehr geht es um eine *gelegentlich* intensiv einsetzbare und dafür *dauerhaft* bereitzuhaltende Sozialkompetenz. Abgerufen wird Lernpotential durch Konstellationen, die im einzelnen unbekannt sind und in Prämissen weiteren Erlebens oder Handelns umgearbeitet werden müssen. Es kann sich um unerwartete oder erwartete, um sich aufdrängende oder um gesuchte Überraschungen handeln. In jedem Falle bedeutet Lernbereitschaft, und das ist ihr Risiko, das zu übernehmen man erst lernen muß, daß Erwartungen zur Disposition gestellt und in der Situation umstrukturiert werden. Lernfähigkeit hängt deshalb davon ab, daß kognitiv und nicht normativ, änderungsbereit und nicht kontrafaktisch-durchsetzungsbereit erwartet wird [...].

Erziehung ist nur möglich, wo Lernfähigkeit vorausgesetzt werden kann [...]. Die Kontingenzformel formuliert den Erziehungsprozeß als Steigerbarkeit seiner eigenen Prämisse, als Selbststeigerung. Lernfähigkeit ist also nicht einfach nur der „Output", nicht nur die erst am Ende fertige Leistung des Erziehungssystems, sondern die Betriebsprämisse, die durch laufende Inanspruchnahme entwickelt wird. Insofern ist die Funktion keine erst künftig eintretende Gegenwart, sondern je gegenwärtige Zukunft. Das Lernen lernt sich selbst. [...]

Lernfähigkeit kann man sich einerseits als beliebig steigerbar vorstellen, weil jede Situation mit Überraschungen und Unbekanntheitshorizonten die Möglichkeit offenläßt, mehr und besser zu lernen. Andererseits läuft schrankenlose Lernbereitschaft auf ungehemmte Anpassungswilligkeit hinaus. Keine Gesellschaft, kein Sozialsystem, keine Person kann jede ihrer Strukturen vorab als eine solche definieren, die im Lernfalle zu ändern ist. Das käme einem Verzicht auf Normativität gleich, einem Verzicht auf Gewissen [...], einem Verzicht auf Recht und auf eine Vielzahl weiterer Überzeugungsgrundlagen für Kommunikationen im Bereich von Religion,

Moral, Politik, Liebe usw. [...]

Wie aber findet und reflektiert der Lernprozeß seine eigene Schranke, ohne vorab und vielleicht voreilig auf Lernfähigkeit zu verzichten?

Eine Antwort auf diese Frage findet man in der Analyse von Autonomie; genauer gesagt: in der Analyse von Systemen, die sich als selbstreferentiell reflektieren. Wir hatten schon notiert: Autonom ist ein System, das seine Abhängigkeiten von der Umwelt wählen kann. Das setzt systemintern eine Ebenendifferenzierung voraus, so daß die operative Umweltabhängigkeit von der reflektierten unterschieden werden kann. Im gleichen Sinne kann man sagen: Autonom ist ein System, das die Hinsichten wählen, in denen es normativ bzw. lernbereit erwarten will, und das auch diese Wahl bei Bedarf wiederum normativ bzw. lernbereit programmieren kann. Die Grundfigur ist auch hier: daß für den Vollzug selbstreferentieller Prozesse eine operative und eine sie reflektierende (und darin ihrerseits wiederum: operative [...]) Ebene zur Verfügung steht.

Damit ist aber nur die Form angegeben, die das Reflexionsproblem löst. Die Inhalte, die den Lernprozeß bzw. den Reflexionsprozeß stoppen, bleiben historisch. Man hat seit dem Beginn rücklaufender Selbsterfahrung mit funktionaler Differenzierung vergeblich versucht, die Geltung von Inhalten durch Bezug auf a priori Geltendes zu begründen. Das Interesse am „a priori" ist selbst ein historisches. Nur die Systemform kann die laufende Katalyse, das laufende Regenerieren von jeweils plausiblen Stoppregeln garantieren. Wenn das Erziehungssystem einen abermaligen Wechsel der Kontingenzformel vollzieht und von Bildung zu Lernfähigkeit übergeht, muß es diese Konsequenz akzeptieren.

T 9

Wilhelm von Humboldt: Ideen zu einem Versuch, die Gränzen der Wirksamkeit des Staats zu bestimmen [1792],

in: ders.: Schriften zu Anthropologie und Geschichte, hrsg. von Andreas Flitner und Klaus Giel, 3. Aufl. Darmstadt: Wissenschaftliche Buchgesellschaft 1980, S. 64 und S. 67 (Auszug).

Der wahre Zwek des Menschen – nicht der, welchen die wechselnden Neigungen, sondern welchen die ewig unveränderliche Vernunft ihm vorschreibt – ist die höchste und proportionirlichste Bildung seiner Kräfte zu einem Ganzen. Zu dieser Bildung ist Freiheit die erste, und unerlassliche Bedingung. Allein ausser der Freiheit erfordert die Entwikkelung der menschlichen Kräfte noch etwas andres, obgleich mit der Freiheit eng verbundenes, Mannigfaltigkeit der Situationen. Auch der freieste und unabhängigste Mensch, in einförmige Lagen versezt, bildet sich minder aus. Zwar ist nun einestheils diese Mannigfaltigkeit allemal Folge der Freiheit, und anderntheils giebt es auch eine Art der Unterdrükkung, die statt den Menschen einzuschränken, den Dingen um ihn her eine beliebige Gestalt giebt, so dass beide gewissermaassen Eins und dasselbe sind. Indess ist es der Klarheit der Ideen dennoch angemessener, beide noch von einander zu trennen. Jeder Mensch vermag auf Einmal nur mit Einer Kraft zu wirken, oder vielmehr sein ganzes Wesen wird auf Einmal nur zu Einer Thätigkeit gestimmt. Daher scheint der Mensch zur Einseitigkeit bestimmt, indem er seine Energie schwächt, sobald er sich auf mehrere Gegenstände verbreitet. Allein dieser Einseitigkeit entgeht er, wenn er die einzelnen, oft einzeln geübten Kräfte zu vereinen, den beinah schon verloschnen wie den erst künftigen hell aufflammenden Funken in jeder Periode seines Lebens zugleich mitwirken zu lassen, und statt der Gegenstände, auf die er wirkt, die Kräfte, womit er wirkt, durch Verbindung zu vervielfältigen strebt. Was hier gleichsam die Verknüpfung der Vergangenheit und der Zukunft mit der Gegenwart wirkt, das wirkt in der Gesellschaft die Verbindung mit andren. Denn auch durch alle Perioden des Lebens erreicht jeder Mensch dennoch nur Eine der Vollkommenheiten, welche gleichsam den Charakter des ganzen Menschengeschlechts bilden. [...]

Das höchste Ideal des Zusammenexistirens menschlicher Wesen wäre mir dasjenige, in dem jedes nur aus sich selbst, und um seiner selbst willen sich entwikkelte.

T 10

Wilhelm von Humboldt: Theorie der Bildung des Menschen,

in: ders.: Schriften zu Anthropologie und Geschichte. Werke in fünf Bänden I, hrsg. von Andreas Flitner und Klaus Giel, 3. Aufl. Darmstadt: Wissenschaftliche Buchgesellschaft 1980, S. 235 (Auszug).

Im Mittelpunkt aller besonderen Arten der Thätigkeit nemlich steht der Mensch, der ohne alle, auf irgend etwas Einzelnes gerichtete Absicht, nur die Kräfte seiner Natur stärken und erhöhen, seinem Wesen Werth und Dauer verschaffen will. Da jedoch die blosse Kraft einen Gegenstand braucht, an dem sie sich üben, und die blosse Form, der reine Gedanke, einen Stoff, in dem sie, sich darin ausprägend, fortdauern könne, so bedarf auch der Mensch einer Welt ausser sich. Daher entspringt sein Streben, den Kreis seiner Erkenntniss und seiner Wirksamkeit zu erweitern, und ohne dass er sich selbst deutlich dessen bewusst ist, liegt es ihm nicht eigentlich an dem, was er von jener erwirbt, oder vermöge dieser ausser sich hervorbringt, sondern nur an seiner inneren Verbesserung und Veredlung, oder wenigstens an der Befriedigung der inneren Unruhe, die ihn verzehrt. Rein und in seiner Endabsicht betrachtet, ist sein Denken immer nur ein Versuch seines Geistes, vor sich selbst verständlich, sein Handeln ein Versuch seines Willens, in sich frei und unabhängig zu werden, seine ganze äussre Geschäftigkeit überhaupt aber nur ein Streben, nicht in sich müssig zu bleiben. Bloss weil beides, sein Denken und sein Handeln nicht anders, als nur vermöge eines Dritten, nur vermöge des Vorstellens und des Bearbeitens von etwas möglich ist, dessen eigentlich unterscheidendes Merkmal es ist, NichtMensch, d.i. Welt zu seyn, sucht er, soviel Welt, als möglich zu ergreifen, und so eng, als er nur kann, mit sich zu verbinden.

T 10

T 11

Johann Friedrich Herbart: Allgemeine Pädagogik, aus dem Zweck der Erziehung abgeleitet (1806),

in: ders.: Bd. 2: Pädagogische Grundschriften, hrsg. von Walter Asmus, 2. Aufl. Stuttgart: Klett-Cotta 1982, S. 41–43 (Auszug).

II.
Vielseitigkeit des Interesses:
Charakterstärke der Sittlichkeit

1. Wie kann der Erzieher sich die *bloß möglichen* künftigen Zwecke des Zöglings im voraus zueignen?

Das Objektive dieser Zwecke als Sache der bloßen Willkür hat für den Erzieher gar kein Interesse. Nur das *Wollen* des künftigen Mannes selbst und folglich die Summe der Ansprüche, die er *in* und *mit* diesem Wollen an sich selbst machen wird, ist dem Erzieher Gegenstand seines *Wohlwollens*, und die Kraft, die ursprüngliche Lust, die Aktivität, wodurch *jener* seinen eigenen Ansprüchen wird Zahlung zu leisten haben, ist für *diesen* Gegenstand der Beurteilung nach der Idee der *Vollkommenheit* [...]. Also schwebt uns hier nicht eine gewisse Anzahl einzelner Zwecke (die wir überhaupt [...] nicht vorher wissen können), sondern die *Aktivität* des heranwachsenden Menschen überhaupt vor, das Quantum seiner inneren unmittelbaren Belebung und Regsamkeit. Je größer dies Quantum, je *voller, ausgedehnter* und *in sich zusammenstimmender*, desto vollkommner und desto mehr Sicherheit unserem Wohlwollen.

Nur darf die Blume ihren Kelch nicht sprengen, die Fülle nicht Schwäche werden durch zu weit *fortgesetzte* Zerstreuung in Vielerlei. Die menschliche Gesellschaft hat längst Teilung der Arbeit nötig gefunden, damit jeder das, was er *fertigt*, recht-machen könne. Aber je eingeschränkter, je verteilter das Fertigen, desto vielfältiger das *Empfangen* eines jeden Einzelnen von allen übrigen. *Da nun die geistige Empfänglichkeit auf Geistesverwandtschaft und diese auf ähnlichen Geistesübungen beruht*, so versteht sich, daß im höheren Reiche der eigentlichen Menschheit die Arbeiten nicht bis zur gegenseitigen Unkunde vereinzelt werden dürfen. Alle müssen Liebhaber für alles, jeder muß Virtuose in *einem* Fache sein. Aber die einzelne Virtuosität ist Sache der Willkür, hingegen die mannigfaltige Empfänglichkeit, welche nur aus mannigfaltigen *Anfängen* des eigenen Strebens entstehen kann, ist Sache der Erziehung. Daher nennen wir als ersten Teil des pädagogischen Zwecks *»Vielseitigkeit des Interesses«*, welche von ihrer Übertreibung, der *Vielgeschäftigkeit*, unterschieden werden muß. Und weil diese Gegenstände des Wollens, die einzelnen Richtungen selbst, uns keine mehr als die andre interessieren, so setzen wir, damit nicht Schwäche neben der Stärke mißfalle, noch das Prädikat hinzu: »*Gleichschwebende* Vielseitigkeit«. Dadurch wird der Sinn des gewöhnlichen Ausdrucks *»harmonische Ausbildung aller Kräfte«* erreicht sein, bei welchem zu fragen wäre, was man sich bei einer Vielheit von Seelenkräften denke und was *Harmonie verschiedenartiger* Kräfte bedeuten solle [...].

2. Wie soll der Erzieher sich den *notwendigen* Zweck des Zöglings zueignen?

Da die Sittlichkeit einzig und allein in dem eigenen Wollen nach richtiger Einsicht ihren Sitz hat, so versteht sich zuvörderst von selbst, die sittliche Erziehung habe nicht etwa eine gewisse Äußerlichkeit der Handlungen, sondern die Einsicht samt dem ihr angemessenen Wollen im Gemüte des Zöglings hervorzubringen. [...]

Ich blicke ins Leben und finde sehr viele, denen die Sittlichkeit etwas Beschränkendes, sehr wenige, denen sie ein Prinzip des Lebens selbst ist. Die meisten haben einen Charakter *außer* der Güte und einen Lebensplan nur für ihre Willkür. Das Gute tun sie gelegentlich, und sie vermeiden gern das Schlechte, wenn das Bessere zum nämlichen Ziel führt. Moralische Grundsätze sind ihnen langweilig, weil darauf für sie nichts folgt als hie und da eine Hemmung des Gedankenflusses, ja, was gegen diese Hemmung anstößt, ist ihnen willkommen. [...]

Also, daß die Ideen des Rechten und Guten in aller ihrer Schärfe und Reinheit die eigentlichen Gegenstände des Willens werden, daß ihnen gemäß sich der innerste reelle Gehalt des Charakters, der tiefe Kern der Persönlichkeit bestimme mit Hintansetzung aller andern Willkür, das und nichts minderes ist das Ziel der sittlichen

Bildung. Und wiewohl man mich nicht vollkommen versteht, wenn ich die Ideen des Rechten und Guten kurzweg nenne, so ist doch zu unserm Heil die Sittenlehre endlich der Halbheiten entwöhnt [...].

T 12

Wilhelm Dilthey: Über die Möglichkeit einer Allgemeingültigen pädagogischen Wissenschaft (1888),

in: ders.: Gesammelte Schriften. Bd. 6: Die geistige Welt, 4. Aufl. Stuttgart: B.G. Teubner Verlagsgesellschaft/Göttingen: Vandenhoeck & Ruprecht 1962, S. 56 und 62 (Auszug).

Die hervorragenden pädagogischen Systeme beanspruchen das Ziel der Erziehung, die Werte der Lehrgegenstände und die Methoden des Unterrichts allgemeingültig, sonach für ganz verschiedene Völker und Zeiten, zu bestimmen. Herbart und Schleiermacher, Spencer und Bain, Beneke und Waitz stimmen hierin überein. Solche Ansprüche der Systeme müssen die radikale Neigung befördern, die ein einförmiges Ideal ohne Rücksicht auf die Verschiedenheit der Nationen und das Bedürfnis der Staaten dem bestehenden Schulwesen aufdrängen möchte. So wird ein Irrtum in der pädagogischen Theorie zu einer Gefahr für unser Schulwesen. [...] Eine abstrakte, mit falschem Anspruch auf Allgemeingültigkeit auftretende Theorie wirkt revolutionär und zersetzend auf die geschichtlichen Ordnungen der Gesellschaft. Aus diesem Verhältnis empfängt die Kritik unserer heute herrschenden Pädagogik eine erhebliche praktische Bedeutung. [...]

Regeln des menschlichen Handelns können zunächst bedingt, sonach von anderen Regeln oder Zwecken abhängig sein. Solche Regeln sind die der Erziehung; denn diese ist nicht Zweck für sich, sondern sie dient der Entfaltung des Seelenlebens als Mittel. Oder Regeln sind der Ausdruck einer Richtung des Willens, welche von einem nicht weiter rückwärts bedingten Zweckinhalte bestimmt ist. In solchen Regeln muß der Zweck des Lebens dargestellt werden. Nun ist bisher ein solcher letzter Zweck des Lebens aus der metaphysischen Ordnung der Welt nicht auf allgemeingültige, allgemein anerkannte Weise abgeleitet worden, und es scheint auch nach den bisherigen Erfahrungen dazu keine Aussicht in absehbarer Zeit vorhanden zu sein.

T 13

Heinz-Elmar Tenorth: Laute Klage, stiller Sieg. Über die Unaufhaltsamkeit der Pädagogik in der Moderne,

in: Zeitschrift für Pädagogik, 29. Beiheft: Erziehungswissenschaft zwischen Modernisierung und Modernitätskrise, hrsg. von Dietrich Benner/Dieter Lenzen/Hans-Uwe Otto, Weinheim/Basel 1992, S. 135–138 (Auszug).

Für die Epoche der Aufklärung, ich erinnere an den Anfang meiner Überlegungen, schienen Pädagogik und Erziehungswissenschaft vor allem deswegen so begehrt, weil sie als der geeignete Hebel aufgefaßt wurden, an den Wurzeln des Übels in der Welt mit ihrer Arbeit anzusetzen, bei dem 'rohen' und 'ungebildeten', ohne 'Industriosität' und Lerneifer in ihrer Privatheit dahinlebenden Kindern und Erwachsenen. Unterricht wurde entsprechend als Humanisierung des Menschen und als 'Zivilisierung der Welt' verstanden (Diderot), die Schule als Stätte der 'Politur' und 'Bildung' des Geistes, das Geschäft der Erziehung als Aufgabe, die „Höherbildung der Menschheit" zu befördern, als Arbeit also, die uns alle zu Moral und Sittlichkeit führen könne.

Davon, wer wollte es behaupten, ist bis heute trotz aller Erfolge von System, Profession und Disziplin allerdings wenig zu spüren – aber warum? Wie muß man diesen unbezweifelbaren Differenzbefund zwischen den Erwartungen des 18. Jahrhunderts und der Wirklichkeit der Folgezeiten lesen und verstehen? Allein als Indiz für die Erfolglosigkeit der Pädagogen und als Ausdruck ihrer kontinuierlichen Niederlage? Muß man den Befund gar zur Kritik der Gesellschaft verlängern, die zu ihrem eigenen Schaden die Pädagogik daran gehindert habe, die Welt zuverlässig zu bessern, so daß der Pädagoge nicht dazu kam, seine schöne Ambition zur Wirklichkeit eines weltumfassenden Unterrichts- und Erziehungsprogramms zu machen?

Im Duktus meiner Fragen kann man schon die Skepsis hören, die ich gegen eine solche Kritik an der Bildungspraxis und gegen eine ihr eingebundene, pädagogisch instrumentierte Kritik an der Gesellschaft mobilisieren würde. Die pädagogische Klage mag zwar den ausbleibenden *Erfolg* der Pädagogik anzeigen – nimmt man ihr Versprechen zum Maßstab; diese Differenzerfahrung dementiert aber nicht die *Unaufhaltsamkeit der Pädagogik*; denn die liegt weniger auf der Ebene der lauten pädagogischen Propaganda als in der *stillen Wirkung* des pädagogischen Mechanismus, in der eher nebenher realisierten, dafür umso wirksameren Konstruktion des modernen *homo paedagogicus*.

Nirgends deutlicher als beim Blick auf den Adressaten der öffentlichen, systemisch organisierten, professionell gestützten und disziplinär betreuten Erziehung kann man diese unaufhaltsame Wirkung von Pädagogik in unserer Gesellschaft erkennen.

Bevor man diesen homo paedagogicus jetzt rasch zum Zerrbild der eigenen Ambitionen deklariert, zum systemisch erzeugten homunculus, sollte sich die Pädagogik noch einmal ihrer Kritik der Welt und ihrer eigenen Ansprüche aus der Ursprungssituation moderner Pädagogik erinnern. Dort war doch der lernunwillige, fatalistisch seinem Schicksal ergebene, kollektiven Mächten vertrauende Mensch als das Erzübel für die Verbesserung der Welt bezeichnet worden; der lerneifrige Heranwachsende und Erwachsene dagegen, der seinen eigenen Kräften vertrauende und sich bildende Individualist, der unternehmerische Akteur war das positiv besetzte Gegenbild.

Exakt diese Differenz wurde aber bearbeitet: Heute ist der lernunwillige Mensch nicht nur gesellschaftlich weitgehend geschwunden, er ist auch öffentlich geächtet. Der *homo paedagogicus* dagegen ist zum Normalbürger geworden, lernbereit und bildungsbeflissen, in der Zuschreibung und bei der Ursachenerklärung von Erfolg und Mißerfolg, sogar für sein eigenes Leben, individualitätszentriert, immer auf dem Sprung, sich bietende Chancen der Weiterbildung zu ergreifen, zumindest aber trainiert, das Ausweichen vor solchen Angeboten in Begriffen der Lernbiographie selbst zu rationalisieren oder, nicht selten, Selbstelimination aus Bildungsprozessen als Indikator für den Status des Gebildeten zu feiern, der sich wieder den zweckfreien Dingen widmen könne.

Heute nimmt die heranwachsende Generation ihre eigene Biographie und ihre

Möglichkeiten in der Welt offenkundig so wahr, wie Pädagogen und Bildungseinrichtungen immer schon Lebensläufe beschrieben haben und formen wollten, nämlich als kontinuierlichen, nach pädagogischer Starthilfe auf sich selbst gestützten, eigendeterminierten Lernprozeß, der in öffentlichen Schulen beginnt und in der lebenslangen Weiterbildung andauert (Meulemann 1988). Diese Art des Verhaltens zur Welt, 'Lernen', ist damit eine der selbstverständlichsten Formen geworden, mit denen wir je individuell unser Leben organisieren (Pollak 1991), eine unbestrittene Normalität [...], inzwischen so sehr Teil des Alltags, daß die pädagogische Profession ihre eigene exklusive Rolle bedroht sieht.

Kann man als Pädagoge eigentlich mehr erwarten, als daß sich das Muster der Ordnung der Welt kollektiv durchsetzt, das man selbst erfunden hat? Sollten die Pädagogen nicht erhobenen Hauptes durch das Land gehen? Mein zweites Ergebnis heißt deshalb auch: In der Kontinuität der Klage wird nicht nur der Erfolg von Profession, System und Disziplin, sondern auch die ungeheure Wirkung, die Durchschlagskraft des pädagogisch erwünschten Musters der Lebensführung verkannt oder ignoriert – die Pädagogik bezweifelt, m.a.W., ihren Erfolg angesichts der inzwischen unbestreitbar generellen Geltung zentraler Prämissen ihrer eigenen Praxis.

III.

Aber, und ich komme zu meinen abschließenden Erwägungen, vielleicht will sich die Pädagogik mit diesem Ergebnis gar nicht schmücken? Vielleicht liegt hier, in der Distanz gegenüber der Lernrealität und im Erschrecken angesichts umfassender Pädagogisierung, die wahre Wurzel der pädagogischen Klagen und Differenzbehauptungen? [...] Darf man deshalb vom Sieg noch sprechen, wenn der Verbreitung von Lernwilligkeit zum Trotz die Menschen sich nicht gebessert haben und die Gesellschaft wenig Anzeichen für die Höherbildung zeigt?

Die hier angedeuteten Schwierigkeiten der Pädagogik mit den Konsequenzen ihrer eigenen Funktionsprämissen werden explizit bewußt, wenn man den homo paedagogicus im Kontext der Debatte über die unaufhaltsame 'Pädagogisierung' stellt; dann kann man sogar den Charakter von 'Siegen' diskutieren, nicht nur, weil Pyrrhus uns allen bekannt ist.

[...] Die Wirkung der Pädagogik ist dann zwar immer noch unbestreitbar, ihre allmähliche und unaufhaltsame, in der Gegenwart sogar beschleunigte Sorge für sich selbst und für die Durchdringung der Welt mit den ihr eigenen Mechanismen des Lernens und der Lernbereitschaft.

Der Einspruch der Pädagogen gegen diesen Sieg ist dann aber ebenfalls nicht grundlos; denn Pädagogen vermissen etwas am Prozeß der Pädagogisierung, z.B. „'Allgemeinbildung' im pädagogisch-emphatischen Sinne"; und deshalb werten sie den Prozeß ab. [...]

Hier, in solchen Diagnosen, scheint mir der *systematische und unvermeidliche Grund der pädagogischen Klage* über die pädagogisierte Welt zu liegen, in der Tatsache, daß die Ausbreitung des Lernens 'Bildung' nicht befördert hat, so daß die je partikulare, individuelle Rationalität und die Vernünftigkeit der Gattung nicht mehr aneinander gebunden sind. Das ist, analog zu Georg Simmel gedacht, ein weiteres Exempel für die „Tragödie der Kultur" (Simmel 1911). Die Klage der Pädagogen über die Tragödie der pädagogischen Kultur hat anscheinend ebenfalls in einem Funktionsprinzip der Moderne ihre Ursache, und sie gewinnt aus seinem fortdauernden Anspruch die ihr eigene Kontinuität: Gegen alle Erfahrung mit dem Erziehungssystem suchen die Pädagogen im Bildungsbegriff nämlich die Entzweiung der modernen Welt wieder aufzuheben, subjektive und kollektive Vernunft zu versöhnen, nichts anderes also zu tun, als die Moderne selbst pädagogisch zu überwinden – und die Kritik des Verhaltens ihrer Adressaten ist dazu der erste Schritt.

An dieser Stelle liegt mir freilich die Kritik der Pädagogik näher als eine Bekräftigung ihrer Ansprüche. Die Unzufriedenheit mit der 'Pädagogisierung' als modernem Muster der Lösung gesellschaftlicher Probleme, wie gerade Pädagogen sie vortragen, ist vielleicht verständlich, aber selbst nicht kritikimmun: Normativ müßte der Pädagoge seinen Adressatentadel mit der gewagten Annahme begründen, daß nur seine Konstruktion der Welt legitim sei – aber wer will das glauben? Gesellschaftstheoretisch wird ignoriert, daß ein jeder, der auf Pädagogisierung setzt (und auf Politisierung ebenso verzichtet wie er – wenigstens partikular – Verrechtlichung stillstellt), auch nicht mehr erwarten kann, als die Funktionsmechanismen der Pädagogik und das, was sie nach aller historischen Erfahrung zu leisten vermögen: Die Beeinflussung von Dispositionen, nicht die Kontrolle des Handelns, die Formierung von Prämissen für Aktionen, nicht die Aktion, die Pädagogisierung der Welt, nicht die Moralisierung. Erziehung verleiht, mit anderen Worten, keinen Durchgriff auf die Welt, sondern allenfalls auf Menschen – und es ist eher tröstlich, daß sie dabei in ihrem Anspruch offenkundig immer neu begrenzt wird. Schließlich scheint es fast so, als gehöre es zu den nicht erwarteten Überraschungen der Pädagogen selbst, daß sie den Lernenden tatsächlich zur Selbstbestimmung befähigen, wenn auch nur zur Selbstbestimmung über sein Lernen, daß sie insoweit aber den homo paedagogicus erfolgreich konstruiert haben.

Zu den wiederkehrenden und zugleich wohl unvermeidlichen Enttäuschungen der Profession würde ich es dann rechnen, daß sich die Welt ansonsten, jenseits des Lernens, nicht nach dem Bilde der Pädagogen richten will oder mit deren Mechanismen gestalten läßt. Aber muß man, angesichts derart überspannter Erwartungen und im Blick auf die Geschichte der Pädagogik und die wenigen Versuche mit „Erziehungsstaaten", auch nicht eher froh sein, daß die Pädagogen die Welt nicht weiter als bis zu Schule, Unterricht und sozialer Arbeit bestimmen können?

T
14

Wolfgang Klafki: Zweite Studie: Kategoriale Bildung. Zur bildungstheoretischen Deutung der modernen Didaktik (1959),

in: ders.: Studien zur Bildungstheorie und Didaktik, Weinheim/Basel: Beltz Verlag 1975, S. 43–45 (Auszug).

Bildung nennen wir jenes Phänomen, an dem wir – im eigenen Erleben oder im Verstehen anderer Menschen – unmittelbar der Einheit eines objektiven (materialen) und eines subjektiven (formalen) Moments innewerden. Der Versuch, die *erlebte* Einheit der Bildung sprachlich auszudrücken, kann nur mit Hilfe dialektisch verschränkter Formulierungen gelingen: Bildung ist Erschlossensein einer dinglichen und geistigen Wirklichkeit für einen Menschen – das ist der objektive oder materiale Aspekt; aber das heißt zugleich: Erschlossensein dieses Menschen für diese seine Wirklichkeit – das ist der subjektive oder formale Aspekt zugleich im „funktionalen" wie im „methodischen" Sinne.

Entsprechendes gilt für Bildung als Vorgang: Bildung ist der Inbegriff von Vorgängen, in denen sich die Inhalte einer dinglichen und geistigen Wirklichkeit „erschließen", und dieser Vorgang ist – von der anderen Seite her gesehen – nichts anderes als das Sich-Erschließen bzw. Erschlossenwerden eines Menschen für jene Inhalte und ihren Zusammenhang als Wirklichkeit.

Diese doppelseitige Erschließung geschieht als Sichtbarwerden von allgemeinen, kategorial erhellenden Inhalten auf der objektiven Seite und als Aufgehen allgemeiner Einsichten, Erlebnisse, Erfahrungen auf der Seite des Subjekts. Anders formuliert: Das Sichtbarwerden von „allgemeinen Inhalten", von kategorialen Prinzipien im paradigmatischen „Stoff", also auf der Seite der „Wirklichkeit", ist nichts anderes als das Gewinnen von „Kategorien" auf der Seite des Subjekts. Jeder erkannte oder erlebte Sachverhalt auf der objektiven Seite löst im Zögling nicht eine subjektive, „formale" Kraft aus oder ist Übungsmaterial solcher subjektiven Kräfte oder formal verstandener Methoden, sondern er *ist* – in einem übertragenen Sinne – selbst Kraft, insofern – und *nur* insofern – er ein Stück Wirklichkeit erschließt und zugänglich macht.

Im soeben Gesagten klang bereits eine Bestimmung an, die uns geeignet erscheint, diese neue Bildungsauffassung formelhaft zu bezeichnen: der Begriff des Kategorialen. Löst man sich einerseits von den überkommenen, sehr unterschiedlichen philosophischen Sinngebungen dieses Begriffes – Sinngebungen, die hier nicht zur Debatte stehen – und versteht man andererseits das Adjektiv „kategorial" im folgenden nicht als Angabe einer differentia specifika, sondern als Hindeutung auf den Wesenskern der Bildung, so darf man in einem eigenständig pädagogischen Sinne sagen: Bildung ist *kategoriale Bildung* in dem Doppelsinn, daß sich dem Menschen eine Wirklichkeit „kategorial" erschlossen hat und daß eben damit er selbst – dank der selbstvollzogenen „kategorialen" Einsichten, Erfahrungen, Erlebnisse – für diese Wirklichkeit erschlossen worden ist. [...]

Nur zwei grundsätzliche Folgerungen für die Frage der Auswahl der Bildungsinhalte und für die theoretische Didaktik können noch gezogen werden:

Erstens: Einzig und allein jene Inhalte, die den im Begriff der kategorialen Bildung geeinten Kriterien entsprechen, dürfen im Raum der Bildung einen zentralen Platz beanspruchen. Alles, was nicht repräsentativ für grundlegende Sachverhalte und Probleme ist, sondern nur Einzelwissen oder Einzelkönnen, das nicht kategorial erschließend zu wirken vermag; alles, was nur „auf Vorrat", auf eine Zukunft hin Bedeutung hat, die der junge Mensch nicht bereits in seiner Gegenwart als *seine* Zukunft zu erfahren vermag; alles, was nur tradierte Vergangenheit ist, ohne daß es dem Schüler im Bildungsvorgang selbst als *seine* Vergangenheit transparent würde; alles, was für den Schüler nicht auf *seine* Wirklichkeit bezogen ist, also nicht in den Horizont seiner lebendigen Fragen und Aufgaben hineingeführt werden und deshalb auch nicht Kategorie des eigenen geistigen Lebens werden kann; alles endlich, was dem Schüler nicht wenigstens der Möglichkeit nach den Durchstoß zum Fundamentalen, zu den tragenden Kräften der Grundbereiche unseres geistigen Lebens erlaubt – alles das sollte in unserem Bildungswesen keinen Ort – jedenfalls keinen zentralen Ort – mehr haben. Das bedeutet die Forderung nach radikalen stofflichen Kürzungen der hergebrachten Bildungspläne und nach einem Neudurchdenken der pädagogischen Methoden im Dienste einer Vertiefung, die die unabdingbare Voraussetzung echter Bildung ist. [...]

Zweitens: Der Didaktik erwächst aus den vorangegangenen Erwägungen die Aufgabe einer eigenständig pädagogischen Struktur- und Kategorialforschung, die von der geschichtlich gegebenen Bildungswirklichkeit und von den angesichts dieser Wirklichkeit erwachsenden Bildungsaufgaben auszugehen hätte. Ihre Aufgabe wäre es, die Kategorien und Strukturen jener geistigen Grundrichtungen zu ermitteln, in denen dem jungen Menschen heute sein Leben als verpflichtende Aufgabe oder als freie geistige Möglichkeit gegeben ist. Eine solche Struktur- und Kategorialforschung hätte also das Bezugssystem zu entwickeln, angesichts dessen die Auswahl des Elementaren, Exemplarischen, Typischen ... getroffen werden kann.

T
15

Wolfgang Klafki: Fünfte Studie: Didaktische Analyse als Kern der Unterrichtsvorbereitung (1958),
in: ders.: Studien zur Bildungstheorie und Didaktik, Weinheim/Basel: Beltz Verlag 1975, S. 135–142 (Auszug).

Die fünf Grundfragen, die wir jeweils weiter in Teilfragen gliedern werden, stehen im Verhältnis wechselseitiger Abhängigkeit voneinander, so daß die im folgenden eingehaltene Reihenfolge für die praktische Durchführung didaktischer Analysen nicht zwingend verbindlich ist. In jeder Frage schwingen unausgesprochen die anderen immer zugleich mit, und die Antwort auf jede einzelne Frage wird erst im Lichte aller weiteren Antworten voll verständlich.

Wonach also sollte der Lehrer in der grundlegenden Phase seiner Unterrichtsvorbereitung, der didaktischen Analyse, angesichts des konkreten, vom Lehrplan vorgeschlagenen oder vom einzelnen Lehrer geplanten Themas fragen?

I. Welchen größeren bzw. welchen allgemeinen Sinn- oder Sachzusammenhang vertritt und erschließt dieser Inhalt? Welches Urphänomen oder Grundprinzip, welches Gesetz, Kriterium, Problem, welche Methode, Technik oder Haltung läßt sich in der Auseinandersetzung mit ihm „exemplarisch" erfassen? [...]
Dabei hängt die „exemplarische" Sinngebung weitgehend von der Zielsetzung des Lehrers ab. Der gleiche Inhalt kann in manchen Fällen exemplarisch, repräsentativ usf. für verschiedene allgemeine Sachverhalte sein. [...]
II. Welche Bedeutung hat der betreffende Inhalt bzw. die an diesem Thema zu gewinnende Erfahrung, Erkenntnis, Fähigkeit oder Fertigkeit bereits im geistigen Leben der Kinder meiner Klasse, welche Bedeutung sollte er – vom pädagogischen Gesichtspunkt aus gesehen – darin haben?
[...] Zunächst und zentral geht es um die Frage, ob der betr. Inhalt bzw. der in ihm zu erschließende Gehalt ein Moment in der jeweils gegenwärtigen Bildung des jungen Menschen, d.h. in seinem Leben, in seinem Welt- und Selbstverständnis, seinem Könnensbereich sein kann und sein sollte. [...]

III. Worin liegt die Bedeutung des Themas für die Zukunft der Kinder?
[...] Ist dieser Inhalt ein echtes Element einer (im guten Sinne verstandenen) Allgemeinbildung (einer grundlegenden Bildung), oder stellt er einen verfrühten Vorgriff auf irgendeine Spezialbildung – etwa einer Berufslehre – dar? (Im letzten Falle müßte man auf ihn verzichten.) [...]

IV. Welches ist die Struktur des (durch die Fragen I, II und III in die spezifisch pädagogische Sicht gerückten) Inhaltes?
[...] Unabhängig von der durch jene Fragen [die ersten drei der didaktischen Analyse] geschaffenen Perspektive wird die Strukturfrage zur vorpädagogischen „Sachanalyse", d.h. man fragt theoretisch-wissenschaftlich – jedenfalls der Intention nach – und erhält darauf wissenschaftlich gemeinte Antworten. [...]

V. Welches sind die besonderen Fälle, Phänomene, Situationen, Versuche, Personen, Ereignisse, Formelemente, in oder an denen die Struktur des jeweiligen Inhaltes den Kindern dieser Bildungsstufe, dieser Klasse interessant, fragwürdig, zugänglich, begreiflich, „anschaulich" werden kann?
1. [...] welche „Anschauungen" sind geeignet, die auf das Wesen des jeweiligen Inhalts, auf seine Struktur gerichtete Fragestellung in den Kindern zu erwecken [...]
2. Welche Anschauungen, Hinweise, Situationen, Beobachtungen, Erzählungen, Versuche, Modelle usw. sind geeignet, den Kindern dazu zu verhelfen, möglichst selbständig die auf das Wesentliche der Sache, des Problems gerichtete Fragestellung zu beantworten? [...]
3. Welche Situationen und Aufgaben sind geeignet, das am exemplarischen Beispiel, am elementaren „Fall" erfaßte Prinzip einer Sache, die Struktur eines Inhaltes

fruchtbar werden, in der Anwendung sich bewähren und damit üben (– immanent wiederholen –) zu lassen? [...]

II

Erst von der didaktischen Analyse eines geplanten Unterrichtsthemas aus kann der zweite Schritt der Vorbereitung vollzogen werden, die methodische Vorbereitung. Sie befaßt sich mit dem „Wie" des Unterrichts, genauer gesagt: mit der Frage, auf welchen Wegen die jeweiligen Kinder und der durch die didaktische Analyse in seiner pädagogischen Bedeutung und Struktur ermittelte Bildungsinhalt zu einer fruchtbaren Begegnung geführt werden können. Schon diese Formulierung des methodischen Problems bringt die Abhängigkeit aller methodischen Planungen von didaktischen Überlegungen deutlich zum Ausdruck. [...]

Die Eigenart des zweiten Vorbereitungsschrittes, der methodischen Planung, kann hier nicht mehr ausführlich erörtert werden. Diese Vorbereitungsphase muß sich unseres Erachtens vor allem auf foldende vier Fragenkreise konzentrieren:

1. Die Gliederung des Unterrichts in Abschnitte oder Phasen oder Stufen.
2. Die Wahl der Unterrichts-, Arbeits-, Spiel-, Übungs-, Wiederholungsformen.
3. Der Einsatz von Hilfsmitteln (Lehr- bzw. Arbeitsmittel).
4. Die Sicherung der organisatorischen Voraussetzungen des Unterrichts. [...]

T 16

Wolfgang Klafki: Dritte Studie: Grundlinien kritisch-konstruktiver Didaktik,

in: ders.: Neue Studien zur Bildungstheorie und Didaktik. Zeitgemäße Allgemeinbildung und kritisch-konstruktive Didaktik, 4., durchges. Aufl. Weinheim/Basel: Beltz Verlag 1994, S. 94–98 (Auszug).

IV. Bildungstheoretische Voraussetzungen kritisch-konstruktiver Didaktik

Auch die kritisch-konstruktive Didaktik fußt, wie meine frühere didaktische Konzeption, auf einem bildungstheoretischen Fundament, sie orientiert sich an einer offenen, entwicklungsfähigen Bildungstheorie. Sie ist also *bildungstheoretische Didaktik.*

Aus einem systematischen und einem historischen Grund halte ich die bildungstheoretische Fundierung der kritisch-konstruktiven Didaktik für notwendig und für möglich. [...]

Systematisch gesehen ist eine zentrale, orientierende Kategorie, wie sie der Bildungsbegriff darstellt, notwendig, wenn die praktisch-pädagogischen Bemühungen und die sie aufklärenden und begründenden theoretischen Untersuchungen und Reflexionen nicht in ein beziehungsloses Nebeneinander mannigfacher Einzelaktivitäten auseinanderfallen sollen. Die Notwendigkeit einer übergreifenden pädagogischen Zielkategorie bzw. eines Kategoriengefüges erweist sich auch daran, daß in manchen neueren pädagogischen bzw. didaktischen Konzepten zwar auf den Bildungsbegriff verzichtet wird, aber nicht im Sinne einer gleichsam „ersatzlosen" Streichung, sondern so, daß an seine Stelle, aber in analoger Funktion, andere Zentralbegriffe treten. Kategorien wie „Emanzipation" oder „Selbst- und Mitbestimmungsfähigkeit", „autonome Handlungsfähigkeit" u.ä. – im Sinne allgemeinster Prinzipien für pädagogische Zielbestimmungen verwendet – sollen strukturell genau das gleiche leisten wie die Kategorie „Bildung": Sie bezeichnen zentrierende, übergeordnete Orientierungs- und Beurteilungsmaßstäbe für die Vielzahl pädagogischer bzw. didaktischer Einzelplanungen und -maßnahmen.

In *historischer* Perspektive läßt sich zeigen, daß jener aspektreiche Bildungsbegriff, wie er im Zeitraum zwischen etwa 1770 und 1830 als eine Zentralkategorie des pädagogischen Denkens im deutschen Sprachraum entwickelt worden ist (– bei Lessing, Kant, Herder, Goethe, Schiller, Pestalozzi, Schleiermacher, Herbart, Humboldt, Fichte, Hegel, Diesterweg, Fröberl u.a. –) ein durchaus kritisch-progressiver, nicht zuletzt – teils explizit, teils implizit – auch gesellschaftskritischer Begriff gewesen ist: Im Bildungsbegriff ist die Zentralidee der Aufklärung „aufgehoben", die Kant als den „Ausgang des Menschen aus selbstverschuldeter Unmündigkeit" bezeichnet hat, d.h. Anspruch und prinzipielle Möglichkeit *jedes* Menschen, zur Selbstbestimmungsfähigkeit zu gelangen, weiterhin die Auffassung vom Recht jedes Menschen auf pädagogisch zu unterstützende Entfaltung aller seiner Möglichkeiten (Pestalozzi und Humboldt: „Entwicklung aller Kräfte des Menschen"), überdies die Überzeugung, daß die Entfaltung der Vernunftfähigkeit in jedem Individuum zugleich die Möglichkeit eröffnet, daß die Menschen im vernunftgemäßen Miteinander-Sprechen und -Diskutieren und im reflexiven Verarbeiten ihrer Erfahrungen eine fortschreitende Humanisierung ihrer gemeinsamen Lebensbedingungen und eine fortschreitend vernünftigere Gestaltung ihrer gesellschaftlich-politischen Verhältnisse erreichen, unbegründete Herrschaft abbauen und ihre Freiheitsspielräume vergrößern können.

[...] [Unter historischer Perspektive verweist Klafki insbesondere auf] jene Neubesinnung auf die aufklärerische Substanz des klassischen Bildungsbegriffs, wie sie in den letzten zwei Jahrzehnten etwa bei Heinz-Joachim Heydorn, Herwig Blankertz, Karl-Ernst Nipkow, Jürgen-Eckhardt Pleines u.a. geleistet worden ist. – Es sind jene ursprünglichen und diese zeitgenössischen Auslegungen des Bildungsbegriffs, an die die bildungstheoretische Grundlegung der kritisch-konstruktiven Didaktik anknüpft.

Im Zusammenhang mit der (prinzipiell nie abschließbaren) Auslegung des Gefüges von generellen Zielaspekten des Bildungsbegriffs umfaßt die bildungstheoretische Grundlegung der kritisch-konstruktiven Didaktik insbesondere zwei Dimensionen: Die im Bildungsbegriff enthaltene Auffassung von der dynamischen Beziehung des (sich entwickelnden) Menschen zur historischen Wirklichkeit lege ich nach wie vor im Sinne der „Theorie der kategorialen Bildung" aus, d.h. als ein nach vorn hin stets offenzuhaltendes Vermittlungsverhältnis zwischen „Subjekt" und „Objekt", einen aktiven Aneignungsvorgang, in dem sich geschichtliche Wirklichkeit für den sich bildenden Menschen „aufschließt", zugänglich, verstehbar, kritisierbar, veränderbar wird, und in dem gleichzeitig das Subjekt sich für geschichtliche Wirklichkeit „aufschließt", also Verständnis-, Handlungs-, Verantwortungsmöglichkeiten in sich entfaltet [...]

Damit ist bereits die zweite Dimension angesprochen: Eine der zentralen Bestimmungen des Bildungsbegriffs der deutschen Klassik und gegenwärtiger, dort anknüpfender Bemühungen um ein humanes und demokratisches Bildungskonzept besteht darin, daß Bildung als *„Allgemeinbildung"* ausgelegt wird. Darin sind zunächst drei Bedeutungsmomente enthalten:

– *„Allgemein"* besagt zum einen, daß Bildung eine Möglichkeit und ein Anspruch aller Menschen der betreffenden Gesellschaft bzw. des betreffenden Kulturkreises, ja letztlich der Menschheit im ganzen ist.

– *„Allgemein"* zielt weiterhin auf das Insgesamt der menschlichen Möglichkeiten, sofern sie mit der Selbstbestimmung und der analogen Entwicklung aller anderen Menschen vereinbar sind [...]

– Die Bestimmung *„allgemein"* im Begriff der Allgemeinbildung meint schließlich, daß Bildung sich zentral *im Medium des Allgemeinen* vollzieht, d.h. in der Aneignung *von* und in der Auseinandersetzung *mit* dem die Menschen gemeinsam Angehenden, mit ihren gemeinsamen Aufgaben und Problemen, den in der Geschichte entwickelten Denkergebnissen und Lösungsversuchen, den Erfahrungen des Menschen als Individuums und als gesellschaftlichen Wesens, aber auch den sich abzeichnenden zukünftigen Entwicklungen, Gefahren und Möglichkeiten und mit alternativen, ggf. kontroversen Antwortversuchen auf solche Schlüsselprobleme der Gegenwart und der Zukunft. Aneignung des und Auseinandersetzung mit dem Allgemeinen in diesem Sinne – das ist eine Präzisierung des kategorialen Bildungsverständnisses – geschieht nicht, um die Aufwachsenden auf die bisherige Geschichte festzulegen, sondern um sie zum Begreifen und zur Gestaltung ihrer historischen Gegenwart und ihrer Zukunft in Selbstbestimmung freizusetzen.

Bildung muß in diesem Sinne zentral als Selbstbestimmungs- und Mitbestimmungsfähigkeit des einzelnen und als Solidaritätsfähigkeit verstanden werden:
– als Fähigkeit zur Selbstbestimmung über die je eigenen, persönlichen Lebensbeziehungen und Sinndeutungen zwischenmenschlicher, beruflicher, religiöser Art;
– als Mitbestimmungsfähigkeit, insofern *jeder* Anspruch, Möglichkeit und Verantwortung für die Gestaltung unserer gemeinsamen gesellschaftlichen und politischen Verhältnisse hat;
– als Solidaritätsfähigkeit, insofern der eigene Anspruch auf Selbst- und Mitbestimmung nur gerechtfertigt werden kann, wenn er nicht nur mit der Anerkennung, sondern mit dem Einsatz für diejenigen verbunden ist, denen eben solche Selbst- und Mitbestimmungsmöglichkeiten auf Grund gesellschaftlicher Verhältnisse, Unterprivilegierung, politischer Einschränkungen oder Unterdrückungen vorenthalten oder begrenzt werden.

T 17

Wolfgang Klafki: Achte Studie: Zur Unterrichtsplanung im Sinne kritisch-konstruktiver Didaktik,

in: ders.: Neue Studien zur Bildungstheorie und Didaktik. Zeitgemäße Allgemeinbildung und kritisch-konstruktive Didaktik, 4., durchges. Aufl. Weinheim/Basel: Beltz Verlag 1994, S. 273–284 (Auszug).

Die Frage nach der *Gegenwartsbedeutung* (1. Frage) [...] muß nun etwas präziser als Frage nach den von *Kindern und Jugendlichen erfahrenen und praktizierten Sinnbeziehungen und Bedeutungssetzungen in ihrer Alltagswelt* bestimmt werden. Darin drückt sich – gegenüber der gesellschaftstheoretisch nur wenig reflektierten Auslegung dieser Frage in der alten Didaktischen Analyse – die Erkenntnis aus, daß dieses gegenwärtige Alltagsleben [...] immer durch bestimmte Sozialisationsbedingungen unserer Gesellschaft vermittelt ist. [...]

Entsprechendes gilt für die mögliche, *vermutete Zukunftsbedeutung* (2. Frage). [...]

Die Frage nach der gegenwärtigen und der vermutlichen zukünftigen Bedeutung potentieller Ziel-Themen-Zusammenhänge für die Schüler muß, sofern Unterricht als Interaktionsprozeß verstanden wird, zugleich als Frage an den planenden Lehrer oder die Lehrergruppe verstanden werden [...]

Ich wende mich der *dritten Grundfrage* im ersten Komplex zu, der Frage nach der *exemplarischen Bedeutung.* [...] Am potentiellen Thema müssen sich allgemeinere Zusammenhänge, Beziehungen, Gesetzmäßigkeiten, Strukturen, Widersprüche, Handlungsmöglichkeiten erarbeiten lassen. Sprachlich läßt sich die jeweilige Intention bzw. lassen sich die Intentionen als *Lernziele* [...] formulieren [...]

Die erste Ebene [der Lernzielebenen] ist die des allgemeinsten oder einiger allgemeinster Lernziele. Wo diese Frage in der pädagogischen Diskussion, insbesondere in der Curriculumsdiskussion heute angesprochen wird, stößt man häufig auf den Begriff der „Emanzipation". Er ist allerdings zunächst ein negativer Begriff, da er nur auf die Freisetzung *von* etwas, von Zwängen, von nicht legitimierbaren Herrschaftsverhältnissen usw. hinweist, aber nicht positiv andeutet, *wofür*, im Hinblick *worauf* denn eine solche Freisetzung erfolgen soll. Das positive Pendant zum negativ abgrenzenden Emanzipationsbegriff kann meines Erachtens mit der Doppelformel „Selbstbestimmungs- und Solidaritätsfähigkeit" (deren eines Moment Mitbestimmungsfähigkeit ist) bezeichnet werden. Diese Formel wiederum kann als eine gesellschaftlich reflektierte Fortentwicklung des traditionelleren Begriffs der *„Mündigkeit"* als Erziehungsziel verstanden werden. Jedoch meine ich, daß mit der Formel „Selbstbestimmungs- und Solidaritätsfähigkeit" durchaus nicht nur ein anderes Etikett für „Mündigkeit" gesetzt wird, sondern daß darin ein Hinweis darauf zu sehen ist, worum es heute in der Erziehung und der Erziehungstheorie gehen müßte: nämlich um eine Klärung der Beziehungen zwischen der Selbstbestimmung des einzelnen einerseits und der kritischen Aktivität in größeren gesellschaftlich-politischen Zusammenhängen, die im Begriff der Solidaritätsfähigkeit (einschließlich der Mitbestimmungsfähigkeit) zum Ausdruck gebracht wird, andererseits.

Eine *zweite Ebene* wird erkennbar, sobald man fragt, ob die generellen Begriffe „Selbstbestimmung" und „Solidarität" sich sozusagen „oberhalb" einer Konkretisierung in bestimmten Inhalts- und Fachbereichen durch eine Reihe weiterer Qualifikationen bestimmen lassen, also durch Qualifikationen, die noch nicht direkt auf einzelne Sachbereiche bezogen formuliert werden. Hier wären Begriffe wie „Kritik- und Urteilsfähigkeit", „Kommunikationsfähigkeit", „Fähigkeit, einen eigenen Standpunkt vertreten, aber auch, ihn auf Grund besserer Einsicht korrigieren zu können", usw. einzuordnen.

Auf einer *dritten Ebene* sind bereichsspezifische Konkretisierungen dessen, was auf der ersten und zweiten Lernzielebene formuliert wurde, anzusiedeln. [...]

Auf einer *vierten Ebene* geht es schließlich um Lernzielbestimmungen im Bereich einzelner Fächer bzw. fächerübergreifender Beziehungen, und zwar in Orientierung an den Zielsetzungen auf den „darüber" liegenden Problemebenen. [...]

Der *zweite Hauptkomplex* umfaßt die *vierte* und *fünfte Frage*: Hier geht es um die *Strukturierung der Thematik*, die *Klärung notwendiger und möglicher Teillernziele* und um die *Formen der Erweisbarkeit und Überprüfbarkeit* des im Lernprozeß Angeeigneten. [...]

Die *sechste Grundfrage* richtet sich auf das *Problem der Zugänglichkeit bzw. der Darstellbarkeit (im weitesten Sinn des Wortes)* der Thematik bzw. einzelner ihrer Momente und Teilzusammenhänge. [...]

Die sechste Grundfrage schließt auch eine Besinnung auf die *institutionellen Bedingungen des Unterrichts* ein, einschließlich der Frage, wieweit gegebene Bedingungen zum Zwecke der Durchführung des geplanten Unterrichts verändert werden können. [...]

Die sechste Grundfrage ist das Verbindungsglied zur *siebenten Grundfrage*. Sie war in der alten Fassung der Didaktischen Analyse aufgrund der Eingrenzung auf den Zusammenhang von Zielsetzungen und thematischer Strukturierung nicht enthalten.

Diese siebente Frage, die sich bei detaillierter Bearbeitung wiederum als ein Fragenkomplex erweisen würde, richtet sich darauf, wie die durch die vorangehenden Fragen ermittelten Momente in eine *sukzessive Abfolge eines Lehr-Lern-Prozesses* bzw. *in alternative Möglichkeiten solcher Abfolgen* übersetzt werden können. Die Frage richtet sich also auf die *methodische Strukturierung* bzw. die *Strukturierung des Lehr-Lern-Prozesses*. Gleichzeitig wird damit immer nach *Interaktionsformen*, in denen sich die Abfolge des Lehr-Lern-Prozesses vollziehen kann, gefragt. Das bedeutet: Methoden des Lehrens und Lernens müssen hier nicht nur als der jeweiligen Thematik dienende Lernformen und Lehrhilfen, sondern auch in ihrer Funktion als Anreger und Vermittler (oder auch als Begrenzungen) sozialer Lernprozesse durchdacht und für den gezielten Einsatz im Unterricht vorgesehen werden.

[...] Sie [eine wichtige Teilfrage] besteht darin, Grundtypen von Lernprozessen – verstanden als aktive Aneignungs- und Auseinandersetzungsprozesse, die letztlich am Ziel orientiert sind, Selbstbestimmungs- und Solidaritätsfähigkeit zu entwickeln – herauszuarbeiten und diesen Grundtypen angemessene Lernhilfen (Hilfen seitens des Lehrers) zuzuordnen.

Ich hatte bereits eingangs angedeutet, daß mir die beiden wichtigsten, einander ergänzenden und sich vielfach verschränkenden Lernprozeß-Typen, die jenen Zielsetzungen entsprechen, diejenigen des entdeckenden Lernens [...] und des nachvollziehend-verstehenden Lernens [...] zu sein scheinen. Ich bin der Auffassung, daß in diesen Zusammenhang auch Momente der Theorie Galperins über den stufenweisen Aufbau geistiger Fähigkeiten integriert werden müssen [...].

T 18

Wolfgang Schulz: Unterricht – Analyse und Planung,

in: Paul Heimann/Gunter Otto/Wolfgang Schulz: Unterricht. Analyse und Planung, 10. Aufl. Hannover: Hermann Schroedel Verlag 1979, S.18–21 (Auszug).

2. Unterricht als Bildungshilfe

Erziehen im allgemeinen, Lehren und Unterricht bewirken langfristig wirksame Veränderungen in Menschen oder sollen sie zumindest bewirken. Die Vorgänge im beeinflußten Menschen, die diese Veränderungen ermöglichen, haben sich bisher weitgehend der direkten Beobachtung entzogen. Wenn diese Vorgänge hier mit Lernen bezeichnet werden, dann ist dies ein Ausdruck für die Klasse [...] unbekannter Größen – intervenierender Variabler – die die beobachtbaren Veränderungen von Menschen erklären, soweit sie nicht allein auf Reifungsprozesse zurückgehen [...]. Die beobachtbaren Ergebnisse des Lernens werden im folgenden Neuanpassung oder einfach Anpassung genannt. Da dieser Ausdruck hier die Ergebnisse aller denkbaren Lernprozesse bezeichnen soll [...], ist es verfehlt, ihn in diesem Zusammenhang mit dem abwertenden Beiklang der „bloßen" Anpassung [...] zu gebrauchen, etwa im Gegensatz zu „Widerstand" [...]. Je nach dem beobachtbaren Trend der Neuanpassung an Veränderungen im Umfeld oder Infeld eines Menschen kann man mindestens zwischen Assimilation (die Veränderung sich anpassen) und Akkommodation (sich der Veränderung anpassen) unterscheiden. Verhalten meint in diesem Zusammenhang die Gesamtheit der Anpassungsleistungen in bezug auf eine Situation.

Der pädagogische Wert des Unterrichts liegt ausschließlich in seinem Einfluß auf die Lernprozesse, in den Anpassungsleistungen, die er bei den Lernenden bewirkt. [...]

Es ist in Deutschland seit Wilhelm von Humboldt [...] weitgehend üblich, für die wünschenswerten Lernprozesse und deren Ergebnis, die von der jeweiligen Bezugsgruppe als menschenwürdig anerkannte Angepaßtheit, die Bezeichnung Bildung zu verwenden. Ob Bildung eher im Besitz bestimmter Informationen über bestimmte Sachgebiet bestehe (materiale B.) oder sich in einem bestimmten Verhalten gegenüber den jeweiligen Umständen zeige (formale B.), ist umstritten [...], ebenso wie die Frage, ob sie vorzugsweise durch Unterricht erworben werde [...] oder allein unter Mitwirkung aller kulturellen Formungsmächte verwirklicht werden kann [...]. Der Klassencharakter verbreiteter Weisen, den Bildungsbegriff zu gebrauchen (die gebildeten Stände; Volkstümliche Bildung) ist oft gerügt worden [...], die Forderung nach einer die Mitglieder der Gesellschaft verbindenden Allgemeinbildung [...] steht gegen die Forderung nach „produktiver Einseitigkeit" [...]. Allgemein ist den hier skizzierten Positionen lediglich, daß sie Bildung als Bezeichnung einer gesellschaftlich wünschenswerten Zuständlichkeit des zu Erziehenden, zu Belehrenden, zu Unterrichtenden auffassen: Als Interpretation der Aufgabe des Menschen sich selbst gegenüber in seiner sozial-kulturellen Situation. In diesem wertfreien und nicht allein auf eine bestimmte historische Lage bezogenen Sinne kann auch die Didaktik den Ausdruck *Bildung* verwenden: als Bezeichnung der Grundlage für die Anpassungsleistungen, die innerhalb einer Gesellschaft oder gesellschaftlichen Gruppe als optimale Anpassungsleistungen angesehen werden und deshalb auch Ziel ihrer Erziehungs- und Unterrichtsbemühungen bzw. funktionaler Wirkungen sind. [...] Nicht Bildung wird in den Unterrichtsanstalten geleistet, sondern der Versuch einer *Bildungshilfe*. Die schlichten Ausdrücke Unterricht, Lehrplan, Schule verschleiern das Verhältnis von Erziehung und Bildung weniger und lassen noch Raum für die Frage, ob denn überhaupt die gesellschaftlich notwendige Bildung der Lernenden angestrebt wird.

T 18

T 19

Wolfgang Schulz: Unterricht – Analyse und Planung,

in: Paul Heimann/Gunter Otto/Wolfgang Schulz: Unterricht. Analyse und Planung, 10. Aufl. Hannover: Hermann Schroedel Verlag 1979, S. 23–25 und 39–40 (Auszug).

1. Die Strukturanalyse

Wenn man das *Phänomen* [...] Unterricht betrachtet, wie es sich im schulischen Alltag, wie in historischen Dokumenten darbietet, im Stadium der Durchführung wie in dem der Planung, so wird man zunächst von traditionellen Anschauungen darüber, von Unterrichtstheorie, von eigener Sympathie oder Antipathie radikal absehen müssen, damit das Erkenntnisobjekt unverstellt in den Blick kommt. Wenn man von dem, was sich zeigt, auch das Zufällige noch abstrahiert, das nur zum jeweiligen Unterrichtsbeispiel, nicht aber notwendig zum Unterricht überhaupt gehört, dann tritt die *formale Struktur* hervor, als deren inhaltliche Variation sich konkreter Unterricht beschreiben läßt.

Mindestens *sechs Momente* konstituieren in ihrem Zusammenwirken Unterricht als absichtsvoll pädagogisches Geschehen: die pädagogischen *Intentionen* (Absichten), die *Themen* des Unterrichts (Inhalte, Gegenstände), mit denen die Absichten verfolgt werden, die *Methoden* (Verfahren), die zur Bewältigung von Intentionen und Themen dienen sollen, schließlich die *Medien* (Mittel) der Verständigung zwischen den am Unterricht Beteiligten über Absichten, Gegenstände und Verfahren sind Strukturmomente, über deren Auswahl der Unterrichtende oder dessen Vorgesetzte *entscheiden* müssen. Bei diesen Entscheidungen müssen sie *voraussetzen*, daß die am Unterricht beteiligten *Menschen* und daß die *Gesellschaft*, in der er stattfindet, in einer Weise gegeben oder aufgegeben sind, für die dieser Unterricht eine Bildungshilfe im schon definierten Sinne leistet.

Im folgenden werden die sechs Strukturmomente verallgemeinert als

	Intentionalität	
Anthropogene Voraussetzungen	Thematik	Sozial-kulturelle Voraussetzungen
	Methodik	
	Medienwahl	

bezeichnet. [...]

Bereits diese [...] vorläufig formulierte Ordnung von Unterrichtseindrücken [Schulz bezieht sich auf ein Unterrichtsbeispiel] erlaubt es, einige Vorteile der Strukturanalyse zu verdeutlichen.

- Mit Hilfe weniger Fragen erhält man ein wenn auch vorläufiges und grobes Gesamtbild des gegebenen Unterrichts.
- In der Akzentuierung und inhaltlichen Ausprägung der Strukturmomente zeigen sich Stilprofile und Stilbrüche.
- Diese Beschreibungsvorteile gelten für alle Ebenen didaktischer Reflexion; der Stil einer Unterrichtsstunde ist prinzipiell ebenso ermittelbar wie der eines Unterrichtenden überhaupt; der Stil der Planung vom Stundenentwurf bis zum amtlichen Lehrplan, der Stil der Durchführung in einem Fach, einem Schulzweig, in einem Lande: Wer auch immer Unterricht zu steuern hat, muß, so wird hier versuchsweise unterstellt, vier Gruppen von Entscheidungen beachten und sich dabei auf zwei Gruppen von Voraussetzungen beziehen.
- Dieses wertfreie Beschreibungsmodell erhebt keinen Anspruch auf alleinige Vertretung didaktischen Denkens, es hilft lediglich, Ordnung in Eindrücke zu bringen und Probleme zu exponieren, die dann mit anderen Methoden weiter verfolgt werden können [...].
- Es behandelt die Zielfragen (Intentionalität plus Thematik), anders als die Didaktik im engeren Sinne [...], zusammen mit den Wegfragen (Methodik und Medienwahl) und läßt das Angewiesensein der Ziele auf geeignete Mittel, umgekehrt die Ab-

hängigkeit der Wahl zweckmäßiger Verfahren von den jeweils gesteckten Zielen klar hervortreten.

- Die Gültigkeit der unterrichtlichen Entscheidungen wird durch deren anthropologische und kulturtheoretische Voraussetzungen bestimmt, und diese Voraussetzungen wieder werden von den Unterrichtsprozessen beeinflußt [...]: Der Unterricht wird nicht als selbstgenügsame pädagogische Provinz, sondern als soziales Geschehen in Wechselwirkung mit anderen Feldern behandelt.

Wie im folgenden gezeigt wird, ist die Strukturanalyse über ihr Grundschema hinaus mühelos differenzierbar. Man kann sich diese Entwicklung als Verfeinerung eines Rasters vorstellen, der über das Unterrichtsgeschehen gelegt wird, um eine möglichst präzise Deskription der inhaltlichen Variation formaler Konstanten zu ermöglichen. [...]

1. Normenkritik

[...] Wenn man bedenkt, daß der Erziehende und damit auch der Unterrichtende sein Gegenüber beeinflussen will, wird einem klar, daß die Pädagogik ohne Setzungen, die das Ziel der Einflußnahme bezeichnen, nicht auskommt. Normensetzung ist nicht das Ergebnis wissenschaftlichen Denkens, und doch braucht dieses die Normen nicht einfach hinzunehmen. Der Didaktiker wird die Unterrichtsnormen zunächst auf ihre semantische Eindeutigkeit als Handlungsanweisungen hin untersuchen, ihre Vereinbarkeit miteinander prüfen, die Begründungen prüfen oder wenigstens charakterisieren, die für die Setzung angegeben werden, nach der Herkunft der Setzungen und nach ihren möglichen Nutznießern fragen, die prüfbaren Folgen ermitteln, die die Setzungen in der Durchführung gehabt haben [...].

T 20

Wolfgang Schulz: Ein Hamburger Modell der Unterrichtsplanung. Seine Funktionen in der Alltagspraxis,

in: Bijan Adel-Amini/Rudolf Künzli (Hrsg.): Didaktische Modelle und Unterrichtsplanung, 3. Aufl. Weinheim/München: Juventa Verlag 1991, S. 52–77 (Auszug).

Das Modell des didaktischen Handlungsfeldes, das ich hier vorstelle, geht davon aus, daß pädagogische, hier unterrichtliche Interaktion zum einen eine *Verständigung zwischen prinzipiell handlungsfähigen Subjekten* ist, zwischen Personen, über ihre Befähigung zu eigenverantwortlicher Lebensführung, zum anderen ein immer wieder der Verständigung bedürfendes Training der Voraussetzungen dazu: [...]

– Die Beschäftigung mit Kenntnissen und Fertigkeiten, die zum Eingreifen in Natur und Gesellschaft befähigen, dient diesem Eingreifen nicht unmittelbar; sie dient vorrangig der Befähigung von Mitbürgern, nach eigener Verantwortung und in Rücksicht auf das gleiche Recht aller über Möglichkeiten der Situationsbewältigung zu verfügen.

– Nur im Einverständnis mit den am Unterricht Beteiligten über die Definition der Situation als Unterricht in diesem Sinne läßt sich eine Vermittlung von Kenntnissen, Fertigkeiten und Einstellungen zweifelsfrei als Befähigung zu eigenverantwortlicher Lebensführung erfahren.

[...] Die *komplementären Züge der unterrichtlichen Situation*, die sich aus dem Reifungs- und Informationsgefälle ergeben, sind von den Beteiligten nur temporär und partiell, bei Fortdauer ihrer Gleichheit in ihren Ansprüchen als Personen, unter der *Perspektive möglichst baldiger symmetrischer Interaktionen* zu akzeptieren. [...]

Ein Unterricht, der der Qualifizierung und Spezialisierung handlungsfähiger Subjekte dient, vollzieht sich in einer Interaktion, die ein dynamisches Gleichgewicht zwischen drei Aufgaben zu halten versuchen muß:

– Die unterrichtliche Interaktion verfolgt Absichten, die in der Behandlung von Themen liegen, für deren Bearbeitung sich die Teilnehmer qualifizieren wollen und/oder sollen. [...]

– Sie verfolgt Absichten, die die sozialen Beziehungen zwischen den Mitgliedern der Lehr-Lern-Gruppe betreffen; diese Beziehungen sollen die gemeinsame Bearbeitung des Themas und die Entfaltung der beteiligten Personen fördern.

– Die unterrichtliche Interaktion verfolgt Absichten der Ich-Entfaltung in thematischen und sozialen Bezügen. [...]

Viele Entscheidungen, die bisher zentral gefällt wurden, sind auf die Lehrer, Schüler und Eltern der einzelnen Schulen zu verlagern; vor allem sind Zeit und Raum für die Selbstorganisation der Lehr-Lern-Gruppe bereitzustellen. Die vielberedete Offenheit, nicht nur der Curricula [...], findet in der Notwendigkeit der Verständigung potentiell handlungsfähiger Subjekte in der Lehr-Lern-Gruppe ihre systematische Rechtfertigung.

Die Legalität dieses Modells ist damit an eine gesellschaftliche Ordnung gebunden, deren Selbstverständnis den in der Schule Arbeitenden nicht nur Freiräume beläßt, sondern Lehren und Lernen um der Selbstbestimmung der Beteiligten willen zur Sache des Schulträgers macht. [...]

Die Nutzung der komplementären Züge des Unterrichts zur Hilfe für Selbstbestimmung in Sach- und Sozialbeziehungen ist deren einzig möglich erscheinende Rechtfertigung, wenn man Unterricht auf der Grundlage der Freiheitsfähigkeit der Menschen und einer sich entsprechend relativierenden Gesellschaftsordnung antizipiert. [...]

Nicht nur der institutionell vorgegebene Planungsrahmen, sondern auch die oft eher system- als situationsorientierten Ansprüche einzelwissenschaftlicher Welterklärung werden auf ihren Bezug zur Situation der Lehr-Lern-Gruppe hin befragt und von ihrer Legitimierbarkeit durch das Verfahren des Diskurses in der Gruppe abhängig gemacht, soweit der Handlungsspielraum der Lehr-Lern-Gruppe dies gestattet. [...]

Meiner Meinung nach sollen die Lehrer in diesen Diskussionsprozessen nicht auf die Darstellung und Begründung ihrer professionellen Interpretation der gesellschaftlichen Aufgabe verzichten und auch nicht darauf, ihren Informationsvorsprung einzubringen und ihre eigenen Fähigkeiten und Grenzen als Lehrer darzulegen, damit sie berücksichtigt werden können. […]

In den Intentionen eines Modells zum Lehren der Freiheit kann es nicht liegen, nur *Kompetenz* anzustreben, im Sinne des Inbegriffs aller Kenntnisse, Fähigkeiten und Fertigkeiten, die zur individuellen wie gesellschaftlichen Reproduktion erforderlich sind. Wichtig ist Kompetenz, insofern sie *Autonomie* ermöglicht, Selbstbestimmung nicht für sich auf Kosten anderer, sondern in *Solidarität*. […] In der wechselseitigen Ermöglichung und Einschränkung dieser Intentionen realisiert sich die Balance zwischen Sachbezug, Personenbezug und Gruppenbezug […] im Aspekt Intentionalität.

Unter solchen Intentionen werden nicht nur *Sacherfahrungen* thematisiert, sondern ebenso *Sozialerfahrungen* und *Gefühlserfahrungen*. Nur dann kommt die Gesamtheit der Erfahrungen einer allseitigen Entfaltung der Person zugute.

[…] die von professionellen Erziehern vorgestellte, den einzelnen Teilnehmern akzeptierbare, letztlich von der Lehr-Lern-Gruppe erarbeitete Auswahl, Anordnung, Gewichtung, Akzentuierung von Unterrichtseinheiten, sollte abschließend möglichst selten durch Mehrheitsentscheidungen, sondern möglichst häufig durch Ausdiskutieren ermittelt werden, um ein höheres Ausmaß von Berücksichtigung aller zu gewährleisten. […]

Der Anspruch auf Hervorbringung, Entfaltung, Wiederherstellung in dieser Gesellschaft handlungsfähiger Subjekte als letztes Ziel didaktischen Handelns in diesem Feld wird nur über entsprechende Mittel und Wege erreicht. Deshalb: So sehr es auch unserem gegenwärtigen Planungsalltag widersprechen mag, nicht am Schreibtisch des einsam planenden Lehrers, sondern in der *Interaktion* mit den Schülern, gegebenenfalls mit anderen Lehrern, mit Eltern, mit Gästen fallen in diesem Modell die planerischen Entscheidungen. […]

Der Grad, in dem es den Lehrern als Professional didaktisch Handelnden gelingt, die Planung der Unterrichtseinheit zum Bestandteil unterrichtsbezogener Interaktion zu machen, wird für mich immer mehr zum Indikator für die *emanzipatorische Relevanz* […] des Unterrichts, für die Ablösung der Arbeitsteilung zwischen Anordnen und Ausführen. […]

Ich differenziere jetzt die einzelnen Momente der Planungsaufgaben notwendig in einem raum-zeitlichen Nacheinander, wobei aber der Implikationszusammenhang der Momente nicht vergessen werden darf:

Bestimmung der *Unterrichtsziele* als Moment planerischer Interaktion
[…]
Behandlung der *Ausgangslage* als Moment planerischer Interaktion
[…]
Erörterung der *Vermittlungsvariablen* als Moment planerischer Interaktion
[…]
Überlegungen zur *Erfolgskontrolle* als Momente planerischer Interaktion
[…]

T 21

Burrhus F. Skinner: Erziehung als Verhaltensformung,
München-Neubiberg: E. Keimer Verlag und Buchvertrieb 1971, S. 60–61 (Auszug).

Das, worauf es ankommt, sei an einem typischen Experiment klargemacht. Eine hungrige Ratte befindet sich in einem Experimentierkäfig, der einen Futterverteiler enthält. Eine horizontale Stange am Ende eines Hebels ragt aus einer Wand heraus. Das Niederdrücken des Hebels löst einen Schalter aus. Ist der Schalter mit dem Futterverteiler verbunden, wird das Verhalten der Ratte, die den Hebel niederdrückt, „durch Nahrung verstärkt". Der Apparat stellt einfach einen Zusammenhang zwischen dem Erscheinen von Nahrung und dem Vorkommen einer bestimmten Verhaltensäußerung her. Unter solchen Umständen wächst die Wahrscheinlichkeit, daß die Reaktion auf den Hebel wieder vorkommt [...].

Der grundlegende Zusammenhang zwischen einer Handlung und ihren Folgeerscheinungen wurde an Hand einer ziemlich breiten Skala von Versuchstieren untersucht. Es wurden z.B. Tauben verstärkt, wenn sie auf beleuchtete Scheiben pickten, Affen dafür, daß sie Kippschalter betätigten, die ursprünglich für den fortgeschritteneren Primaten, den Menschen erfunden worden waren. Die untersuchten Verstärker bestanden u.a. aus Wasser, sexueller Berührung, der Möglichkeit zu aggressiven Handlungen und – sofern es sich um menschliche Versuchspersonen handelte – dem Beifall der Mitmenschen oder in dem Universalverstärker, nämlich Geld. [...]

Die Sache läßt sich z.B. auch so einrichten, daß die Ratte nur dann Futter bekommt, wenn sie den Hebel mit einem bestimmten Kraftaufwand drückt. Schwächere Reaktionen verschwinden dann, und es treten ungewöhnlich kräftige Reaktionen auf, die ihrerseits durch weitere Differenzierung der Verstärkungen selektiert werden können. Verstärkung kann auch in Zusammenhang mit dem Vorhandensein bestimmter Stimuli gebracht werden: das Niederdrücken des Hebels setzt z.B. den Futterverteiler nur dann in Bewegung, wenn ein Ton in einer bestimmten Höhe ertönt. Die Ratte reagiert dann mit größerer Wahrscheinlichkeit, wenn ein Ton in dieser Höhe ertönt. Man kann Reaktionen auch unterbrochen verstärken. Einige verbreitete Verstärkungspläne richten sich nach der Wahrscheinlichkeitstheorie. Spielapparate sind oft so eingestellt, daß sie eine wechselnde Zahl von Reaktionen in einer nicht voraussagbaren Folge verstärken.

T 22

Burrhus F. Skinner: Erziehung als Verhaltensformung,
München-Neubiberg: E. Keimer Verlag und Buchvertrieb 1971, S. 61–63 (Auszug).

Operatives Konditionieren läßt sich einfach und unmittelbar auf die Erziehung anwenden. *Lehren* bedeutet die Anordnung von Verstärkungszusammenhängen, unter deren Einwirkung Schüler lernen. Sie lernen zwar auch in ihrer natürlichen Umwelt, ohne daß jemand sie lehrt, aber Lehrer arrangieren bestimmte Verstärkungszusammenhänge, die das Lernen fördern, indem sie das Auftreten von Verhaltensäußerungen beschleunigen oder garantieren, die sonst vielleicht überhaupt nicht aufträten.

Eine Lehrmaschine ist also einfach jeder Apparat, der *Verstärkungszusammenhänge* arrangiert. Es gibt so viele Maschinen, wie es Arten von Verstärkungszusammenhängen gibt. So verstanden, waren die Apparate, die für die experimentelle Verhaltensanalyse entwickelt wurden, die ersten Lehrmaschinen. Sie übertreffen an Feinheit und Kompliziertheit alle Apparate, die heute im Unterricht verfügbar sind, ein Zustand, den jeder bedauern muß, der damit beschäftigt ist, Unterricht so effektiv wie möglich zu machen. [...] Auch der Lehrer braucht instrumentale Unterstützung ähnlicher Art, denn es ist unmöglich, die Mehrzahl von Verstärkungszusammenhängen, die das Lernen fördern, ohne diese instrumentale Unterstützung zu schaffen. [...]

Programmierter Unterricht hatte ebenfalls im Labor Premiere und zwar in Gestalt von programmierten Verstärkungszusammenhängen. Das immer wieder in Erstaunen versetzende Vermögen, Verhalten zu verändern, das häufig in Erscheinung tritt, ist vielleicht der sichtbarste Beitrag, den die experimentelle Verhaltensanalyse bis heute geleistet hat. Es gibt mindestens vier verschiedene Arten des Programmierens. Die eine befaßt sich mit dem Hervorbringen neuer und komplexer Verhaltensmuster oder „Topographien". Es liegt in der Natur des operativen Konditionierens, daß eine Reaktion erst verstärkt werden kann, wenn sie erfolgt ist. Für experimentelle Zwecke wählt man eine Reaktion, die keine Probleme aufwirft (eine Ratte kann in kurzer Zeit dazu gebracht werden, einen leichten Hebel zu bedienen), aber es wäre leicht möglich, Reaktionen zu nennen, die in dieser Weise niemals vorkommen. Können sie deshalb auch niemals verstärkt werden?

[...] Eine hungrige Taube sitzt in einem Käfig, der von der Klasse eingesehen werden kann. Ein Futterverteiler kann mit einem Hebel, den der Vorführende in der Hand hält, betätigt werden. Die Taube hat gelernt, aus dem Futterverteiler zu fressen, ohne durch seine Betätigung gestört zu werden, in anderer Weise wurde sie nicht konditioniert. Die Klasse wurde aufgefordert, eine Reaktion zu benennen, die nicht zum laufenden Repertoire der Taube gehört. Angenommen, es wird beschlossen, die Taube solle eine Acht laufen. Der Vorführende kann auf diese Reaktion nicht einfach warten, um sie zu verstärken. Stattdessen verstärkt er jede vorkommende Teilreaktion, die zu der Endfigur beitragen kann, vielleicht nur das Drehen des Kopfes oder einen Schritt in Richtung des Uhrzeigers. Die verstärkte Reaktion wird rasch wiederholt werden (man kann beobachten, wie unter solchen Umständen Lernen stattfindet), dann wird die Verstärkung ausgesetzt, bis die Taube eine deutlichere Bewegung in die gleiche Richtung macht. Schließlich wird nur noch eine komplette Drehung verstärkt. Dann werden ähnliche Reaktionen im entgegengesetzten Uhrzeigersinn verstärkt, wobei die Bewegung im Uhrzeigersinn teilweise erlischt. Wenn auf diese Weise eine vollständige Bewegung gegen den Uhrzeigersinn geformt worden ist, wird die Uhrzeigerbewegung wieder restituiert, und schließlich führt die Taube beide Drehungen nacheinander aus und wird dafür verstärkt. Die ganze Figur wird anschließend rasch wiederholt; quod erat demonstrandum. Das Formen einer derart komplexen Reaktion sollte nicht länger als fünf bis zehn Minuten dauern. Der einzige Kontakt zwischen dem Vorführenden und der Taube besteht in dem Hebel, der ihm erlaubt, genau den Augenblick zu bestimmen, in dem der Futterverteiler in Tätigkeit tritt. Indem er diejenigen Reaktionen auswählt, die verstärkt werden sollen, improvisiert er ein Verstärkungsprogramm, in dem auf jeder Stufe eine Reaktion verstärkt wird, und das macht es möglich, auf eine weitere, schwierigere Stufe überzugehen. Schritt für Schritt nähern sich die Verstärkungen denjenigen, die die gewünschte Endreaktion erzeugen.

Diese Methode, die Topographie einer Reaktion zu formen, haben *Wolf, Mees* und *Risley* [...] benutzt, um ein schwieriges Verhaltensproblem zu lösen. Ein Knabe war von Geburt an blind, er hatte grauen Star. Bevor er ein Alter erreicht hatte, in dem eine Operation möglich war, bekam er schwere Wutanfälle, und auch nach der Operation blieb er schwer zu behandeln. Es war unmöglich, ihn dazu zu bringen, daß er seine Brille trug, ohne die er bald endgültig blind geworden wäre. Seine Wutanfälle waren mit schweren Anzeichen von Selbstzerstörung verbunden. Schließlich kam er in eine Klinik, die Diagnose lautete: kindliche Schizophrenie. Man wandte nun zwei Prinzipien des operativen Konditionierens an. Die Wutanfälle wurden ausgelöscht, nachdem das Kind gemerkt hatte, daß ihnen niemals Verstärkungen folgten. Dann baute man ein Programm von Verstärkungszusammenhängen auf, um das erwünschte Verhalten des Brillentragens zu formen. Es war notwendig, das Kind Hunger leiden zu lassen, so daß Nahrung als ein wirksamer Verstärker eingesetzt werden konnte. Leere Brillengestelle wurden im Zimmer ausgelegt, und jede Berührung wurde durch Nahrung verstärkt. Verstärkung wurde dann in Zusammenhang mit Handlungen wie Aufnehmen und Herumtragen der Gestelle angewandt, und zwar in einer programmierten Sequenz. Etwas schwierig wurde es bei der Formung der Reaktion, das Gestell an der richtigen Stelle auf die Nase zu setzen. Sobald das erreicht war, setzte man die Linsen ein. Eine Häufigkeitskurve [...] zeigt die Zahl der Stunden, an denen das Kind täglich die Brille trug. Die letzten Eintragungen stimmen im großen ganzen mit der Anzahl der Stunden überein, in denen das Kind wach war.

T 23

Jean Piaget: Assimilation und Akkommodation,

in: ders.: Meine Theorie der geistigen Entwicklung, hrsg. von Reinhard Fatke, Frankfurt a.M.: Fischer Taschenbuch Verlag 1985, S. 32–38 (Auszug).

[...] Psychologisch bedeuten unsere bisherigen Ausführungen, daß die im Lauf der Entwicklung entstehenden fundamentalen psychogenetischen Verknüpfungen nicht auf empirische »Assoziationen« zurückführbar sind, vielmehr bestehen sie aus *Assimilationen* im biologischen wie im erkenntnistheoretischen Sinne des Wortes.

Aus biologischer Sicht ist Assimilation die Integration externer Elemente in die sich entwickelnden oder abgeschlossenen Strukturen eines Organismus. In seiner gewöhnlichen Wortbedeutung besteht Assimilation von Nahrung aus einer chemischen Verwandlung, die diese Nahrung der Substanz des Körpers einverleibt. Chlorophyllassimilation ist die Integration von Strahlungsenergie in den Stoffwechselzyklus einer Pflanze. [...]

Bringt man das allgemeine Assimilationskonzept in diese Form, wird deutlich, daß es sich nicht nur auf organisches Leben, sondern auch auf Verhalten anwenden läßt. Ein Verhalten nämlich, selbst wenn es für das Individuum neu ist, bedeutet einen absoluten Neuanfang. Es wird stets auf schon vorhandene Pläne übertragen und bedeutet deshalb im Grunde nur die Assimilierung neuer Elemente an bereits aufgebaute Strukturen (angeborene wie etwa die Reflexe oder zuvor erworbene Strukturen). [...]

Wenn nur Assimilation an der Entwicklung beteiligt wäre, gäbe es keine Variationen in den Strukturen des Kindes. Infolgedessen würde es keine neuen Inhalte erwerben und sich nicht weiterentwickeln. Assimilation ist insofern notwendig, als sie die Kontinuität der Strukturen und die Integration neuer Elemente in diese Strukturen garantiert. [...]

Biologische Assimilation gibt es jedoch nie ohne ihr Gegenstück, die *Akkommodation*. [...] Entsprechend nennen wird im Verhaltensbereich jede Modifikation eines Assimilationsplans (oder einer Assimilationsstruktur), die durch die von ihr assimilierten Elemente hervorgerufen wird, Akkommodation. Der Säugling zum Beispiel, der seinen Daumen dem Saugschema assimiliert, wird beim Daumenlutschen andere Bewegungen ausführen als beim Saugen an der mütterlichen Brust. Entsprechend muß ein Achtjähriger, der die Auflösung des Zuckers im Wasser der Vorstellung assimiliert, daß Substanz grundsätzlich erhalten bleibt, bezüglich unsichtbarer Teilchen andere Akkommodationen vornehmen, als wenn die Teilchen noch sichtbar wären.

Deshalb besteht kognitive *Adaptation*, wie ihr biologisches Gegenstück, aus einem Gleichgewicht zwischen Assimilation und Akkommodation. Wie wir gesehen haben, gibt es keine Assimilation ohne Akkommodation. Wir müssen jedoch nachdrücklich betonen, daß auch Akkommodation nicht ohne gleichzeitige Assimilation vorkommt. [...] In gleicher Weise ist das Subjekt in kognitiver Hinsicht zu verschiedenen Akkommodationen in der Lage, aber nur innerhalb gewisser Grenzen, die durch die Notwendigkeit gesetzt werden, die entsprechenden Assimilationsstrukturen zu bewahren. [...]

Zwar sind Akkommodation und Assimilation in allen Tätigkeiten gegenwärtig, doch ihr Verhältnis kann variieren, und erst ein mehr oder weniger stabiles (wenn auch stets veränderliches) Gleichgewicht zwischen ihnen charakterisiert einen vollständigen Intelligenzakt.

Wenn die Assimilation die Akkommodation *übertrifft* (d.h. wenn die Merkmale des Objekts nur insoweit berücksichtigt werden, wie sie mit den gegenwärtigen Interessen des Subjekts übereinstimmen), entwickelt sich das Denken in egozentrische oder sogar autistische Richtung. Die häufigsten Erscheinungsformen dieser Situation im kindlichen Spiel sind die »Symbol-« oder Fiktionsspiele, in denen die dem Kind zur Verfügung stehenden Objekte nur dazu verwendet werden, das zu repräsentieren, was das Kind sich in der Phantasie vorstellt. Diese Spielform, die zu Anfang der Vorstellungstätigkeit (im Alter zwischen anderthalb und drei Jahren) am häufigsten ist, entwickelt sich später zu Konstruktionsspielen, in denen die Akkommodation an Objekte immer genauer wird, bis kein Unterschied mehr besteht zwischen Spiel und spontanen kognitiven oder instrumentellen Tätigkeiten.

Wenn umgekehrt die Akkommodation die Assimilation derart beherrscht, daß das Kind die Formen und Bewegungen der Objekte oder Personen, die gerade seine Modelle sind, wirklichkeitsgetreu reproduziert, entwickelt sich die Repräsentation [...] in die Richtung von Nachahmung. Nachahmung durch Handlung – eine Akkommodation an Modelle, die gegenwärtig sind – weitet sich allmählich zu aufgeschobener Nachahmung und schließlich zu verinnerlichter Nachahmung aus. [...]

Doch solange sich Assimilation und Akkommodation im Gleichgewicht befinden [...] können wir von kognitivem Verhalten im Gegensatz zu Spiel, Nachahmung oder Vorstellungsbildung sprechen und befinden uns damit wieder auf dem eigentlichen Gebiet der Intelligenz. Doch dieses fundamentale Gleichgewicht zwischen Assimilation und Akkommodation läßt sich nur unter mehr oder minder großen Schwierigkeiten erreichen und beibehalten, je nach der Stufe der intellektuellen Entwicklung und den neuen Problemen, die sich auftun. Ein solches Geichgewicht gibt es jedoch auf allen Ebenen, in der frühen Intelligenzentwicklung des Kindes ebenso wie im wissenschaftlichen Denken. [...]

Allgemein gesprochen, ist dieses zunehmende Gleichgewicht zwischen Assimilation und Akkommodation ein Beispiel für einen grundlegenden Prozeß in der kognitiven Entwicklung, der sich als Zentrierung und Dezentrierung beschreiben läßt. Die systematisch verzerrenden Assimilationen der sensomotorischen oder ersten Repräsentationsstadien – die verzerren, weil sie nicht von angemessenen Akkommodationen begleitet sind – bedeuten, daß das Subjekt auf die eigenen Handlungen und den eigenen Standpunkt zentriert bleibt. Auf der anderen Seite ist das sich allmählich herausbildende Gleichgewicht zwischen Assimilation und Akkommodation das Ergebnis einer Reihe von Dezentrierungen, die es dem Subjekt ermöglichen, den Blickwinkel anderer Subjekte oder den Standpunkt von Objekten einzunehmen. Früher haben wir diesen Prozeß lediglich als Egozentrismus und Sozialisation beschrieben. Aber er betrifft weitaus genereller und fundamentaler die Erkenntnis in all ihren Erscheinungsformen. Denn kognitiver Fortschritt ist nicht nur Assimilation von Information; er enthält auch einen systematischen Dezentrierungsprozeß, der eine notwendige Bedingung von Objektivität überhaupt ist.

T 24

Nathaniel L. Gage/ David C. Berliner: Pädagogische Psychologie,

4., völlig neu bearb. Aufl. Psychologie Verlags Union Weinheim 1986, S. 275–278 (Auszug).

Manche Psychologen und Pädagogen vertreten die Position, daß keine der bisher aufgeführten Auffassungen von Lernen [Respondentes Lernen (Klassisches Konditionieren), Kontiguitätslernen (Verknüpfungslernen), Operantes Lernen (Lernen durch Verstärkung), Beobachtungslernen] die kognitiven Prozesse des Lernens berücksichtigt. Zu solchen *kognitiven* Prozessen gehören etwa Einsicht und Verstehen, Denken und Begründen oder die Anwendung von induktiver und deduktiver Logik. Die Vertreter einer solchen Position sind der Ansicht, daß nicht-kognitive Lernkonzepte zwar auf Stimulus-Reaktions-Beziehungen angewendet werden können, die willkürlich und unlogisch sind, aber daß diese Auffassungen keine ausreichende Grundlage für die Beschreibung und Erklärung von Prozessen darstellen, bei denen logische, rationale und nichtzufällige Beziehungen gelernt werden.

Wenn wir den Lernprozeß des Gymnasiasten analysieren wollen [...] – erinnern wir uns: er entwickelte aus einer Spielsituation mit seinem kleinen Bruder (dem Schaukeln von zwei verschieden schweren Personen auf einer Wippe) ein spontanes Verständnis des Kraftmomentprinzips, das er vorher im Physikunterricht nicht verstanden hatte –, dann reichen die bisher besprochenen Lernformen dafür anscheinend nicht aus. Der Gymnasiast in unserem Beispiel „sieht" plötzlich, daß das Kraftmoment gleich dem Produkt aus dem Gewicht einer Person und ihrer Entfernung von der Mitte der Wippe ist. Er *erkennt* und *versteht*, warum sein kleiner Bruder weiter von der Mitte entfernt sein muß als er, wenn die Wippe im Gleichgewicht sein soll. Er *erfaßt* und *begreift* den gesetzmäßigen Zusammenhang zwischen Kräften und Entfernungen in einem ausbalancierten Zustand.

Wir könnten versuchen, die Situation in die Stimulus-Reaktions-Sprache des operanten Lernens zu übertragen: die Stimuli wären in diesem Fall die aufeinander bezogenen Gewichte und Entfernungen vom Mittelpunkt der Wippe. Die Versuche unseres Gymnasiasten, Gleichgewicht und Ungleichgewicht vorauszusagen, könnten als die Reaktionen aufgefaßt werden. Diese Reaktionen werden dann durch den tatsächlich folgenden Zustand des Gleichgewichts oder Ungleichgewichts verstärkt oder nicht verstärkt. Aus der aufeinanderfolgenden Reihe von Stimuli, Reaktionen und Verstärkungen, so könnten wir sagen, lernt der Junge schließlich, den Gleichgewichtszustand genau vorauszusagen.

Bei dieser Darstellung auf der Grundlage von operanten Konditionierungsvorgängen fehlt jedoch nach der Meinung von kognitiv orientierten Psychologen etwas Wichtiges. Und dies fehlt auch, wenn wir diesen Lernprozeß als ein Beispiel für respondentes Lernen, Kontiguitätslernen oder Beobachtungslernen zu charakterisieren versuchen. Alle diese verhaltensorientierten Lernansätze scheinen die Wahrnehmung, die Einsicht und die kognitive Verarbeitung der wesentlichen Zusammenhänge in der geschilderten Lernsituation durch den Schüler zu ignorieren. Eben diese geistigen Prozesse, die von den Behavioristen ignoriert werden, spielen in der Lerntheorie der kognitiven Psychologen eine bedeutsame Rolle. Und nach ihrer Auffassung ist all das, was ein Lehrer tut, um diese Wahrnehmungs- und Kognitionsprozesse zu fördern, für den Unterricht von großer Wichtigkeit. Lehrer können ihre Schüler über solche kognitiv zu erfassenden Zusammenhänge aufklären [...], oder sie können ihren Unterricht so aufbauen, daß Schüler diese Zusammenhänge selbst und ohne fremde Hilfe entdecken [...]. Wichtig ist dabei immer, daß die Schüler Wahrnehmungen und kognitive Inhalte neu aufbauen oder umstrukturieren.

Solche Prozesse sind besonders wichtig und nützlich, wenn der Zusammenhang von Elementen in einer Lernsituation, der wahrgenommen und kognitiv verarbeitet werden soll, nicht willkürlicher Natur ist, sondern von der gedanklichen Struktur des Lernstoffes abhängig ist. Derartige logische Strukturen und Bedeutungszusammenhänge sind in Curricula überall zu finden. Nicht nur in der Physik und Mathematik, sondern in allen Naturwissenschaften, aber auch in den geistes- und sozialwissenschaftlichen Fächern weist der Lernstoff immer eine mehr oder weniger feinmaschige logische Struktur auf. Der Lernprozeß eines Schüler wird von kognitiv orientierten Psychologen dabei in erste Linie unter dem Aspekt gesehen, wie der Schüler solche logischen Strukturen und Bedeutungszusammenhänge begreift und versteht.

[...] Aus kognitiver Sicht haben wir es hier [im Falle des Gymnasiasten] also nicht mit einer Reihe von mehr oder weniger willkürlichen Stimulus-Reaktions-Verbindungen zu tun, die der Schüler durch einen Prozeß der operanten Konditionierung erwirbt, sondern mit Wahrnehmungen, Erkenntnissen und kognitiven Verarbeitungsprozessen von Beziehungen zwischen verschiedenen Größen. [...]

Wichtig für die kognitive Konzeption des Lernens ist, daß Wahrnehmung und kognitiver Verarbeitung innere geistige Prozesse zugrunde liegen, die in einem Individuum ablaufen, das sich mit Ideen und Phänomenen auseinandersetzt, die ihm durch seine Umwelt vorgegeben werden. Kognitive (Neu-)Strukturierung und Einsicht erfolgen auf eine Art und Weise, die eine Reduktion auf die atomistischen Konzeptionen der Behavioristen unmöglich macht. Auch wenn man von der Erfahrung ausgeht, die jedem Lernen zugrunde liegt, erscheint es nicht angebracht, hier eine Zerstückelung oder Aufspaltung in „Erfahrungsatome" vorzunehmen. Eine Erfahrung – ganz egal, ob es sich darum handelt, ein „Gefühl" für das Fußballspielen zu entwickeln, „herauszukriegen", worum es bei einer quadratischen Gleichung geht, oder „zu wissen", was eine Aussage von T.S. Eliot darstellt – ist etwas Ganzes und Unzerlegbares. Lehrer können sich keinem besseren Ziel widmen, als die Umwelt von Schülern so zu strukturieren, daß die Wahrnehmung und kognitive Verarbeitung von komplexen Zusammenhängen möglich werden.

T 25

Michael G. Wessells: Kognitive Psychologie,
München: 3. Aufl. Ernst Reinhardt (UTB 1994), S. 14 (Auszug).

Kognitionspsychologie ist die Wissenschaft, die sich mit der menschlichen Informationsverarbeitung befaßt. Ihr Gegenstand, oft als *Kognition* bezeichnet, betrifft die Arten von Informationen, die wir in unserem Gedächtnis haben, und die Vorgänge, die sich auf die Aufnahme, das Behalten und Verwenden solcher Informationen beziehen. Die Gesamtheit dieser Vorgänge nennt man *kognitive* Prozesse. Wenn Psychologen Kognitionen untersuchen, dann möchten sie zu einem besseren Verständnis darüber gelangen, wie wir unsere alltäglichen Aktivitäten – vom Wahrnehmen über das Erinnern bis zum Problemlösen – vollziehen. Die Umsetzung dieser Erkenntnisse in praktische Erziehung, um Beeinträchtigungen des Denkens abzuhelfen und ganz allgemein einen optimalen Einsatz unserer kognitiven Fähigkeiten zu ermöglichen, ist ein ebenso wichtiges Ziel.

T
26

Jean Piaget: Meine Theorie der geistigen Entwicklung,
hrsg. von Reinhard Fatke, Frankfurt a.M.: Fischer Taschenbuch Verlag 1985, S. 47–48 (Auszug).

Zum Abschluß dieser theoretischen Einführung in das Problem von Lernen und Entwicklung möchten wir noch darauf hinweisen, wie merkwürdig es ist, daß so viele amerikanische und sowjetische Psychologen – Angehörige großer Nationen, welche die Welt zu verändern beabsichtigen – Lerntheorien hervorgebracht haben, welche Erkenntnis auf ein passives Abbild äußerer Wirklichkeit reduzieren (Hull, Pawlow usw.), während doch menschliches Denken Wirklichkeit stets umformt und überschreitet. Äußerst wichtige mathematische Gebiete (z.B. jene, die mit der Kontinuumshypothese zu tun haben) haben keine Entsprechung in der physischen Realität, und alle mathematischen Techniken führen zu neuen Kombinationen, die die Realität bereichern. Will man einen angemessenen Lernbegriff darlegen, muß man zuerst erklären, wie es dem Subjekt gelingt, zu konstruieren und zu erfinden, nicht bloß, wie es wiederholt und abbildet.

T
26

T 27

Th. J. Shuell: The Role of the Student in Learning form Instruction,

in: Contemporary Educational Psychology, 13, 1988, S. 277–278 (Auszug).

As noted earlier, learning is an active, constructive, cumulative, goal-oriented process [...]. It is active in that the student must do certain things while processing incoming information in order to learn the material in a meaningful manner. It is constructive in that new information must be elaborated and related to other information in order for the student to retain simple information and understand complex material. It ist cumulative in that all new Learning builds upon and/or utilizes the Learner's prior knowledge in ways that determine what and how much is learned. It is goal oriented in that learning is most likely to be successful if the learner is aware of the goal (at least in a general sense) toward which he or she is working and possesses expectations that are appropriate for attaining the desired outcome.

Generally speaking, three different types of psychological processes are involved in human learning: (a) cognitive, (b) metacognitive, and (c) affective. All three types of processes interact with one another in successful learning form instruction. Each type contains a number of more specific processes or functions that must occur in order for learning to take place. The present discussion focusses primarily on cognitive and metacognitive factors, but the role of affective factors we be apparent in several places.

T 28

Nathaniel L. Gage/ David C. Berliner: Pädagogische Psychologie,
4., völlig neu bearb. Aufl.
Psychologie Verlags Union
Weinheim 1986, S. 313–314
(Auszug).

13.2. Informationsaufnahme und -verarbeitung

Wir werden uns im folgenden auf einen theoretischen Ansatz der Informationsaufnahme und -verarbeitung (*information processing*) stützen, der sich am besten in Anlehnung an das Gedächtnismodell erklären läßt, das in Abbildung 13–1 wiedergegeben ist.

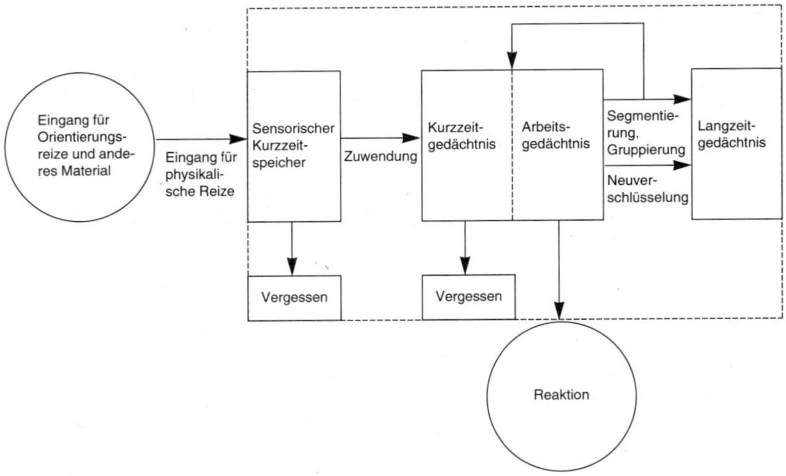

Sensorischer Kurzzeitspeicher:	Kurzzeitgedächtnis:	Arbeitsgedächtnis:	Langzeitgedächtnis:
Die Kapazität dieses Speichers ist wahrscheinlich unbegrenzt. Ein genaues Abbild der sensorischen Information wird während einer sehr kurzen Zeitspanne gespeichert. Der visuelle Speicher nimmt wie eine Kamera „Schnappschüsse" auf, die innerhalb von 0,5 Sekunden wieder ausgeblendet werden. Möglicherweise gibt es für jeden Sinn einen separaten Speicher.	Die Kapazität dieses Speichers ist auf etwa sieben Informationsblöcke begrenzt. Die Information ist nicht mehr im Rohzustand der sensorischen Phase wie beim sensorischen Kurzzeitspeicher. Sie kann durch neue Information abgestoßen werden. Kurzzeitgedächtnis ist bewußtes Gedächtnis: es enthält alles, dessen sich ein Mensch in einem bestimmten Augenblick bewußt ist.	Hat die gleichen Merkmale wie das Kurzzeitgedächtnis. Ist u.U. kein echter Speicher. Es läßt sich mit einem Schmierzettel vergleichen, auf den man sich kurze Notizen macht („Wem schenke ich was zu Weihnachten?").	Ebenso wie der sensorische Kurzzeitspeicher hat dieser Speicher wahrscheinlich eine unbegrenzte Kapazität. Nichts kann durch Vergessen verloren gehen, wenn auch manche Information nicht abgerufen werden kann, weil man sie nicht lokalisieren kann.

Abbildung 13-1. Ein Gedächtnismodell auf der Grundlage von Informationsaufnahme und -verarbeitung

Das Modell stellt einen Stimulus an den Anfang eines bestimmten Ereignisses und eine Reaktion an sein Ende, genauso wie bei anderen Lerntheorien. Was weitaus verfeinerter dargestellt ist, sind die hypothetisch gedachten geistigen Prozesse zwischen diesen beiden Endpunkten. Die gestrichelten Linien repräsentieren die Grenze zwischen den inneren kognitiven Ereignissen und der äußeren Welt. An diesem Modell, das wir in Anlehnung an *Houston* (1981) und *Mayer* (1981) erstellt haben, kann man deutlich erkennen, daß pysikalische Stimuli wie Licht, Wärme, Druck oder Geräusche von einem Menschen aufgenommen und in seinem sensorischen Kurzzeitspeicher (*short-term sensory storage system*) für kurze Zeit festgehalten werden. Wenn eine solche Stimulusinformation eingehendere Beachtung findet, wird sie vom sensorischen Kurzzeitspeichersystem an das Kurzzeitgedächtnis (*short-term memory*) und Arbeitsgedächtnis (*working memory*) weitergeleitet. Eine so gespeicherte Information kann, wenn sie bearbeitet oder enkodiert wird, in diesem System umgewälzt bzw. an das Langzeitgedächtnis (*long-term memory*) weitergeleitet werden. Die besonderen Merkmale dieses hypothetischen Systems werden in Abbildung 13–1 kurz beschrieben [...]

T 28

T 29

Heinz Mandl/Helmut Felix Friedrich/Aemilian Hron: Psychologie des Wissenserwerbs,
in: Pädagogische Psychologie, hrsg. von Bernd Weidenmann/ Andreas Krapp et al., 2., neu bearb. Aufl. Psychologie Verlags Union Weinheim 1993, S. 147–151 (Auszug).

Ansätze zur Beschreibung von Wissensstrukturen wurden im Rahmen semantischer Gedächtnismodelle entwickelt. Sie gehen davon aus, daß die grundlegenden Bedeutungseinheiten, aus denen sich Wissensstrukturen zusammensetzen, *Propositionen* sind. Der Satz „*Vitamin C verhindert Skorbut*" enthält z.B. eine Proposition. Eine Proposition umfaßt mindestens zwei Elemente: eine Relation und ein oder mehrere Argumente. Um die unterschiedlichen Argumente zu kennzeichnen, enthalten sie Bezeichnungen wie Subjekt, Objekt, Rezipient, Instrument u.a. In unserem Beispiel ist VERHINDERN die Relation, Argumente sind VITAMIN C (Subjekt) und SKORBUT (Objekt).

Semantische Gedächtnismodelle gehen davon aus, daß Lerner Informationen in Form von Propositionen speichern. Dabei unterscheidet man zwischen Propositionen auf der einen Seite und Worten und Sätzen auf der anderen Seite. Worte und Sätze vermitteln Konzepte, während Propositionen die Konzepte repräsentieren. Propositionen lassen sich als *Netzwerke* darstellen, wobei ein Knoten (hier in Form einer Ellipse gezeichnet) eine solche Proposition repräsentiert. Die einzelnen Pfeile verweisen auf die einzelnen Elemente der Proposition (Abb. 7.1).

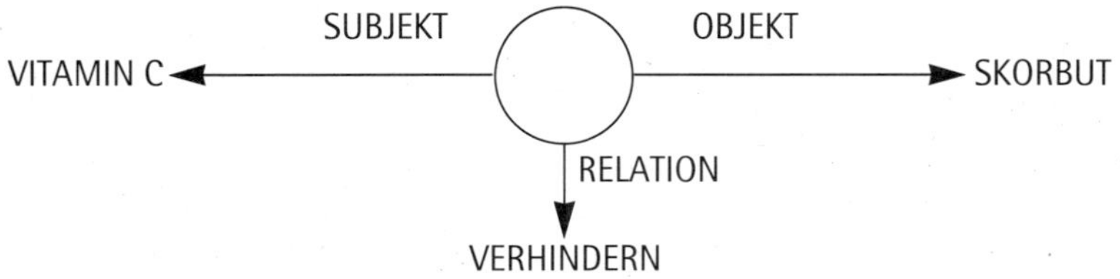

Abb. 7.1: Netzwerkdarstellung einer Proposition

Der Vorteil einer solchen Darstellung liegt darin, daß eine Vielzahl von Propositionen in Form größerer *Netzwerke* verknüpft werden können [...]. Netzwerkansätze gehen davon aus, daß unser gesamtes Wissen so gespeichert ist.

In kognitionspsychologischen Untersuchungen wurde gezeigt, daß sich die Knoten in einer Netzwerkstruktur hinsichtlich ihrer Assoziationsstärke und ihres Aktivationsniveaus unterscheiden. Die Assoziationsstärke ist im wesentlichen um so höher, je häufiger eine Wissenseinheit bzw. ein Wissenselement erfolgreich verwendet wird. Die Annahme einer relativen Assoziationsstärke eines Knotens spielt eine zentrale Rolle für die Erregungsausbreitung innerhalb des Netzwerks, da die Aktivierung (Erinnerung) entsprechend der Assoziationsstärke der Knoten erfolgt. Nach Andersons Theorie der Erregungsausbreitung (1983) in semantischen Netzwerken geht die Erregung von bestimmten Knoten aus, die z.B. durch die Wahrnehmung äußerer Reize (z.B. einer Lernaufgabe) aktiviert werden. Die Erregung setzt sich im Netzwerk entsprechend der Assoziationsstärke der Knoten fort, die aktiviert wurden. Es wird davon ausgegangen, daß die Aktivation der Knoten wieder erlischt, es sei denn, sie wird durch Fortbestehen der Reizsituation oder durch bestimmte fortbestehende Zielsetzungen aufrechterhalten.

Neues Wissen wird nach diesem Ansatz erworben, wenn eine neue Proposition mit vorhandenen Propositionen im Netzwerk des Lerners verknüpft wird. [...]

In dem dargestellten Beispiel hat der Schüler aktiv neues Wissen mit bereits gespeichertem Wissen verknüpft und dadurch seine Wissensstruktur angereichert. Diesen Prozeß bezeichnet man als *Elaboration* [...].

In Erweiterung der Netzwerkansätze hat man versucht, thematisch zusammengehörige Wissenseinheiten *als Schema* zu beschreiben (Rummelhart & Norman, 1978 a). Ein Schema wird als ein ausgrenzbares konzeptuelles Teilsystem in einem Netzwerk aufgefaßt, in dem aufgrund von Erfahrungen typische Zusammenhänge eines Realitätsbereichs verallgemeinert repräsentiert sind [...].

Schemata sind die Repräsentationsform für Objekte, Sachverhalte, Vorgänge usw. Sie können Sachverhalte von unterschiedlicher Komplexität und unterschiedlicher Abstraktheit repräsentieren. Ein Schema besitzt Leerstellen, die mit spezifischen Konzepten ausgefüllt werden können. Beim Ausfüllen der Leerstellen gibt es bestimmte Zuweisungsbeschränkungen. So kann ein kognitives Schema gegenüber vorliegenden Daten angemessen oder nicht angemessen sein. Schema-Leerstellen können aufgrund aktueller Erfahrungen des Lerners auch vorläufig ausgefüllt werden, solange keine definitive Information über die fraglichen Sachverhalte zur Verfügung steht. [...]

Ein zentrales Problem im Zusammenhang mit der Verwendung des Schemakonzepts betrifft seine mangelhafte begriffliche Explikation: Das Schema als Baustein des Wissens ist Konzept, Datenstruktur, Plan oder Programm, Erwartungs- oder Hypothesenstruktur usw.; es steuert, sucht, füllt eine Leerstelle aus usw.

T 30

Jürgen Grzesik: Unterricht. Der Zyklus von Lehren und Lernen,
Stuttgart/Dresden: Ernst Klett Verlag für Wissen und Bildung 1994, S. 130–136 u. 225 (Auszug).

Im Unterschied zu dem bis jetzt umrissenen gesamten Möglichkeitsraum des Lernens *stellt das Arbeitsgedächtnis den jeweils aktualisierten Ausschnitt aus ihm her. Es reduziert den gesamten Möglichkeitsraum auf den Raum der jeweils real zur Verfügung stehenden Information.* Damit leistet es die *entscheidende Selektion für das Lernen des jeweiligen Menschen.* Für diese *Begrenzung des faktischen Lernraumes* sind die folgenden, gut gesicherten Eigenschaften des Arbeitsgedächtnisses kennzeichnend:

1. Die Aufmerksamkeit kann nur *relativ wenige Einheiten (chunks) gleichzeitig präsent* halten. Für Silben, Wörter oder Zahlen liegt seine Kapazität im Sinne von Gedächtnisspanne im Durchschnitt der Befunde zahlreicher Untersuchungen in der Größenordnung von etwa 7+ oder −2 Einheiten. [...]

Wieviel Information tatsächlich präsent ist, entscheidet sich erstens durch den *Informationsgehalt der jeweils aktualisierten Einheit* selbst. Er ist z.B. bei Wortbildern oder Wortlauten größer als bei Silben oder Buchstaben. So kann eine einzige Einheit sehr viele einzelne Einheiten repräsentieren, die bei Bedarf jede für sich eine Einheit im Arbeitsgedächtnis bilden können. Wenn man sich z.B. Begriffsnamen, wie „Romantik", ins Arbeitsgedächtnis ruft, dann ist keineswegs der gesamte dazu gespeicherte Begriffsinhalt im Augenblick präsent. [...]

2. Die Aufmerksamkeit kann sich *auf jede Information im gesamten Nervensystem richten*, auf eine schmerzende Körperstelle, ein Geräusch, ein Unbehagen, einen Gedanken, eine geplante Fahrtroute, ein Beispiel, den allgemeinsten Begriff zu einem Beispiel etc. Sie hebt einen Ausschnitt der momentanen sensomotorischen oder der langfristig gespeicherten episodischen oder begrifflichen Information ins Bewußtsein, indem sie die entsprechenden Netzwerke aktiviert, d.h. durch die ihnen zugeleiteten Signale zum „Feuern" bringt [...].

Dieser Zugriff ist schnell und direkt, weshalb er im gesamten Nervensystem „von einer Ecke zur anderen" springen kann. [...]

3. *Durch die Aufmerksamkeit werden Informationen bewußt, von denen aus gleichzeitig in ihrem „Umfeld" weitere große Komplexe von Informationen mitaktiviert werden, aber nur schwach oder gar nicht bewußt sind.* [...] Im „Lichtkegel" der Aufmerksamkeit kann deshalb ein Unterschied gemacht werden zwischen dem, *was bewußt aktiviert und was automatisch aktiviert wird.* Das Vollbewußte steht im Zentrum des Lichtkegels, zur Peripherie hin nimmt der Grad der Bewußtheit ab. Die Kapazität für Vollbewußtes im Arbeitsgedächtnis wird so *um das vergrößert, was gleichzeitig mit dem bewußt Aktivierten sich von selbst einstellt.* Die Kapazität des Bewußten wird davon aber nicht in Anspruch genommen. So sind hochkomplexe Leistungen möglich, ohne daß alles bewußt wäre, ja es ist sogar das *Kennzeichen hochkomplexer Leistungen, daß der Anteil der nicht oder nur wenig bewußten Automatismen besonders hoch ist.* [...] Dieser Zusammenhang spricht dafür, daß das Arbeitsgedächtnis nicht scharf begrenzt ist, sondern daß *zugleich mit dem bewußt Aktivierten anderes mit-aktiviert wird, das mit ihm verbunden ist* [...]

4. Im Arbeitsgedächtnis richtet sich die Aufmerksamkeit auf irgendeine im jeweiligen Augenblick als Zustand festgehaltene Information, z.B. beim Lesen auf einige Wörter, die nach einem Augensprung in einer Augenrast wahrgenommen werden. *Das Arbeitsgedächtnis kann aber zugleich an der so aktivierten Information auch Veränderungen vornehmen.* Zwei Farben können unterschieden werden, zwei Begriffe lassen sich vergleichen, ein sprachlich formulierter Begriffsinhalt kann in ein graphisches Netzschema transformiert werden, eine plötzliche Angst läßt sich dämpfen, Unlust kann verringert werden etc. Kurz: *An der vergegenwärtigten Information können Operationen aller Art ausgeführt werden. Die Aufmerksamkeit ist immer eine*

doppelte Aktivität, sie aktiviert einen Bestand an Information, und sie aktiviert gleichzeitig Möglichkeiten des Zugriffs auf diese Information. [...]

Wenn die Generalthese vom Lernen durch jede Aktivität stimmt, *dann lernt der Mensch nicht nur das, worauf sich seine Aufmerksamkeit richtet, sondern auch durch den operativen Gebrauch von Information, und zwar lernt er genau die Operationen, die er vollzieht.* Der Gebrauch ergäbe dann eine andere Qualität des Gelernten als das Thematisieren. Dies könnnte die grundlegende Konstellation sein für die Differenz zwischen Theoretisieren und Praktizieren, zwischen „Wissen daß" und „Wissen wie", zwischen Betrachten und Tun, für die wechselseitige Transformation von Wissen in Tun und umgekehrt sowie für die spezifischen Schwierigkeiten, die mit dieser Transformation verbunden sind. [...]

[S.225:]

Zur Selbstregulierung der Lernbereitschaft kommt die *Regulierung der Aktivitäten selbst. Die Wahrnehmung einer Störung ist die Ausgangsaktivität für jede Regulierung von Tätigkeiten. Sie wird durch die nachfolgenden Aktivitäten bearbeitet, und zwar potentiell durch alle dafür aktualisierbaren psychischen Möglichkeiten.* Was möglich ist, hängt vom Ausmaß des Gelernten im psychischen Apparat ab, vor allem vom Grad seiner Organisiertheit, von dem die Möglichkeit des Zugriffs auf Einheiten unterschiedlicher Komplexität abhängt. Die ungeheure Beweglichkeit des *Arbeitsgedächtnisses, seine schnelle Folge der Verknüpfung von Zustand und Operation unter Leitung von Selbstregulationen* scheint jedem Versuch zu spotten, sie zu beeinflussen [...]. Trotzdem kann die Klassifikation von Teiltätigkeiten [...] die Grundlage für Überlegungen über ihre Steuerung bilden.

Handlungen werden abstrakt: Reduktion auf das strukturelle Gerüst

T 31

Hans Aebli: Denken. Das Ordnen des Tuns.

Bd. 1: Kognitive Aspekte der Handlungstheorie, Stuttgart: Klett-Cotta 1980, S. 213–218 (Auszug).

Der vorangehende Abschnitt hat uns vor allem gezeigt, was Operationen nicht sind: bloße verinnerlichte Handlungen. Verinnerlichte Handlungen sind vorgestellte Handlungen, keine Operationen. [...] Welches sind also die wesentlichen, definierenden Züge der Operation? Sie sind im Bereiche der Struktur zu finden. Wir beginnen damit, die gemeinsamen Züge von Handlung und Operation zu bezeichnen, um sodann die „differenticae specificae" der Operation zu nennen.

Handlungen stellen Beziehungen her. So ist es eine Handlung, in einem Abstand von einem Meter zwei Beigen Ziegelsteine 30 cm hoch aufzuschichten, ein Brett darüber zu legen und Bücher darauf zu stellen. Eine andere Handlung ist es, von Bern nach Berlin zu reisen, oder einen Kollegen von der Wichtigkeit der Linguistik FILLMORES für die Handlungstheorie zu überzeugen. In jedem Falle werden Beziehungen hergestellt. [...] Handlungen stellen Beziehungen her, weil diese in der Intention des Handlungsschemas implizit enthalten sind: Im Aufschichten der Ziegelsteine deren „Aufeinander", im Darüberlegen des Brettes die Beziehung der „erhöhten Verbindung der beiden Stützen", im Nach-Berlin-Reisen mein Kontakt mit Berlin, in meinem Reden mit dem Kollegen die Annahme meiner Argumente durch ihn. [...]

All das, was wir hier von der Handlung in Erinnerung gerufen haben, gilt auch von der *Operation*. Auch sie stellt Beziehungen her. Auch sie bezieht in ihr Funktionieren vorgefundene Gegenstände der Umwelt ein oder erzeugt sie in wahrnehmbarer oder in vorstellungsmäßiger Form selbst. Auch in ihrer Intention ist eine Beziehung, das Ergebnis, vorausgenommen. Worin besteht der Unterschied? In der *Abstraktheit* und in der *Reinheit ihrer Konstruktion*. Diese Züge realisieren sich fast vollständig in den Steuerungsprozessen der Operation. Wir können daher sagen: Eine Operation unterscheidet sich von einer Handlung vor allem in der Art ihrer Steuerung, einfacher ausgedrückt: in dem, worauf der Handelnde bei ihrer Ausführung *achtet*.

Dieser Gedanke kann am ersten der drei genannten Beispiele deutlich gemacht werden. Wer Ziegelsteine aufeinanderschichtet, muß auf Verschiedenes achten. [...]

Der Erbauer kann seine Aufmerksamkeit noch auf einen anderen Aspekt seiner Handlung wenden. Er kann feststellen, daß er die beiden Backsteinbeigen so weit auseinanderstellen muß, daß der Abstand ihrer Außenkanten gleich der Länge des Brettes ist. Er wird, mit anderen Worten, die linke und rechte äußere Oberkante der Beigen als zwei Strecken im Raum betrachten, und er wird die untere Seite des Brettes als ein Rechteck ansehen, dessen beide Breitseiten auf den beiden Strecken liegen sollen. All das kann er in der Wahrnehmung oder in der Vorstellung realisieren. Er kann aber auch konkret handelnd vorgehen, die beiden Beigen einmal in der ungefähr richtigen Distanz aufschichten und dann einen Helfer bitten, das Brett auf der einen Seite bündig festzuhalten, während er die andere Beige so weit verschiebt, bis sie ihrerseits mit dem Brettende bündig ist. Auch diese konkrete Handlung ist damit eine Operation. Hier wird nur eines beachtet: das Zusammenfallen zweier Strecken mit den zwei Breitseiten eines Rechteckes. Man sieht: Nicht nur die Steuerung der Handlung ist abstrakt. Auch die darin vorkommenden Gegenstände werden abstrakt gesehen, denn, ob Buchen- oder Eschenbrett, ist hier alles einerlei. Ja, sogar die Dicke des Brettes spielt keine Rolle: Der Operierende beachtet in diesem Moment am Brett nur die rechteckige Unterfläche.

Entsprechend ist das Ergebnis im Bewußtsein des Operierenden ein reines und abstraktes: [...] eine Unterstützungsfläche links – eine Unterstützungsfläche rechts – dazwischen eine Verbindung, oder, noch abstrakter und etwas anders betrachtet, zwei Strecken im Raum, dazwischen aufgespannt, ein ebenes Rechteck.

So können wir eine Operation eine abstrakte Handlung nennen. Sie kann effektiv ausgeführt oder nur gedacht werden: Das ist unwesentlich. Wenn sie effektiv ausgeführt wird, so sieht der Handelnde von anderen, im übrigen für den Erfolg der Handlung zwar notwendigen, aber im Moment nicht interessierenden Aspekten der Handlung ab, um einen einzigen zu zentrieren, diesen aber in Klarheit und in bestmöglicher Strukturierung zu sehen. Dieses Bemühen um bestmögliche Strukturierung macht das Operieren nun auch zu einem kognitiven Prozeß. Zwar sind die Grenzen fließend, die Richtung ist jedoch klar: Indem das Bemühen um Strukturierung in den Vordergrund tritt, wird die Handlung „kognitiv".

Nun könnte man sagen, das leuchte alles ein, aber es sei doch deutlich, daß Operationen nicht aus Handlungen hervorgehen, sondern daß bei ihnen ein neues, vielleicht „geistiges" oder „theoretisches" Element zur Handlung hinzukomme. Darauf antworten wir: Daß Operationen höher strukturiert sind als Handlungen, ist offensichtlich. Indessen sind auch Handlungen strukturiert. Es besteht daher kein Grund, das Mehr an Strukturiertheit nun plötzlich zum Anlaß zu nehmen, in der Operation ein neues, andersartiges Element zu sehen. Sodann könnte man sagen, die Operation sei doch deutlich ein innerliches Geschehen, das zum äußeren Tun des Bewegens von Steinen und Brettern hinzukomme. Darauf würden wir antworten: Auch beim „äußeren Tun" des Aufschichtens von Steinen und Hinlegens des Brettes ist das Entscheidende seine Steuerung. Bloße Muskelaktivität ist nichts, nur gesteuerte Muskelaktivität erzeugt ein brauchbares, nämlich strukturiertes Ergebnis. Wenn man also schon ein innerliches Element in der Operation sehen will, so muß man es auch in der Handlung sehen; auch in dieser Hinsicht sind Handlungen und Operationen verwandt.

Ja, man könnte so weit gehen und feststellen, daß auch jede Handlung auf ihre Weise abstrakt ist, denn sie behandelt ihre Gegenstände unter gewissen Gesichtspunkten. Diese hängen wesentlich mit dem verfolgten Ziel zusammen. So wird ein Büchergestell-Bauer in einer Hütte, die er allein bewohnt, das Geräusch, das er beim Niederlegen der Steine verursacht, nicht beachten; sein Handeln „abstrahiert" davon und ist in dieser Hinsicht „abstrakt". Ebenso wird er sich wahrscheinlich keine Gedanken über die Stabilität seiner Konstruktion machen; wenn nicht gerade ein schweres Erdbeben auftritt, werden die Ziegelsteine durch ihre bloße Schwere aufeinander stehen bleiben. [...] So kann man sagen, daß schon in der Handlung Ansätze zu einer abstrakten Behandlung der Gegenstände vorliegen; sie werden in der Operation einfach konsequent fortgeführt.

Schließlich ist darauf hinzuweisen, daß wir hier einige Beispiele dessen gesehen haben, was PIAGET „*abstraction à partir de l'action*" und – später und weniger glücklich – „*abstraction réfléchissante*" genannt hat. In der Tat: es geht hier nicht primär um Abstraktion an Gegenstandsvorstellungen. Weggelassen werden nicht Merkmale von Objekten. Die Abstraktion, von der wir hier sprechen, vollzieht sich an Handlungen. Operationen sind abstrakte Handlungen. Erst in einem zweiten Schritt könnte man sagen, die abstrakte Operation *behandle* auch ihre Gegenstände anders, beachte weniger Merkmale an ihnen. Das Primat kommt der Handlung zu. Objekte treten in unserer Sicht zuerst im Rahmen von Handlungen auf. Zwar kann es im Verlauf der phylogenetischen und der ontogenetischen Entwicklung dazu kommen, daß sich der Mensch ein Bild der Wirklichkeit aufbaut, das von seinen spezifischen Handlungsinteressen mehr oder weniger unabhängig ist. Aber auch dann bleibt noch, was wir über die Wahrnehmung gesagt haben: daß die Darstellung der Wirklichkeit, der Aufbau ihres Bildes, selbst ein *Akt* des Subjektes ist und in dieser Hinsicht dem Handeln und dem Operieren gleicht. Die Gegenstände und die Phänomene der Welt sind in dieser Sicht Objekte von Darstellungshandlungen.

Schließlich bleibt festzuhalten, daß die hier entwickelte Theorie einen stufenweisen Übergang von der Handlung zur Operation postuliert. Die Stufen des Übergangs sind Stufen der Abstraktion. Die Handlungen, die wir geschildert haben, können zunehmend abstrakt gesteuert und betrachtet werden. Sie werden damit zunehmend „operativ".

T 32

Jean Piaget: Theorien und Methoden der modernen Erziehung, Frankfurt a.M.: Fischer Taschenbuch Verlag 1990, S. 31–34 (Auszug).

Die Entwicklung der Operationen

[...] Den Anfangspunkt der intellektuellen Operationen muß man also bis in eine erste Entwicklungsperiode zurückverfolgen, die vom Handeln und der sensomotorischen Intelligenz charakterisiert wird. Diese gänzlich praktische Intelligenz, die als Mittel einzig die Wahrnehmung und die Bewegungen benützt, ohne bereits zu Vorstellungen oder zum Denken fähig zu sein, zeugt nichtsdestoweniger von der Existenz eines Bemühens um Situationsverständnis. Und sie mündet schließlich in der Erstellung von Aktionsschemata, die den späteren Operations- und Begriffsstrukturen als Substrukturen dienen werden. Beispielsweise beobachtet man bereits auf dieser Stufe die Konstruktion eines fundamentalen Schemas des Behaltens: Das Kind merkt sich die Anwesenheit fester Gegenstände, die ab einem Alter von neun oder zehn Monaten (nach diesbezüglich völlig negativen Phasen) hinter Trennwänden gesucht werden, auch wenn sie jeglicher momentanen Wahrnehmung entzogen sind. Desgleichen beobachtet man die Ausbildung schon fast reversibler Strukturen: etwa die Organisierung der Stellungen und Umstellungen in einer »Gruppe«, die durch die Möglichkeit des Umkehrens und Ausweichens gekennzeichnet ist (reversible Mobilität). Man kann die Konstituierung von Kausalbeziehungen verfolgen, welche zunächst an die reine Aktion allein geknüpft sind und später nach und nach objektiviert und, in Verbindung mit der Konstruktion des Gefüges von Ding, Raum und Zeit, eingeordnet werden. [...]

Ab dem zweiten Lebensjahr beginnt eine zweite Periode, die sieben oder acht Jahre dauert und deren Beginn durch das Auftreten der Symbol- oder semiotischen Funktion markiert wird. Diese gestattet, sich augenblicklich nicht wahrnehmbare Dinge oder Ereignisse vorzustellen, indem man diese mit Hilfe von Symbolen oder differenzierten Merkmalen vergegenwärtigt: solche sind das symbolische Spiel, die »verschobene« Nachahmung, die Zeichnung usw. und vor allem die Sprache selbst. Die Symbolfunktion erlaubt es so der sensomotorischen Intelligenz, zum Denken überzugehen, doch verzögern zwei Umstände die Entwicklung der eigentlichen Operationen, so daß während der gesamten zweiten Periode das intelligente Denken präoperativ bleibt.

Der erste dieser Umstände ist folgender: Es bedarf einer gewissen Zeit, um das Handeln zum Denken zu verinnerlichen, denn es ist weit schwieriger, sich den Ablauf einer Handlung und deren Ergebnisse mit den Mitteln des Denkens vorzustellen, als sich auf eine materielle Durchführung zu beschränken: Zum Beispiel ist es etwas ganz anderes, in Gedanken ein Quadrat in Drehung zu versetzen und sich alle 90 Grad die Position der verschieden gefärbten Seiten vorzustellen, als das Quadrat tatsächlich zu drehen und die Effekte zu konstatieren. Die Verinnerlichung der Handlungen bedingt also deren Rekonstruktion auf einer neuen Ebene, und diese Rekonstruktion kann die gleichen Phasen durchlaufen wie die vorige Rekonstruktion, jedoch mit einem größeren Abstand vom Handeln selbst.

Zweitens erfordert diese Rekonstruktion eine weitaus größere ständige »Dezentration« – ein Verlassen der Mittelpunktposition – als auf der sensomotorischen Stufe. Bereits während der ersten beiden Jahre seiner Entwicklung (sensomotorische Periode) war das Kind gezwungen, eine Art kopernikanischer Revolution im kleinen zu vollbringen: Während es anfangs alles auf sich und seinen eigenen Körper bezogen hat, ist es schließlich dahin gelangt, ein raum-zeitliches und kausales Universum zu errichten, in dem sein Körper nur noch Objekt unter anderen inmitten eines unübersehbaren Gewirrs von Zusammenhängen ist. Auf der Ebene der gedanklichen Rekonstruktionen gilt das gleiche, aber in einem weit höheren Maß und mit einer Schwierigkeit mehr:

32

Es geht darum, nicht nur eine Beziehung zur Dingwelt, sondern überdies auch zur Personenwelt zu finden; und das setzt eine zugleich physische und soziale Dezentrierung voraus, also ein Übergehen vom Egozentrismus zu den beiden Formen der Koordination, die am Ursprung der operativen Reversibilität stehen (Inversionen und Reziprozitäten).

In Ermangelung von Operationen gelangt das Kind im Verlauf dieser zweiten Periode nicht zur Konstituierung der elementarsten Gleichheitsbegriffe, ohne die das logische Schlußfolgern nun einmal unmöglich ist. So meint es, daß zehn aneinander gereihte Münzen eine größere Anzahl ergeben, wenn man zwischen ihnen Zwischenräume läßt; daß eine in zwei Teile geschiedene Menge mehr ausmacht als die ursprüngliche; daß eine Strecke, die einmal geknickt ist, dadurch länger wird; daß die Entfernung von A nach B nicht unbedingt dieselbe ist wie die zwischen B und A (besonders an einem Abhang); daß eine Flüssigkeit in einem Glas A mehr wird, wenn man sie in ein schmäleres Glas B gießt, usw.

Mit ungefähr sieben bis acht Jahren beginnt hingegen eine dritte Periode, in der diese Probleme und viele andere leicht gelöst werden – dank der Tatsache, daß Verinnerlichung, Koordination und Dezentration zunehmen und in jenes allgemeine Gleichgewicht münden, das von der Umkehrbarkeit der Operationen bewirkt wird (Inversionen und Reziprozitäten). Mit anderen Worten, man kann die Entwicklung der Operationen beobachten: Vereinigungen und Scheidungen von Klassen, also die Grundlage der Klasseneinteilung; Verkettungen von Beziehungen $A < B < C < \ldots$, Grundlage der Reihenbildung; Synthese der Klasseninhalte und der Reihenfolge (worauf die Zahlen beruhen); räumliche Trennung und kontrollierte Verschiebungen sowie deren Synthese, die zum Maßbegriff führt, usw.

Doch diese mannigfachen entstehenden Operationen erstrecken sich erst über einen zweifach begrenzten Bereich. Einerseits beziehen sie sich vorläufig bloß auf Gegenstände und nicht auf Hypothesen, die verbal in Form von Aussagen ausgedrückt werden (deshalb die Nutzlosigkeit von Vorträgen in den ersten Volksschulklassen und die Notwendigkeit eines konkreten Unterrichts). Andererseits sind sie einstweilen nur zu recht kleinen Schritten fähig, im Gegensatz zu den künftigen kombinatorischen und »Aussagen«-Operationen, deren Spielraum weit größer sein wird. Diese beiden Beschränkungen sind ziemlich interessant und zeigen, inwiefern diese anfänglichen Operationen, die man als »konkret« bezeichnet, noch mit der Aktion verwandt sind, aus der sie sich ableiten: denn die Zusammenfassungen, Reihenbildungen, Vergleiche usw., die in der Gestalt materieller Aktionen vollzogen werden, weisen tatsächlich diese beiden Arten von Merkmalen auf.

Um das elfte, zwölfte Lebensjahr schließlich tritt eine vierte und letzte Periode auf, die ihr Gleichgewicht auf der Stufe der Adoleszenz findet. Ihr allgemeines Kennzeichen ist die Erschließung einer neuen Art des Überlegens, die sich nicht mehr ausschließlich auf unmittelbar vorstellbare Objekte oder Realitäten bezieht, sondern auch auf »Hypothesen«: das heißt auf Aussagen, aus denen die notwendigen Folgerungen gezogen werden könnnen, ohne daß über ihre Richtigkeit oder Falschheit entschieden werden müßte, ehe das Ergebnis überprüft ist. Man beobachtet also die Entwicklung der sogenannten »Aussagen«-Operationen zusätzlich zu den konkreten Operationen: Implikationen (»wenn … dann«), Disjunktionen (»entweder … oder«), Inkompatibilitäten, Konjunktionen usw. Und diese Operationen weisen zwei neue Merkmale auf. Erstens enthalten sie eine Kombinatorik, was bei den »Gruppierungen« von Klassen und Relationen der vorhergehenden Stufe nicht der Fall ist; diese Kombinatorik ist ohne weiteres auf Objekte oder physische Faktoren ebenso anwendbar wie auf Ideen und Aussagen. Zweitens bringt jede Aussagenoperation eine inverse und eine reziproke Komponente mit sich; so sind diese beiden bislang voneinander getrennten Formen der Umkehrbarkeit (die Inversion für die Klassifizierungen und die Reziprozität für die

Relationen) von nun an in einem Gesamtsystem vereint, das die Gestalt einer »Gruppe« von vier Transformationen hat.

T
32

T 33

Dietrich Dörner: Problemlösen als Informationsverarbeitung,

3. Aufl. Stuttgart: Verlag W. Kohlhammer 1987, S. 111–115 (Auszug).

6.3 Kognitive Operationen

[...] Weiter führt nach unserer Meinung ein Ansatz, der mehr phänomenal orientiert ist und aus der präzisen Beobachtung von Denkprozessen hervorging. Selz (1913) entwickelte als erster den Ansatz einer Lehre der kognitiven Prozesse, die über die assoziationstheoretische Position hinausreichte, z.T. in Auseinandersetzung mit den Lehren der späten Assoziationstheoretiker, besonders mit der Konstellationstheorie von G.E. Müller. Selz unterscheidet folgende elementare kognitive Prozesse:

1. Komplexreproduktion:

Vergleich eines sensorischen Eingangs mit einem gespeicherten Inhalt, z.B. Erkennen eines Reizes als »Stuhl«, wobei zugleich der Kontext »zum Sitzen«, »Möbelstück« usw. aktiviert wird.

2. Komplexergänzung:

Zu Teilen wird das zugehörige Ganze assoziiert. Das Wortfragment »Land..gsbr.cke« führt zu »Landungsbrücke«.

3. Schemaergänzung:

Konkretisierung eines abstrakten Suchbildes (»antizipatorisches Schema« in Selz' Redeweise). Man sucht z.B. einen Oberbegriff für »Rudern«. »Oberbegriff für Rudern« ist das »abstrakte Suchbild«, »Sport« dessen Konkretisierung.

4. Änderung eines Gedächtnisbildes *durch Abstraktion*, d.h. Entfernung bestimmter Merkmale aus einem Gedächtnisbild.

5. Änderung eines Gedächtnisbildes *durch Differenzierung*, d.h. Hinzufügung von Merkmalen (»Konkretisierung«).

6. Komplexbildung, d.h. Verknüpfung bislang nicht verbundener Gedächtnisinhalte zu einer neuen Einheit.

(Die angegebenen Namen stammen nicht von Selz, der seine elementaren Prozesse auch nicht listenmäßig angegeben hat. Die Prozesse 2 und 3 heißen bei Selz beide »Komplexergänzung« [...].)

[...] Es soll nicht untersucht werden, ob diese Liste tatsächlich erschöpfend ist, d.h. ob sich alle komplexen geistigen Prozesse als zusammengesetzt aus nur diesen Prozessen betrachten lassen. Der Unterschied der aufgezählten Prozesse zu dem undifferenzierten Assoziationsbegriff einerseits und zu den globalen und inhaltsleeren Wortmarken der faktorenanalytischen Intelligenzforschung andererseits ist wohl offensichtlich, und es ist kein Zufall, daß neuere Ansätze der Denk- und Gedächtnisforschung [...] in hohem Maße von Selz' Arbeit mittelbar oder unmittelbar beeinflußt sind [...].

Einen neueren Versuch findet man bei Lompscher [...].

Lompscher unterscheidet acht elementare geistige Operationen, nämlich:

1. Zergliedern eines Sachverhaltes in seine Teile

(Beispiel: Übergang von »Auto« zu »Rad«, »Karosserie« usw.) Diese Operation gibt Antwort auf die Frage: »Woraus besteht X?«

2. Erfassen der Eigenschaften eines Sachverhaltes

(Beispiel: Übergang von »Ball« zu »rund«, »elastisch« usw.) Diese Operation gibt Antwort auf die Frage: »Welche Merkmale hat X?«

3. Vergleichen von Sachverhalten hinsichtlich der Unterschiede und Gemeinsamkeiten

(Beispiel: »Kugelschreiber und Füllfederhalter sind beide zum Schreiben, beide sind stabförmig und meist ungefähr 10 cm lang. Der Kugelschreiber schreibt mit einer Füllung länger als der Federhalter, mit dem Federhalter schreibt es sich aber besser, und die Schrift wird ausdrucksvoller, weil Druckunterschiede sich in verschiedenen Strichstärken widerspiegeln...«)

4. Ordnen einer Reihe von Sachverhalten hinsichtlich eines oder mehrerer

Merkmale
(Beispiel: »Hans ist größer als Elli, Elli ist größer als Luise; Elli hat das hellste Haar, dann kommt Luise, dann Hans.«)

5. *Abstrahieren* als Erfassen der in einem bestimmten Kontext wesentlichen Merkmale eines Sachverhaltes und Vernachlässigen der unwesentlichen Merkmale
(Beispiel: »Im Hinblick auf seine Verwendung als Verpackungsmaterial ist ein Schuhkarton ziemlich klein, außerdem leicht verformbar, da seine Pappe nicht sehr stabil ist ...«)

6. *Verallgemeinern* als Erfassen der einer Reihe von Sachverhalten *gemeinsamen* und *wesentlichen* Eigenschaften
(Beispiel: »Straßenbahn und Eisenbahn sind beide motorgetrieben und schienengebunden.«)

7. *Klassifizieren* als Einordnung eines Sachverhalts in eine Klasse
(Beispiel:»Eine Straßenbahn ist ein Verkehrsmittel.«)

8. *Konkretisieren* als Übergang vom Allgemeinen zum Besonderen
(Beispiel: »Ein Beispiel für ein Verkehrsmittel ist die Straßenbahn.«)

Man wird leicht die Beziehungen dieser Liste zu der Liste der Selzschen Operationen entdecken. Nach Lompschers Auffassung realisieren diese Operationen jede geistige Tätigkeit [...]. Meist treten sie nicht isoliert, sondern als Komponenten komplexerer Prozesse auf. So besteht nach Lompscher [...] z.B. das Definieren durch Angabe von Oberbegriff und wesentlichem Unterscheidungsmerkmal (»Eine Straßenbahn ist ein motorgetriebenes, schienengebundenes Verkehrsmittel«) aus den Teilprozessen des Abstrahierens, Klassifizierens und Verallgemeinerns, wobei noch weitere Operationen hinzutreten.

Man kommt in der Tat erstaunlich weit, wenn man darangeht, geistige Prozesse in die Lompscher-Operationen zu zerlegen. So kann man zwanglos viele Teilprozesse der von uns dargestellten Lösungsprozeduren [...] als Lompscher-Operationen identifizieren. [...]

Lompscher [...] sieht die Operationen »Erfassen von Eigenschaften« und »Ausgliedern von Teilen« als Grundoperationen an, die »letztlich in allen anderen Operationen wiederkehren«. In der Tat setzt der Vergleich zweier Sachverhalte voraus, daß man Eigenschaften oder Teile dieser Sachverhalte kennt, um dann durch den Vergleich die gemeinsamen und unterschiedlichen Teile bzw. Eigenschaften ermitteln zu können. Falls also die Ausgliederung von Teilen und Eigenschaften nicht schon früher erfolgt ist, müssen diese Operationen *Teiloperationen* der Operation »Vergleichen« sein.

Ähnliches gilt für die Operation *Verallgemeinern*. Verallgemeinern bedeutet die Bildung eines abstrakten Sachverhaltbildes, welches nur diejenigen Eigenschaften aufweist, die allen Sachverhalten gemeinsam sind, für die die Verallgemeinerung erfolgt. Dieser Prozeß der Verallgemeinerung kann insgesamt ein recht komplizierter Prozeß sein. Verallgemeinern setzt selbst wieder den Prozeß des Vergleichens als *Teilprozeß* voraus, denn nur aufgrund eines Vergleichs der entsprechenden Sachverhalte können die gesuchten gemeinsamen Eigenschaften gefunden werden. Da Vergleichen wiederum oft das Ausgliedern von Teilen und Eigenschaften als Teilprozeß enthält, ist der Prozeß der Verallgemeinerung noch vielfacher zusammengesetzt als der Prozeß des Vergleichens.

Auch beim *Abstrahieren* wird vorausgesetzt, daß die Eigenschaften, von denen abstrahiert werden soll, von jenen getrennt werden können, die beibehalten werden sollen. D.h., das Ausgliedern von Eigenschaften ist Voraussetzung des Abstraktionsprozesses und muß, wenn die Ermittlung von Eigenschaften nicht schon vorher erfolgt ist, Teilprozeß des Abstraktionsprozesses sein.

Klassifizieren setzt voraus, daß ein Sachverhalt da ist, der klassifiziert werden soll und daß eine Reihe von Klassen zur Auswahl stehen, denen dieser Sachverhalt möglicherweise zuzuordnen ist. Diese Klassen sind durch bestimmte charakteristische Merkmale gekennzeichnet. Der Prozeß des Klassifizierens setzt somit voraus, daß die Eigenschaftsmenge des Sachverhalts bekannt ist, und daß ein Vergleich erfolgt zwischen der Eigenschaftsmenge des Sachverhalts und den Eigenschaftsmengen der Klassen. Der Sachverhalt fällt in diejenige Klasse, deren Eigenschaftsmenge nur solche Eigenschaften enthält, welche auch in der Eigenschaftsmenge des Sachverhalts vorkommen. Wiederum also erfordert eine Operation, nämlich hier das Klassifizieren, als Voraussetzung die Ausgliederung von Eigenschaften und enthält als Teilprozeß den Prozeß des Vergleichens.

Diese Erörterungen zeigen deutlich, daß die Lompscher-Operationen noch nicht die endgültige Antwort auf die Frage nach den Elementaroperationen des menschlichen Geistes sind. Die Lompscher-Operationen sind in schwer durchschaubarer Weise ineinander geschachtelt, setzen einander voraus und enthalten sich wechselseitig. Dies ist Lompscher durchaus klar. Er fordert eine detaillierte psychologische Analyse konkreter Operationen und sieht seine Darstellung der Wechselbeziehungen der Operationen nur als Annäherung an [...].

Wir sind allerdings nicht sicher, ob tatsächlich eine psychologische Analyse im traditionellen Sinne hier weiterhilft. Der Verhaltensbeobachtung ist das psychische Geschehen doch nur auf einem sehr groben Auflösungsgrund zugänglich, und auch die Selbstbeobachtung reicht hier nicht allzuweit. Man wird sich wahrscheinlich auf der Suche nach den elementaren Operationen auf »subpsychologisches« Gebiet begeben müssen und sich unter anderem fragen müssen, was nach der materiellen Struktur des Nervensystems als elementarer Prozeß in Frage kommt.

Wir haben hierzu einen Versuch unternommen und geprüft, ob man alle Teilprozesse eines Heurismus für interpolatives Problemlösen auf die elementaren Prozesse »aktivieren«, »hemmen«, »verknüpfen« und »entknüpfen« zurückführen kann. Das ist möglich [...]. Ob man aus diesen vier neurophysiologisch gut interpretierbaren Prozessen tatsächlich alle komplexeren geistigen Prozesse zusammensetzen kann, bleibt zu überprüfen.

T 34

Peter Nenninger/ Gunther Eigler/ Gerd Macke: Studien zur Mehrdimensionalität von Lehr-/ Lern-Prozessen,

Lernen wird hier als ein Geschehen gedacht, in dessen Verlauf sich Veränderungen in den Dimensionen Wissen – operative Handlungsmöglichkeiten – Motive simultan ergeben. [...]

Für das Lernen in bestimmten Inhaltsbereichen war es erforderlich, die operativen Vollzüge des Lerners, die in der Rahmenkonzeption sehr allgemein als auf Lernaufgaben gerichtete Lerntätigkeit gefaßt sind, als ein Operieren mit Informationen zu konkretisieren [...]: Operationen als kognitive Vollzüge sind auf informationshaltige Zustände gerichtet, sie verändern diese Zustände und erzeugen durch ihr Einwirken neue informationshaltige Zustände. Das bedeutet, daß die operativen Vollzüge des Lerners immer mit einer Abfolge von informationshaltigen Zuständen verbunden sind. Um diesen Zusammenhang begrifflich zu fassen, bot sich an, auf Ashbys Ansatz (Ashby, 1974) zur Präzisierung des Veränderungsbegriffs zurückzugreifen. Ashby unterscheidet zwischen den einwirkenden Faktoren, die Veränderungen erzeugen und die er Operatoren nennt, und den Veränderungen, die sie hervorrufen und die er in Form von Übergängen zwischen Zuständen zu fassen sucht: den Zustand, auf den der Operator einwirkt (also den Zustand vor dem Einwirken), nennt er Operand, denjenigen, der durch Einwirken des Operators aus dem Operanden entsteht (also den Zustand nach dem Einwirken), nennt er Transformierte. Die durch den Übergang 'Operand -> Transformierte', den er Transition (bzw. Transformation) nennt, definiert. Entsprechend dieser Vorstellung bietet es sich an, Operationen als Operatoren zu interpretieren, die auf informationshaltige Zustände einwirken, und ihr Wirksamwerden durch die Übergänge 'Operand -> Transformierte' zu fassen, die sie zwischen informationshaltigen Zuständen erzeugen. Dieser Ansatz zur Bestimmung von Operationen wird als 'Operand-Operator-Transformierte-Ansatz' (kurz: OOT-Ansatz) bezeichnet [...].

Ein Versuch, die operativen Vollzüge des Lerners mittels OOT-Ansatz zu beschreiben, erfordert dreierlei:

1. Informationstypen bzw. -klassen müssen als Zustände mit speziellem Informationsgehalt gefaßt werden und voneinander unterscheidbar sein;
2. Operationstypen bzw. -klassen müssen als spezielle Vollzüge charakterisiert werden, die Übergänge zwischen solchen Informationstypen bewirken, und
3. Informations- und Operationstypen müssen in Form von Matrizen bzw. in Form von Übergangs- und/oder Zustandsverkettungen miteinander verknüpfbar sein, damit die operativen Vollzüge des Lerners als Abfolge von Operationen beschrieben werden können. [...]

Hauptprinzip war dabei, daß durch Lehren das Handeln des Lerners in einer Weise angeregt und auf das Ziel des Lernens ausgerichtet werden muß, daß bestehende Handlungsvoraussetzungen des Lerners aktualisiert werden, in der Auseinandersetzung mit den Lernaufgaben umstrukturiert, erweitert, präzisiert, konsolidiert und dadurch in jene Form bzw. Ausprägung gebracht werden, die von den jeweiligen Lernzielen her sowohl hinsichtlich des Wissens als auch der Art der Operationen gesetzt ist.

Dazu ist

– hinsichtlich der informativen Komponente des Lernens zu beachten, daß Lerner beim Eintritt in einen Lehr-Lern-Prozeß vermutlich über prototypische Formen der Wissensrepräsentation verfügen, die in der Auseinandersetzung mit den Lernaufgaben zu systematischeren und vollständigeren Wissensrepräsentationen in Form semantischer Netzwerke auszubauen sind;

– hinsichtlich der operativen Komponente des Lernens zu berücksichtigen, daß Lerner anfangs vermutlich mehr global und unsystematisch operieren und daß ihr Operieren bei der Bearbeitung von Lernaufgaben zu systematischen und elaborierten Formen geführt werden muß;

– hinsichtlich der motivationalen Komponente des Lernens davon auszugehen, daß Lerner aufgrund der Ausprägung ihres allgemeinen Leistungsmotivs und ihres inhaltsspezifischen Motivs mit unterschiedlichen Erwartungen in den Lernprozeß eintreten und sich damit in unterschiedlicher Weise Ziele für ihr individuelles Lernen setzen.

Zusätzlich kann das Verhältnis von operativer und informativer Komponente des Lernens in unterschiedlicher Weise akzentuiert werden:
– zum einen in der Weise, daß durch Lehren neue Informationen dargeboten werden und der Lerner angeregt wird, diese Informationen im Lernhandeln mitvollziehend zu erfassen und bedeutungsvoll in seine Kognitive Struktur zu integrieren (Modell Ausubel);
– zum anderen derart, daß der Lerner durch Lehren zu selbständigem Lernhandeln angeregt wird mit dem Ziel, neue Informationen selbständig zu erzeugen (Modell Bruner).

T 35

Emil Durkheim: Erziehung und Soziologie,
Düsseldorf: Pädagogischer Verlag Schwann 1972, S. 30–31 (Auszug).

Wir kommen somit zu folgender Definition:
Erziehung ist die Einwirkung, welche die Erwachsenengeneration auf jene ausübt, die für das soziale Leben noch nicht reif sind. Ihr Ziel ist es, im Kinde gewisse physische, intellektuelle und sittliche Zustände zu schaffen und zu entwickeln, die sowohl die politische Gesellschaft in ihrer Einheit als auch das spezielle Milieu, zu dem es in besonderer Weise bestimmt ist, von ihm verlangen.

3. Folgerungen aus der vorangegangenen Definition: Der soziale Charakter der Erziehung

Aus der vorangegangenen Definition folgt, daß Erziehung in einer planmäßigen Sozialisation der jungen Generation besteht. In jedem von uns, so kann gesagt werden, existieren zwei Seinsweisen, die, obgleich sie gedanklich unterschieden werden können, sich nicht voneinander trennen lassen. Das eine Sein wird aus allen geistigen Zuständen gebildet, die sich nur auf uns selbst und auf die Ereignisse unseres persönlichen Lebens beziehen: dies könnte das individuelle Sein genannt werden. Die andere Seinsweise ist ein System von Ideen, Gefühlen und Gewohnheiten, die nicht unsere Persönlichkeit ausdrücken, sondern die Gruppe oder verschiedene Gruppen, denen wir angehören. Dies sind religiöse Überzeugungen, sittliche Grundsätze und Praktiken, nationale und berufliche Traditionen, kollektive Meinungen jeglicher Art. Ihre Gesamtheit bildet das soziale Sein. Dieses Sein in jedem von uns zu schaffen, ist das Ziel der Erziehung.

[...] Beachtet werden muß, daß nicht nur dieses voll ausgebildete soziale Sein in der primitiven Konstitution des Menschen nicht vorhanden ist, sondern daß es sich aus ihr auch nicht spontan entwickelt hat. Spontan war der Mensch nicht geneigt, sich einer politischen Autorität zu unterwerfen, eine moralische Disziplin anzuerkennen, sich hinzugeben und sich aufzuopfern. [...] Es ist die Gesellschaft selbst, die in dem Maße, in dem sie sich formte und festigte, aus sich selbst jene großen moralischen Kräfte gezogen hat, in deren Angesicht der Mensch seine Unterlegenheit spürte.

Läßt man aber nun die vagen und unbestimmten Tendenzen beiseite, die der Erbmasse zugeschrieben werden können, so bringt das Kind bei Eintritt ins Leben nur seine individuale Natur mit. Die Gesellschaft findet sich also selbst mit jeder neuen Generation im Angesicht einer 'tabula rasa', auf der sie aufbauen muß. Zu dem eben geborenen egoistischen und asozialen Sein muß sie so schnell wie möglich ein anderes Sein hinzufügen, welches fähig ist, ein sittliches und soziales Leben zu führen. Dies ist das Werk der Erziehung. Darin kann man ihre große Bedeutung ermessen. Sie ist nicht begrenzt auf die Entwicklung des individuellen Organismus in die durch die Natur angegebene Richtung und nicht begrenzt darauf, die verborgenen Möglichkeiten, die nur offenbart werden müssen, ans Licht zu bringen. Sie schafft im Menschen ein neues Sein.

T 36

Klaus Hurrelmann: Einführung in die Sozialisationstheorie. Über den Zusammenhang von Sozialstruktur und Persönlichkeit,
Weinheim/Basel: Beltz Verlag 1986, S. 14 und 158–160 (Auszug).

Begriffliche Festlegungen

a) Sozialisation

Im heute allgemein vorherrschenden Verständnis wird mit Sozialisation der Prozeß der Entstehung und Entwicklung der menschlichen Persönlichkeit in Abhängigkeit von und in Auseinandersetzung mit den sozialen und den dinglich-materiellen Lebensbedingungen verstanden, die zu einem bestimmten Zeitpunkt der historischen Entwicklung einer Gesellschaft existieren. Sozialisation bezeichnet den Prozeß, in dessen Verlauf sich der mit einer biologischen Ausstattung versehene menschliche Organismus zu einer sozial handlungsfähigen Persönlichkeit bildet, die sich über den Lebenslauf hinweg in Auseinandersetzung mit den Lebensbedingungen weiterentwickelt.

b) Persönlichkeitsentwicklung

Als Definitionsbestandteil von „Sozialisation" wird hier der Begriff „Persönlichkeit" verwendet. Mit Persönlichkeit wird das einem Menschen spezifische organisierte Gefüge von Merkmalen, Eigenschaften, Einstellungen und Handlungskompetenzen bezeichnet, das sich auf der Grundlage der biologischen Ausstattung als Ergebnis der Bewältigung von Lebensaufgaben jeweils lebensgeschichtlich ergibt. Als Persönlichkeitsentwicklung läßt sich die überdauernde und langfristige Veränderung wesentlicher Elemente dieses Gefüges im historischen Zeitverlauf und im Verlauf des Lebens bezeichnen.

c) Erziehung

Vom Begriff der Sozialisation wird in der heute vorherrschenden Verwendung der Begriff Erziehung deutlich abgesetzt. Erziehung ist ein begriffslogisch dem Begriff Sozialisation untergeordneter Begriff, der die Handlungen und Maßnahmen bezeichnet, durch die Menschen versuchen, auf die Persönlichkeitsentwicklung anderer Menschen Einfluß zu nehmen, um sie nach bestimmten Wertmaßstäben zu fördern. Erziehung bezeichnet nur einen Teil derjenigen gesellschaftlich vermittelten Einflüsse auf die Persönlichkeitsentwicklung, die unter den Begriff Sozialisation fallen, nämlich die bewußten und geplanten Einflußnahmen.

[...]

a) Mit dem Begriff „Verarbeitung der äußeren Realität" wird das Ergebnis der Aneignung von und Auseinandersetzung mit den Lebensbedingungen bezeichnet. Die soziale und gegenständliche Umwelt wird nach Objekten, Interaktionsabläufen, Werten, Normen und Deutungsmustern und nach dem Beziehungsgefüge zwischen diesen Einzelkomponenten mit den Sinnen aufgenommen, eingeordnet, bewertet und interpretiert, in Vergleiche einbezogen, erneut eingeordnet, bewertet und interpretiert, sowohl auf der kognitiven wie der affektiven Ebene, und schließlich mit den eigenen Bedürfnissen und den eigenen Handlungsplänen erneut abgestimmt. Um die Verarbeitung vornehmen zu können, sind bestimmte grundlegende Fertigkeiten und Fähigkeiten im sensorischen, motorischen, affektiven, kognitiven und interaktiven Bereich des Verhaltens und Handelns notwendig. *Jeder Vorgang der Aneignung und Auseinandersetzung verändert diese Fertigkeiten und Fähigkeiten zugleich und entwickelt sie weiter. Mit dem Begriff der Verarbeitung ist also zugleich auch immer ein „Arbeiten an sich selbst" gemeint, wobei die Eindrücke und Erfahrungen mit den zurückliegenden Kenntnis- und Wissensbeständen, Erlebnissen und Beobachtungen in Einklang zu bringen sind.*

b) Jeder Mensch hat das Bestreben, die in ihm angelegten Kräfte und Fähigkeiten zu entfalten und in die selbständige Verfügbarkeit zu nehmen. Im Prozeß der Aneignung der äußeren Realität und ihrer produktiven Verarbeitung werden die eigenen Fertigkeiten und Fähigkeiten zugleich entdeckt, entwickelt, weiterentwickelt und gefestigt. Im Verlauf der Persönlichkeitsentwicklung kommt es zu einem fortschreitenden Beherrschen dieser Fertigkeiten und Fähigkeiten, die es ermöglichen, eine zunehmend differenzierte Aufnahme und Beobachtung der konkreten situativen Gegebenheiten der Umwelt vorzunehmen und sich den Lebensbedingungen in angemessener Weise anzupassen, zugleich ein wachsendes Verstehen der Zusammenhänge von Ereignissen und Strukturen der Umwelt zu erwerben und eine fortschreitende Fähigkeit zur Gestaltung und Beherrschung der äußeren Realität zu entwickeln.

Der Prozeß der Aneignung und Auseinandersetzung mit der äußeren Realität ist ein lebenslang anhaltender Prozeß, doch er hat besonders markante Abschnitte in der Kindheits- und Jugendphase. Ein Kind erweitert seine Bezugswelt durch fortdauerndes Aneignungsverhalten, durch sinnliches Begreifen und Ergreifen, durch Aufnahme und Imitation von Interaktionsformen der Bezugsperson, durch Interpretation der Situation und durch Abbildung komplexer Strukturen der äußeren Realität. In späteren Entwicklungsschritten eignet es sich die weiter entfernt liegenden Zonen der Umwelt an, die durch gesellschaftliche Bedeutung, Normen, Werte, Einstellungen und gesellschaftliche Institutionen und ihre Handlungserwartungen gegeben sind.

Einen optimalen Verlauf nimmt die Persönlichkeitsentwicklung, wenn in jeder Lebenssituation und in jeder aktuellen Handlungssituation ein Arrangement mit den Bedingungen der äußeren Realität möglich ist, das im Einklang mit den persönlichen Bedürfnissen und Interessen eines Menschen steht. Voraussetzung hierzu sind Fertigkeiten und Fähigkeiten, die nicht nur eine Verarbeitung der äußeren Realität, sondern auch ihre Bearbeitung ermöglichen.

c) Prozesse der Aneignung und Auseinandersetzung mit der äußeren Realität können nicht allein durch Mechanismen erklärt werden, die innerhalb der Person verankert sind. Vielmehr müssen die konkreten Strukturen der äußeren Realität in die Analyse einbezogen werden. *Fertigkeiten und Fähigkeiten verändern sich nicht nur wegen alters- oder lebensphasenspezifisch sich wandelnder Verarbeitungskapazitäten eines Menschen, sondern auch wegen der sich verändernden sozialen und materiellen Lebensbedingungen in lebenszeitlicher und historischer Perspektive.* Nur über Interaktion und Kommunikation mit anderen Menschen können Interpretationen der äußeren Realität und Bedeutungszuschreibungen vorgenommen werden. Der Verarbeitungsprozeß ist abhängig von persönlichen Merkmalen und Dispositionen wie auch von Merkmalsstrukturen der äußeren Umwelt, wie sie im vorigen Kapitel dargestellt wurden.

d) Im handlungstheoretischen Verständnis, das dieser Arbeit zugrunde liegt, können die Fähigkeiten und Fertigkeiten, die Voraussetzungen für soziales Handeln sind, nur über einen symbolisch vermittelten Prozeß der Interaktion von Menschen miteinander verstanden werden, der sich über wechselseitige Interpretationen von sozialen Situationen vollzieht. Der Austausch von Situationsdefinitionen kommt nur zustande, wenn die Partner der Interaktionen fähig und bereit sind, sich gegenseitig in ihre soziale Lage zu versetzen und diese Perspektivenübernahme als Ausgangspunkt für das eigene Handeln anzuerkennen. *Als Ergebnis des sozialen Austausches und der sozialen Kommunikation kann der Aufbau von komplexen Fähigkeiten und Fertigkeiten verstanden werden, die das eigene Handeln in verschiedenen Situationen angemessen und im Einklang mit den eigenen Interessen und Bedürfnissen steuern.* Handeln ist die intentionale und tätige Verwirklichung von Zielen, die aus der Wahrnehmung der Situation, der Zielorientierung und der Konzeption der Mittel zur Erreichung der Ziele entsteht.

T 37

Niklas Luhmann: Soziale Systeme. Grundriß einer allgemeinen Theorie,
2. Aufl. Frankfurt a.M.: S. 280–282 (Auszug).

Sozialisation kommt ohne besondere Aufmerksamkeitsanforderungen durch Mitleben in einem sozialen Zusammenhang zustande. Sie setzt Teilnahme an Kommunikation voraus, und zwar speziell die Möglichkeit, das Verhalten anderer nicht nur als Faktum, sondern als Information zu lesen – als Information über Gefahren, über Enttäuschungen, über Koinzidenzen jeder Art, über Realisation eines Bezugs auf soziale Normen, über das in einer Situation Angemessene. [...] Erziehung dagegen benutzt die Reduktion auf Handlung, um etwas zu erreichen, was die Koordination einer Vielzahl von Bemühungen voraussetzt, also nicht den Zufällen sozialisierender Ereignisse überlassen werden kann. Nur als Erziehung kann die Sozialisation in ein Input/Output-Schema gebracht werden. Man definiert die Zustände oder Verhaltensweisen, die man erreichen möchte, würdigt die Ausgangslagen (Reifegrad, Begabung, Vorkennntnisse) als Bedingungen und wählt die pädagogischen Mittel, um das, was nicht von selbst geschieht, dennoch zu erreichen. Der Riesenaufwand von Interaktion und Organisation von Unterrichtssituationen, Schulklassen, Schulsystemen ist nur die Ausformulierung dieses Prinzips. [...]

Ein Hinausgehen über bloße Sozialisation und über bloße ad hoc-Erziehung scheint in allen komplexeren Gesellschaften unausweichlich zu sein. Nur so können Kenntnisse und Fähigkeiten reproduziert werden, die nur durch lange Sequenzen koordinierter Einzelschritte erworben werden können. Nur so sind Prozesse der Spezialisierung und der auf Spezialisierung gegründeten Verteilung auf Rollen möglich. Das ist geläufig. Und ebenso geläufig ist eine Kritik der Lebensfremdheit von Schulen und der Unbrauchbarkeit des gelernten Wissens. Die Kritik richtet sich aber primär auf die Auswahl der Lehrpläne, auf politische Eingriffe, auf die Kultusbürokratie und neuerdings auf den auch hier wirksamen Kapitalismus. Sie müßte viel fundamentaler ansetzen, denn sie zielt auf die Folgeprobleme der Intentionalisierung der Erziehung selbst. Vor allem müßte stärker beachtet werden, daß eine pädagogisch stilisierte Handlung selbst wieder Kommunikation eben dieser Absicht wird. Dadurch wird eine Art Sekundärsozialisation im pädagogischen Kontext unausweichlich. Das Handeln tritt mit seinen Absichten, seinen Idealen, seinen Rollenzwängen ins System ein und wird im System erlebt und beurteilt. [...] Die Erziehung strebt einen Output an. Sie beurteilt die vorliegenden Bedingungen wie Begabung, Vorkenntnisse, Schuldisziplin. Sie variiert die pädagogischen Mittel, um zur Wirkung zu kommen, in der Hoffnung auf Erfolg. Aber all das hat Sozialisationseffekte im System, die sich der Berechnung entziehen [...]. Sie transformieren Gleichheit in Ungleichheit. Sie motivieren und demotivieren. Sie schließen Erfolgserfahrungen an Erfolgserfahrungen und Mißerfolgserfahrungen an Mißerfolgserfahrungen an. Sie begünstigen Einstellungen, die es ermöglichen, speziell mit Erziehern, Lehrern, Schulen und Schulklassen zurechtzukommen.

T 38

Robert Dreeben: Was wir in der Schule lernen,

Frankfurt a.M.: © Suhrkamp Verlag 1980, S. 62–83 (Auszug).

Unabhängigkeit

Eine Antwort auf die Frage: ›Was wird in der Schule gelernt?‹, lautet: die Schüler lernen anzuerkennen, daß es Aufgaben gibt, die sie allein tun müssen – und entsprechend zu handeln. Mit dieser selbst auferlegten Verpflichtung geht die Vorstellung einher, daß andere ein legitimes Recht haben, solch unabhängiges Verhalten unter bestimmten Umständen zu erwarten. [...] Das Wort Unabhängigkeit hat eine allgemein anerkannte, wiewohl nicht eindeutige Bedeutung. Wenn ich es hier verwende, so will ich damit ein ›Cluster‹ von Bedeutungen bezeichnen: von sich aus etwas tun, Selbstvertrauen haben, persönliche Verantwortung für das eigne Verhalten akzeptieren, selbständig handeln [...] und Aufgaben verrichten, bei denen man unter verschiedenen Umständen mit Recht die Hilfe anderer erwarten kann. In der Schule ist der Schüler von den Familienmitgliedern getrennt, die ihm für gewöhnlich Hilfe, Unterstützung und Zuspruch bieten – Personen also, von denen er seit jeher abhängig ist. [...]

Eltern erwarten von ihren Kindern in mancherlei Situationen unabhängiges Handeln, aber der Lehrer erwartet vom Schüler ganz systematisch, daß er bei der Ausführung der schulischen Aufgaben den Standard der Unabhängigkeit einhält. Daneben gibt es mindestens zwei Aspekte des Schulbetriebs, die unmittelbar die Norm der Unabhängigkeit betreffen: Regeln gegen das Mogeln und formale Prüfungen. [...] Wir bezeichnen also solche Handlungsweisen als Mogeln, die eng an die Unterrichtsziele der Schule gebunden sind und bei denen eine Leistung mit Hilfe anderer erfolgt, während eine Leistung ohne fremde Hilfe erwartet wird. [...]

Die Ironie beim Mogeln in der Schule liegt nun darin, daß die gleichen Handlungen in anderen Situationen als moralisch akzeptabel und sogar empfehlenswert gelten. Es ist lobenswert, wenn ein Freund einem anderen in seinem Kummer hilft oder wenn die Eltern dem Kind beistehen; und wenn jemandem die Informationen fehlen, eine Arbeit zu verrichten, dann gehört es sich, daß der andere einspringt. Tatsächlich sind viele schulischen Aktivitäten, die wir als Mogeln bezeichnen, geläufige Formen der Hilfe und Unterstützung in der Familie und zwischen Freunden. [...]

Was die Tests betrifft, und besonders die Verwendung von Leistungstests, so sind die sozialen Bedingungen für die *Abhaltung* von Tests, nicht aber deren Inhalt oder Umfang für die Entwicklung von Unabhängigkeit besonders wichtig. Im großen und ganzen werden die Schüler unter mehr oder minder rigoros kontrollierten Bedingungen getestet. [...]

Die Prüfungen sind eine Methode, die Norm der Unabhängigkeit zu etablieren [...]

Leistung

[...] Er [der Begriff der „Leistung"] bezeichnet für gewöhnlich Aktivität und Beherrschung, die aktive Beeinflussung der Umwelt statt ihrer fatalistischen Hinnahme, sowie den Wettbewerb gemäß irgend einem Standard der Auszeichnung. Analytisch ist der Begriff der Leistung vom Begriff der Unabhängigkeit zu scheiden, denn abgesehen von anderen Unterschieden können Leistungskriterien auch auf kollektiv verrichtete Aktivitäten angewandt werden. [...]

Die Schulklasse ist um eine Reihe von Kernaktivitäten herum organisiert, bei denen der Lehrer den Schülern Aufgaben zuweist und die Qualität ihrer Arbeiten beurteilt und vergleicht. Im Lauf der Zeit unterscheiden die Schüler sich danach, wie gut sie die verschiedenen Aufgaben ausführen, von denen die meisten den Gebrauch symbolischer Fähigkeiten verlangen. [...]

Die unmittelbare Bedeutung der Schularbeit als Aufgabenerfahrung, die nach Leistungskriterien beurteilt wird, ist beinah selbstevident. Diese Erfahrung ist eingelagert in die Sequenz: Zuweisung – Ausführung – Beurteilung, wie sie für die Arbeit kennzeichnend ist. Weniger evident aber ist die Tatsache, daß diese Aktivitäten den Schüler zwingen, sich mit verschiedenen Graden von Erfolg und Mißerfolg auseinanderzusetzen, die durchaus psychologisch problematisch sein können. [...] Die Schule bietet also den meisten Schülern die Erfahrung, gelegentlich zu gewinnen und gelegentlich zu verlieren, und in dem Maß, wie sie aus ihren schulischen Aktivitäten eine gewisse Gratifikation beziehen, lehrt die Schule sie, ihre Arbeit in einer zu Leistungserfolg führenden Geisteshaltung anzulegen. Gleichzeitig lernen sie in vielfältiger Weise, mehr und minder gut mit Erfolg und Scheitern fertigzuwerden. [...]

Die Schule bietet ein weiteres Spektrum von Leistungserfahrungen als die Familie, aber sie hat auch weniger Mittel, um die Selbstachtung des Schülers im Fall des Versagens zu schützen und zu unterstützen. [...]

Universalismus und Spezifität

Anders als Unabhängigkeit und Leistung, gelten Universalismus und Spezifität für gewöhnlich nicht als gute Sache. Eltern und Lehrer ermahnen die Kinder, unabhängig zu handeln und ihre Arbeit gut zu tun; nur wenige nähren die Vorstellung, daß der Mensch bereitwillig seine Ähnlichkeit mit anderen hinsichtlich spezifischer Kategorien anerkennen solle, während er deren offenkundige Unterschiede ignoriert; in gewissem Sinne heißt dies, die eigene Individualität leugnen. [...]

Die Norm der Spezifität wird leicht mit jener der Universalität verwechselt, obwohl sie sich von ihr unterscheidet. Sie bezieht sich auf die Breite des Interesses, das eine Person an einer anderen nimmt; auf die Verpflichtung, ihr Interesse auf ein enges Spektrum von Merkmalen und Belangen zu beschränken oder es so zu erweitern, daß es ein breites Spektrum umfaßt. [...] Der Begriff der Relevanz ist implizit; die Merkmale und Belange, die im Spektrum enthalten sein sollten – egal ob breit oder eng –, sind jene, die hinsichtlich der Aktivitäten, in welche die betreffenden Personen involviert sind, als relevant erachtet werden. Ärzte und Ladeninhaber zum Beispiel unterscheiden sich hinsichtlich des Interesses, das sie an Personen nehmen, die ihre Dienste in Anspruch nehmen, aber der Inhalt ihres Interesses variiert auch je nach der Art der Bedürfnisse und Wünsche dieser Personen.

Ich behaupte nun, daß es entscheidend darauf ankommt, was die Schule bei den Kindern bewirkt, damit diese die Normen, die viele Bereiche des öffentlichen Lebens durchdringen, anerkennen; denn die vorschulische Erfahrung der Kinder in der Familie ist stark durch die besondere Behandlung des Kindes durch die Eltern und durch elterliche Rücksichtnahme geprägt. Wenn man sagt, daß Kinder die Norm des Universalismus lernen, dann bedeutet dies, daß sie es akzeptieren, von anderen als Mitglieder von Kategorien behandelt zu werden (neben ihrer Behandlung als Sonderfälle, wie z.B. in der Familie).

Kategorisierung

[...] Eine solche Erfahrung ist die systematische Einführung und Abgrenzung von Mitgliedschaftskategorien. Erstens: indem der Lehrer allen Schülern in einer Klasse gleiche oder ähnliche Aufgaben aufgibt, konfrontiert er sie praktisch mit den gleichen Anforderungen. Selbst wenn es Unterschiede im Inhalt der Aufgabe gibt, sind die Mitglieder der Klasse doch dem gleichen Lehrer und den von ihm auferlegten Pflichten ausgesetzt. Zweitens: die Altersparität schafft einen Zustand der Homogenität hinsichtlich der Entwicklungsstufe, wobei eine ungefähre Gleichsetzung der Fähigkeiten der Schüler es dem Lehrer ermöglicht, ihnen ähnliche Aufgaben zuzuweisen. Drittens: durch den Prozeß der alljährlichen Versetzung in die nächste Klasse überschreiten die Schüler die Grenzen, die eine Alterskategorie von der nächsten trennen. Mit der Sukzession solcher Grenzüberschreitungen stellt sich das Wissen ein, daß jede Alterskategorie mit bestimmten Umständen verbunden ist (z.B. Lehrer, Schwierigkeit der Aufgaben, unterrichtete Fächer). Außerdem lernen die Schüler, die Beziehungen zwischen den Kategorien sowie das Verhältnis ihrer gegenwärtigen Position zu früheren und zukünftigen Positionen kennen, da sie den Übergang zwischen diesen erfahren haben. Auf diese Weise bietet die Klasse (spezifischer: die Klasse innerhalb des Altersjahrgangs) mit ihrer altersmäßig homogenen Mitgliedschaft und ihren klar gezogenen Grenzen eine Basis für die kategoriale Gruppierung, welche die Familie nicht wiederholen kann. Und was das wichtigste ist, die Erfahrung in einer Gruppe von Altersgleichen und der wiederholten Grenzüberschreitung ermöglicht es den Schülern, einen Blick für die Relativität aller Dinge zu entwickeln, nämlich die Fähigkeit, ihre eigene Situation aus anderem Blickwinkel als ihrem eigenen zu betrachten. [...] Die Schule [...] schafft die geeignete Situation, um Vergleiche zwischen den Schülern in kategorialen, nicht in partikularen Begriffen anzustellen.

[...] Sie [die Schüler] entdecken, daß sie bei einer Vielzahl von Aktivitäten gleich behandelt werden und daß sie relativ einheitlichen Anforderungen und Bewertungskriterien ausgesetzt sind. Dadurch lernen sie, welche unterschiedlichen Erfahrungen dem Prinzip der Kategorisierung unterworfen sind. Die Elementarschulklasse, in der meist ein und derselbe Lehrer mehrere Fächer unterrichtet, bietet nicht die notwendige Abwechslung der Personen und Fächer, um ein eindeutiges Beispiel für das Prinzip der Kategorisierung abzugeben.

Personen und Positionen

Wiewohl die Idee der Kategorisierung wesentlich für die Norm der Universalität ist, hat sie zusätzliche, abgeleitete Aspekte. Einer davon ist die wichtige, in Industriegesellschaften allgemein gültige Unterscheidung zwischen der Person und der sozialen Position, die sie einnimmt. Von den Individuen wird oft erwartet, daß sie einander gemäß ihrer sozialen Position behandeln, statt auf ihre individuelle Identität einzugehen. Die Schule fördert die Fähigkeit, diese Unterscheidung zu treffen (und übt auch die Verpflichtung ein, dies zu tun), indem sie den Schülern Gelegenheit gibt, zu entdecken, daß verschiedene Individuen, die ein und dieselbe soziale Position einnehmen, sich häufig in einer Weise verhalten, die mehr mit der Position als mit der jeweiligen Person zu tun hat, die diese einnimmt. [...] Erwachsene Männer und Frauen finden sich sowohl in der Schul- als auch in der Familiensituation. In der Schule kann der Schüler entdecken, daß eine wachsende Zahl verschiedener Erwachsener beiderlei Geschlechts die gleiche Position, nämlich die des ›Lehrers‹ einnehmen kann. Diese Entdeckung läßt sich in der Familie nicht sogleich machen, weil es dort unmöglich ist, definitiv festzustellen, ob ›Eltern‹ zwei Positionen bedeutet, die eine von einem Mann, die andre von einer Frau eingenommen, oder aber eine einzige Position, eingenommen von zwei Personen verschiedenen Geschlechts. [...]

Spezifität

Die strukturellen Arrangements, die die Schule bietet, führen eher als jene der Familie zur Übernahme der Norm der Spezifität: Erstens: da die Personenstärke und das Verhältnis zwischen Erwachsenen und Nicht-Erwachsenen in der Schulklasse viel größer ist als in der Familie, bietet die Schule große soziale Aggregate, und in diesen können Schüler (neben ihren engeren Freundschaften) viele beiläufige Verbindungen eingehen, in die sie nur einen kleinen Teil ihrer selbst investieren. Da Umfang und Heterogenität der Schülerschaft auf jeder der folgenden Schulstufen zunehmen, nehmen auch die Gelegenheiten zu solchen, etwas fragmentarischen Sozialkontakten und deren Vielseitigkeit zu. Die relative Leere und Flüchtigkeit dieser Beziehungen macht es wahrscheinlich, daß die Schüler Erfahrungen haben werden, in denen ihre volle Individualität *nicht* beteiligt ist, wie es meist in ihren Beziehungen mit Verwandten und engen Freunden der Fall ist.

Zweitens: wenn die Schüler die Elementarschule verlassen und die Fachzweige der Sekundarstufe durchlaufen, haben sie es mit Lehrern zu tun, die ein immer engeres und spezialisierteres Interesse an ihnen nehmen. (Und zwar deshalb, weil sowohl die Spezialisierung der Fächer als auch die Zahl der Schüler, die jeder Lehrer im Lauf des Tages unterrichtet, zunimmt.)

T 39

Klaus Ulich: Schulische Sozialisation,

in: Klaus Hurrelmann/Dieter Ulich (Hrsg.): Neues Handbuch der Sozialisationsforschung, 4., völlig neu bearb. Aufl. Weinheim/Basel: Beltz Verlag 1991, S. 382–389 (Auszug).

3. Sozialisationsfelder und -wirkungen der Schule

3.1 Schulsystem, Schulorganisation, Schulklima

[...] Korrelationen des Klimas mit Aspekten der Schülerpersönlichkeit stehen bei Pekrun (1985; 1983, 578) im Vordergrund: Das schulische und – weniger eng – allgemeine Fähigkeits-*Selbstkonzept* der Schülerinnen und Schüler ist mit der wahrgenommenen Unterrichtsanstrengung und Unterstützung der Lehrer gekoppelt und mit der erlebten Kooperation und Affiliation zwischen Schülern (r bis .33). Dieselben Klimavariablen korrelieren bis .75 mit dem jeweiligen sozialen *Selbstkonzept* und stehen auch mit dem *allgemeinen* Selbstwertgefühl in einem positiven Zusammenhang, ein Anzeichen für die schulübergreifende Bedeutung (Auswirkung?) des Klimas. [...] Es [das wahrgenommene Lehrerverhalten (Lenkung, Eingehen auf und Kooperation mit Schülern)] erweist sich weiter als wesentlicher Faktor der Schulzufriedenheit, die außerdem mit Streßerfahrungen negativ und mit der Unterstützung durch Mitschüler positiv korreliert (Eder 1986) [...]. Bei negativ erlebter Schulumwelt tendieren die Schülerinnen und Schüler vor allem zu einer Funktionalisierung ihrer Beziehungen zu Lehrern und Mitschülern („Beziehungsmanagement"), bei einem günstigen Klima zeigen viele ein „demonstratives Engagement" gegenüber Lehrern. [...]

3.2. Schüler-Schüler-Beziehungen

[...] Der festgelegte organisatorische Rahmen der Schulklasse als eine weitgehend altershomogene Zwangsgruppierung [...] begrenzt allerdings die Möglichkeiten der Beziehungsgestaltung ziemlich stark.

Schüler-Schüler-Beziehungen sind gerade heute wesentlich vom Leistungs- und *Konkurrenzprinzip* bestimmt: Der – vom Lehrer vorgenommene – soziale Leistungsvergleich und die Knappheit guter Noten machen die Schulklasse zum wirksamsten Erfahrungsfeld von Konkurrenz. Innerhalb der vorgegebenen Konkurrenzstruktur versuchen die Schülerinnen und Schüler positive (Freundschafts-)Beziehungen herzustellen und miteinander solidarisch zu handeln (Furtner-Kallmünzer & Sardei-Biermann 1982, 42). Inwieweit dies faktisch gelingt, hängt von der Position des Schülers in der Leistungshierarchie der Klasse und von der Anpassung gegenüber den schulischen Normen ab; sowohl gute, stark konkurrenzorientierte, und besonders schlechte Schülerinnen und Schüler als auch solche, die sich den Lehrererwartungen strikt konform verhalten, geraten in Beziehungskonflikte mit den Mitschülern und häufig in eine Außenseiterrolle [...]

Wie eng die Schüler-Schüler-Beziehungen und ihre sozialisatorischen Konsequenzen mit der affektiven *Lehrereinstellung* zum einzelnen Schüler zusammenhängen, kann besonders deutlich an der Grundschule demonstriert werden (kaum Fachlehrerprinzip). Petillon (1982, 326) ermittelt bei fast 6000 Schülerinnen und Schülern aus vierten Klassen bemerkenswerte Unterschiede zwischen den aus Lehrersicht unbeliebten und den beliebten Kindern: Die unbeliebten fühlen sich weitaus häufiger von den Mitschülern abgelehnt und isoliert, erleben mehr Schadenfreude der anderen bei negativen Lehrerreaktionen und haben einen niedrigeren soziometrischen Wahlstatus; die beliebten Schülerinnen und Schüler machen also in ihren Beziehungen zu Mitschülern eindeutig positivere Erfahrungen. Vermutlich verstärken sich hier schulart- und altersbedingte Einflüsse. [...]

Unbefriedigende Sozialbeziehungen treten jedenfalls mit vermehrtem Konkurrenzdruck und Mangel an Solidarität auf – offensichtlich ein kompliziertes Wechselverhältnis, das für die sozialen Erfahrungen der Schülerinnen und Schüler konstitutiv und für viele von ihnen auch belastend ist. Das Ausbalancieren zwischen den Kokurrenz- und den Gemeinschaftsnormen (Furtner-Kallmünzer & Sardei-Biermann 1982, 49) stellt sich als zentrale Schwierigkeit und zugleich Aufgabe für die Beziehungen der Schüler dar. Ob dies auch die *Identitätsentwicklung nach* der Schulzeit beeinflußt, ist empirisch noch nicht geklärt (Pekrun 1985, 242).

3.3. Lehrer-Schüler-Beziehungen

[...] Obwohl ich hier nicht die soziale Konstruktion der Lehrer-Schüler-Interaktion erläutern kann (K. Ulich 1983, 73), muß ihr sozialisatorisches Hauptelement formuliert werden: Aus den gesellschaftlichen Aufgaben von Schule (Fend 1980, 13) resultiert eine grundsätzliche asymmetrische Interaktionsstruktur, d.h. vor allem eine sehr ungleiche *Machtverteilung*. Schülerinnen und Schüler befinden sich gegenüber Lehrern in einer klar untergeordneten, in einer Abhängigkeitsrolle (Furtner-Kallmünzer & Sardei-Biermann 1982, 33; Hurrelmann 1983, 52). [...] Jahrelange Erfahrungen in dieser Rolle tragen zu einer Internalisierung von Hierarchiestrukturen bei, die für andere gesellschaftliche Bereiche (Arbeit, Politik) durchaus funktional ist.

Empirische Ergebnisse vor allem aus qualitativen Studien ermöglichen Aufschluß darüber, welche *Probleme* Schülerinnen und Schüler in der Beziehung zu Lehrern erfahren. In Intensivinterviews mit Sekundarschülern kristallisieren sich vier Bereiche heraus (Holtappels 1987, 133):

- das Lehrer-Schüler-Verhältnis wird als *versachlichte* Beziehung, bestimmt von formalen Erfordernissen der Schule, und somit wenig persönlich erlebt;
- Schülerinnen und Schüler spüren deutlich *die Lehrermacht* bei der Durchsetzung von Situationsdefinitionen und Entscheidungen;
- Erwartungen der Lehrer und ihre Formen der sozialen Kontrolle erfahren die Schüler überwiegend als *restriktiv*;
- beim pädagogischen Engagement der Lehrer wird vor allem das mangelnde Eingehen auf schwächere und auffällige Schüler kritisiert.

Ähnliche Problemfelder erbringen die Gruppendiskussionen von Furtner-Kallmünzer und Sardei-Biermann (1982, 34). Danach ist die Beziehung zu Lehrern aus der Schülersicht in zweifacher Weise als *ambivalent* zu kennzeichnen: Einerseits legen die Schüler Wert auf Gleichberechtigung und demokratische Entscheidungen, andererseits erwarten sie von den Lehrern Autorität und Durchsetzungsfähigkeit; einerseits möchten die Schüler eine persönliche, je individuelle Beziehung zu Lehrern, andererseits wollen sie gleich und gerecht behandelt werden – für die Lehrer eine offenkundig schwer zu lösende Erwartungsdivergenz [...]

Lehrerinnen und Lehrer kategorisieren und typisieren ihre Schüler aus wahrnehmungspsychologischen Gründen und nach berufsspezifischen Erfordernissen (Beurteilung); ihr Schülerbild ist eine wesentliche Determinante ihres Verhaltens gegenüber den Schülern. Als zentrale Dimensionen der *Typisierung* fungieren (die schulinstitutionellen Anforderungen an) Leistung und Konformität der Schüler (Petillon 1987, 82; K. Ulich 1980, 489). Entsprechend dem vom Lehrer zugeschriebenen Leistungs- und Konformitätsstatus lassen sich verschiedene Schülertypen und analoge Interaktionsmuster bilden, die z.T. auch empirisch bestätigt sind (Petillon 1987). Kurz zusammengefaßt, nach Ergebnissen von Petillon (1982, 302): Leistungsstarke *und* konforme Schülerinnen sind bei Lehrerinnen und Lehrern am beliebtesten, werden häufiger gelobt, freundlich behandelt und in ihren Persönlichkeitseigenschaften günstig beurteilt (für leistungsschwache *und* wenig konforme gilt jeweils das Gegenteil); die Zwischentypen unterscheiden sich dadurch, daß Lehrer die leistungsschwachen *und* konformen (im Vergleich mit den leistungsstarken und weniger konformen) lieber mögen, ihnen mehr Zuwendung und Hilfen geben und sie gezielt verstärken. Bei aller Problematik solcher Typologien wird doch sichtbar, wie nachhaltig schulische Verhaltensstandards – vermittelt über Lehrerwahrnehmung und -urteile – die Qualität der sozialen Beziehungen beeinflussen.

3.4. Kommunikationsprozesse und Lerninhalte im Unterricht

[...] Schulisches Lernen ist also durch eine klare *inhaltliche Distanzierung* gekennzeichnet: Die Lerngegenstände haben wenig bis nichts mit dem außerschulischen Leben zu tun, und der Unterricht wird von den Lehrern (auch) inhaltlich bestimmt, während die Schüler sich passiv und reaktiv verhalten (Sardei-Biermann 1985, Hagstedt 1980).

Es bleibt die – fast schon rhetorische – Frage, warum Schüler sich dann überhaupt die Lerninhalte aneignen. Sie lernen die Gegenstände unabhängig von ihrem aktuellen Lebensbezug, weil das Lernen an sich, also vor allem die Gedächtnisleistung, belohnt wird (Oerter 1985). Ihre *Motivation* ist nicht (oder nur selten) inhaltlich, sondern auf *Leistung* orientiert; (gute) Noten werden zum Hauptanlaß und -ziel der Lernbemühungen (Hildebrand-Nilshon 1980; Furtner-Kallmünzer & Sardei-Biermann 1982, 26; vgl. 3.5.). Genau darin, nämlich in der Forderung und Förderung einer abstrakten, eben inhaltsunabhängigen, Leistungsbereitschaft, liegt der wahrscheinlich wichtigste Sozialisationseffekt von Schule. Gewissermaßen als Nebenfolge tritt im Verlauf der Schulzeit ein Nachlassen inhaltlicher Interessen der Schülerinnen und Schüler auf (Todt 1985; Schiefele 1986); im Vergleich mit außerschulischen Einflüssen auf die Interessenentwicklung Jugendlicher hat jedenfalls die Schule nur marginale Bedeutung (Braungart & Jungkunz 1989).

3.5. Schulleistung, Angst und Versagen

[...] Die hohe Relevanz der Leistungsbeurteilung in der Schule manifestiert sich besonders bei einer sozialpsychologischen Analyse ihrer Prinzipien und Funktionen – bis hin zu Abkühlungsprozessen – (als Übersicht: K. Ulich 1983, 151). Entscheidend ist dabei, daß die Bewertung von Leistungen *immer auch* zur Beurteilung des Schülers als *Person* führt (Wahl et al. 1984, 204; K. Ulich 1983, 145); Leistungsurteile werden stets als Ausdruck sozialer Anerkennung bzw. fehlender Anerkennung oder gar Mißachtung seitens der Lehrer erfahren und beeinflussen insofern die psychische Disposition (Furtner-Kallmünzer & Sardei-Biermann 1982, 25). Im Schulalltag stellen nicht nur Klassenarbeiten und Extemporalien, sondern genau so Lehrerfragen, Unterrichtsbeiträge und Hausaufgaben ein ständiges Bewertungs- und Belastungspotential dar, unter dem auch gute Schülerinnen und Schüler leiden (Hildebrand-Nilshon 1980; zum Leistungsdruck in der Kollegstufe Schmied 1982 a). [...] In der jüngsten Zeit konzentrieren sich einige Studien auf Zusammenhänge zwischen Schulleistung und wichtigen Aspekten der *Persönlichkeitsentwicklung*; Längsschnittuntersuchungen sind allerdings auch hier selten [...]. Gefragt wird besonders nach den leistungsbezogenen Einflüssen der Schule auf Selbstwahrnehmung und *Identität* von Jugendlichen [...]. So zeigt Lambrich (1987) in einer genauen Fallanalyse einiger guter und schlechter Schüler beachtliche Unterschiede im Selbstbild, in der Selbstsicherheit und im Selbstvertrauen sowie bei den Verhaltensstrategien im Unterricht. Das Selbstbild von der eigenen Leistung ist zwischen erfolgreichen und nicht erfolgreichen Schülern signifikant verschieden, und zwar auch zwischen Schülern verschiedener Schularten bzw. Gesamtschulzweige; im Zeitverlauf (hier: 7. bis 9. Jahrgangsstufe) verbessert sich jedoch das Selbstbild der Hauptschüler, während das der Gymnasiasten sich eher verschlechtert (Tillmann et al. 1984, 244). Ausschlaggebend ist offensichtlich die eigene Einschätzung relativ zu den jeweiligen Vergleichsgruppen vor und nach dem Schulübertritt. Der schulische Leistungsstand eines Schülers steht aber nicht nur mit Leistungsaspekten des *Selbstkonzepts*, sondern auch mit dem allgemeinen Selbstwertgefühl der Schülerinnen und Schüler in einer korrelativen Beziehung (Pekrun 1985; Fend 1984).

	Mensch	Tier
Grundlegender Unterschied zwischen Mensch und Tier	....	
Entwicklung	....	....
Grundlegende Verfaßtheit	....	....
Erläuterung der Verfaßtheit	....	....

Zeilen	Inhaltliche Übereinstimmungen	Inhaltliche Abweichungen

Hauptthese:

. . . .

Explizierung der Hauptthese am Beispiel der Philanthropen:

. . . .

. . . .

. . . .

. . . .

. . . .

. . . .

. . . .

Beurteilung der Kernaussage der Philanthropen aus systemtheoretischer Sicht:

. . . .

. . . .

. . . .

Erläuterung hinsichtlich der Beziehung zwischen Vervollkommnung und Gesellschaft:

. . . .

. . . .

. . . .

. . . .

Schlußfolgerung hinsichtlich der Erziehung:

. . . .

. . . .

. . . .

. . . .

Begründung der Hauptthese:

. . . .

. . . .

Zeilen	Sinnabschnitte	Erläuterungen

	Luhmann/Schorr	Herrmann
Ansatz		
Einschätzung des Perfektibilitätsgedankens hinsichtlich seiner historischen Bedeutsamkeit		
Perfektibilitätsgedanke und Erziehung		

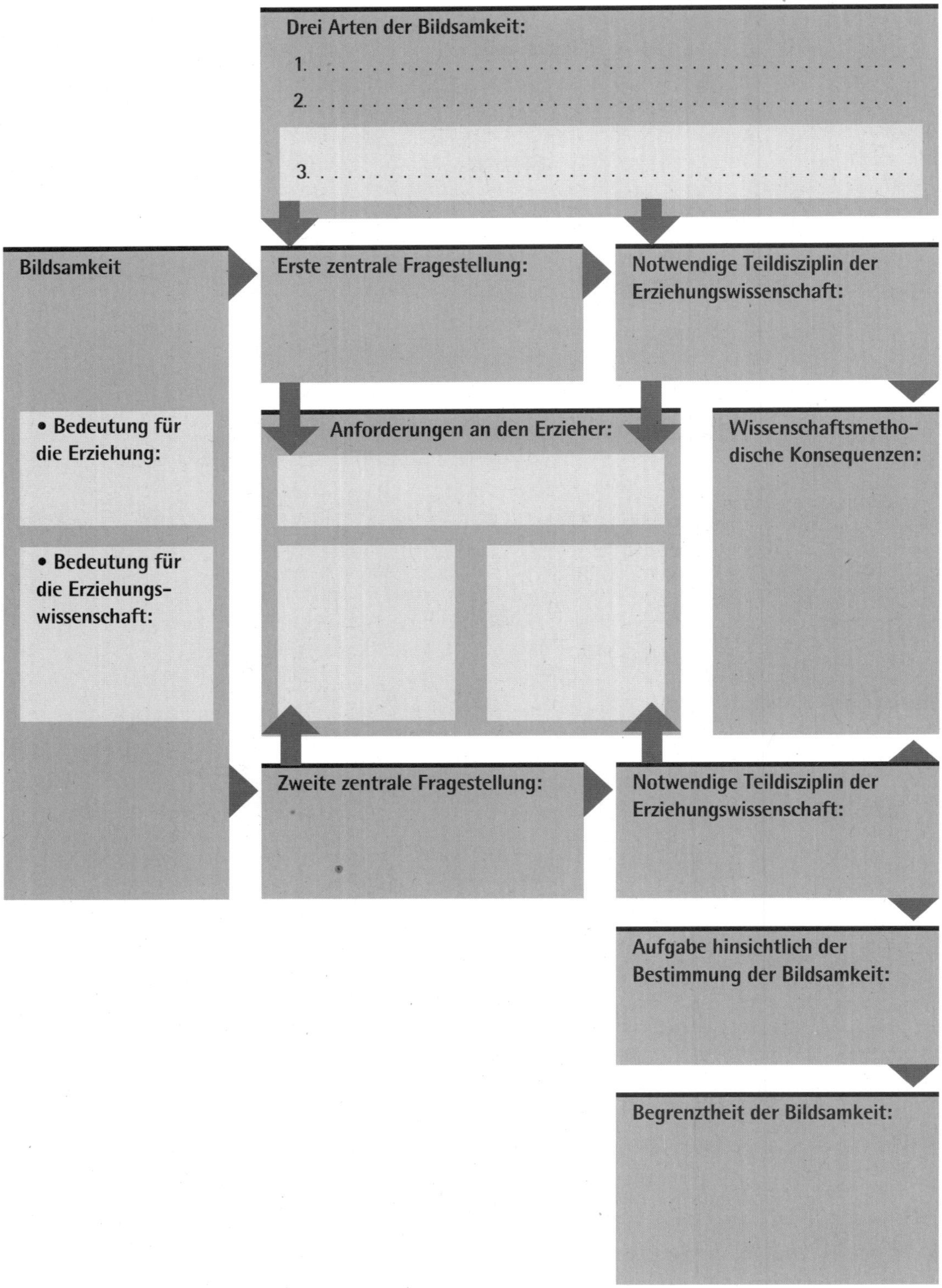
Drei Arten der Bildsamkeit:
1. ....
2. ....
3. ....
Bildsamkeit
• Bedeutung für die Erziehung:
• Bedeutung für die Erziehungswissenschaft:
Erste zentrale Fragestellung:
Notwendige Teildisziplin der Erziehungswissenschaft:
Anforderungen an den Erzieher:
Wissenschaftsmethodische Konsequenzen:
Zweite zentrale Fragestellung:
Notwendige Teildisziplin der Erziehungswissenschaft:
Aufgabe hinsichtlich der Bestimmung der Bildsamkeit:
Begrenztheit der Bildsamkeit:

1. Prinzip:

Grundlegende These zur Bildsamkeit des Menschen:

Grundlegende These zur Bestimmung des Menschen:

Abgrenzung vom:

Schlußfolgerung im Hinblick auf die Identität:

Begründung:

2. Prinzip:

Begründung dieses Prinzips im Hinblick auf Bildsamkeit und Bestimmung:

Nähere Kennzeichnung der Selbsttätigkeit:

Abgrenzung von:

Gesamtcharakteristik der beiden ersten Prinzipien:

3. Prinzip:

Bezug zu den ersten beiden konstitutiven Prinzipien:

Bezug der Pädagogik zur Gesellschaft:

4. Prinzip:

Bezug zum ersten konstitutiven Prinzip:

Folgerung für die Konzipierung der für die Gesellschaft erforderlichen Tätigkeiten:

Folgerung für die gesellschaftliche Struktur:

Zeilen	Kernaussagen	Argumentative Funktion

Zeilen	Argumentationsschritte/Kernaussagen	Erläuterungen
	Ausgangsthese:	
	Begründung der These:	
	Erläuterung der These:	
	Begründung der Erläuterung:	
	Ausgangspunkt für den weiteren Argumentationsgang:	
	These:	
	Möglicher Fehlschluß aus der These:	
	Mögliche Begründung des Fehlschlusses:	
	Dem Fehlschluß entgegenstehende Schlußfolgerung:	
	Analogieschluß:	
	Schlußfolgerung aus dem Analogieschluß:	

	Selbstbezügliche Bedeutung	Weltbezügliche Bedeutung
Zentrum aller Tätigkeiten		
Ziel aller menschlichen Tätigkeiten		
Notwendiger Bezug, notwendiges Mittel aller menschlichen Tätigkeit		
Unbewußte Motive aller menschlichen Vollzüge		
Denken		
Handeln		
Geschäftigkeit		
Kraft		

A 10

Zeilen	Textabschnitte	Größere Sinnabschnitte

Zusammenhang menschlicher Vollzüge	Erzieherische Bedeutung dieser Vollzüge
Wollen:	
Ansprüche:	
Kraft, Lust und Aktivitäten:	
Aktivität:	
Die Vollkommenheit des Menschen:	

	„Laute Klage"	„Stiller Sieg"
Rückgriff auf die Anfänge der Pädagogik		
Einschätzung der Gegenwart		
Begründung der historischen Entwicklung		
Beurteilung der historischen Entwicklung		
Der bildungstheoretische Aspekt		

Definition des Bildungsbegriffs:	Bildung bezieht sich auf die Einheit eines objektiv-materialen und eines subjektiv-formalen Momentes, dessen sich der Mensch im eigenen Erleben und im Verstehen anderer Menschen inne wird	
Nähere Kennzeichnung dieser Einheit durch dialektisch verschränkte Formulierungen:	**Materialer Aspekt**	**Formaler Aspekt**
Bildung geschieht durch das Sichtbarwerden allgemeiner Inhalte, durch die das Subjekt Kategorien gewinnt:		
Benennung eines derart definierten Bildungsbegriffs:		

Ausschlußkriterien für die Inhalte der „Kategorialen Bildung"	**Auswahlkriterien für die Inhalte der „Kategorialen Bildung"**
Einzelwissen und Einzelkönnen, das nicht kategorial erschließend wirkt	
Bloßes Wissen auf „Vorrat"	
Nur tradierte Vergangenheit	
Inhalte, die keine kategoriale Bedeutung im geistigen Leben des jungen Menschen haben können	
Inhalte, die keine kategoriale Bedeutung in „unserem" geistigen Leben, dem geistigen Leben einer Kultur oder Gesellschaft, haben	

Schlußfolgerung für die Veränderung der Bildungspläne:

Didaktische Analyse

Kennzeichnung der Beziehung:

Methode

Fünf Grundfragen:

Beziehung der Grundfragen zueinander:

Vier Fragekreise:

Erziehungswissenschaftliche Themen:

Didaktische Analyse	Zusätzliche Aspekte der kritisch-konstruktiven Didaktik
Die Exemplarität des Inhaltes als zentrale didaktische Kategorie	
Welche Bedeutung hat der Inhalt im geistigen Leben der Kinder?	
Worin liegt die Bedeutung des Inhalts für die Zukunft der Kinder?	
Welches ist die Struktur des Inhalts?	
Wie kann der Inhalt zugänglich, begreiflich, anschaulich werden?	
Die Methode	

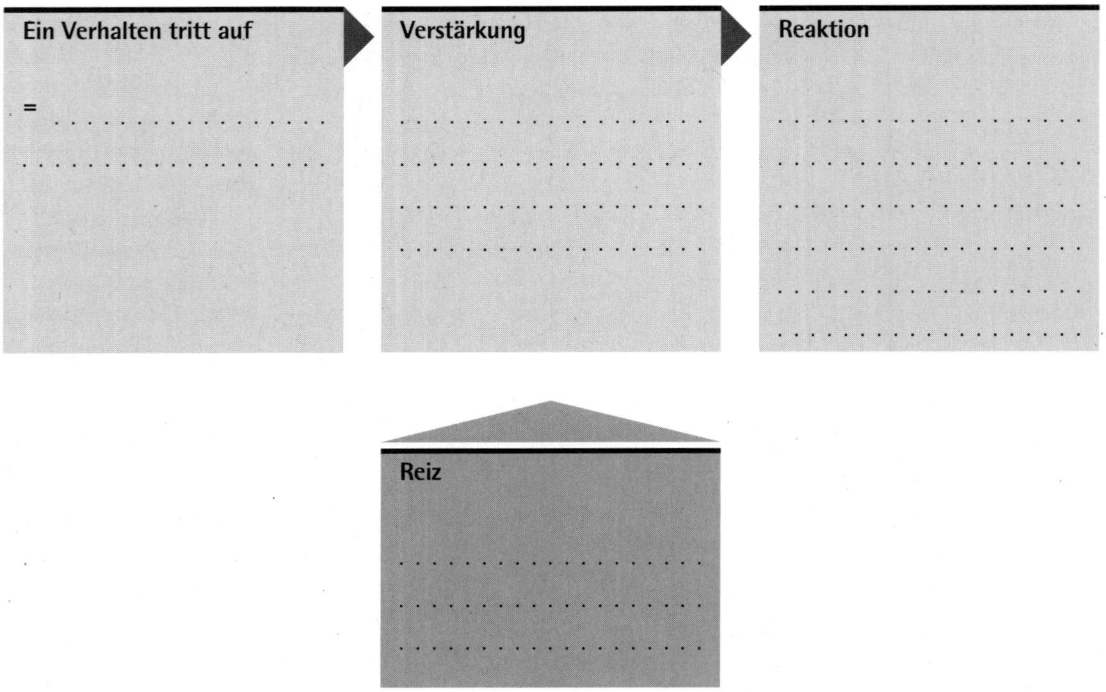
Ein Verhalten tritt auf
=
Verstärkung
Reaktion
Reiz

	Assimilation	**Akkommodation**
Definition aus biologischer Sicht		
Definition im Hinblick auf das Verhalten		
Funktion		
Gleichgewicht		
Ungleichgewicht		
	Dominanz der Assimilation:	**Dominanz der Akkommodation:**

A 20

Zentrales Thema der Kognitionspsychologie:

Gegenstand:

differenziert sich in

differenziert sich in

entspricht den alltäglichen Aktivitäten

Ziel der Umsetzung der Erkenntnisse in praktische Erziehung:

Merkmale des Erkenntnisprozesses:

Schlußfolgerung für den Lernbegriff:

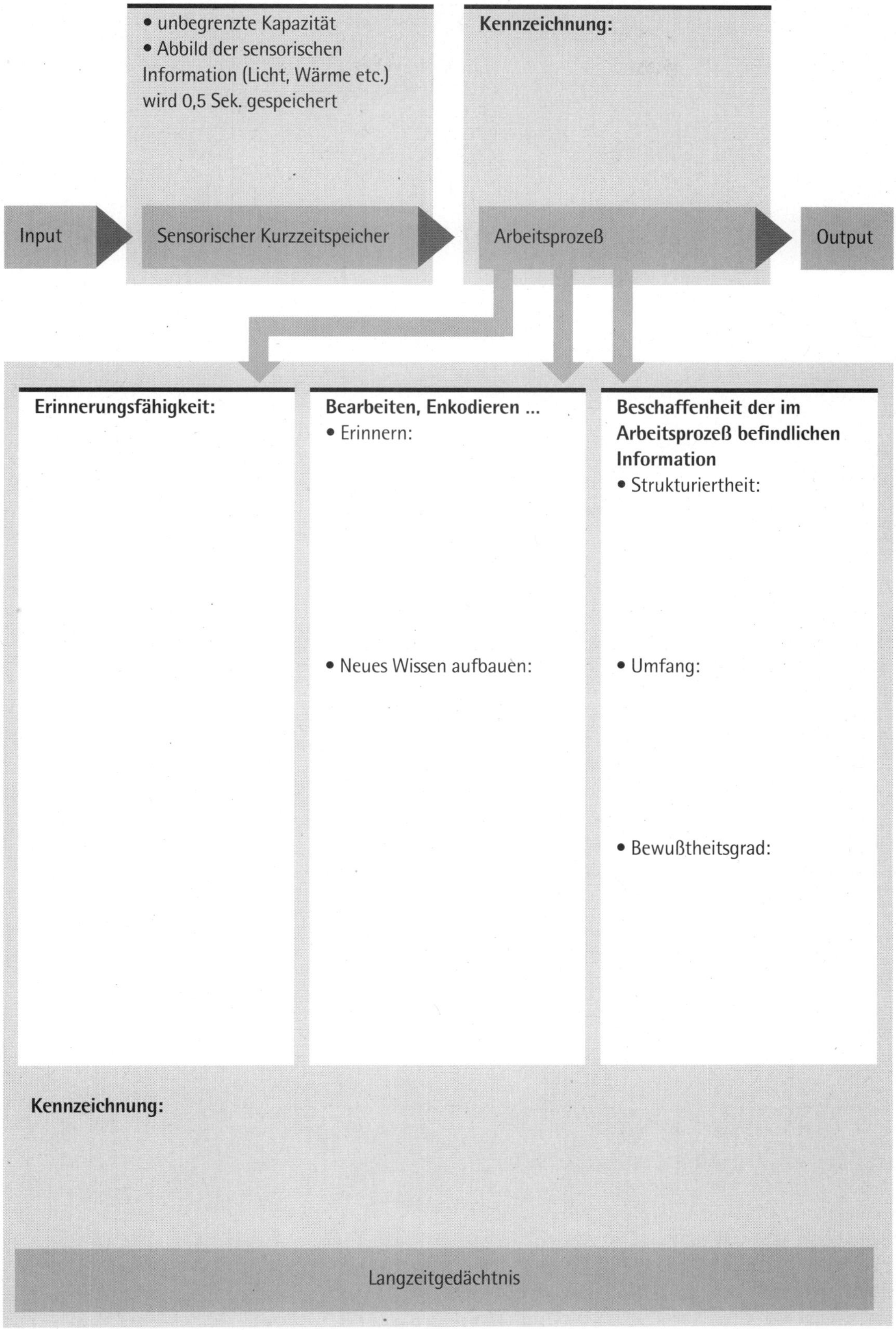
• unbegrenzte Kapazität
• Abbild der sensorischen Information (Licht, Wärme etc.) wird 0,5 Sek. gespeichert
Kennzeichnung:
Input
Sensorischer Kurzzeitspeicher
Arbeitsprozeß
Output
Erinnerungsfähigkeit:
Bearbeiten, Enkodieren ...
• Erinnern:
• Neues Wissen aufbauen:
Beschaffenheit der im Arbeitsprozeß befindlichen Information
• Strukturiertheit:
• Umfang:
• Bewußtheitsgrad:
Kennzeichnung:
Langzeitgedächtnis

Input → Sensorischer Kurzzeitspeicher → Arbeitsprozeß → Output

Sensorischer Kurzzeitspeicher

- unbegrenzte Kapazität
- Abbild der sensorischen Information (Licht, Wärme etc.) wird 0,5 Sek. gespeichert

Arbeitsprozeß

Kennzeichnung:

- ist im eigentlichen Sinne kein eigener Speicher, sondern operiert mit und über dem Langzeitgedächtnis
- prozessualisiert Wissensstrukturen

- *Lernen:*

Erinnerungsfähigkeit:
Die Knoten einer Netzwerkstruktur haben entsprechend der Häufigkeit ihrer erfolgreichen Aktivierung im Arbeitsprozeß unterschiedliche Aktivationsniveaus und Assoziationsstärken ihrer Verknüpftheit. Die Tätigkeit des Arbeitsprozesses wirkt sich somit auf die Erinnerungsfähigkeit aus. Einmal gespeichertes Wissen kann demnach nicht verloren gehen, sondern ist lediglich aufgrund zu schwacher Aktivations- und Assoziationsstärke bei zu geringem Gebrauch nicht mehr lokalisierbar

Bearbeiten, Enkodieren ...

- Erinnern:
ist die Aktivierung miteinander verknüpfter Propositionen mit einer bestimmten Erregungsausbreitung

- Neues Wissen aufbauen:
Neues Wissen wird durch die Einbindung neuer Propositionen in bereits bestehende Netzwerke aufgebaut

- *Lernen:*

- *Lernen und Lehren:*

Beschaffenheit der im Arbeitsprozeß befindlichen Information

- Strukturiertheit:
Informationen sind nicht im Rohzustand, sondern werden im Arbeitsprozeß entsprechend den Wissensstrukturen des Langzeitgedächtnisses konstruiert

- Umfang und Bewußtheitsgrad:
Möglicherweise ist die Aktivation auf 7 Einheiten (bzw. Propositionen) beschränkt, so daß bei einer weiteren Erregungsausbreitung die Aktivation bereits erregter Knoten erlischt.
Enthält nicht nur das dem Menschen Bewußte, sondern alles, was zu einem bestimmten Zeitpunkt, auch mit unterschiedlicher Aktivationsstärke, aktiviert ist

- *Lernen:*

Kennzeichnung:

- speichert semantische Wissensstrukturen, die aus miteinander verknüpften Propositionen bzw. Knoten bestehen (semantische Netzwerke)
- Propositionen können zu Schemata zusammengefaßt werden

Langzeitgedächtnis

	Entwicklungspsychologische Genese der Operationen nach Piaget	Entwicklung der Operation aus der Handlung nach Aebli
1. Stadium:		
Kennzeichnung:		
2. Stadium:		
Kennzeichnung:		
3. Stadium:		
Kennzeichnung:		
4. Stadium:		
Kennzeichnung:		

Hauptintention:

A. Ausgangspunkt der Argumentation:

Argumentative Funktion:

Referieren der Operationen nach Selz

Argumentative Funktion:

Referieren der Operationen nach Lompscher

Argumentative Funktion:

Die Operationen:
1. Komplexreduktion
Erläuterung:

2. Komplexergänzung
Erläuterung:

3. Schemaergänzung
Erläuterung:

4. Änderung eines Gedächtnisbildes durch Abstraktion
Erläuterung:

5. Änderung eines Gedächtnisbildes durch Differenzierung
Erläuterung:

6. Komplexbildung
Erläuterung:

Die Operationen:
1. Zergliedern
Erläuterung:

2. Erfassen der Eigenschaften
Erläuterung:

3. Vergleichen
Erläuterung:

4. Ordnen
Erläuterung:

5. Abstrahieren
Erläuterung:

6. Verallgemeinern
Erläuterung:

7. Klassifizieren
Erläuterung:

8. Konkretisieren
Erläuterung:

B. Erste Erörterung
Beurteilung:

Argumentative Funktion:

C. Zweite Erörterung
These:

Beispiel:

Beurteilung:

Argumentative Funktion:

D. Dritte Erörterung
These:

Argumentative Funktion:

Überprüfen der These:

Zergliedern

Gegenstand:

Gegenstand:

Gegenstand:

Vergleich:

Vergleich:

Abstrahieren:

Verallgemeinern:

Klassifizieren:

Beurteilung:

Lösung der Problematik nach Lompscher:

Lösung der Problematik nach Dörner:

Sozialisation = Lebenslanger Prozeß der Entstehung und Entwicklung der menschlichen, sozial handlungsfähigen Persönlichkeit

- Der Prozeß der Sozialisation ist die Entwicklung eines biologisch ausgestatteten Organismus zu einer Persönlichkeit in Abhängigkeit von und in Auseinandersetzung mit den sozialen und den dinglich-materiellen Lebensbedingungen
- Die Persönlichkeit ist ein organisiertes Gefüge von Merkmalen, Eigenschaften, Einstellungen und Handlungskompetenzen, das sich auf der Grundlage der biologischen Ausstattung und durch die Bewältigung von Lebensaufgaben ergibt

- ....
....
....
....
....
....
....
- ....
....
....
....

Erziehung =
Bewußte und geplante Einflußnahme auf die Persönlichkeitsentwicklung, um diese nach bestimmten Wertmaßstäben zu fördern

(von Hurrelmann nicht benannt) =
Nicht-bewußte und nicht-geplante Einflußnahme